VON DEN MACHERN
VON CAMPERSTYLE.DE

CamperStyle

AF510313

CAMPING.

DAS GROSSE HANDBUCH

Inhalt

FENDT

Vorwort

Camping liegt voll im Trend - und das zu Recht: Bei kaum einer anderen Urlaubsform lassen sich Flexibilität und Komfort so gut verbinden wie bei einer Reise mit Wohnmobil, Wohnwagen oder Van. Das eigene Zuhause ist immer dabei und schenkt Sicherheit und Geborgenheit. Gleichzeitig kann der Zielort nach Belieben spontan gewechselt werden, wenn das Wetter nicht mitspielt, die Umgebung nicht den Vorstellungen entspricht oder man einfach möglichst viel sehen und entdecken möchte.

Schon zu Zeiten des Zelts und der allerersten Wohnwagen war das Campen Ausdruck von persönlicher Freiheit, Naturverbundenheit und Entspannung. Abseits von Pauschaltourismus und All-Inclusive-Hotels genießen Camper das Leben ohne feste Zeiten und Regeln, dafür aber mit unwiederbringlichen Eindrücken und Erlebnissen.

Sowohl bei den Reisemobilen als auch bei den Campingplätzen gibt es mittlerweile Angebote für jeden Geschmack – von einfach und minimalistisch bis vollausgestattet und luxuriös.

Ob alleinreisend, als Paar oder Familie, mit Hund, Katze oder Wellensittich, ob Rentner, Best-Ager oder Millenial – Camping ist längst weg von seinem etwas angestaubten Image und immer mehr Menschen entdecken dieses Lebensgefühl für sich.

Doch wie andere Lebensbereiche wird auch dieses Thema immer komplexer und so mancher Neu-Camper fühlt sich von der Fülle an Fahrzeugmodellen, gesetzlichen Regelungen und technischer Ausstattung überfordert. Mit diesem Buch möchten wir dir einen Leitfaden an die Hand geben, der dich durch den „Angebotsdschungel" führen und dir bei der Auswahl deines Traumfahrzeugs, des wichtigsten Equipments und des für dich besten Reiseziels helfen soll.

Damit du auch den Camperjargon schnell lernst und beherrschst, findest du im Anschluss an jedes Kapitel ein „Camping-Wörterbuch". Hier haben wir die wichtigsten Fachbegriffe aus den jeweiligen Unterkapiteln und Checklisten gesammelt und mit einer kurzen Erklärung versehen. So hast du alles nochmal im Überblick bzw. griffbereit zum Nachschlagen und kannst hoffentlich schon bald mit Platznachbarn, Werkstattmitarbeitern oder Verkäufern gekonnt fachsimpeln.

Wir wünschen dir viel Spaß bei deinem neuen Hobby, wunderschöne Urlaube und stets sichere Fahrt!

Dein CamperStyle-Team

10 Momente...

... in denen du das Campen besonders lieben wirst!

1. Wenn du aufwachst, das Fenster öffnest (wofür du nicht einmal aufstehen musst!) und die ersten **Sonnenstrahlen** dein Gesicht wärmen.

2. Wenn du deinen Morgenkaffee im noch kalten, feuchten Vorzelt schlürfst und dich auf einen Tag freust, der **nur dir gehört**.

3. Wenn es stürmt und regnet und sich dein Camper **im Takt der Naturgewalten** wiegt.

4. Wenn du dich nach dem Duschen einfach von **Wind und Sonne** trocknen lässt.

5. Wenn eine verkohlte Bratwurst vom kleinen Campinggrill **besser schmeckt** als das Fünf-Gänge-Menü, zu dem dein Chef dich neulich eingeladen hat.

6. Wenn du Kindern zuschaust, wie sie im Matsch herumtollen und in vollen Zügen ihre **Freiheit auf dem Campingplatz** genießen.

7. Wenn du jeden Tag neu entscheiden kannst, ob du **bleiben oder weiterziehen** willst.

8. Wenn du nach zwei, drei oder fünf Nächten **zu neuen, unbekannten Orten** aufbrichst und dein gemütliches Zuhause einfach mitnimmst.

9. Wenn dein Tag mit dem Zirpen der Grillen und dem Gesang der Vögel ausklingt und die **Sonne am Horizont** verschwindet.

10. Wenn du nach einem Tag an der frischen Luft todmüde ins Bett fällst und dir klar wird, dass es **nicht viel braucht zum Glücklichsein**.

FENDT

1

Das passende Campingfahrzeug finden

Die Qual der Wahl

Wohnwagen oder Wohnmobil – welches Campingfahrzeug ist das beste? Eine der wohl am häufigsten gestellten Fragen in Campinggruppen und Foren, und sie ist nicht ganz einfach zu beantworten. Denn „richtig" oder „falsch", „besser" oder „schlechter" gibt es hier nicht. Vielmehr gilt es, aus dem riesigen Angebot das Passende für die eigenen Bedürfnisse herauszufiltern.
In diesem Dschungel verlieren gerade Einsteiger manchmal die Orientierung. Dabei ist es gar nicht so kompliziert, wie es auf den ersten Blick aussieht.

Wenn wir die etwas spezielleren Varianten wie Dachzelte, Pickup-Absetzkabinen oder Luxusliner beiseitelassen, können wir das aktuelle Angebot auf dem Campermarkt grob in fünf verschiedene Fahrzeugtypen unterteilen:

- Wohnwagen
- Wohnmobile
- Kastenwagen
- Campervans/Campingbusse
- Mini-Camper

Pauschale Bewertungen wie „Wohnmobile sind immer unhandlich" oder „Wohnwagen bieten grundsätzlich weniger Freiheit" verlieren im immer weiter wachsenden Markt jedoch zunehmend an Gültigkeit.
Denn vom wendigen Alkoven-Mobil mit unter 5,50 m Länge bis zum vollausgestatteten Teardrop-Caravan mit Dusche und Offroad-Fahrzeug ist alles dabei.
Um dir aber erste Anhaltspunkte zu geben, stellen wir dir im Folgenden die gängigsten Fahrzeugtypen mit ihren jeweiligen Vor- und Nachteilen vor.

Sobald du dich für eine grobe Richtung entschieden hast, solltest du dir unbedingt die verschiedenen Modelle auf Messen oder bei Händlern ansehen, um ein Gespür für Raum, Grundrisse und Materialqualität zu bekommen.

Wichtige Kriterien für die Fahrzeugwahl

- ✓ Anzahl und Alter der Mitfahrenden
- ✓ Art und Länge der Reisen
- ✓ Reiseländer und -routen
- ✓ Klimazonen und Wetterbedingungen
- ✓ Wunsch nach Mobilität
- ✓ Art des Campens
- ✓ Platz- und Komfortbedürfnis
- ✓ Wunsch nach Autarkie
- ✓ Spezielle Anforderungen an die Schlafsituation (getrennte Räume, Einzelbetten, Stockbetten o. Ä.)
- ✓ Gewichtsreserve für Ausrüstung, Kleidung, Mitreisende
- ✓ Führerscheinklasse
- ✓ Budget für Fahrzeugkauf und -unterhalt
- ✓ Ab- bzw. Unterstellmöglichkeit zwischen den Reisen

Die Fahrzeugtypen im Überblick

PLATZANGEBOT	🟢	🟢	🟡	🟡	🟠
WENDIGKEIT	🟠	🟠	🟡	🟡	🟢
RANGIEREN	🟠	🟠	🟡	🟢	🟢
AUF- UND ABBAU	🟠	🟢	🟢	🟢	🟢
VER- UND ENTSORGUNG	🟡	🟢	🟢	🟠	🟠
UNGEBUNDENHEIT/ AUTARKIE	🟠	🟢	🟢	🟡	🟡
FLEXIBILITÄT VOR ORT	🟢	🟠	🟡	🟡	🟡
FREIES STEHEN	🟠	🟡	🟡	🟢	🟢
KOSTEN	🟡	🟠	🟠	🟡	🟢

🟢 *= vergleichsweise beste Eigenschaften in diesem Bereich*
🟡 *= vergleichsweise mittelgute Eigenschaften in diesem Bereich*
🟠 *= vergleichsweise schlechteste Eigenschaften in diesem Bereich*

Wohnwagen

Ein Wohnwagen, häufig auch Caravan genannt, ist ein als Wohnraum ausgestatteter Anhänger, der an einem Zugfahrzeug befestigt und von diesem gezogen wird. Im Gegensatz zu einem Wohnmobil besitzt ein Caravan keinen eigenen Antrieb (Motor).

Wohnwagentypen

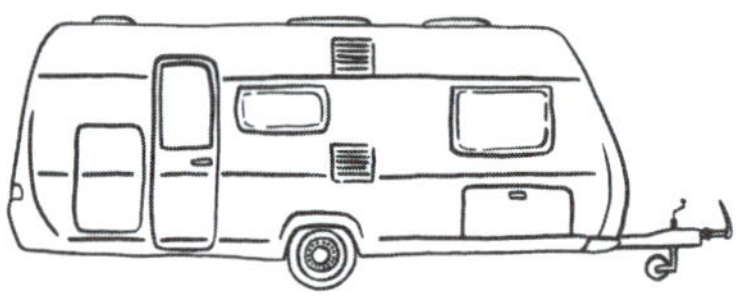

Klassischer Wohnwagen
Beim „normalen" Caravan wird auf einem Anhänger-Chassis ein Wohnbereich aufgebaut, der in den meisten Fällen Bett, Sitzecke, Kochzeile, Nasszelle und Stauraum beinhaltet. Je nach Hersteller und Modell kannst du zwischen einem ganz kleinen, kuscheligen Zimmerchen, einem komfortablen Apartment oder einem rollenden Loft auswählen.

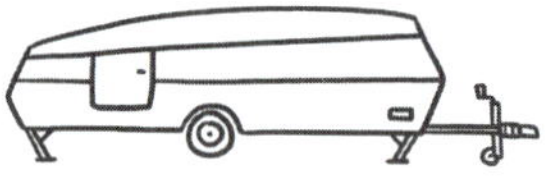

Klapp-, Zelt- oder Faltwohnwagen
Diese Modelle sind im zusammengeklappten Zustand auf den ersten Blick kaum von einem „normalen" Nutzanhänger zu unterscheiden. Auf der Straße sind sie aufgrund ihrer flachen Form aerodynamisch und wendig.
Bei Bedarf lassen sie sich jedoch von Hand oder automatisch ausklappen, um sie zu einem Wohnanhänger umzufunktionieren. „Faltis" gibt es in allen möglichen Varianten und Größen – vom schlichten Basismodell mit Minimalausstattung über den robusten Offroader fürs Grobe bis hin zum Familienzelt mit komplettem Küchenmodul und überaus bequemen Betten.

Oldies und Retro-Caravans
Wie im Automobilbereich findet man auch bei den Wohnwagen eine Reihe an kultigen Oltimern, die man einfach liebhaben muss. Beispiele sind der süße kleine Eriba, die wieder in Mode gekommenen tropfenförmigen Teardrop-Caravans, der berühmte silberne Airstream aus den USA oder der Tabbert-Klassiker Comtesse – echte Retro-Schätzchen, die nicht nur bei Caravan-Liebhabern das Herz höherschlagen lassen.
Manche von ihnen werden noch heute in ähnlichem charakteristischen Design produziert, andere werden als echte Oldies von Liebhabern aufwendig restauriert.

Gängige Maße beim Wohnwagen

Das Angebot an Größen, Formen und Grundrissen ist riesig: Bis zu einer Länge von 11,50 m und einem Wohnbereich von 22 m² ist (fast) alles möglich.
Der Durchschnittswert liegt unserer Erfahrung nach aber bei rund 6,50–7 m Länge und etwa 2,30 m Breite.

Einachser vs. Tandemachser

Einachser (auch: „Monoachser") besitzen, wie der Name verrät, nur eine Achse und sind in der Regel kleiner, leichter und häufig auch etwas schmaler als ihre doppelachsigen Kollegen. Sie sind daher etwas wendiger, haben einen geringeren Kurvenradius und lassen sich (abhängig von Größe und Gewicht) oft noch relativ bequem von Hand rangieren.

Wenn du dir jedoch einen sehr geräumigen Wohnwagen mit viel Zuladung wünschst, vielleicht um mit deiner ganzen Familie komfortabel reisen zu können, wirst du ab einer bestimmten Länge nicht mehr an einem Tandemachser, auch Doppelachser genannt, vorbeikommen.

Diese Modelle sind mit vier Rädern ausgestattet, was sie etwas fahrstabiler und weniger anfällig gegen Unebenheiten oder Kippen im Stand macht. Außerdem hat ein Doppelachser gute Chancen, auch einen Reifenplatzer während der Fahrt heil zu überstehen – denn schließlich gibt es ja noch drei weitere, die den Verlust erstmal abfangen. Dafür sind Tandemachser im Vergleich zu Monoachsern deutlich schwerer – du benötigst also nicht nur ein leistungsstärkeres Zugfahrzeug, sondern ggf. auch eine höhere Führerscheinklasse. Darüber hinaus ist eine Rangierhilfe (s. S. 258) aus unserer Sicht hier unerlässlich – häufig sogar zwei, weil ja vier Räder angetrieben werden müssen. Das ist natürlich teurer als gleichwertige Geräte für Einachser.

Vor- und Nachteile eines Wohnwagens

+ Geringere Anschaffungs- und Unterhaltungskosten als vergleichbare Wohnmobile
+ Mehr Mobilität vor Ort durch unabhängig nutzbares Zugfahrzeug
+ Geringer Wartungs- und Reparaturaufwand durch Wegfall von Motor, Getriebe & Co.
+ Zugfahrzeug austauschbar – problemloser Wechsel bei veränderter Lebens- oder Reisesituation
+ Großzügiges Raumangebot durch Wegfall der Fahrerkabine

– Aufwändigerer Auf- und Abbau
– Übernachten außerhalb von Campingplätzen nur sehr eingeschränkt möglich
– Komplizierteres Rangieren und Rückwärtsfahren
– Geschwindigkeitsbegrenzungen und Überholverbote für Gespanne
– Anfälligkeit für Schlingern und Ausscheren
– Anhängekupplung „besetzt"
– Abstellen im öffentlichen Raum nur begrenzt möglich

Lesetipps

Wohnwagen, Wohnmobil, Kastenwagen oder Campingbus? Der große Vergleich!
camper.st/fzgfinder

Camping mit dem Wohnwagen – was du als Einsteiger wissen musst
camper.st/wowa

Für wen ist ein Wohnwagen geeignet?

Camping-Anfänger Auch wenn ein Wohnwagen vor der Abreise und bei der Ankunft ein paar mehr Schritte benötigt, bis er angekuppelt, gesichert und aufgebaut ist, ist das Caravan-Campen aus unserer Sicht trotzdem toll für Neu-Camper. Auf Campingplätzen kannst du mit ihm ein kleines "kontrolliertes Abenteuer" erleben – nah an der Natur, aber trotzdem noch mit gewissem Komfort und der Sicherheit, die du am Anfang vielleicht noch brauchst. Außerdem brauchst du dich hier nicht groß um die Fahrzeugtechnik zu kümmern, denn du hast ja dein eigenes vertrautes Zugfahrzeug dabei!

Familien mit mehreren Kindern Falls du ein paar mehr Betten, Schränke oder Schubladen benötigst, findest du in einem Wohnwagen in der Regel recht viel Stau- und Wohnraum. Selbst Caravans, in denen fünf oder mehr Familienmitglieder Platz haben, sind relativ einfach zu finden und deutlich günstiger als vergleichbare Wohnmobile.

Reisende, die vor Ort etwas unternehmen möchten Ausflüge, Städtetrips, Wanderungen, Surfen, Ski- oder Kajakfahren – das Zugfahrzeug bringt dich überall hin, die Sportausrüstung wird dann einfach auf dem Dachträger verstaut.

Urlauber, die für längere Zeit am selben Ort bleiben Gerade für Kinder ist Urlaub auf dem Campingplatz ein einziges großes Abenteuer. Sie können sich frei bewegen, finden schnell Anschluss und dürfen den ganzen Tag draußen herumtoben. Einmal aufgebaut und vielleicht noch mit einem Vorzelt erweitert, ist der Caravan wie eine hübsche kleine Ferienwohnung mit Veranda!

Zugfahrzeug für den Caravan

Falls du dein Camperherz an einen Wohnwagen verschenkt hast, brauchst du natürlich ein passendes Zugfahrzeug. Neben dem geeigneten Führerschein (s. S. 46) und der obligatorischen Anhängekupplung (ab Werk oder zum Nachrüsten, s. S. 238) sind bei der Wahl des Fahrzeugs noch weitere Punkte ausschlaggebend:

Motorisierung Wer schon einmal mit einem alten Schätzchen mit 75 PS einen Anhänger durchs deutsche Mittelgebirge gezogen hat, der weiß, dass das keinen Spaß macht. Es kann sogar aufgrund der trägen Beschleunigung gefährlich sein, sich so auf die Straße (bzw. Autobahn) zu wagen. Anders als vielleicht sonst im Leben gilt deshalb bei der Motorisierung: Mehr ist mehr!
Allerdings ist Leistung nicht das einzige Kriterium. Denn: Um die Motorleistung für den PKW samt Anhänger umzusetzen, braucht es auch das richtige Drehmoment. Das Drehmoment (gemessen in Newtonmeter, Nm) ist dafür verantwortlich, wie stark eine Kraft auf einen drehbar gelagerten Körper wirkt. Oder einfacher gesagt: Es ist ausschlaggebend für die Schubkraft des Motors.
Hier punkten vor allem Dieselmotoren – nicht umsonst sind landwirtschaftliche Zugmaschinen wie Traktoren damit ausgerüstet –, und innerhalb dieser Gruppe besonders der Turbodiesel. Doch auch Ottomotoren können problemlos einen Caravan ziehen: Die modernen Turbobenziner brauchen sich diesbezüglich selbst im niedrigtourigen Bereich nicht zu verstecken. Bei den Anhängelasten bestehen heute zwischen Benzinern und Dieselfahrzeugen ebenfalls keine großen Unterschiede mehr, der Spritverbrauch liegt beim Benziner jedoch höher.

Rechenspiel

Eine Faustformel lautet: Teilt man das Gespanngewicht (Zugfahrzeug + Anhänger) durch die PS des Zugfahrzeugs, dann sollte das Ergebnis nicht mehr als 37 kg/PS betragen.

Beispiel: Eine Limousine mit 1,6 t Eigenwicht und 90 PS soll einen Caravan mit 1,2 t ziehen.
(1600 + 1200) : 90 = 31,11 kg/PS
Das Ergebnis liegt also unter den genannten 37 kg/PS, das Beispielgespann würde grundsätzlich zusammenpassen.

Damit du diese Kalkulation nicht für jedes in Frage kommende Modell im Kopf durchführen musst, gibt es spezielle Rechner im Internet. Dort kannst du direkt nach Automarken und Wohnwagenmodellen filtern, z.B. auf *zugwagen.info.*

Getriebe Auch das Getriebe spielt eine nicht unerhebliche Rolle bei der Wahl des Zugfahrzeugs. Oft wird für das Gespannfahren ein Automatikgetriebe empfohlen, und aus eigener Erfahrung können wir sagen, dass das wirklich sehr komfortabel ist – vor allem bei Anfahrten am Berg, beim Auffahren auf die Autobahn oder auch einfach bei Stadtfahrten!
Man unterscheidet zwischen vier Getriebearten:

- **Automatisierte Schaltgetriebe:** mittlerweile selten, für Wohnwagenbetrieb nicht wirklich geeignet.
- **Doppelkupplungsgetriebe:** Einsatz hauptsächlich bis 250 Nm Drehmoment; Schaltung unter Last ohne Zugkraftunterbrechung. Für Wohnwagenbetrieb

gut geeignet, aber höherer Verschleiß als Wandler-Automatik – Vorsicht beim Rangieren mit schleifender Kupplung!

- **Wandler-Automatikgetriebe:** Der „Klassiker". Sanfte Schaltung ohne Zugkraftunterbrechung. Für Wohnwagenbetrieb gut geeignet, auch bei hohen Anhängelasten und Drehmomenten, geringer Verschleiß.
- **Stufenloses Automatikgetriebe:** Auch CVT-Getriebe genannt. Effizienteste Übersetzung. Für Wohnwagenbetrieb grundsätzlich geeignet, aber beim Anfahren v. a. unter Last weniger leistungsstark. Gleichbleibende Drehzahl trotz konstanter Beschleunigung wird von Nutzern als „ungewohnt" beschrieben, beim spontanen Beschleunigen heult der Motor auf.

Antriebsart und Radstand Als nächstes stellt sich die Frage nach dem Antrieb: Heckantrieb, Frontantrieb oder Allrad, welcher ist der beste? Am wenigsten geeignet ist der Frontantrieb, weil durch die Stützlast des Anhängers die Kraft nicht mehr richtig auf die Vorderachse wirken kann. Der Heckantrieb ist da schon deutlich besser, kann aber im Winter bei glatten Straßen unangenehm werden, wenn das Heck schiebt und die Front „ausbricht".

Die aus unserer Sicht beste Wahl für Caravaner ist daher tatsächlich ein Allradantrieb, auch 4×4 genannt. Dieser verteilt die Kraft gleichermaßen auf alle vier Räder. Wer jetzt direkt an SUVs und Geländewagen denkt, liegt nicht ganz falsch. Allerdings haben heute die meisten Hersteller auch Kleinwagen, Kombis, Vans und sogar Cabrios oder Sportwagen mit Allradtechnik im Angebot.

Darüber hinaus ist der Radstand nicht unwichtig: Je weiter Vorder- und Hinterachse auseinander liegen, desto sicherer und stabiler liegt das ganze Gespann auf der Straße.

Gewicht Natürlich muss auch das Gewicht des Zugfahrzeugs in Relation zum Anhänger stehen. In vielen Fällen ergibt es sich bereits aus den Punkten Motorleistung und Antrieb, denn einen leichten Kombi mit Allradantrieb, hoher PS-Zahl und viel Drehmoment suchst du wahrscheinlich in der Automobillandschaft vergebens.
Idealerweise sollte das Eigengewicht des Zugfahrzeugs schwerer sein als die Anhängelast, denn das sorgt für mehr Fahrstabilität. Das Gewicht spielt aber auch eine Rolle bei der Frage, ob du im Anhängerbetrieb mit maximal 80 km/h oder mit bis zu 100 km/h

unterwegs sein darfst. Die Regelungen zur sogenannten 100er-Zulassung (s. S. 48) besagen nämlich, dass das Zugpferdchen maximal 3,5 t wiegen darf und seine Leermasse mindestens so hoch sein muss wie die zulässige Gesamtmasse des Caravans.

Anhängelast Laut Straßenverkehrs-Zulassungsordnung (StVZO) darf die Anhängelast eines PKW sein zulässiges Gesamtgewicht nicht übersteigen (Verhältnis 1:1) und in keinem Fall mehr als 3500 kg betragen. Anders beim Geländewagen/SUV und LKW: Hier gilt das 1,5-fache des zulässigen Gesamtgewichts des Zugfahrzeugs als Grenzwert (Verhältnis 1:1,5).
Hinweise dazu, welche Anhängelast dein Fahrzeug aufweist, sprich: welche Anhänger es ziehen darf, findest du in den Fahrzeugpapieren. Maßgeblich für den Wohnwagenbetrieb ist Position O.1 (bzw. 28 im alten Fahrzeugschein). Diese gibt die für das Fahrzeug zugelassene Anhängelast, auch Zuglast genannt, für gebremste Anhänger an. Darunter fallen alle Caravans mit Auflaufbremse.
Für leichtere Nutzanhänger oder andere Anhänger ohne eigene Bremsvorrichtung gelten die Gewichtsgrenzen in Position O.2 (bzw. 29), „Anhängelast ungebremst".

Staffel-Last

Die Werte in den Fahrzeugpapieren beziehen sich normalerweise auf eine Steigung von bis zu 12%. Bei manchen Zugfahrzeugen ist die Anhängelast jedoch „gestaffelt": Das heißt, für 8- oder 10-prozentige Steigungen sind höhere Zuglasten angegeben, z.B. 1400 kg für Steigungen bis 12% und 1700 kg für Steigungen bis 8%. Diese Steigungen dürfen mit den jeweils angegebenen Anhängelasten maximal befahren werden.

Variabel mit Vorsicht

Im Unterschied zur zulässigen Gesamtmasse, die einen festen Wert darstellt (s. S. 55), wird bei der Anhängelast das tatsächliche Gewicht des Anhängers zugrunde gelegt. Sofern alle anderen Gewichtsgrenzen eingehalten werden, darfst du also grundsätzlich auch einen Anhänger ziehen, dessen zulässige Gesamtmasse höher ist als die Anhängelast deines Zugfahrzeugs. In diesem Fall musst du aber darauf achten, dass das Gewicht des beladenen Caravans die Anhängelast nicht bzw. maximal um den Wert der Stützlast überschreitet.

Stützlast Die Stützlast ist die Kraft, die beim Ziehen eines Anhängers vertikal (also von oben) auf die Anhängekupplung wirken darf. Diesen Wert gibt der PKW-Hersteller vor, er liegt in den meisten Fällen zwischen 70 und 90 kg, häufig bei 75 kg. Der Caravanhersteller wiederum gibt für seinen Anhänger eine maximale Deichsellast an, welche meistens bei 100 kg liegt.
Achtung: Im Fahrbetrieb gilt der kleinere Wert, aber der sollte auch tatsächlich möglichst ausgeschöpft werden. Denn eine hohe Stützlast erhöht die Fahrstabilität deines Gespanns.

Da die Stützlast auf die Anhängekupplung drückt, wird sie dem Zugfahrzeug zugeordnet. Sie verringert so dessen mögliche Zuladung, darf dafür jedoch bei der Anhängelast vom tatsächlichen Gewicht des Caravans abgezogen werden.
Achtung: Die zulässige Gesamtmasse des Wohnwagens darf trotzdem nicht um das Gewicht der Stützlast überschritten werden!

Sonstige Ausstattung Für eine besonders sichere und komfortable Fahrt sorgen ein paar technische Helfer, die nicht unbedingt nötig, aber super praktisch und bei Neuwagen häufig recht preiswert als Sonderausstattung zu haben sind.

- **Tempomat** Dieser ist bei uns auf langen Wohnwagenfahrten im Dauereinsatz. Er hält zuverlässig die Geschwindigkeit und hilft so, Strafen wegen überhöhter Geschwindigkeit zu vermeiden, die gerade im Ausland oft empfindlich sind. Außerdem trägt er zur persönlichen Entspannung des Fahrers bei.
- **Anhänger-ESP** Auch TSA oder TSP genannt. Dieses Helferlein greift bei einem Schlingern des Anhängers durch automatische Bremsungen ein und stabilisiert das Zugfahrzeug und damit auch das Gespann. Ein ähnliches System steht auch für den Wohnwagen selbst zur Verfügung (s. S. 254) und bildet eine lohnenswerte Ergänzung zum Anhänger-ESP.
- **Rückfahrkamera** Wenn du viel alleine unterwegs bist oder keinen Rangierantrieb (s. S. 258) am Caravan hast, kann auch eine Rückfahrkamera, ggf. mit Ankuppelmodus, eine sinnvolle Investition sein. Damit kannst du punktgenau zurücksetzen und minimierst das Risiko von Beulen an der Stoßstange.

Wohnmobil

Ein Wohnmobil (Reisemobil) ist ein Fahrzeug mit einer Einrichtung, die sich zum Wohnen eignet. Als Basis werden in der Regel Kleintransporter oder Kleinbusse, teilweise auch LKW genutzt. Wohnmobile können bereits fertig ausgestattet gekauft oder selbst aus- oder umgebaut werden.
Im Gegensatz zum Wohnwagen ist das Wohnmobil meist schon serienmäßig autark, also über einen bestimmten Zeitraum unabhängig von externen Ver- und Entsorgungsmöglichkeiten nutzbar. Wie umfangreich die Autarkie im Einzelfall tatsächlich ist, hängt unter anderem von der Batterieleistung, dem Stromerzeugungssystem, der Größe der Tanks und der verbauten Toilettenform ab (s. S. 165).

Wohnmobiltypen

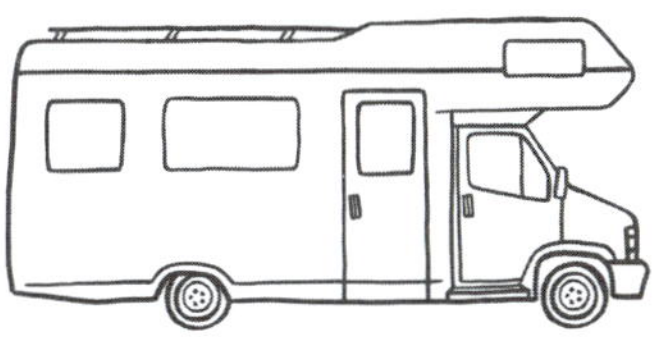

Alkoven
Der Alkoven mit seiner klassischen "Haube" über der Fahrerkabine ist wahrscheinlich der bekannteste Wohmobiltyp. In dieser "Schlafhöhle" können bequem zwei Personen übernachten. Praktisch ist hier, dass das Bett im Wohnbereich keinen Platz wegnimmt und somit tagsüber mehr Wohnfläche zur Verfügung steht. Häufig nutzen Familien den Alkoven als Kinderschlafplatz, damit sich die Eltern auch nach dem Zubettbringen des Nachwuchses im Innenraum noch frei bewegen können.

Teilintegriertes Wohnmobil
Beim „Teilintegrierten" bleibt die ursprüngliche Fahrerkabine ebenfalls erhalten, aber im Unterschied zum Alkoven schlafen die Reisenden in der Regel in einem Hubbett im vorderen Bereich und/oder in einem Festbett im Heck. Das teilintegrierte Wohnmobil ist durch seine Bauweise aerodynamischer und häufig auch niedriger, was im Reisealltag von Vorteil sein kann.

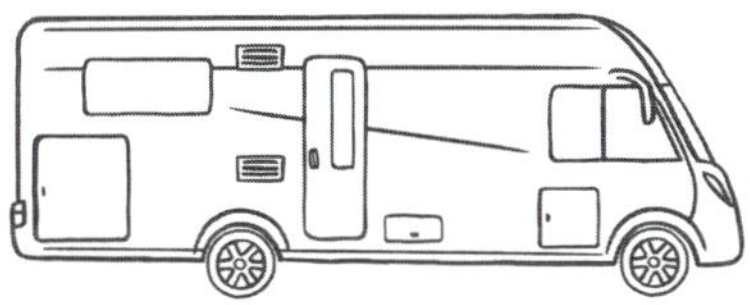

Vollintegriertes Wohnmobil
Das vollintegrierte Wohnmobil wird auf ein „nacktes" Chassis aufgebaut, das zwar bereits fahrbereit ist, aber zunächst keine Fahrerkabine besitzt. Das Fahrerhaus wird dann später vom Hersteller gemeinsam mit dem restlichen Aufbau aufgesetzt und komplett in den Wohnbereich integriert. Bei dieser Variante ist die Fahrerkabine vollständig mitisoliert, was den Preis der Fahrzeuge natürlich deutlich anhebt. Charakteristisch für die Vollintegrierten ist die komplett zum Wohnraum gehörende „platte" Front. Vollintegrierte sind in der Regel geräumiger und komfortabler als Teilintegrierte oder Alkoven.

Gängige Maße beim Wohnmobil

Die anpassbaren Chassis bieten den Herstellern eine riesige Auswahl an Möglichkeiten – die auch gerne ausgeschöpft wird, um eine Vielzahl an Wohnmobiltypen und -größen auf den Markt zu bringen. Einige Fahrzeuge kommen auf mehr als 20 m^2 Innenraum! Das übliche Maß liegt aber ein Stück darunter. Sehr beliebt sind Fahrzeuge mit einer Länge von ca. 7–8 m, einer Höhe von knapp 3 m und einem zulässigen Gesamtgewicht von unter 3,5 t, die noch mit dem B-Führerschein bewegt werden dürfen (s. S. 46).

Für wen ist ein Wohnmobil geeignet?

Familien mit kleinen Kindern oder bis zu vier Mitgliedern In diesen Konstellationen kannst du mit einem Wohnmobil bequem reisen. Ein Wohnmobil bietet ein gutes Verhältnis zwischen Flexibilität, Autarkie und Komfort – auf längeren Routen wie auch auf Camping- oder Stellplätzen.

Reisende, die in kurzer Zeit möglichst viel sehen möchten Familien, Paare und auch Alleinstehende, die während ihres Urlaubs gerne möglichst viele Stationen ansteuern, aber trotzdem genug Platz und einen gewissen Komfort haben möchten, sind mit einem autarken Wohnmobil sicherlich gut beraten. Es bietet die nötige Unabhängigkeit, um praktisch überall zu übernachten, gleich-

Vor- und Nachteile eines Wohnmobils

- \+ Komplettpaket aus Fahrzeug, Schlafplatz, Wohnraum, Küche und Bad
- \+ Relativ gewohntes Fahrverhalten – v. a. bei kleineren Wohnmobilen bis ca. 7,5 m
- \+ Freistehen oder Übernachtung auf Wohnmobil-Stellplätzen
- \+ Verkehrsregeln für Wohnmobile unter 3,5 t wie bei PKW
- \+ Anhängekupplung frei für Nutzanhänger oder Wohnwagen
- \+ Riesige Auswahl an Modellen und Grundrissen

- – Weniger Flexibilität am Zielort für Ausflüge oder Besorgungen
- – Keine echte „Knautschzone" – bei Unfällen oft massive Personen- und Sachschäden
- – Relativ laute Fahrgeräusche durch offene Bauweise der Fahrerkabine – v.a. bei höheren Geschwindigkeiten
- – Oft unbequeme serienmäßige Sitze
- – Teilweise unhandliche Dimensionen und lange Überhänge am Heck – problematisch an Steigungen oder in unebenem Gelände
- – Häufig (zu) geringe Zuladung

zeitig ist ausreichend Stauraum vorhanden. Bei schlechtem Wetter können sich mehrere Personen im Innenbereich aufhalten.

Sportliche Camper Von den bereits genannten Vorteilen profitieren natürlich auch reisebegeisterte Aktiv- und Freizeitsportler. Einfach Surfbrett, Kajak, Räder oder Boote in, auf oder an das Wohnmobil gepackt und los geht der Road Trip an die schönsten Strände, Flüsse und Berge Europas. Und wenn du dann abends abgekämpft und glücklich von deinen Touren zurückkommst, gönnst du dir ein kühles Bier und eine warme Dusche, bevor du in dein bequemes, großes Bett fällst…

Kastenwagen

Beim Kastenwagen wird – anders als bei Wohnmobilen – das komplette Basisfahrzeug mit Chassis, Antrieb und Karosserie für den Ausbau verwendet. Man sitzt also in einem "richtigen" Auto mit Knautschzone und anderen Sicherheitskomponenten, die der moderne Fahrzeugbau hergibt.

Kastenwagentypen

Als Basis für den Kastenwagen dienen unterschiedliche Arten und Größen von Transportern wie Fiat Ducato, Opel Movano, Mercedes Sprinter, Iveco Daily oder VW Crafter, die ursprünglich als Nutzfahrzeuge ("Lieferwagen") eingesetzt und später als Campingmobile entdeckt und ausgebaut wurden.
Neben den Besonderheiten, die diese Modelle mit sich bringen, wird in erster Linie unterschieden zwischen:

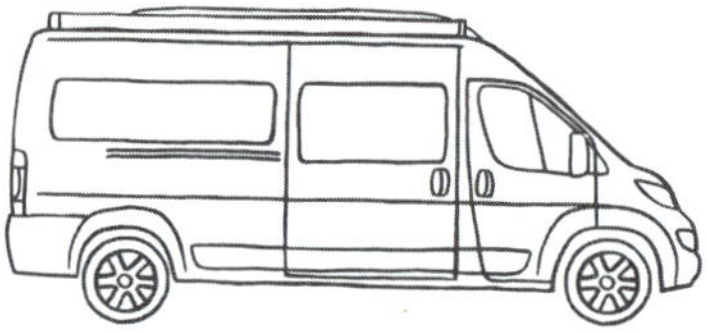

Kastenwagen mit regulärer Dachhöhe (H1)

Kastenwagen mit erhöhtem Dach (H2 oder H3)

Kastenwagen mit Hubdach

Mit letzteren beiden Varianten kann auch für größere Menschen Stehhöhe sowie weiterer Schlafraum geschaffen werden.

Gängige Maße beim Kastenwagen

Die Maße bei den Kastenwagen sind durch die Buchstaben „L" (Länge) und „H" (Höhe) gekennzeichnet.
L1H1 ist das kleinste Modell mit etwa 5 m Länge und etwa 2,25 m Höhe. L4/L5H3 stellt mit rund 6,35 m Länge und 2,75 m Höhe den größten Vertreter dar.
Die genauen Maße sind abhängig vom Hersteller, die verschiedenen Längen und Höhen sind aber (fast) beliebig miteinander kombinierbar.

Am häufigsten sieht man im Campingsektor wohl Modelle mit rund 5,50 m Länge und bis zu 2,50 m Höhe. Durch dieses noch recht handliche Format eignen sich Kastenwagen sehr gut auch für etwas unerfahrenere Camper oder (mit kleinen Einschränkungen) als Alltagsfahrzeuge.

Für wen ist ein Kastenwagen geeignet?

Alleinreisende Während du beim Wohnwagengespann und auch bei vielen größeren Wohnmobilen immer eine zweite Person benötigst, die beim Rückwärtsfahren oder Rangieren einweist, kannst du mit einem „Kasten" ganz entspannt und unabhängig alleine unterwegs sein. Schließlich fahren sich diese Fahrzeuge (fast) wie ein normaler PKW.

Paare oder kleine Familien, die flexibel sein möchten, sich aber etwas Komfort wünschen Du willst mit deinem Partner oder den Kindern die große Freiheit genießen, überall hinzureisen und freistehen zu können – und trotzdem ein eigenes Bad mit Dusche an Bord haben? Dann ist der Kastenwagen ein guter Kompromiss aus Ungebundenheit, Bequemlichkeit und einfachem Handling.

Aktive Paare oder Familien Auch wenn der Stauraum etwas geringer ist, sind Kastenwagen sehr gut geeignet für alle, die auch im Urlaub einen Sport wie Surfen, Mountainbiken, Agility oder Reiten praktizieren möchten. Das Equipment kann in Dachboxen oder auf Heckträgern untergebracht werden, für Hunde und Pferde gibt es ebenfalls spezielle Anhänger.

Menschen, die "back to the roots" gehen wollen Wer vorher mit größeren Wohnmobilen oder Wohnwagen unterwegs war und sich aus praktischen Gründen wieder verkleinern möchte, kann sich mit einem Kastenwagen vielleicht ein bisschen Nostalgie vergangener Bulli-Zeiten zurückzuholen, ohne zu viel an Raum und Komfort einzubüßen.

Vor- und Nachteile eines Kastenwagens

+ Gutes Platzangebot trotz kompakter Bauart
+ Vollwertiges Wohnmobil im handlichen Format
+ Stabile Karosserie – besserer Schutz bei Unfällen
+ Bis L2H2 sehr gute Tauglichkeit als Alltagsfahrzeug
+ Unauffälligkeit (besonders hilfreich beim Freistehen!)
+ Kleiner, aber deutlich teurer im Vergleich zu gleichwertigen Wohnmobilen

– Reduzierter Wohnraum
– Deutlich geringerer Stauraum
– Laute Schiebetür – sorgt bei Campingplatznachbarn oft für Ärger

Campervan/ Campingbus

Mit dem Campingbus wurde das Campingfieber in Deutschland so richtig entfacht. Nachdem die Firma Westfalia den ersten legendären VW-Bulli mit ihrem Ausbausatz zum rollenden Urlaubsdomizil gemacht hatte, waren die Deutschen nicht mehr zu bremsen. Und auch heute ist er (wieder) der Inbegriff für Freiheit und das neue Konzept des „VanLife" – des dauerhaften Lebens im Campingmobil.

Campingbustypen

Ähnlich wie beim Kastenwagen, gibt es auch beim Campingbus keine allzugroße Anzahl an Herstellern und Modellen. Neben der beliebten T-Reihe von VW werden auch die Modelle Renault Trafic, Ford Transit, Opel Vivaro oder Mercedes Vito immer populärer.
Auch hier finden sich einige Dachvarianten:

Klassischer Campingbus ohne zusätzlichen Dachaufbau

Campingbus mit Hubdach

Campingbus mit festem Hochdach

Gängige Maße beim Campingbus

Der Campingbus ist – abgesehen vom Spezialfall „Mini-Camper" – das kleinste Format bei den konventionellen Campingfahrzeugen. Üblicherweise sprechen wir hier von maximal 5 m Länge und bis zu 2 m Höhe – eine Größe, mit der sich dein rollendes Urlaubsdomizil absolut perfekt auch als Alltagsfahrzeug eignet!

Für wen ist ein Campingbus geeignet?

Einsteiger Wenn du mit dem Campen anfangen oder vom Zelt auf ein Fahrzeug umsteigen willst, könnte ein Campervan gut zu dir passen. So hast du einen fahrbaren Untersatz, der dich von A nach B bringt, ein festes Dach über dem Kopf und Platz für Klamotten und Equipment. Für den Anfang reicht das auf jeden Fall aus – und so manch einer verliebt sich in seinen Bus und bleibt dabei.

Alleinreisende oder junge Paare, auch mit (Klein-)Kind Für junge, abenteuerlustige Solo-Reisende oder Paare, ob mit oder ohne „Mini", ist ein Campingbus vermutlich die beste und coolste Art zu reisen. Von allen Campingfahrzeugen besitzt er den höchsten "Knutschkugelfaktor" und bietet die meiste Freiheit und Flexibilität.

Aktive Camper Surfer, Kletterer, Biker, Gleitschirmflieger – wer am liebsten direkt an den schönsten Outdoor-Hotspots aufwacht und sich von dort aus ins Meer, auf den Berg oder in die Lüfte stürzen möchte, ist mit einem kompakten Campingbus stets direkt dran am Geschehen. Und kann dabei noch jede Menge Instagram-taugliche Bilder schießen.

Minimalisten Eine Menge Leute bevorzugen aus absoluter Überzeugung heraus ein einfaches Leben und Reisen und sichern sich damit maximale Unabhängigkeit und Flexibilität. Ein Campervan und die wenigen Dinge, die man darin mitnehmen kann, reichen diesen Menschen zum Glücklichsein völlig aus. Weniger Besitztümer = weniger Sorgen = mehr Freiheit!

Vor- und Nachteile eines Campingbusses

+ Überschaubare Anschaffungskosten in der Einsteigerklasse
+ Klein, praktisch, wendig
+ Absolute Alltagstauglichkeit
+ Maximale Freiheit
+ Selbstausbau relativ einfach möglich
+ Reduktion auf das Wesentliche – echtes Camperfeeling
+ Kultfaktor

– Sehr reduzierter Wohn- und Schlafraum
– Kaum Staufächer
– Tägliche „Umbaumaßnahmen" erforderlich (Bett, Tisch, Sitze)
– Wenig bis kein Komfort (keine Nasszelle oder Dusche, häufig keine Toilette)

Mini-Camper

Unter dem Begriff „Mini-Camper" werden in der Regel zum Campingmobil ausgebaute Hochdachkombis oder Geländewagen bezeichnet. Diese kleinen Alltagsfahrzeuge erleben aufgrund ihrer relativ geringen Anschaffungskosten und der vielseitigen Nutzbarkeit derzeit gerade unter jungen Campingbegeisterten einen regelrechten Boom.

Mini-Camper-Typen

Als Basisfahrzeuge für Mini-Camper sind vor allem die Fahrzeugmodelle VW Caddy, Renault Kangoo, Citroen Berlingo, Fiat Doblo oder der günstige Dacia Dokker beliebt. Aber auch Geländefahrzeuge wie der kultige Landrover Defender oder der süße kleine Suzuki Jimny lassen sich campingtauglich machen.

Häufig sind Mini-Camper auch mit einem Dachzelt, vereinzelt sogar mit Alkoven oder einer Aufsetzkabine zu finden.
Im Innenraum werden dafür – je nach Platzangebot – multifunktionale Sitz-Bett-Kombinationen mit Tisch und Stauräumen verbaut, im Heck findet häufig eine kleine Küche mit Kocher, Frischwassertank und Schubladen, manchmal sogar eine Außendusche Platz.
Noch praktischer als eine fest integrierte Campingausstattung sind die sogenannten Campingboxen. Diese Modulsysteme können mit wenigen Handgriffen montiert oder demontiert und in campingfreien Zeiten in der Garage oder dem Keller verstaut werden.

Lesetipp
Campingboxen
camper.st/campingboxen

Gängige Maße beim Mini-Camper

Die genannten Hochdachkombi-Modelle bewegen sich im Rahmen von 4,30–4,50 m Länge bei einer Breite von ca. 1,80 m und einer Höhe von ca. 1,80–1,90 m. Größere Geländewagen wie der Landrover sind etwas höher, kleinere wie der Jimny nochmals deutlich kompakter.

Für wen ist ein Mini-Camper geeignet?

Einsteiger und Gelegenheits-/ Wochenendcamper Mini-Camper sind eine sehr gute Alternative für Menschen, die gerade erst mit dem Camping beginnen oder schon absehen können, dass sie aus Zeitgründen nicht wirklich viel oder lange verreisen werden.
Schnelle Wochenendtouren oder Kurztrips lassen sich mit einem ausgebauten Hochdachkombi einfach und flexibel gestalten – das Auto steht ja schon vor der Tür

Camper mit kleinerem Budget Wer gerne campt, sich aber kein klassisches Campingfahrzeug leisten kann oder möchte, findet unter den Mini-Camper-Modellen sicherlich eine gute Kompromisslösung.
Selbst wenn du dir dazu noch ein sehr hochwertiges Campingbox-System und das eine oder andere Extra gönnst, bist du mit einer überschaubaren Investition im Besitz eines tollen Campingmobils.

Alleinreisende und (jüngere) Paare
Wie oben bereits beschrieben, sind Mini-Camper eher für Alleinreisende und Paare als für Familien geeignet. Zwar kennen wir auch einige Kollegen, die tatsächlich mit Kind (und teilweise Hund) auf diesem kleinen Raum gut zurechtkommen, die Mehrheit der Camperfamilien und die meisten älteren Camperkollegen werden sich aber vermutlich etwas mehr Bewegungsfreiheit und Komfort wünschen.

Minimalisten Zwei Hosen, drei T-Shirts, ein Paar FlipFlops und auf geht's! Auch beim Mini-Camper kommen Minimalisten voll auf ihre Kosten. Die kleinen Fahrzeuge bieten noch mehr Flexibilität und Freiheit als ein Campingbus. Mit ihnen kannst du buchstäblich überall stehenbleiben, wo es dir gefällt. Und wenn dein Mobil geländegängig ist, sogar in den abgelegensten Bergen oder an den einsamsten Stränden.

Vor- und Nachteile eines Mini-Campers

+ Uneingeschränkte Alltagstauglichkeit und Flexibilität
+ Günstig in Anschaffung und Ausbau
+ Freistehen sehr diskret möglich
+ Maximale Freiheit auf Reisen
+ Keine Probleme mit Parkplatz oder Unterstellgelegenheit

– Keine Stehhöhe
– Sehr beengte Schlaf- und Sitzverhältnisse
– Tägliche umfassende Umbaumaßnahmen nötig
– Kein Platz zum „Leben" bei Schlechtwetterphasen
– Reine Funktionalität – kaum Komfort
– Bad/Toilette nicht vorhanden

FENDT
CARAVAN

Dachzelte

Ein Dachzelt ist ein auf dem Fahrzeugdach angebrachtes Zelt, das im aufgebauten Zustand als Schlaf- und Wohnbereich dient – wie ein herkömmliches Zelt eben auch. Während der Fahrt kann die Konstruktion grundsätzlich montiert bleiben, muss aber natürlich vor Fahrtantritt je nach Modell durch Einklappen, Zusammenfalten oder Luft-Ablassen wieder in ein kompaktes „Paket" verwandelt werden. Am häufigsten werden Dachzelte auf Mini-Campern montiert, aber man kann sie natürlich auch auf einem Campingbus anbringen. Als Wetterschutz oder für etwas mehr Privatsphäre kannst du dein Dachzelt durch ein spezielles Vorzelt ergänzen, das bis zum Boden reicht.

Wie viel darf bei dir aufs Dach?

Vor der Anschaffung eines Dachzelts musst du unbedingt die Dachlast deines Fahrzeugs prüfen. Diese variiert von Modell zu Modell, beim PKW liegt sie in der Regel zwischen 75 und 100 kg. Die genauen Werte findest du leider nicht in den Fahrzeugpapieren, sondern nur in der Betriebsanleitung des Herstellers. Falls du die nicht mehr besitzt, kannst du die Angaben ggf. über eine Internetsuche ermitteln. Außerdem musst du natürlich ein Auge darauf haben, mit dem Zelt die zulässige Gesamtmasse deines Fahrzeugs nicht zu überschreiten (s. S. 55). Die Dachlast spielt in erster Linie für die Fahrt eine Rolle. Im Stand kannst du bedenkenlos z.B. im Dachzelt schlafen, auch wenn mit deinem zusätzlichen Gewicht dann der Maximalwert überschritten ist. Du solltest nur darauf achten, dass das Gewicht auf dem Dach gut verteilt ist.

Dachzelttypen

Generell sollte man für Urlaube im Dachzelt schon etwas sportlich sein, denn schließlich muss man ja jeden Abend über eine Leiter nach oben kraxeln.

Hartschalendachzelt Das Hartschalendachzelt ist etwas für „Zugvögel", also für Reisende, die es nicht länger als eine oder zwei Nächte an einem Ort aushalten. Denn der Auf- und Abbau ist in der Regel sehr schnell erledigt. Mit ein paar Handgriffen ist das Zelt wieder in der „Box" und das Fahrzeug abfahrtbereit. Leider ist die Liegefläche durch die Größe der Dachfläche deines Fahrzeugs begrenzt. Somit bietet das Hartschalendachzelt, solange du keinen LKW fährst, nur Platz für dich und maximal eine weitere Person. Diese Person solltest du dann aber wirklich mögen!

Klappdachzelt Das Klappdachzelt kann längs wie quer zur Fahrtrichtung auf dem Fahrzeug montiert werden. Diese Bauart ist bis heute die mit dem größten Platzangebot. Durch den Aufbau verdoppelt sich die Grundfläche des zusammengeklappten Zeltes und eine Menge Platz zum Schlafen und Wohnen entsteht. Klappdachzelte haben eine gewölbte oder spitze Dachkonstruktion und eine quadratische Grundfläche, die in der Größe variieren kann. Die Grundfläche gibt die maximale Anzahl der Schlafplätze vor.

Hybriddachzelt Diese Variante kombiniert die Vorteile eines Klapp- mit denen eines Hartschalendachzelts: Es handelt sich quasi um ein Klappdachzelt, welches für den Transport in einer Hartschalenbox verstaut wird. So ist es vor witterungsbedingten Einwirkungen wie Sonne und Regen geschützt, ohne dabei das große Platzangebot des Klappdachzelts zu verlieren. Das ist genial!

Aufblasbares Dachzelt Gibt es bislang nur bei wenigen Herstellern.
Der Aufbau gestaltet sich denkbar einfach: Mit einer 12-V-Luftpumpe, die über den Zigarettenanzünder betrieben wird, wird das „Luftgestänge" aufgepumpt und das Zelt stellt sich wie von selbst auf. Für die Fahrt wird die Luft abgelassen und das Zelt unter einer Plane verstaut, um es vor Außeneinwirkungen zu schützen.

Gängige Maße bei Dachzelten

Die Maße eines Dachzelts hängen ebenso wie sein Gewicht sehr stark von der Bauweise ab. Klappdachzelte sind meist ca. 2,20–2,50 m lang (in Extremfällen sogar bis 3 m) und ca. 1,30–1,50 m breit. Je nach Modell wiegen sie zwischen 35 und 75 kg.
Hartschalen- und Hybriddachzelte sind mit häufig ca. 2–2,30 m Länge etwas kürzer bei ähnlicher Breite wie die Klappvariante. Beide Dachzelttypen bringen zwischen 50 und 80 kg auf die Waage. Die meisten Luftzelte können flächentechnisch mit den anderen Zelttypen absolut mithalten, sind mit durchschnittlich 20–30 kg dagegen aber echte Leichtgewichte.

Vor- und Nachteile eines Dachzelts

+ Fahrzeug steht uneingeschränkt als Alltagsfahrzeug zur Verfügung
+ Hervorragende Mobilität/Flexibilität
+ Schneller Aufbau einer Schlafmöglichkeit
+ Geringe Anschaffungskosten
+ Platz für Gepäck im Fahrzeuginneren
+ Gute Durchlüftung im Sommer
+ Kein Bodenkontakt (kein Eindringen von Staunässe, Ameisen etc.)
+ Besonderes Schlaferlebnis, schöne Ausblicke

– Zugang nur über eine Leiter
– Kein Durchgang ins Fahrzeug (z.B. bei Regen/Gefahrensituationen)
– Höherer Spritverbrauch
– Lautere Fahrgeräusche
– Veränderte Fahreigenschaften des Fahrzeuges (Schwerpunkt wird durch das Gewicht des Dachzelts nach oben verlagert)
– Dachfläche belegt, dadurch kein Transport von Fahrrad, Kanu, Dachbox etc. möglich
– Nur bedingter Witterungs- und Temperaturschutz, ggf. zusätzliche Isolierung nötig

Dein Camping-Wörterbuch

Alkoven
Eigentlich eine Bezeichnung für Bettnische, im Camperjargon aber ein Wohnmobil-Klassiker mit „Haube" über der Fahrerkabine, in der Schlafplätze untergebracht sind.

Anhängelast
Die Masse eines Anhängers, die ein → *Zugfahrzeug* ziehen darf. Maßgeblich für diesen Wert ist das tatsächliche Gewicht des Anhängers, nicht das zulässige Gesamtgewicht.

Aufstelldach
Nachträglich aufgesetztes Dach zum Ausklappen. Wird vor allem für Campingbusse oder → *Hochdachkombis* genutzt, um die Höhe des Fahrzeugs zu erweitern und/oder zusätzliche Schlafplätze zu schaffen. Im Wohnwagensektor nur bei sehr wenigen einzelnen Modellen zu finden.

Basisfahrzeug
In der Regel das Trägerchassis (im Reisemobilbau meist ein Transporter-Fahrgestell mit oder ohne Karosserie), auf das der Wohnmobil-Aufbau „aufgesetzt" wird. Seltener wird nur der Triebkopf übernommen und ein spezielles Chassis dazu angefertigt.

Bulli
Ursprünglich als Modellname für den VW-Bus angedacht, vermutlich entstanden aus den ersten Buchstaben von „Bus" und „Lieferwagen". Wird nach wie vor als Kosename vor allem für die ersten VW-Bus-Serien (T1 bis T3), seltener auch für die neueren Modelle verwendet.

Caravan
Ein Anhänger mit Wohneinrichtung, aber ohne eigenen Motor, also ein anderes Wort für Wohnwagen, abgeleitet vom englischen Begriff für „Karawane". Bereits im 19. Jahrhundert gab es Caravans in Form luxuriös ausgestatteter Pferdewagen; der erste „richtige" Wohnwagen in Deutschland wurde im Jahr 1931 von Arist Dethleffs gebaut, auf Wunsch seiner Frau.

Dachlast
Das Gewicht, das maximal auf dem Fahrzeugdach transportiert werden darf. Hierbei müssen alle zu ladenden Komponenten (Dachträger, → *Dachzelt*, Dachbox, Fahrräder etc.) berücksichtigt werden. Im Stand aber können z.B. Personen problemlos in einem → *Dachzelt* schlafen, auch wenn die vom Hersteller vorgegebene Dachlast damit überschritten wird.

Dachzelt
Zelt, das mittels Gepäckträger auf dem Autodach montiert und als Schlafgelegenheit genutzt werden kann. Erhältlich in unterschiedlichen Ausführungen und Größen, mit oder ohne Vorzelt.

Deichsellast
Gewicht, das die Anhänger- bzw. Wohnwagendeichsel auf die Anhängekupplung des → *Zugfahrzeugs* ausübt (s. auch → *Stützlast*). Zu finden auf dem Typenschild des Anhängers.

Drehmoment
Physikalische Größe, beschreibt allgemein die Drehwirkung einer Kraft auf einen Körper und wird in Newtonmeter (Nm) angegeben. Bei Motoren ist damit die Kraft gemeint, die bei der Drehung auf die Antriebswelle wirkt. Je höher das Drehmoment, desto mehr Leistung bringt ein Fahrzeug z.B. im Anhängerbetrieb.

Falti
Abkürzung für „Faltcaravan". Anhänger, bei dem sich der Wohnbereich durch Auseinanderfalten aufbauen lässt, häufig in Form eines Zeltes – daher auch → *Zeltanhänger* genannt. Oft wird der Begriff → *Klappcaravan* synonym verwendet, streng genommen verbirgt sich dahinter jedoch eine etwas andere Konstruktion.

Freistehen
Übernachten in einem motorisierten Campingfahrzeug außerhalb von Campingplätzen und offiziell ausgewiesenen Wohnmobilstellplätzen.

Hochdach
Fest auf Campingbussen oder → *Kastenwagen* aufgesetztes, erhöhtes Dach, meist aus glasfaserverstärktem Kunststoff (GFK) oder Karosserieblech. Schafft Stehhöhe oder zusätzliche Schlafplätze.

Hochdachkombi
PKW mit überdurchschnittlich hohem Dach. Ursprünglich zur Personenbeförderung gebaut, heute auch beliebt als → *Mini-Camper*. Dachhöhe meist 1,80 bis 1,90 m, Innenhöhe bis 1,20 m. Bekannteste Vertreter: Citroen Berlingo, VW Caddy, Renault Kangoo.

Hubdach
Auch → *Aufstelldach* genannt. Nachträglich aufgesetztes, aufklappbares Dach, meist auf Campervans oder → *Mini-Campern* zu sehen, selten auf größeren Wohnmobilen oder Wohnwagen. Schafft ähnlich wie das → *Hochdach* Stehhöhe oder zusätzliche Schlafplätze, vergrößert die Fahrzeughöhe während der Nicht-Nutzung aber nur minimal.

Kastenwagen
Im ursprünglichen Sinne ein Nutzfahrzeug mit geschlossenem Laderaum auf Basis eines Transporters, Lieferwagens oder Klein-LKWs. Heute auch geläufig als Bezeichnung für die zum Campingfahrzeug aus- bzw. umgebaute Variante.

Klappcaravan
Ähnlich wie der → *Faltcaravan* ein kompakter Wohnwagen, der während der Fahrt wie ein Nutzanhänger wirkt, sich im Stand aber zu einem gemütlichen Domizil aufbauen lässt. Die Begriffe werden häufig gleichbedeutend verwendet, in der Regel hat der klassische Klappcaravan aber einen „Deckel" aus Kunststoff, der zum Dach wird, während ein → *Faltcaravan* meist rundherum aus Zeltstoff gefertigt wird.

L1H1
Nur ein Beispiel für die Maßangaben bei → *Kastenwagen.* L steht für Länge, H für Höhe. L1 ist mit rund 5 m die kürzeste Variante, L5 mit über 6 m die längste. Bei der Höhe geht es bis zu L3 (ca. 2,70 m). Achtung: Die Maße variieren von Hersteller zu Hersteller um einige Zentimeter!

Mini-Camper
Ein zum Campingfahrzeug aus- bzw. umgebauter → *Hochdachkombi*, Kleinwagen oder Geländewagen/SUV. Teilweise werden ein → *Aufstelldach* oder ein → *Dachzelt* zur Erweiterung des Wohn- und Schlafraums genutzt, zum Kochen dient meist eine Heck- oder Außenküche, geschlafen wird auf den umgeklappten Sitzen.

Monoachser
Anhänger (im Campingbereich Wohnwagen) mit nur einer Achse.

Mover
s. → *Rangierhilfe.*

Radstand
Der Abstand zwischen den beiden Achsen eines Fahrzeugs (Radmitte zu Radmitte). Wirkt sich auf Fahrverhalten, Fahrstabilität, Wendekreis etc. aus. Fahrzeuge mit langem Radstand laufen insgesamt meist ruhiger und schaukeln sich weniger leicht auf. Dafür sind sie schwieriger zu rangieren.

Rangierhilfe
System mit Elektromotor(en), mit dem sich ein → *Caravan* ohne körperliche Unterstützung durch den Nutzer (z.B. durch Schieben) per Fernbedienung zentimetergenau steuern und einparken lässt. Auch Mover oder Rangierantrieb genannt. Vor allem für → *Tandemachser* und andere schwerere Wohnwagen empfehlenswert, ebenso für Alleinreisende oder körperlich beeinträchtigte Menschen.

Stützlast
Das Gewicht, das bei angekuppeltem Anhänger tatsächlich auf der Deichsel des → *Zugfahrzeugs* lastet. Der Wert der maximalen Stützlast gibt an, welche Gewichtsgrenze hier nicht überschritten werden darf. Zu finden in der Zulassungsbescheinigung Teil I (Fahrzeugschein).

Tandemachser
Anhänger/Wohnwagen mit zwei Achsen. Auch Doppelachser genannt. Hauptsächlich im schwereren → *Caravan-Segment* zu finden – heute meist erst ab ca. 2 t zulässigem Gesamtgewicht, da die Tragfähigkeit der Fahrgestelle in den vergangenen Jahren deutlich verbessert wurde.

Teardrop
Wörtlich „Tränentropfen" (engl.). Tropfenförmiger, sehr kleiner Wohnwagen mit meist überschaubarer Ausstattung. Manche Modelle auch als Offroader tauglich. Perfekt geeignet für Minimalisten bzw. Besitzer von Fahrzeugen mit geringer → *Anhängelast*. Bekannte Vertreter: Dübener Ei (Vorläufer), T@b, Kulba Woody, Hero Ranger, Procamp Bushcamp.

Teilintegrierter
Kurzform für „teilintegriertes Wohnmobil". Gebaut aus Fahrgestell inkl. Fahrerkabine, aber ohne übrige Karosserie. Der Hersteller setzt den Wohnaufbau auf das Chassis.

Überhang
Differenz zwischen Fahrzeug-Gesamtlänge und → *Radstand*. Im Camperjargon ist damit meist der Überhang am Heck gemeint, hinter der Hinterachse. Dieser kann nämlich beim Rangieren und an Steigungen oder Senken durch Ausscheren oder „Aufsitzen" Ärger bereiten.

Vollintegrierter
Kurzform für „vollintegriertes Wohnmobil". Wird aus einem reinen Fahrgestell mit Triebköpfen und Aggregaten (komplett ohne Karosserie) gebaut. Fahrerkabine und Wohnaufbau werden durch den Hersteller aufgesetzt. In der Regel ist die Fahrerkabine vollisoliert und als vollwertiger Bestandteil des Wohnraums konstruiert.

Zeltanhänger
s. → *Faltcaravan*

Zugfahrzeug
Kfz, das einen Anhänger (im Campingbereich Wohnwagen) zieht. Ob ein Wagen für diese Aufgabe geeignet ist, ergibt sich u. a. aus der → *Anhängelast*, der → *Stützlast*, der PS-Zahl und dem → *Drehmoment*.

Zuglast
s. → *Anhängelast*

FENDT
#Entdecker

2

Das Campingfahrzeug fahren

Wer darf was fahren?

Welche Fahrzeuge darf ich mit meinem B-Führerschein steuern? Brauche ich für mein Gespann einen eigenen „Anhängerführerschein"? Welche Regelung gilt für Wohnmobile über 3,5 oder gar 7,5 t? Die Frage nach den Führerscheinklassen sorgt regelmäßig für Verwirrung in der Camper-Community. Deshalb kommt hier die Auflösung.
Zunächst einmal sind folgende Punkte relevant:

- In welchem Jahr hast du den Führerschein gemacht?
- Welche zulässige Gesamtmasse (auch zulässiges Gesamtgewicht – zGG) hat dein Wohnmobil bzw. dein Gespann?

Abhängig davon sind unterschiedliche Führerscheinklassen notwendig.

PKW-Führerschein vor 1999 erworben

In diesem Fall hast du vermutlich Klasse 3 bekommen, und damit bist du fein raus: Sie berechtigt dich zum Führen von

- Fahrzeugen bis zu einem zulässigen Gesamtgewicht von 7,5 t;

- Gespannen aus PKW/Wohnmobil + Anhänger bis zu einer Gesamtmasse von 18,5 t – allerdings nur bis zum Alter von 50 Jahren. Willst du diese Gewichtsklasse auch nach dem 50. Lebensjahr bewegen, musst du alle fünf Jahre eine Gesundheitsuntersuchung durchführen lassen.

PKW-Führerschein nach 1999 erworben

Seit 2000 gibt es viel mehr Führerscheinklassen und damit sehr unterschiedliche Fahrberechtigungen.

Klasse B Zum Führen von Fahrzeugen bis zu einer zulässigen Gesamtmasse bis 3,5 t + Anhänger bis zu 750 kg oder einem Gespann mit einer zulässigen Gesamtmasse bis 3,5 t.

Führerschein für Wohnwagen & Wohnmobile

Klasse	
3	**Gesamtgewicht < 18,5 t** Ab 50 Jahren: Gesundheitsuntersuchung nötig **< 7,5 t**
B	**Gesamtgewicht < 3,5 t** **< 3,5 t** **< 3,5 t + Anhänger < 750 kg**
B96	**Gesamtgewicht < 4,25 t**
BE	**Gesamtgewicht < 7 t** Zugfahrzeug max. 3,5 t + Anhänger max. 3,5 t
C1	**> 3, 5 t - max. 7,5 t** **< 7,5 t + Anhänger < 750 kg**
C1E	**< 3,5 t + Anhänger > 3,5 t** **< 7,5 t + Anhänger > 750 kg** Gesamtgewicht jeweils max. 12 t
C	**> 3, 5 t** **> 3,5 t + Anhänger < 750 kg**
CE	**alle Fahrzeuge** **> 3,5 t + Anhänger > 750 kg**

Erweiterung B96 Für Gespanne mit einer zulässigen Gesamtmasse von bis zu 4,25 t. Die Erweiterung erhältst du ohne gesonderte Prüfung nach einer eintägigen Schulung, sofern der Anhänger mehr als 750 kg wiegt. Für die Kombination aus einem Fahrzeug bis zu 3,5 t und einem Anhänger bis zu 750 kg benötigst du diese Erweiterung nicht, hierfür reicht der B-Führerschein.

Klasse BE Für Gespanne aus Zugfahrzeug bis 3,5 t + Anhänger bis 3,5 t zulässiges Gesamtgewicht.

Klasse C1 Für Gespanne aus Zugfahrzeug bis 7,5 t + Anhänger bis 750 kg. Nach fünf Jahren muss diese Klasse gegen Vorlage einer Gesundheits- und Augenuntersuchung um weitere fünf Jahre verlängert werden.

Klasse C1E Für Wohnmobile bis 7,5 t und Gespanne aus Zugfahrzeug von 3,5–7,5 t + Anhänger über 3,5 t, insgesamt jedoch nicht mehr als 12 t. Grundlagen sind die Klasse C1, ein Eignungsnachweis sowie die Vorlage einer Gesundheits- und Augenuntersuchung.

Klasse C Für Fahrzeuge über 3,5 t + Anhänger bis 750 kg. Als Voraussetzung benötigst du einen Eignungsnachweis sowie die Vorlage einer Gesundheits- und Augenuntersuchung. Nach fünf Jahren muss diese Klasse gegen Vorlage einer Gesundheits- und Augenuntersuchung um weitere fünf Jahre verlängert werden.

Klasse CE Für große Wohnmobile über 7,5 t + Anhänger über 750 kg. Voraussetzungen sind ein Eignungsnachweis sowie die Vorlage einer Gesundheits- und Augenuntersuchung. Nach fünf Jahren muss diese Klasse gegen Vorlage einer Gesundheits- und Augenuntersuchung um weitere fünf Jahre verlängert werden.

Umschreibung auf den neuen Führerschein

In der EU sind ca. 110 verschiedene Führerscheinmodelle in Umlauf, die nach geltendem Recht durch einen einheitlichen europäischen Führerschein abgelöst werden. Seit dem 19. Januar 2013 gibt es ihn in einem neuen Scheckkartenformat. Spätestens bis zum Jahr 2033 müssen die alten Führerscheine gegen die neuen Scheckkarten ausgetauscht sein.

In Deutschland wird das im Zeitraum von 2022 bis 2033 erfolgen, nach einem „Stufenplan“, der sich bei den alten Führerscheinen (grau und rosa) nach deinem Geburtsjahr, bei den neueren, bis zum 18. Januar 2013 ausgestellten (alte Scheckkarten) nach dem Ausstellungsdatum richtet. Es gibt keine schriftliche Aufforderung von der Behörde, jeder muss selbst an den Umtausch seines Führerscheins denken. Bis spätestens zum jeweiligen Stichtag muss der Umtausch erfolgt sein, möglich ist er aber bereits jetzt und jederzeit.

Lesetipps

- **Führerscheinumtausch** *camper.st/fsum*
- **Führerschein für Wohnmobile** *camper.st/fswomo*
- **Führerschein für Wohnwagen-Gespanne** *camper.st/fswowa*
- **Führerscheinerweiterung B96** *camper.st/fsb69*
- **Wohnmobil-Führerschein für Menschen mit Handicap** *camper.st/fsh*

Die alten Führerscheinklassen werden dabei in die neuen Klassen umgetauscht, ohne weitere Prüfung. Wer Klasse 3 erworben hatte, erhält damit bei gleichen Berechtigungen die Klassen B, BE, C1, C1E, CE mit Ziffer 79, M, L.
Wenn die Fahrerlaubnis vor dem 01.04.1980 erteilt wurde, war der Führerscheininhaber auch berechtigt zum Führen von Leichtkrafträdern bis 125 ccm. Diese Berechtigung wird ihm mit der zusätzlichen Klasse A1 wieder erteilt. Das neue Führerscheindokument ist auf 15 Jahre befristet, man muss also nach dem Ablauf dieser Zeit ein neues Dokument beantragen.

Die 100er-Zulassung für Gespanne

Normalerweise dürfen Anhänger-Gespanne außerhalb geschlossener Ortschaften in Deutschland mit maximal 80 km/h unterwegs sein. Unter bestimmten Voraussetzungen kannst du jedoch eine sogenannte 100er-Zulassung bekommen, mit der auf Autobahnen und Kraftfahrstraßen, die durch einen Mittelstreifen oder bauliche Einrichtung getrennte Spuren aufweisen, bis zu 100 km/h erlaubt sind.

Früher wurde diese Genehmigung für das ganze Gespann erteilt, heute nur noch für den Wohnwagen.
Neue Caravans besitzen die 100er-Zulassung meist bereits ab Werk. In diesem Fall ist keine weitere Prüfung nötig – du gehst einfach mit deinen Papieren zur Zulassungsstelle und erhältst dort gegen Gebühr die gesiegelte 100er-Plakette.Das bedeutet jedoch noch nicht automatisch, dass du mit deiner speziellen Zugfahrzeug-Wohnwagen-Kombination tatsächlich die gewünschten 100 km/h ausreizen darfst: Zugfahrzeug und Anhänger müssen dafür einige Voraussetzungen erfüllen (s. unten).

Regelungen im Ausland

Die genannten Bestimmungen zur 100er-Zulassung gelten in dieser Form nur für Deutschland, in anderen Ländern finden die jeweiligen nationalen Gesetze und Vorschriften Anwendung. Wo Anhängergespanne also generell nur mit 80 km/h unterwegs sein dürfen, hilft dir die 100er-Plakette auch nicht weiter. Umgekehrt solltest du dich in Ländern wie Frankreich, in denen bis zu 130 km/h mit Gespann erlaubt sind, aus versicherungsrechtlichen Gründen und zu deinem eigenen Schutz sowie dem Schutz anderer (s. S. 50) dennoch auf max. 100 km/h beschränken.

Voraussetzungen für den Wohnwagen

- ✓ Auflaufbremse vorhanden
- ✓ passendes Gewichtsverhältnis Caravan–Zugfahrzeug:
  - mit hydraulischen Schwingungsdämpfern, aber ohne zusätzliche Stabilisatoren: zGG Caravan = max. 80% vom Leergewicht des Zugfahrzeugs (Faktor 0,8).
  - mit hydraulischen Schwingungsdämpfern und zusätzlichen Stabilisatoren (z. B. Antischlingerkupplung): zGG Caravan ≤ Leergewicht des Zugfahrzeugs (Faktor 1,0).
- ✓ Reifen nicht älter als 6 Jahre (Achtung: Hier gilt das Produktionszeitraum, nicht das Kauf- oder Montagedatum!)
- ✓ Geschwindigkeitsklasse der Reifen mind. L
- ✓ gesiegelte 100er-Plakette, gut sichtbar am Fahrzeugheck angebracht

Voraussetzungen für das Zugfahrzeug

- ✓ zGG max. 3,5 t
- ✓ mehrspuriges Zugfahrzeug mit ABS
- ✓ passendes Gewichtsverhältnis Caravan–Zugfahrzeug, s. links
- ✓ Stützlast mit angekuppeltem Caravan möglichst genau erreicht, aber nicht überschritten
- ✓ Anhängelast eingehalten

Achtung: Die 100er-Zulassung kann jederzeit „erlöschen", wenn eine der genannten Voraussetzungen nicht mehr erfüllt ist. Der Fahrzeugführer ist hier in der Verantwortung. Prüfe deshalb vor jeder Fahrt – vor allem nach längeren Standzeiten – das Reifenalter, achte beim Reifenkauf auf die Geschwindigkeitsklasse und lasse relevante Umbauten durch einen Sachverständigen abnehmen.

Besonderheiten beim Fahren mit großen Gefährten

Grundsätzlich ist das Fahren mit einem Campingfahrzeug kein Hexenwerk. Sofern du keine körperlichen Einschränkungen hast und zum Beispiel einen Spezialausbau benötigst (s. S. 318), lässt es sich mit etwas Übung ganz easy meistern. Bist du aber das erste Mal mit einem Wohnmobil, einem größeren Kastenwagen oder gar einem Gespann unterwegs, wirst du feststellen, dass das Fahrgefühl doch anders ist als mit einem normalen PKW. Schnapp dir darum vor der ersten Reise dein Mobil und drehe ein paar Runden auf einem großen, leeren Parkplatz oder auf einem anderen freien Gelände, um ein Gefühl für die Dimensionen zu bekommen. Alternativ kannst du ein Fahrsicherheitstraining (s. S. 52) besuchen, bei dem du alles Wichtige über den Umgang mit deinem Fahrzeug lernst und das richtige Verhalten in Gefahrensituationen einüben kannst.

Abmessungen des Fahrzeugs

Die ungewohnten Maße deines Campingmobils können unter Umständen zu problematischen Situationen führen, vor allem, wenn du kein spezielles Camper-Navigationsgerät besitzt (s. S. 64). Denn dann musst du noch genauer auf die jeweiligen Verkehrszeichen zu Höhe, Breite und Gewicht achten: Viele Unterführungen oder Brücken sind nur bis zu bestimmten Grenzwerten zugelassen, und mit etwas Pech stehst du irgendwo und kommst mit deinem Gefährt nicht durch. Wohnmobile und Caravans mit einem etwas größeren Überhang können zudem vor allem an Steigungen und bei unebenem Gelände schnell hinten „aufsitzen“.

Spickzettel anlegen

Sehr hilfreich ist es, einen Aufkleber gut sichtbar im Cockpit anzubringen, auf dem mindestens folgende Daten geschrieben stehen:

- ✓ Höhe – inkl. Aufbauten wie Klimaanlage oder Satellitenschüssel!
- ✓ Breite – inkl. Zusatzspiegeln beim Caravan-Gespann
- ✓ Länge – inkl. Fahrradträger
- ✓ zulässiges Gesamtgewicht
- ✓ Achslast(en)

Geräuschkulisse

Während die meisten modernen PKW vergleichsweise lautlos über die Straßen gleiten, bist du bei einem Wohnmobil, Kastenwagen oder Campingbus häufig umgeben von ungewohnten Geräuschen. Der Motor ist lauter, die Ausrüstung klappert in den Schränken, und nicht selten wirst du durch dumpfe Schläge aus deiner Fahrmeditation gerissen – wenn zum Beispiel eine Flasche im Schrank umkippt. Bereite dich darauf vor und lass dich nicht davon ablenken oder gar dazu verleiten, dich während der Fahrt umzudrehen!

Geschwindigkeit

Wohnmobile und Kastenwagen bis 3,5 t sowie Campingbusse dürfen theoretisch so schnell unterwegs sein wie normale PKW (s. S. 70). Ratsam ist dies jedoch insbesondere für Einsteiger nicht, denn Kurvenlage, Beschleunigung und Bremsverhalten sind aufgrund des höheren Gewichts doch deutlich anders als gewohnt.

Für Gespanne gilt in Deutschland außerhalb geschlossener Ortschaften ein Tempolimit von 80 km/h, auf Autobahnen und Schnellstraßen mit einer 100er-Zulassung (s. S. 48) von 100 km/h. Da Wohnwagen jedoch sensibel auf ungleichmäßige Beladung, hohes Tempo, Seitenwind oder das „Ansaugen" durch überholende LKW reagieren, solltest du das gerade am Anfang nicht unbedingt ausreizen. Man kommt also insgesamt eher langsamer voran: Wir kalkulieren in der Regel 30–50% mehr Fahrzeit im Vergleich zu Strecken mit dem PKW ein. Da das Fahren mit „großem Gerät" mehr Konzentration erfordert, solltest du außerdem ausreichend Pausen einplanen sowie nach Möglichkeit den einen oder anderen Fahrerwechsel. Am besten reist du stets nach dem Motto: „(Auch) der Weg ist das Ziel." Das schont nicht nur die Nerven, sondern auch den Kraftstoffverbrauch!

Kurvenradius, Ausscheren, toter Winkel

Größere Campingfahrzeuge und vor allem Gespanne besitzen naturgemäß einen höheren Kurvenradius. Damit du keine Straßenbegrenzungen, Bordsteine oder Bäume touchierst, solltest du immer etwas stärker ausholen und dann einen weiten Bogen schlagen. Dabei ist unbedingt der Gegenverkehr im Auge zu behalten, da du leicht mit einem Teil deines Mobils auf die andere Spur gerätst.
Auch beim Überholen anderer Fahrzeuge oder Radfahrer scheren die Fahrzeuge häufig weiter aus als gedacht. Behalte daher immer den toten Winkel im Hinterkopf und schaue lieber einmal zu viel in deine Spiegel.

Rückwärtsfahren und Einweisen

Das Rückwärtsfahren und Rangieren ist insbesondere mit Gespannen und größeren Wohnmobilen anfangs tatsächlich eine kleine Herausforderung. Kompaktere Reisemobile lassen sich ähnlich manövrieren wie ein PKW, allerdings musst du die zusätzliche Länge und Höhe sowie den erweiterten Kurvenradius bedenken. Bei Caravans bewegt sich das Heck beim Rückwärtsfahren in die entgegengesetzte Richtung zu den Lenkbewegungen im Zugfahrzeug. Das erfordert mehr Routine, ist aber mit ein paar Übungseinheiten auf einem großen, leeren Parkplatz, bei einer Fahrschule oder in einem Fahrsicherheitstraining leicht zu erlernen.

Gefahr von oben
Generell ist es wichtig, immer auch ein Auge auf herabhängende Äste oder andere Hindernisse „von oben" zu haben. Viele Camperkollegen kennen es aus leidvoller Erfahrung: Man ist beschäftigt damit, hinten und seitlich alles im Blick zu behalten, und plötzlich knirscht es am Dach …

Am besten bittest du eine zweite Person, dich einzuweisen. Stimmt die Einweiszeichen aber vorher genau ab, damit es keine Missverständnisse gibt! Für uns hat es sich als sinnvoll erwiesen, mit den Händen oder den ganzen Armen klar die Richtung anzuzeigen, in die sich das Heck des Wohnwagens oder des Reisemobils bewegen soll. Wilde Kurbelbewegungen sind dagegen erfahrungsgemäß eher kontraproduktiv, genauso wie das undeutbare Klopfen auf die Karosserie.

Die einweisende Person sollte außerdem immer so stehen, dass sie den Fahrer im Rückspiegel sehen kann – so ist garantiert, dass sie ebenfalls gesehen wird.
Alternativ kannst du dir auch eine Rückfahrkamera oder für Caravans einen Rangierantrieb („Mover", s. S. 258) zulegen. Damit wird das Rückwärtsfahren und Einparken erheblich sicherer und einfacher.

Fahrsicherheitstraining

Vielleicht möchtest du dein Campingmobil und sein Fahrverhalten in einem geschützten Rahmen und unter fachkundiger Anleitung besser kennenlernen. Dann können wir dir ein Fahrsicherheitstraining wärmstens ans Herz legen. Wir selbst haben das bereits zweimal absolviert und immer wieder Neues dazugelernt.

Bei verschiedenen Anbietern gibt es Trainings, die speziell auf den Alltag von Wohnmobil- oder Gespannfahrern ausgerichtet sind und meist mit dem eigenen Fahrzeug durchgeführt werden. Die Vorteile:

- Du erfährst alles Wissenswerte über die Vorbereitung des Fahrzeugs für die Abfahrt. So hast du beim Fahren den Kopf frei und musst dir keine Gedanken über umherfliegende „Geschosse", Gewichtskontrollen oder alleine über die Autobahn irrende Anhänger machen.
- Du bekommst ein besseres Gespür für dein Fahrzeug oder Gespann und kannst gefahrlos ausprobieren, wie es unter verschiedenen Bedingungen reagiert, z.B. in Kurven oder beim Rückwärtsrangieren.
- Du frischst lange vergessenes Wissen aus der Fahrschule wieder auf: die richtige Sitzeinstellung, die korrekte Lenkradhaltung, der Spiegel- und der Schulterblick. Diese Dinge sind einfach umzusetzen und können im Notfall den entscheidenden Unterschied machen.
- Und am Allerwichtigsten: Du übst, wie du Extremsituationen souverän meisterst und dein Fahrzeug wieder unter Kontrolle bekommst – unter kompetenter Anleitung, ganz praktisch und auf abgesichertem Gelände.

Inhalte eines Fahrsicherheitstrainings

- ✓ Gewichtsgrenzen kennen und die Dimensionen des Fahrzeugs richtig einschätzen lernen
- ✓ Richtiges Beladen und Verstauen
- ✓ Wohnwagen: An- und Abkuppeln
- ✓ Wohnmobil: Fahrassistenzsysteme
- ✓ Sitzposition, Spiegeleinstellungen, Lenkradhaltung
- ✓ Blick- und Lenktechniken
- ✓ Slalom- und Kurvenfahrten
- ✓ Enge Durchfahrten
- ✓ Geschwindigkeiten und Bremswege richtig einschätzen lernen
- ✓ Anwendung verschiedener Bremstechniken
- ✓ Bremsen aus unterschiedlichen Geschwindigkeiten und auf unterschiedlichen Fahrbahnuntergründen
- ✓ Erarbeitung von Notfallstrategien: Bremsen in der Kurve, Bremsen oder Ausweichen vor plötzlich auftauchenden Hindernissen oder Stauenden, Umgang mit Schlingern und Aufschaukeln)
- ✓ Praxisübungen und Tipps zum Rückwärtsfahren
- ✓ Rangieren und Einparken
- ✓ Einweisen

Die richtige Beladung

Wird ein Campingfahrzeug falsch beladen oder gar überladen, kann es zu erheblichen Sicherheitsrisiken kommen: Vor allem Wohnwagen, aber auch höhere Wohnmobile können beginnen zu schlingern oder sich „aufzuschaukeln". Passiert das, kannst du schnell die Kontrolle über das Fahrzeug oder Gespann verlieren und schwere Unfälle verursachen. Auch die „Ansaugung" durch überholende LKW stellt ein nicht zu unterschätzendes Risiko dar. Je schwerer und je instabiler ein Campingmobil beladen ist, desto größer ist die Gefahr, dass es durch den starken Luftzug vorbeifahrender großer Gefährte „aus der Bahn geworfen" wird.

Umso wichtiger ist es, sich schon im Vorfeld der Reise mit der korrekten Beladung des Campers vertraut zu machen. Wir gehen in diesem Kapitel besonders ausführlich darauf ein, weil hier von Einsteigern, aber auch von alten Hasen wahnsinnig viele Fehler begangen werden – meist unbewusst. Wer schon einmal ein umgekipptes Gespann oder ein völlig zerlegtes Wohnmobil nach einem Unfall gesehen hat, möchte das nicht selbst erleben.
Neben den Sicherheitsaspekten wirkt sich die richtige Beladung übrigens auch positiv auf den Fahrkomfort und den Kraftstoffverbrauch aus. Die Fahrzeuge lassen sich deutlich besser lenken, du musst also weniger Kraft und Konzentration aufwenden – und das Reisebudget dankt es dir ebenfalls!

Üben, üben, üben!
Im Internet kursieren viele Falschinformationen darüber, wie du dich bei einem schlingernden oder sich aufschaukelnden Fahrzeug verhalten solltest. Bitte verlasse dich nicht auf die teilweise absurden Ratschläge anderer User, sondern lass dir in einem vernünftigen Fahrsicherheitstraining erklären, was im Notfall zu tun ist (s. S. 52). Solche Trainings bietet zum Beispiel der ADAC an.

Strafen bei Überladung

Während in Deutschland die Bußgelder für eine Überladung mit bis zu 235 Euro noch recht überschaubar sind, steigen einige Nachbarländer deutlich höher ein: In Italien etwa werden bis zu 1700 Euro, in anderen Ländern teils mehrere Tausend Euro fällig. Noch härter als die Geldstrafe trifft viele Camper jedoch, dass eine Weiterfahrt bei Überladung nicht gestattet ist. Hier heißt es dann: an Ort und Stelle Wasser ablassen und Equipment ausladen, bis das Gewicht stimmt.
In Deutschland kann es je nach Höhe der Überladung außerdem einen Punkt in der „Verkehrssünderkartei", beim Fahreignungsregister in Flensburg, geben. Auch im Hinblick auf die Reisekasse solltest du daher lieber konservativ packen, denn wie sagte unser Trainer im Fahrsicherheitskurs so schön: „Die Frage ist nicht, ob ihr kontrolliert werdet, sondern wann!"

Wichtige Daten und Gewichtsgrenzen prüfen

Zunächst solltest du die „Rahmendaten" des Wohnmobils bzw. des Gespanns in Augenschein nehmen. Die meisten der folgenden Daten kannst du aus den Fahrzeugscheinen ablesen – vorausgesetzt, der Hersteller hat die entsprechenden Angaben korrekt gemacht. Leider ist das nicht immer der Fall, sodass zu empfehlen ist, nach Auslieferung bzw. Übergabe selbst zu einer Waage zu fahren (s. S. 57).

Leermasse beim Wohnwagen
Mit Leergewicht oder Leermasse wird das Gewicht bezeichnet, das der Wohnwagen in fahrbereitem Zustand inklusive der vom Hersteller eingebauten Zusatzausstattung, einer gefüllten Gasflasche sowie einem mindestens zu 90% gefüllten Frischwasser- und Toilettenspülwassertank hat.

Leermasse beim Wohnmobil
Beim Wohnmobil sind herstellerseitig neben dem fahrbereiten Fahrzeug üblicherweise ein zu 90% gefüllter Kraftstofftank, komplett gefüllte Wasser- und Gastanks oder -flaschen, alle für den Betrieb erforderlichen Ersatzteile und Werkzeug sowie 75 kg Fahrergewicht eingerechnet. „Ersatzteile und Werkzeug" umfasst übrigens in diesem Fall nur die zum Fahrzeug gehörenden Gegenstände wie Wagenheber, Radschlüssel, Ersatzrad, Verbandskasten und Warndreieck.

Zulässige Gesamtmasse
Unter der zulässigen Gesamtmasse (auch: zulässiges Gesamtgewicht/zGG) versteht man das Gewicht, welches das reisebereite Campingfahrzeug insgesamt höchstens aufweisen darf – inklusive aller Gegenstände, die du selbst noch zulädst (Kleidung, Werkzeug, Geschirr etc.) oder nachträglich anbringst (Fahrradträger, Markise etc.).

Zulässige Gesamtmasse des Wohnwagen-Gespanns
Die Formel ist einfach:

zGG Gespann = zGG Wohnwagen + zGG Zugfahrzeug

Besitzt dein Zugfahrzeug also ein zGG von 2,1 t und dein Wohnwagen eines von 1,2 t, kommt dein Gespann auf ein zGG von 3,3 t (und liegt damit unter der „magischen Grenze" von 3,5 t, s. S. 46).

Zuladung
Wie der Name schon sagt, umfasst Zuladung alles, was zugeladen, also im Wohnwagen auf der Fahrt transportiert wird. Wie viel das im Einzelfall sein darf, findet sich nicht im Fahrzeugschein, sondern man muss es selbst berechnen. Die Zuladung ergibt sich aus folgender Formel:

Zuladung = zGG – Leergewicht

Auf die Zuladung kommt es an!
Um bei Wohnwagen-Gespannen und vor allem auch bei Wohnmobilen unter 3,5 t zu bleiben und trotzdem viel Zusatzausstattung verbaut zu bekommen, werden viele Modelle mit einer geradezu lächerlichen Zuladung verkauft. Oft hört man von 100–200 kg – viel zu wenig, um das ganze Equipment für mehrere Personen einzupacken. Und wir haben sogar schon von extremen Fällen gehört, in denen nicht mal mehr Ehefrau und Hund hätten mitreisen können. Achte also bei der Anschaffung ganz besonders auf diesen Punkt!

Achslast
Die Achslast gibt an, wie viel Gewicht auf der Achse bzw. den Achsen deines PKW, des Wohnwagens oder des Reisemobils liegt und über die Räder auf die Fahrbahn übertragen wird. Die Räder sollten im beladenen Zustand möglichst gleichmäßig belastet sein.

Tragfähigkeit der Reifen
Diese wird mit dem Tragfähigkeitsindex (TI, oder „*Load Index*", LI) angegeben. Du findest den TI seitlich an der Reifenflanke.
Den Code kannst du mit Hilfe der Tabelle auf S. 60 in kg umrechnen.

Anhängelast beim Zugfahrzeug
Die Anhängelast (oder „Zuglast") eines Zugfahrzeugs hängt von mehreren Komponenten ab, unter anderem vom Modell und von der Anhängevorrichtung. „Normale" PKW dürfen üblicherweise bis ca. 1,5 t ziehen, Geländewagen je nach Größe und Gewicht bis zu 3,5 t – in wenigen Ausnahmefällen sogar bis zu 4,5 t. Die Beschränkungen für dein Zugfahrzeug findest du im Fahrzeugschein; maßgeblich für den Wohnwagenbetrieb ist die Ziffer O.1, die die Anhängelast gebremst angibt.

Stützlast beim Zugfahrzeug
Die Stützlast bezeichnet das Gewicht, das bei angekuppeltem Wohnwagen auf der Anhängevorrichtung deines Zugfahrzeugs lastet. Bei den meisten PKW liegt dieser Wert irgendwo zwischen 50 und 90 kg. Du findest die Angabe unter Ziffer 13 im Fahrzeugschein. Weisen Zugfahrzeug und Anhänger unterschiedliche Begrenzungen bei der maximalen Stützlast auf, so gilt der niedrigere Wert.

Ausbalanciert bleiben
Falls du durch mehr Gewicht im Heck deine Stützlast vorne reduzieren möchtest, verliere dabei bitte nicht die Fahrstabilität und das zGG des Gespanns aus den Augen!

Die maximale Stützlast darf nicht überschritten werden, sollte aber auch nicht weniger als 4% des tatsächlichen Anhängergewichts betragen bzw. nicht unter 25 kg liegen. Am allerbesten ist es, den Maximalwert möglichst auszureizen, da sich eine hohe Stützlast positiv auf die Gespannstabilität auswirkt. Du solltest die Stützlast unbedingt immer vor der Abfahrt prüfen, denn schon kleine Veränderungen bei der Beladung oder der Transport einer anderen Gasflasche im Deichselkasten kann nicht zu unterschätzende Auswirkungen haben.

Das Campingfahrzeug wiegen

Gerade Einsteiger mit wenig Erfahrung sollten die ersten Male nicht auf ihre Schätzung bezüglich der zulässigen Gewichte und Lasten vertrauen, sondern lieber auf verlässliche Informationen setzen. Das Beste ist es, eine offizielle LKW-Waage anzusteuern, wie du sie zum Beispiel in Kieswerken, auf Recyclinghöfen oder Abfalldeponien, an Raiffeisen- oder BayWa-Märkten, beim TÜV, bei der DEKRA, dem ADAC oder auch bei der Autobahnpolizei findest. Gegen ein paar Euro „Trinkgeld" oder manchmal sogar kostenlos erhältst du hier zuverlässige Ergebnisse, mit denen du dann beruhigt in den Urlaub starten kannst!
Darüber hinaus gibt es auch noch technische Hilfsmittel:

Achslast prüfen
Zur Kontrolle der Achslast findest du im Fachhandel tragbare Waagen, die unter die Reifen gelegt werden.

Stützlast prüfen
Hierfür stehen ebenfalls tragbare Waagen, aber auch Stützräder zur Verfügung, in die schon eine mechanische Waage eingebaut wurde. Viele Camper schwören alternativ auf handelsübliche Personenwaagen: einfach eine auf Höhe der Wohnwagenkupplung zugeschnittene Holzleiste unter das Kupplungsmaul des Anhängers klemmen und die Waage draufsetzen.

Wie belade ich richtig?

Nicht nur eine Überladung, sondern auch eine falsche Beladung können die Stabilität deines Campingmobils buchstäblich ins Wanken bringen. Denn ein zu hoher Schwerpunkt begünstigt ein Schlingern oder gar Kippen des Fahrzeugs. Außerdem können durch massive Teile, die aus den oberen Staufächern fallen oder im Innenraum „herumfliegen", teure Schäden entstehen.

Daher verstaut man

- **schwere Ladung** wie Wasservorräte, Konserven, Campingmöbel oder Werkzeugkisten möglichst tief und gleichmäßig um die Achse herum bzw. zwischen Achse und Deichsel verteilt. Hierbei sind Achs- und Stützlast zu beachten!
- **mittelschwere Ladung** wie Tetrapaks, Schuhe oder Kochgeschirr in den bodennahen Stauräumen – ebenfalls möglichst gleichmäßig verteilt.
- **leichte Ladung** wie Kleidung, Kunststoff oder Bambusgeschirr, Lebensmittel in Papier- oder leichten Kunststoffverpackungen wie Brot, Haferflocken, Pasta oder Obst und sehr leichtes technisches Equipment in den Oberschränken.

Drei Prinzipien für die Ladungssicherung

1. Sämtliche Ladung, insbesondere die schweren Gegenstände, muss im Campingmobil wie im Zugfahrzeug stets so verstaut und gesichert werden, dass bei stärkeren Bremsmanövern oder einem Unfall nichts durch die Gegend fliegt.
2. Offene Staufächer im Camper sind vor der Fahrt leerzuräumen.
3. Der Wohnwagen sollte insgesamt maximal 75% des Gewichts des beladenen Zugfahrzeugs erreichen.

Gewicht einsparen

Falls es mit dem Gewicht oder der Stützlast Probleme gibt, kannst du deine Ladung noch an einigen Stellen optimieren, z. B.:

- Gasflaschen: nur eine Flasche mitnehmen, Stahl- durch Aluflaschen ersetzen. Eine leere 11-kg-Aluflasche etwa wiegt netto weniger als die Hälfte einer 11-kg-Stahlflasche!
- Toilettenspül- und Frischwasser ablassen und nur eine kleine Notfallration Frischwasser im Tank oder in kleinen Kanistern mitführen.
- Toilette leeren
- E-Versionen von Büchern, Zeitungen, Zeitschriften nutzen.
- Kochtöpfe aus Edelstahl oder Aluminium oder anderen leichten Materialien mitführen
- Geschirr aus leichten Materialien verwenden
- Möglichst wenig Konserven und Glasbehälter mitnehmen.

- Nur so viele Stühle einpacken, wie Personen an Bord sind. Besucher auf Camping- und Stellplätzen bringen in der Regel ihre eigenen Sitzgelegenheiten mit!
- Auswahl an Werkzeug stark beschränken und in einer leichten Kunststoffkiste verstauen.
- Für den Fahrradtransport Dach- oder Heckträger für das Zugfahrzeug statt Deichselträger für den Wohnwagen nutzen. Alternativ: Leichte Falt-Bikes mitnehmen, die in den Kofferraum gelegt werden können.
- Textilien wie Kleidung oder Handtücher aufs Nötigste beschränken – man kann fast überall unterwegs waschen!
- Reserverad im Zugfahrzeug verstauen oder mit einem Ersatzradhalter so unter dem Wohnwagen anbringen, dass er nicht im Gaskasten zusätzlich auf die Stützlast drückt.
- Zusatzausstattung auf ihre Notwendigkeit hin prüfen. Ein paar Gewichtsbeispiele:
  Fernseher mit Halterung
  und Sat-Antenne: 15–35 kg
  Markise: mind. 20 kg
  Bordbatterie: 20–30 kg
  Klimaanlage: 25–40 kg

Tragfähigkeitsindizes und zulässige Lasten

LAST-INDEX	LAST JE REIFEN [KG]	LAST-INDEX	LAST JE REIFEN [KG]	LAST-INDEX	LAST JE REIFEN [KG]
19	77,5	50	190	81	462
20	80	51	195	82	475
21	82,5	52	200	83	487
22	85	53	206	84	500
23	87,5	54	212	85	515
24	90	55	218	86	530
25	92,5	56	224	87	545
26	95	57	230	88	560
27	97,5	58	236	89	580
28	100	59	243	90	600
29	103	60	250	91	615
30	106	61	257	92	630
31	109	62	265	93	650
32	112	63	272	94	670
33	115	64	280	95	690
34	118	65	290	96	710
35	121	66	300	97	730
36	125	67	307	98	750
37	128	68	315	99	775
38	132	69	325	100	800
39	136	70	335	101	830
40	140	71	345	102	850
41	145	72	355	103	875
42	150	73	365	104	900
43	155	74	375	105	925
44	160	75	387	106	950
45	165	76	400	107	975
46	170	77	412	108	1000
47	175	78	425	109	1030
48	180	79	437	110	1060
49	185	80	450	111	1090

LAST-INDEX	LAST JE REIFEN [KG]
112	1120
113	1150
114	1180
115	1215
116	1250
117	1285
118	1320
119	1360
120	1400
121	1450
122	1500
123	1550
124	1600
125	1650
126	1700
127	1750
128	1800
129	1850
130	1900
131	1950
132	2000
133	2060
134	2120
135	2180
136	2240
137	2300
138	2360
139	2430
140	2500
141	2575
142	2650

LAST-INDEX	LAST JE REIFEN [KG]
143	2725
144	2800
145	2900
146	3000
147	3075
148	3150
149	3250
150	3350
151	3450
152	3550
153	3650
154	3750
155	3875
156	4000
157	4125
158	4250
159	4375
160	4500
161	4625
162	4750
163	4875
164	5000
165	5150
166	5300
167	5450
168	5600
169	5850
170	6000
171	6150
172	6300
173	6500

LAST-INDEX	LAST JE REIFEN [KG]
174	6700
175	6900
176	7100
177	7300
178	7500
179	7750
180	8000
181	8250
182	8500
183	8750
184	9000
185	9250
186	9500
187	9750
188	10000
189	10300
190	10600
191	10900
192	11200
193	11500
194	11800
195	12150
196	12500
197	12850
198	13200
199	13600
200	14000
201	14500
202	15000
203	15550
204	16000

Routenplanung und Navigation

Um entspannt in den Urlaub starten zu können, brauchst du eine zumindest grobe Routenplanung – selbst als noch so freiheitsliebender Spontancamper. Schließlich wirst du ja ungefähr wissen wollen, wo die Reise hingeht und wie lange du etwa unterwegs sein wirst. Außerdem ist es gerade mit großen Campingfahrzeugen manchmal gar nicht so einfach, bestimmte Gebiete zu durchqueren. Deshalb ist es hilfreich, ein Navi oder eine App an Bord zu haben, die dir den Weg weist und dich notfalls auch mal souverän um einen Stau herumführt – idealerweise natürlich nur auf Straßen, die du mit deinen Fahrzeugmaßen und der zulässigen Gesamtmasse auch nutzen darfst. Wir haben im Laufe unserer Reisen viele Geräte und Tools getestet und dabei festgestellt, dass man meist mit einer Kombination aus mehreren Methoden am besten fährt (s. S. 65).

Google Maps Der kostenlose Tausendsassa unter den virtuellen Karten bringt viele Funktionen, aber gerade für Campingfahrzeugbesitzer auch einige Schwächen mit sich. Beispielsweise ist es (für uns völlig unverständlich) bis heute nicht möglich, die Maße und das Gewicht des eigenen Fahrzeugs anzugeben. Das führt dazu, dass du im Zweifel auch mit einem 7,5-Tonner unter niedrigen Unterführungen hindurch, über kleine Brücken oder durch enge Gassen gelotst wirst. Außerdem wird die Fahrzeit auf Basis von PKW-Geschwindigkeiten kalkuliert, du musst bei der Routenplanung also gedanklich je nach Fahrzeugtyp immer noch etwas aufschlagen; ein Drittel bis die Hälfte Mehrzeit ist ein realistischer Wert. Eine klassische Offline-Funktion gibt es bei Google Maps ebenfalls nicht, du kannst dir jedoch vor der Abfahrt beliebig viel Kartenmaterial zu deinen Routen oder deinem Zielgebiet herunterladen. Das verschlingt natürlich Speicherplatz, hilft aber bei schlechter Internetverbindung oder hohen Roaming-Gebühren zumindest punktuell weiter.

Andererseits bietet Google Maps eine unfassbare Menge an interessanten Daten: Echtzeit-Anzeigen für Staus und Unfälle, Mautstrecken, die eigene Geschwindigkeit, Points of Interest (POI) entlang der Route oder am Zielort (z.B. Tankstellen und Rastplätze, Wohnmobilstellplätze, Campingplätze, Supermärkte, Ladengeschäfte, Restaurants, Apotheken, Krankenhäuser, Autowerkstätten, Fähren, Parkplätze und vieles mehr) – zum Teil auch gleich mit Telefonnummer, sodass man die betreffende Lokalität mit nur einem Knopfdruck aus der App heraus anrufen kann. Eine weitere, für uns sehr hilfreiche Funktion: die Satellitenansicht. Damit prüfen wir in der Regel vorab schon mal, ob z.B. ein Supermarkt oder ein Campingfachhändler ausreichend große Parkflächen für unser Gespann vorhält, ob es bei später Ankunft die Möglichkeit gibt, vor dem Campingplatz zu übernachten, oder ob die Durch- und Zufahrten zu einem bestimmten Ziel für uns überhaupt möglich sind.

Sygic Diese ursprünglich für LKW-Fahrer entwickelte App hat sich in den vergangenen Jahren zum heißen Geheimtipp unter Campern gemausert. Schon in der LKW-Version bot Sygic (fast) alle Funktionen, die man sich als Fahrer eines großen Mobils wünscht. Die relativ neue Version „Europe Caravan" wurde darüber hinaus noch spezifisch weiter verfeinert: Du kannst Fahrzeugmaße, Gesamtmasse und Maximalgeschwindigkeit eingeben, und dann führt dich die App zuverlässig über für dich geeignete Straßen.
Während der Fahrt kannst du Tankstellen oder Rastplätze entlang deiner Route anzeigen lassen und auswählen, außerdem sind in der Datenbank eine Menge Werkstätten, Supermärkte und sogar Camping- und Stellplätze zu finden. Ein Fahrspurassistent sowie (als Zusatzoption) die Echtzeitanzeige der Verkehrslage oder der Spritpreise an den jeweiligen Tankstellen sind weitere tolle Funktionen, die wir gerne und häufig nutzen.
Jalil ist außerdem ein besonders großer Fan der geografischen Relief-Anzeige: So kann er das zu befahrende Terrain mit seinen Steigungen, Senkungen und Kurven besser einschätzen und das Fahrverhalten entsprechend anpassen.
Daneben kannst du dem Gerät sogar vorgeben, dich immer so zum Ziel zu führen, dass du am Ende nur noch rechts abbiegen musst. Das ist z.B. besonders praktisch mit langen Gespannen, die beim Linksabbiegen über mehrere Spuren Probleme bekommen.
Um ohne Internet zu navigieren, musst du die benötigten Offline-Länderkarten auf dein Smartphone oder Tablet herunterladen. Dafür bekommst du für relativ schmales Geld ein Tool an die Hand, das problemlos ein teures Camper-Navigationsgerät ersetzen kann. Übrigens: Die ersten 14 Tage der Premium-Version sind kostenlos. Darüber hinaus bietet Sygic regelmäßig wirklich lohnenswerte Rabatte für den Erwerb der App an (bis zu 40%). Wenn du es also nicht eilig hast, lade dir erstmal die kostenlose Version herunter und schau häufiger im Store nach, ob es vergünstigte Angebote gibt.

CoPilot GPS Ebenfalls eine kostenpflichtige App, die du für alle Fahrzeugtypen einsetzen kannst. Klassische Dienste wie Sprachnavigation, Routenplanung und Verkehrsinfos helfen bei der Auswahl der Route und es gibt Informationen über Streckenabschnitte wie Brücken, die nicht für schwere Transporter zugelassen sind. Eine erweiterte Funktion ermöglicht außerdem eine spezielle Navigation für Wohnmobile und zeigt dir vorinstallierte POI wie Campingplätze oder Raststätten an. Das Kartenmaterial ist durch vorheriges Herunterladen offline zugänglich, sodass du dir unterwegs Datenvolumen sparst. CoPilot GPS kannst du in den ersten 14 Tagen gratis nutzen, danach wählst du ein zeitlich begrenztes Abo für PKW, LKW oder Wohnmobil aus und kaufst das weltweite Kartenmaterial dazu.

Waze Waze ist Teil eines Sozialen Netzwerks. Die App beinhaltet Kartenmaterial, Routenempfehlungen und Verkehrsmeldungen, die durch die Nutzer gemeinschaftlich erarbeitet werden. Jeder User registriert sich mit seinem Profil in diesem Netzwerk und kann dann seine Vorschläge und Erfahrungen in Echtzeit teilen, um so zu einer stetigen Verbesserung der Routenführung beizutragen. Auch hier finden sich überraschend viele Informationen, z.B. Fotos und Daten von Campingplätzen oder Stellplätzen. Außerdem kannst du einige Vignetten und Umweltplaketten auswählen (das ist allerdings noch sehr unvollständig).
Leider fehlen Möglichkeiten, die Fahrzeugdaten einzugeben, eine Route mit mehreren Etappenzielen zu planen oder POI entlang der Fahrstrecke zu suchen. Eine Offline-Funktion sucht man ebenfalls vergeblich, und anders als bei Google Maps kannst du keine Karten herunterladen. Insgesamt ist Waze also eher für kürzere, direkte Strecken ohne Umwege oder Zwischenübernachtungen empfehlenswert.

Via Michelin Michelin, der bekannte Reifenhersteller, bietet einen Gratis-Routenplaner, der uns persönlich bisher recht brauchbare Ergebnisse geliefert hat. Wie bei den anderen Apps und Webseiten gibst du dein Ziel, die gewünschten Zwischenstationen sowie weitere Daten wie bevorzugte Straßen, Fähren, Mautstrecken etc. ein und wählst auf Wunsch auch noch Details zu deinem Fahrzeug aus (Fahrzeugmarke, Modell, Baujahr, Motorisierung, mit oder ohne Wohnwagen).
Die Seite errechnet dann auf Basis deiner Angaben nicht nur die optimale Route, sondern auch einen ungefähren Kostenrahmen für deine Reise. Unserer Erfahrung nach liegen diese Prognosen immer ein Stück unter den tatsächlichen Ausgaben, liefern aber einen ersten Anhaltspunkt zu Sprit- und Mautkosten. Neben der Web-Version stellt Michelin auch eine App zur Verfügung, für die du jedoch eine Internetverbindung benötigst.

Rome2Rio/FetchMyWay Eine Idee – zwei verschiedene Apps: Rome2Rio und FetchMyWay versorgen dich mit den wichtigsten Infos für „multimodale" Reisen, also Trips, auf denen du unterschiedliche Verkehrsmittel nutzt. Nachdem du deinen Ausgangs- und Zielpunkt eingegeben hast, kannst du deine persönliche Kombination wählen aus eigenem Fahrzeug, Fähren, Zügen, Flugzeugen oder Nah- und Fernverkehrsbussen.

Tragbare Navis Diese Geräte haben gegenüber Apps den entscheidenden Vorteil, dass sie auf deinem Smartphone weder Speicherplatz noch Akku fressen und vor allem keinen Internetempfang benötigen. Regelmäßige Systemaktualisierungen bringen die Geräte auf den neusten Stand und ihre Displays sind durch ihre großen Icons meist einfacher zu bedienen als die von Smartphones. Allerdings sind tragbare Navis in der Anschaffung meist recht teuer und häufig musst du für Kartenupdates und Live-Services zusätzlich bezahlen.

Lesetipp
Navigationsgeräte für Camper
camper.st/navigation

Normale PKW-Navis haben denselben Nachteil wie Google Maps, nämlich dass du keine Fahrzeugdaten hinterlegen kannst. Es gibt aber spezielle Camper-Navis, bei denen das möglich und teilweise sogar noch eine Datenbank für Camping- und Stellplätze integriert ist. Unter anderem haben TomTom, Garmin, Blaupunkt und Falk solche Versionen für Camper im Programm.

Physische Landkarten Bei aller Begeisterung für die modernen Methoden sind die guten alten Landkarten nach wie vor unverzichtbare Begleiter, auch wenn sie schon so manche Ehekrise ausgelöst haben und beim Zusammenfalten den letzten Nerv kosten können. Doch Technik kann schnell einmal versagen, und weder GPS noch das Internet liefern immer und überall zuverlässige und unterbrechungsfreie Signale, vor allem in entlegeneren Gegenden. Deshalb also bitte immer eine „richtige", möglichst halbwegs aktuelle Landkarte deiner Reise- und Transitländer als Ersatz mitführen.

So machen wir's

Bei uns sieht das Navigations-Setting nach etlichen mehr oder weniger frustrierenden Versuchen (auch mit teuren Geräten) wie folgt aus:

1. Die erste grobe Routenplanung mit ungefährer Definition der Tagesetappenziele erfolgt über Google Maps am Computer – das ist für uns am übersichtlichsten.
   Zur Google Maps-Zeit rechnen wir je nach Länge der Strecke bis zu 50% Fahrzeit hinzu: aufgrund von Tempolimits (bei uns 80 km/h), höherem Verbrauch (und dadurch bedingt häufigeren Tankstopps) sowie mehreren Pausen und Fahrerwechseln.

2. Am Tag der Abreise kalkulieren wir über Sygic die tatsächliche voraussichtliche Fahrzeit inklusive tagesaktueller Staus, Baustellen und Streckensperrungen.

3. Für die Navigation unterwegs haben wir uns ein günstiges kleines Tablet zugelegt, auf dem nur Google Maps und Sygic (Premium-Lizenz + Live-Services) installiert sind und das immer im Auto bleibt. Daran orientieren wir uns während der Fahrt in erster Linie.
   Als Backup ist immer eine Landkarte der zu befahrenden Länder zur Hand.

4. Bei spontan auftretenden Staus, Unfällen oder ähnlichen unvorhergesehenen Ereignissen nutzt der Beifahrer zusätzlich Google Maps über sein Smartphone, um mögliche Ausweichrouten zu eruieren und im Falle eines Verbindungsausfalls beim „Navigationstablet" einen Plan B zu haben.

5. Sobald wir uns dem Tagesziel nähern, sucht der Beifahrer über Google Maps oder eine Camping- und Stellplatzführer-App eine Unterkunft heraus. Die gewählte Adresse oder deren Koordinaten geben wir dann in Sygic ein, damit wir auf dem letzten Stück des Wegs nicht doch noch irgendwo hängenbleiben.

6. Besonders schöne oder gut gelegene Camping- oder Stellplätze nehmen wir anschließend in unsere Orte bei Google Maps auf, um auf künftigen Reisen schnell wieder auf die Infos zugreifen zu können.

Spezielle Verkehrsregeln und -zeichen

Für Reisemobile und Caravan-Gespanne gelten teilweise gesonderte Verkehrsregeln, die Einsteigern nicht unbedingt bewusst sind. Es ist sehr wichtig, dich damit ausführlich vertraut zu machen, bevor du losfährst.

Zusatzspiegel

Bist du mit einem Caravan unterwegs, der breiter ist als dein Zugfahrzeug, musst du laut StVO Zusatzspiegel an den Rückspiegeln des PKW anbringen (s. S. 256). Es gibt Universalspiegel, aber auch modellspezifische Versionen.

Parken und Abstellen

Beim Thema Parken muss man drei Aspekte unterscheiden:

- **Parken von Wohnmobil und Wohnwagen** z.B. für Erledigungen, Einkäufe oder zum Be- und Entladen;
- **kurzfristiges Abstellen** z.B. nach der Abholung vom Unterstellplatz oder ein paar Tage vor einer Reise;
- **langfristiges Abstellen** z.B. zwischen den Urlauben oder über den Winter.

Da es nicht immer möglich ist, diese drei Punkte klar zu trennen, behandeln wir sie hier gemeinsam. Auf die Themen Wildcamping, Freistehen und Übernachten im öffentlichen Raum gehen wir auf S. 325 ein.

Lesetipp
Verkehrsregeln für Camper in Europa
camper.st/verkehrsregeln

Wohnmobil & Co. parken und abstellen
Wenn dein motorisiertes Campingfahrzeug zugelassen ist, eine gültige TÜV-Plakette besitzt und du es nur parkst oder abstellst (also nicht darin übernachtest), dann darf es beliebig lange im öffentlichen Raum stehen. Diese Art der Nutzung fällt unter den sogenannten Gemeingebrauch eines Fahrzeuges und ist im öffentlichen Straßenverkehr überall dort erlaubt, wo es nicht explizit verboten ist – und wenn die folgenden Regeln beachtet werden:

- ✓ Das Parken mit zwei Rädern auf dem Gehweg ist nur dann gestattet, wenn ein entsprechendes Schild es zulässt. Und auch dann gilt es nur für Fahrzeuge bis 2,8 t. Ist dein Mobil schwerer, was zumindest bei den meisten Wohnmobilen der Fall sein dürfte, darfst du hier nicht stehen. Außerdem ist es grundsätzlich verboten, Schachtdeckel oder andere „Verschlüsse" zu verdecken.
- ✓ Falls dein Camper als Wohnmobil oder LKW zugelassen ist, bleiben alle Zonen mit einem „Nur PKW"-Schild für dich tabu – ganz gleich, welches Gewicht das Fahrzeug auf die Waage bringt.
- ✓ Sind Begrenzungsmarkierungen vorhanden, darf das Fahrzeug nicht darüber hinausragen.
- ✓ Fahrzeuge über 7,5 t dürfen innerhalb geschlossener Ortschaften in Wohn- und Erholungsgebieten nicht zwischen 22 und 6 Uhr oder an Sonn- und Feiertagen geparkt bzw. abgestellt werden, außer es ist explizit gestattet.
- ✓ Selbstverständlich darfst du dein Reisemobil auch nirgends parken, wo Parken oder Halten laut StVO generell nicht erlaubt ist, z.B. in Kreuzungsbereichen.
- ✓ Flächen, die mit einem Parkschild gekennzeichnet sind, auf dem ein weißes Wohnmobil-Piktogramm zu sehen ist, dürfen nur von Wohnmobilen genutzt werden.

Rücksicht und Vorsicht walten lassen
„(1) Die Teilnahme am Straßenverkehr erfordert ständige Vorsicht und gegenseitige Rücksicht.
(2) Wer am Verkehr teilnimmt, hat sich so zu verhalten, dass kein anderer geschädigt, gefährdet oder mehr als nach den Umständen unvermeidbar behindert oder belästigt wird."
Solange du also niemanden behinderst oder gefährdest (und es nicht durch ein Schild verboten ist), darfst du dein Wohnmobil auf öffentlichen Parkplätzen und am Straßenrand parken. Theoretisch.

Praktisch können aber vor dem Wohnhaus abgestellte Fahrzeuge zu erbitterten Nachbarschaftsstreitigkeiten führen und manchmal werden den Fahrzeugen sogar massive Beschädigungen zugefügt. Großflächige Kratzer, abgebrochene Seitenspiegel und zerstochene Reifen sind leider keine Seltenheit, und sogar die eine oder andere Brandstiftung ist uns bereits zu Ohren gekommen. Ob das wirklich der missgünstige Herr Mustermann von nebenan war oder sich unbekannte Vandalen mal so richtig austoben wollten – wer weiß das schon. Ein sicherer Stellplatz in einer geschlossenen Halle oder auf einem umzäunten Gelände in der näheren Umgebung ist daher die beste Wahl. Und auch Langfinger haben hier weniger Chancen, dein Fahrzeug als Beute zu machen.

Wohnwagen parken und abstellen
Bei Caravans ist die Sachlage noch etwas komplizierter. Grundsätzlich gilt in Deutschland auch in diesem Fall: Wo es nicht ausdrücklich verboten ist, darfst du deinen Wohnwagen abgekuppelt am Straßenrand und auf öffentlichen Parkplätzen parken oder abstellen.

Allerdings gilt für Caravans gemäß § 12 StVO eine zeitliche Beschränkung: „(3b) Mit Kraftfahrzeuganhängern ohne Zugfahrzeug darf nicht länger als zwei Wochen geparkt werden. Das gilt nicht auf entsprechend gekennzeichneten Parkplätzen." Und darüber hinaus gibt es folgende Regelungen:

- ✓ Bleibt der Wohnwagen am Zugfahrzeug angekuppelt, kann das Gespann zeitlich unbegrenzt stehen bleiben. Hier musst du jedoch darauf achten, dass das Parken nicht „nur für PKW" erlaubt ist. Denn der Wohnwagen bzw. das Gespann zählt in diesem Fall nicht als PKW und du würdest eine Ordnungswidrigkeit begehen, die mit einem Bußgeld geahndet wird.
- ✓ Auch Gespanne oder abgekuppelte Wohnwagen dürfen grundsätzlich nur innerhalb vorhandener Parkflächenmarkierungen abgestellt werden.
- ✓ Das Parken auf Gehwegen ist erlaubt, wenn Markierungen den Parkraum kennzeichnen und diese mit dem Fahrzeug nicht überschritten werden. Das gilt aber nur für Fahrzeuge mit einem zulässigen Gesamtgewicht von bis zu 2,8 t. Caravans über 2,8 t müssen auf LKW-Parkflächen ausweichen.

- ✓ Gespanne, die mehr als 3,5 t zGG auf die Waage bringen, müssen in der Dunkelheit innerhalb geschlossener Ortschaften beleuchtet sein oder du musst die seitliche Begrenzung mit Parkwarntafeln absichern. (Für Gespanne unter 3,5 t sind diese Regelungen nicht verpflichtend, aber ratsam.)
- ✓ Beim Halten oder Parken außerhalb geschlossener Ortschaften sind Parkwarntafeln grundsätzlich nicht erlaubt. Hier muss das Standlicht und bei schlechter Sicht durch Nebel, starken Regen oder Schneefall das Abblendlicht eingeschaltet werden. Das gilt für das Parken auf Autobahn- oder Bundesstraßenparkplätzen.
- ✓ Auf Parkflächen, auf denen kein fließender Verkehr stattfindet, dürfen Fahrzeuge und Gespanne auch ohne Beleuchtung abgestellt werden.

Für Wohnwagenbesitzer ist es also noch wichtiger als für Wohnmobilisten, sich frühzeitig – am besten schon vor dem Kauf – um einen geeigneten Unterstellplatz zu kümmern. Hier können Online-Verkaufsportale, lokale Tageszeitungen und Anzeigenblätter oder auch ein gezieltes Herumfragen in umliegenden Dörfern weiterhelfen.

Schlafen verboten!
Der Caravan darf am Unterstellplatz wirklich nur zwischen den Reisen abgestellt werden, aber nicht zum Übernachten genutzt werden. Nach der Rechtsprechung gelten nämlich das andauernde oder regelmäßig wiederkehrende Aufstellen und die Benutzung eines Wohnwagens auf demselben Grundstück als „überwiegend ortsfeste Benutzung" im Sinne des Baurechts. Und das bedeutet, dass für diese „bauliche Anlage" nach dem Baugesetzbuch eine Baugenehmigung erforderlich ist.

Geschwindigkeitsbegrenzungen

Wir geben im Folgenden die Regelungen in Deutschland wieder. Im Ausland weichen die Vorschriften häufig ab, bitte informiere dich daher, bevor du aufbrichst.

Achtung: Für junge Fahrer oder Fahranfänger gelten in manchen Ländern niedrigere Geschwindigkeitsbeschränkungen, sowohl für Wohnmobile als auch für Gespanne.

Für Wohnmobile
Bis 3,5 t zGG:

- innerorts: 50 km/h
- außerorts: 100 km/h
- Schnellstraßen: 120 km/h oder nach Beschilderung
- Autobahnen: kein Tempolimit oder nach Beschilderung

Zwischen 3,5 t und 7,5 t zGG:

- innerorts: 50 km/h
- außerorts: 80 km/h
- Schnellstraßen: 80 km/h
- Autobahnen: 100 km/h

Über 7,5 t zGG:

- innerorts: 50 km/h
- außerorts: 60 km/h
- Schnellstraßen: 80 km/h
- Autobahnen: 80 km/h

Für Gespanne

- innerorts: 50 km/h
- außerorts: 80 km/h
- Schnellstraßen: 80 km/h*
- Autobahnen: 80 km/h*

* es sei denn, eine 100er-Zulassung liegt vor, dann 100 km/h, außer bei lokal ausgeschilderten Tempolimits.

Sonstige relevante Verkehrszeichen

Durchfahrverbot für LKW und Wohnmobile über 3,5 t zGG.

Überholverbot für LKW und Wohnmobile über 3,5 t zGG. Gilt NICHT für Gespanne mit einem Zugfahrzeug bis 3,5 t zGG und Anhänger!

Abstandsgebot für LKW und Wohnmobile über 3,5 t zGG.

Überholverbot für LKW und Wohnmobile über 3,5 t zGG (oben) sowie Wohnwagen-Gespanne (unten).

Verbot für Fahrzeuge und Gespanne über der angegebenen Länge.

Verbot für Fahrzeuge mit höherer Achslast als angegeben.

Dein Camping-Wörterbuch

Anhängerführerschein
Einen speziellen „Anhängerführerschein" gibt es – entgegen anderslautender Gerüchte – nicht: Selbst mit einem normalen B-Führerschein dürfen ein → *Zugfahrzeug* bis 3,5 t plus ein Anhänger bis 750 kg gezogen werden und Anhänger über 750 kg dann, wenn das → *Gespann* eine → *zulässige Gesamtmasse* von maximal 3,5 t nicht überschreitet. Ist von einem „Anhängerführerschein" die Rede, sind hier in der Regel entweder die Führerscheinerweiterung → *B96* oder die Führerscheinklasse BE gemeint, die zum Führen schwererer → *Gespanne* berechtigen.

(Hydraulische) Schwingungsdämpfer
Klingt hochtrabend, ist aber eigentlich nur die korrekte Bezeichnung für das umgangssprachliche Wort „Stoßdämpfer".

100er-Zulassung
Genehmigung für → *Gespanne*, auf Schnellstraßen und Autobahnen mit bis zu 100 statt der sonst erlaubten 80 km/h unterwegs zu sein. Wird für den Anhänger in Form einer Plakette erteilt, das → *Zugfahrzeug* muss dafür aber ebenfalls eine Reihe an Kriterien erfüllen.

Achslast
Das Gewicht, das auf der Achse bzw. den Achsen deines Fahrzeugs lastet. Der maximale Wert aus der Zulassungsbescheinigung Teil I (Fahrzeugschein) darf nicht überschritten werden.

Anhängelast
Die Masse eines Anhängers, die ein → *Zugfahrzeug* ziehen darf. Maßgeblich für diesen Wert ist das tatsächliche Gewicht des Anhängers, nicht die → *zulässige Gesamtmasse.*

Auflaufbremse
Vor allem bei Anhängern bis 3,5 t zu finden, die keine eigene hydraulische Bremsanlage besitzen, z.B. Wohnwagen. Bremst das → *Zugfahrzeug*, wird durch den „auflaufenden" Anhänger mechanischer Druck auf das Bremsgestänge ausgeübt, das wiederum mit den Trommelbremsen verbunden ist und die Bewegungsenergie so in Bremskraft umwandelt.

B96
Wird häufig als → *Anhängerführerschein* bezeichnet, ist aber eigentlich „nur" eine Schlüsselzahl bzw. Führerscheinerweiterung. Mit B96 dürfen → *Gespanne* bis 4,25 t → *zulässige Gesamtmasse* geführt werden. Wird im Rahmen einer eintägigen Schulung ohne Prüfung erworben. Für Anhänger bis 750 kg in Kombination mit einem → *Zugfahrzeug* bis 3,5 t nicht nötig.

Geschwindigkeitsklasse (Reifen)
Auch Geschwindigkeitsindex oder *Speed Index* genannt. Gibt an, bis zu welcher Maximalgeschwindigkeit ein Reifen zugelassen ist. Wird in Buchstaben von A bis Y angegeben und ist an letzter Stelle des Reifenflanken-Codes zu finden.

Gespann
Kombination aus → *Zugfahrzeug* und Anhänger (Nutzanhänger, Wohnwagen etc.).

Leergewicht
s. → *Leermasse*

Leermasse
Gewicht des Fahrzeugs in fahrbereitem Zustand, aber ohne Beladung. Je nach Fahrzeugtyp und angewandter Norm werden hier Fahrer (75 kg), gefüllte Wasser- und Kraftstofftanks, bestimmtes Werkzeug etc. bereits mit eingerechnet. Zu finden in der Zulassungsbescheinigung Teil I (Fahrzeugschein) – zur korrekten Bestimmung dieses Werts und der daraus resultierenden möglichen → *Zuladung* aber besser selbst auf die Waage fahren!

Mover
s. → *Rangierhilfe.*

Rangierhilfe
System mit Elektromotor(en), mit dem sich ein Caravan ohne körperliche Unterstützung (z.B. durch Schieben) per Fernbedienung zentimetergenau steuern und einparken lässt. Auch Mover oder Rangierantrieb genannt. Vor allem für Tandemachser und andere schwerere Wohnwagen empfehlenswert, ebenso für Alleinreisende oder körperlich beeinträchtigte Menschen.

Stützlast
Das Gewicht, das bei angekuppeltem Anhänger tatsächlich auf der Deichsel des → *Zugfahrzeugs* lastet. Der Wert der maximalen Stützlast gibt an, welche Gewichtsgrenze hier nicht überschritten werden darf. Zu finden in der Zulassungsbescheinigung Teil I (Fahrzeugschein).

Tragfähigkeitsindex (Reifen; TI)
Das Gewicht, das maximal auf den Reifen eines Fahrzeugs lasten darf. Lässt sich an der Fahrzeugflanke ablesen und mit Hilfe einer speziellen Tabelle in kg pro Reifen umrechnen. Weitere Begriffe für den TI sind *Load Index*, Lastindex oder Traglast.

Überhang
Differenz zwischen Fahrzeug-Gesamtlänge und Radstand. Im Camperjargon ist damit meist der Überhang am Heck gemeint, hinter der Hinterachse. Dieser kann nämlich beim Rangieren und an Steigungen oder Senken durch Ausscheren oder „Aufsitzen" Ärger bereiten.

Zugfahrzeug
Kfz, das einen Anhänger (im Campingbereich Wohnwagen) zieht. Ob ein Wagen für diese Aufgabe geeignet ist, ergibt sich u. a. aus der → *Anhängelast*, der → *Stützlast*, der PS-Zahl und dem Drehmoment.

Zuladung
Differenz aus → *zulässiger Gesamtmasse* und → *Leermasse.* Das Gewicht an Ausstattung, Zubehör und Personen, das im Fahrzeug noch mitgeführt werden darf, ohne die → *zulässige Gesamtmasse* zu überschreiten.

Zulässige Gesamtmasse (zGG)
Gewicht, das ein Fahrzeug oder → *Gespann* inklusiver aller mitzuführenden Gegenstände und Personen maximal auf die Waage bringen darf. Summe aus → *Leermasse* und → *Zuladung.* Zu finden in der Zulassungsbescheinigung Teil I (Fahrzeugschein).

Zulässiges Gesamtgewicht
s. → *Zulässige Gesamtmasse*

Zusatzspiegel
Flexible Spiegel zum Aufstecken oder Anklemmen an die Rückspiegel des → *Zugfahrzeugs*, die bei → *Gespann-Fahrten* mit Caravans oder anderen breiten Anhängern für bessere Sicht sorgen sollen.

3

Ein Campingfahrzeug mieten

Campen „auf Probe"

Bevor du viele Tausend bis mehrere Zehntausend Euro für ein eigenes Campingmobil hinblätterst, solltest du erst einmal praktisch testen, welcher Fahrzeugtyp sich am besten für dich eignet. Zu häufig haben Einsteiger falsche Vorstellungen davon, welche Größen, Grundrisse oder Ausstattungskomponenten sinnvoll sind, wie viel oder wenig Komfort sie brauchen und ob Routinen wie das tägliche Umbauen der Sitzgruppe zum Bett vielleicht nach einiger Zeit doch nerven.
Warum es sich lohnt, vor der Anschaffung zunächst ein- oder mehrmals ein Fahrzeug zur Probe zu mieten, und was du dabei beachten musst, erfährst du in diesem Kapitel.

Anschaffungskosten für Freizeitfahrzeuge

Ein fahrbereiter, gebrauchter Wohnwagen älteren Baujahrs ist mit etwas Glück ab ca. 5000–7000 Euro zu haben. Jüngere, etwas besser ausgestattete Gebrauchtfahrzeuge kosten je nach Marke und Ausstattung im Schnitt zwischen 8000 und 12.000 Euro. Für fabrikneue Modelle werden selbst bei günstigeren Marken in der Regel mindestens 12.000–15.000 Euro Einstiegspreis fällig. Größere Gefährte schlagen schon mal mit 30.000–40.000 Euro zu Buche.

Für ein Wohnmobil oder einen zum Camper ausgebauten Kastenwagen musst du noch deutlich tiefer in die Tasche greifen:
Ab ca. 12.000–20.000 Euro gibt es ältere Gebrauchtfahrzeuge, neue Modelle bewegen sich im Schnitt zwischen 40.000 und 80.000 Euro. Für besonders ausgestattete individuelle Anfertigungen oder die sogenannten „Luxusliner" sind nach oben hin keine Grenzen gesetzt.

Laufende Kosten

Neben dem reinen Anschaffungspreis müssen zunächst die Kosten für Steuer und Versicherung mit einkalkuliert werden. Ähnlich wie beim Auto hängen diese von verschiedenen Faktoren ab: Neben dem Neuwert spielt hier eine Rolle, ob das Gefährt einen Eigenantrieb besitzt (Reisemobil, Kastenwagen, Campervan) oder von einem Zugfahrzeug bewegt wird (Wohnwagen).
Auch die Art der Versicherung nimmt Einfluss auf deine jährlichen Ausgaben: Möchtest du den Rundumschutz einer Vollkaso genießen oder reicht dir eine Teilkasko aus? Welche Schadenfreiheitsklasse besitzt du (nur bei Wohnmobilen wichtig) und in welchem Rahmen soll sich die Selbstbeteiligung bewegen? Planst du, das Fahrzeug zum Neu- oder zum Zeitwert zu versichern? Und so weiter, und so fort.

Hinzu kommen die Kosten für einen Stellplatz, auf dem du dein Mobil in den „campingfreien" Zeiten parken kannst. Je nach Region und Art des Platzes (frei, Halle, überdacht, beheizt, mit oder ohne Stromanschluss) können hier schnell nochmals zwischen 30 und 80 Euro im Monat fällig werden.
Und natürlich musst du auch bei einem Campingmobil mit Wartungs- und Reparaturarbeiten sowie dem mehr oder weniger regelmäßigen Austausch von Verschleißteilen wie Reifen, Bremsbeläge (Wohnmobil) oder Reibbeläge (Wohnwagen) rechnen.
Dazu kommen die regelmäßigen Hauptuntersuchungen („TÜV") und Gasprüfungen sowie bei neueren Fahrzeugen jährliche Inspektionen und Dichtigkeitsprüfungen, ohne die du unter Umständen deine Garantie verlieren kannst.

Überblick Kostenfaktoren beim Campingfahrzeug

- ✓ Anschaffungspreis
- ✓ Bei Finanzierung: Zinsen
- ✓ Steuer
- ✓ Versicherung
- ✓ HU („TÜV")
- ✓ Inspektionen
- ✓ Dichtigkeitsprüfungen
- ✓ Gasprüfungen
- ✓ Wartungsarbeiten
- ✓ Reparaturen
- ✓ Verschleißteile
- ✓ Evtl. Winterreifen

Mieten vs. leihen

Gerade im Fahrzeugbereich werden die Begriffe "Vermieten" und "Verleihen" oft gleichbedeutend verwendet. Nach dem Gesetz stecken aber zwei unterschiedliche Vorgänge dahinter, die unbedingt getrennt betrachtet und bewertet werden sollten – denn auch die Art der Versicherung oder die Abwicklung von Schäden wird oft unterschiedlich gehandhabt.

Mieten vs. leihen
Mieten: zeitlich beschränkte Überlassung einer Sache gegen Entgelt, üblicherweise vertraglich geregelt

Leihen: zeitlich beschränkte Überlassung einer Sache ohne Entgelt, häufig nur per mündlicher Absprache

Wenn du privat ein Fahrzeug leihen möchtest, muss der Eigentümer zuallererst überprüfen, ob bei seiner Versicherung der Fahrerkreis eingeschränkt ist. Sollte dies der Fall sein und der Anbieter keine Möglichkeit einer Erweiterung zulassen, lass die Finger davon – denn dann bist du bei einem Unfall nicht versichert!

Ein nicht ganz so schwerwiegender Punkt, aber dennoch wichtig, sind ausführliche Abstimmungen im Vorfeld mit dem Eigentümer bzw. der Eigentümerin. Denn sonst kann ein gut gemeintes Angebot schnell zur Belastung für die Beziehung werden. Hier sind insbesondere solche und ähnliche Fragen zu klären:

- Erlaubte Reiseländer?
- Einschränkungen im Fahrerkreis / beim Fahreralter?
- Nutzung und Reinigung von Toilette und Dusche?
- Ausgleich für Verschleißteile, die während der Nutzung ersetzt werden müssen (Reifen, Bremsbeläge, Scheibenwischer etc.)?
- Kilometerbeschränkung?
- Haustier erlaubt?
- Zustand des Fahrzeugs bei Rückgabe: besenrein oder grundgereinigt?
- Rauchen/Dampfen im Fahrzeug erlaubt?
- Finanzielle Regulierung von Schäden oder Höherstufungen nach einem Unfall?

Bedenke dabei immer, dass Camper meist eine besonders enge Bindung zu ihren Fahrzeugen haben und ungeklärte Sachverhalte, besonders wenn es um Geld geht, schnell zu Reibereien in sonst harmonischen Beziehungen führen können.
Wir empfehlen daher eher, den Weg der offiziellen Vermietung zu wählen. Damit bist du auch versicherungsrechtlich auf der sicheren Seite (s. S. 80).

Mietfahrzeug finden

Es gibt zahlreiche Möglichkeiten, Campingmobile zu mieten:

- ganz klassisch bei ortsansässigen Händlern oder Vermietern
- von Privatleuten oder Vermietern mit Kleingewerbe, z. B. über Zeitungsannoncen oder Kleinanzeigen-Portale
- auf Privatvermietungsplattformen (z. B. PaulCamper, Yescapa, erento, etc.)
- von größeren gewerblichen, häufig bundesweit oder international vertretenen Vermietfirmen (z. B. ADAC, McRent, EasyRent, DRM Deutsche Reisemobil Vermietung, Camperdays etc.)

Wichtig ist, dass die Anbieter eine breite Auswahl an Fahrzeugen und Modellen, sehr guten Service und ein umfassendes Versicherungspaket bieten.

Üblicherweise kann diverse Zusatzausrüstung (Campingmöbel, Wechselrichter, Schneeketten, …) bei Bedarf dazugebucht werden. Bei den privaten Vermietern ist das Camping-Equipment häufig schon im Mietpreis inbegriffen. Hier lohnt es sich also, die Preise und Konditionen genau zu vergleichen, um das optimale Preis-Leistungsverhältnis zu ermitteln.

Vor- und Nachteile von Privatvermietungen

+ Oft günstiger als größere gewerbliche Vermieter
+ Meist vollausgestattete Fahrzeuge, die von den Eigentümern auch selbst genutzt und meist mit viel Hingabe gepflegt werden
+ Persönliche Beratung „von Camper zu Camper“, häufig verbunden mit tollen Tipps für die Reise
+ Viele individuelle Fahrzeuge, auch z. B. Oldies oder spezielle Ausbauten – bei kommerziellen Vermietern so i. d. R. nicht zu finden

– Bei Einzelvermietern keine größere Auswahl an Modellen, bei Vermietplattformen gibt es dagegen (fast) alles - ggf. jedoch nicht in der Nähe

– Kein schneller Ersatz für Pannen- oder Unfallfahrzeuge

– Potenzieller Ärger nach einem Schaden – Besitzer hängen sehr an ihren Fahrzeugen

– Problemfall Versicherungen: Selbstfahrervermietversicherung oder Flottenlösungen über Vermietplattformen nötig - Einzelvermieter oft nicht ausreichend versichert

Augen auf beim Versicherungsschutz! Bei rein privaten Angeboten (z. B. über Zeitungsannoncen oder ebay-Kleinanzeigen) solltest du sehr vorsichtig sein. Oftmals ist hier kein ausreichender Versicherungsschutz gegeben, du bist also bei einem Unfall unter Umständen nicht adäquat geschützt!

Altersbeschränkungen

In Deutschland vermieten die meisten Anbieter an Personen ab 21 Jahren. Außerdem musst du den Führerschein bereits ein Jahr besitzen, manche Vermieter verlangen auch zwei oder drei Jahre Fahrpraxis. Das gilt für Fahrzeuge bis 3,5 t und für die alte Führerscheinklasse 3 oder die neue Klasse B (s. S. 46). Mobile über 3,5 t werden in der Regel nur an Personen ab 25 Jahren und mindestens drei Jahren Fahrerfahrung vermietet. Dazu brauchst du die Führerscheinklasse 3 (alt) oder C (neu). Führerscheinneulinge unter 21 und/oder mit weniger als einem Jahr Führerschein können in Deutschland kein Wohnmobil mieten, auch nicht z.B. über die Eltern. Denn wenn sie einen Unfall verursachen, springt die Versicherung nicht ein.

Vor- und Nachteile von professionellen Vermietungen

+ Flächendeckendes Netz (keine weite Anreise zum Wunschfahrzeug)
+ Große Zahl an Fahrzeugen und Modellen
+ Professionelle Versicherungslösungen
+ Rechtssichere Verträge
+ Ersatzfahrzeug im Schadenfall
+ Bei größeren Vermietfirmen: Vertretungen oder Partner im Ausland vorhanden

- Oft keine ausreichende Einführung in die Fahrzeughandhabung
- Equipment (Möbel, Geschirr, Kocher etc.) oft gesondert zu buchen und zu bezahlen
- Häufig teurer als Privatfahrzeuge
- Meist „Standardfahrzeuge“
- Keine individuelle Note/Wagen sofort als Mietfahrzeug erkennbar
- Insgesamt meist unpersönlichere Abwicklung

Kosten

Der Mietpreis hängt von mehreren Faktoren ab:

- Vermieter
- Modell/Größe des Mobils
- Alter des Fahrzeugs
- Reisedaten
- Mietdauer
- Versicherung

Bei gewerblichen Plattformen kann man einen Campingbus für zwei Personen in der preiswertesten Saison zum Beispiel schon ab 60 Euro pro Tag finden, während dasselbe Modell in der Hauptsaison schnell auf 110–120 Euro kommen kann.
Ein Alkoven-Mobil für vier Personen kostet etwa zwischen 100 und 180 Euro, je nach Saison und Ausstattung.
Auf Privatvermietungsplattformen bekommst du bereits ab etwa 50 Euro pro Tag zuzüglich Kaution einen Kastenwagen ohne großen Schnickschnack, für Reisemobile musst du in der Basisvariante ab etwa 90 Euro auf den Tisch legen, einen kleinen Wohnwagen gibt es dagegen schon ab ca. 50 Euro.

Die Preise unterscheiden sich also sehr stark. Wer außerhalb der Ferien fahren kann, spart auf jeden Fall ordentlich.
Die Saisonzeiten können von Anbieter zu Anbieter variieren und richten sich stark nach den Ferienzeiten. Grob kann man sie wie folgt einteilen:

- **Sparsaison** November bis Februar
- **Nebensaison** März bis April, Oktober
- **Zwischensaison** Mai bis Juni
- **Hauptsaison** Juli bis September

Kaution

Normalerweise musst du für dein Mietfahrzeug eine Kaution hinterlegen. Manche Vermieter akzeptieren eine Überweisung, andere möchten lieber Bargeld in der Hand haben.
Meist bewegt sich die Kaution für Wohnwagen und Wohnmobile je nach Vermieter, Modell und Versicherung zwischen 800 und 1.500 Euro. In der Regel ist das die Höhe der Selbstbeteiligung für den Schadenfall. Baust du also einen Unfall oder verursachst ein anderes Malheur am Fahrzeug, wird der Vermieter diese Summe ganz oder teilweise einbehalten und damit seine Kosten decken.

Auslandsreisen

Grundsätzlich sind Reisen ins europäische Ausland kein Problem, allerdings schließen manche Vermieter – kommerzielle wie auch private – einzelne Länder aus. Hiervon können zum Beispiel bestimmte Balkanstaaten betroffen sein. Fahrten außerhalb der EU bzw. des europäischen Raums sind dagegen aus versicherungsrechtlichen Gründen meist nicht möglich.
Bitte erkundige dich daher vor der Buchung genau über die Rahmenbedingungen.

Einschränkungen möglich
Einige Anbieter setzen in der Hauptsaison eine Mindestmietzeit von 14 Tagen und in der Nebensaison von 7 Tagen voraus. In der Sparsaison dagegen werden viele privat genutzte Campingfahrzeuge abgemeldet, so dass hier die Auswahl unter Umständen sehr eingeschränkt sein kann.

Versicherungen

Prüfe stets vorab, ob die wichtigsten Versicherungen vorhanden bzw. zubuchbar sind:

Spezielle Mietfahrzeugversicherung
Neben der für alle Fahrzeuge vorgeschriebenen Haftpflichtversicherung sollten Mietfahrzeuge unbedingt über eine Selbstfahrervermietversicherung oder eine spezielle Flottenversicherung abgesichert sein. Falls du hier Zweifel hast, lass dir die entsprechenden Unterlagen zeigen.

„Grüne Karte" Sie wird dir für die Auslandsreise von deinem Vermieter ausgehändigt und dient bei Reisen außerhalb Deutschlands als Versicherungsnachweis.

Schutzbrief Ein europaweiter Schutzbrief bietet klassische Pannen- und Unfallhilfe, Abschleppdienst, Bergung und häufig auch Leistungen wie einen Mietwagen bei Fahrzeugausfall, pannenbedingte Übernachtungskosten oder Fahrzeug- und Krankenrücktransport. Der Schutzbrief ist kein Muss, sorgt aber für ein zusätzliches Maß an Beruhigung. Bei manchen Vermietern ist er bereits im Mietpreis enthalten, bei anderen kann er zugebucht werden.

Inhaltsversicherung Wenn du mit teurem Equipment reist, kann diese „mobile Hausratversicherung" als Zusatzversicherung sinnvoll sein. Sie kommt bei Diebstahl oder Beschädigung loser Gegenstände im Fahrzeug auf (z. B. Fotoausrüstung, Computer, etc.) und kann entweder über den Vermieter oder über einen Spezialanbieter abgeschlossen werden.

Urlaubsschutzpaket Hiermit lässt sich bei Mietfahrzeugen Kaution und Eigenanteil im Schadenfall reduzieren, und du bist für einen Reiserücktritt oder einen Mietausfall abgesichert. Außerdem ist meist noch eine Inhaltsversicherung im Paket inklusive.

Fahrzeugübergabe

Für die Übergabe deines Mietfahrzeugs wird der Vermieter mit dir einen Termin vereinbaren. Normalerweise findet dieser am ersten Miettag und am besten bei Tageslicht statt. Seriöse Vermieter nehmen sich viel Zeit für die Einweisung, um dir alles zu erklären und zu zeigen – plane hierfür also auf jeden Fall mindestens eine bis zwei Stunden ein. So kannst du dir dein "rollendes Zuhause auf Zeit" genau ansehen und es bleibt genug Raum für deine Fragen. Außerdem ist es wichtig, dass du im Rahmen der Übergabe auch eventuell vorhandene Schäden mit dem Vermieter durchgehst und ihr sie gemeinsam, am besten mit Bildern, im Übergabeprotokoll festhaltet. Hierin werden auch die Ausstattung des Fahrzeugs, das darin befindliche Equipment sowie der Kilometerstand dokumentiert.

Ferner wird dir dein Vermieter Fahrzeugpapiere und Bedienungsanleitungen aushändigen. Spätestens am Ende der Einweisung musst du einen Mietvertrag unterzeichnen, in dem alle Vereinbarungen und Konditionen nachzulesen sind.
Von Mietvertrag und Übergabeprotokoll solltest du jeweils ein eigenes Exemplar oder eine Kopie erhalten. Ist die Kaution in keinem der beiden Dokumente vermerkt, lass dir eine gesonderte Quittung ausstellen.

Checkliste Wohnmobil mieten

Formalitäten und Mietvertrag

- ✓ Welche Versicherungen hat das Fahrzeug (s. S. 83)? Liegen die Policen hierzu vollständig vor?
- ✓ In welche Länder darf ich reisen? Liegt eine gültige Grüne Karte für Auslandsreisen vor?
- ✓ Gibt es eine Kilometerbegrenzung? Was passiert, wenn ich diese überschreite?
- ✓ Wie viel Selbstbeteiligung muss ich im Schadenfall zahlen?
- ✓ Wie ist bei einer Panne oder einem Unfall vorzugehen? Wer ist wie zu informieren?
- ✓ Was passiert, wenn das Fahrzeug nicht mehr fahrtüchtig ist (Ersatzfahrzeug, Rückführung etc.)?
- ✓ Darf ich als Mieter selbst Reparaturen am Fahrzeug durchführen (lassen)? Ab wann brauche ich dafür die Genehmigung des Vermieters?
- ✓ Was ist bei Diebstahl zu tun?
- ✓ Wann und wie genau (z.B. besenrein oder grundgereinigt) ist das Fahrzeug zurückzugeben?
- ✓ Wann und wie wird meine Kaution nach Rückgabe des Fahrzeugs zurückgezahlt?

Fahrzeug

- ✓ Entspricht das Fahrzeug in Modell bzw. Größe und Ausstattung den Angaben des Vermieters?
- ✓ Liegen alle Fahrzeugpapiere vor und sind diese korrekt ausgestellt?
- ✓ Besitzt das Fahrzeug eine gültige HU- und Gasprüfplakette? Liegen das gelbe Gasprüfheft und evtl. TÜV-Bescheinigungen über Zusatzeinbauten vor?
- ✓ Sind Handbücher und Betriebs- bzw. Bedienungsanleitungen des Fahrzeugs sowie für sämtliche Zusatzausstattungen vollständig vorhanden?
- ✓ Sind außen oder innen Beschädigungen zu erkennen? Auch kleinere Macken unbedingt im Übergabeprotokoll dokumentieren!
- ✓ Sind größere Flecken auf Polstern oder Textilien vorhanden?
- ✓ Ist irgendwo ein Wasserschaden zu erkennen, z.B. im Bad?
- ✓ Wurde das Fahrzeug gereinigt? Wie sieht es in den „versteckten" Ecken aus, also unter Polstern/Matratzen, in den Schränken etc.?
- ✓ Riecht der Innenraum neutral oder müffelt es nach Feuchtigkeit, Schimmel, kaltem Rauch oder unangenehm abgestandener Luft?
- ✓ Sind Kassettentoilette und Grauwassertank entleert?
- ✓ Sind Frischwasserkanister oder -tanks sauber (und im besten Falle frisch befüllt)?
- ✓ Befindet sich Gas in mindestens einer Flasche?
- ✓ Funktionieren alle technischen Geräte, z.B. Herd, Heizung, Wasserleitungen, Toilette, Dusche, Warmwasseraufbereitung, Grauwasserentsorgung, Fernseher, Klimaanlage, etc.)?

- Lassen sich Fenster, Rollos, Dachluken und Schubladen problemlos bedienen?
- Ist das Fahrzeug vollgetankt und muss es vor der Rückgabe wieder vollgetankt werden?

Equipment

- Wo ist die nötige Sicherheitsausrüstung zu finden (z.B. Warndreieck, Verbandskasten, Warnwesten, Feuerlöscher, etc.?)
- Gibt es ein „Pannenset" (Ersatzreifen, Wagenheber, Werkzeug, Lampe etc.)? Wo befindet sich der Ansatzpunkt für den Wagenheber?
- Sind Warntafeln vorhanden? Diese sind in manchen Ländern beim Parken oder zur Kennzeichnung von überstehender Ladung Pflicht.
- Gibt es Zubehör zur Diebstahlsicherung (s. S. 341)? Wie ist dieses zu bedienen?
- Befindet sich die zugesagte Ausrüstung an Bord, z.B. Stromkabel mit CEE- und ggf. Schuko-Adapter, Wasserkanister/-schlauch, Tisch, Stühle, Kocher/Grill, Besteck, Geschirr, Vorzelt/Sonnensegel, Lampen, Fahrradträger, Sanitärzusatz, gefüllte Gasflasche, Reinigungszubehör, etc.?
- Sind weitere Adapter und Ersatzteile vorhanden, z.B. 12-V- oder USB-Adapter, Euro-Set für Gasflaschen (s. S. 192), Ersatzglühbirnen und -sicherungen, etc.?

Das sollte dir gezeigt werden

- Bei motorisierten Mobilen:
  - Bedienelemente des Basisfahrzeugs in der Fahrerkabine
  - Kontrolle der Flüssigkeitsstände: Motoröl, Kühlerflüssigkeit, Scheibenwaschanlage etc.
  - Tanken/Kraftstoffart
  - sonstige Besonderheiten, z.B. Wegfahrsperre, Alarmanlage, Klimaanlage, Navigationssystem, Tempomat etc.
- Bei Wohnwagen:
  - richtiges Ankuppeln (s. S. 356)
  - Anlegen des Abreißseils (s. S. 357)
- Aktivierung/Deaktivierung bzw. Montage/Demontage der Diebstahlsicherung(en)
- Vorbereitung des Fahrzeugs für die Abfahrt (s. S. 339)
- Öffnen und Schließen von Rollos, Fenstern, Schubladen, Klappen, Fliegengittern, Raumtrennern und Türen
- Befüllung und Entleerung von Wassertanks und Toilette
- Bedienung der Gasanlage: Gasflasche auf- und zudrehen, Absperrhähne öffnen und schließen, Herd, Heizung und Kühlschrank an- und ausschalten, Gasflasche wechseln etc.
- Wechseln einer Sicherung
- Handhabung der Elektronik und Bedienpanels, z.B. Solaranlage, Sat-Anlage, TV, Router, Klimaanlage etc.
- Umbaumaßnahmen, z.B. Sitzgruppe zum Bett, Aufklappen des Hubdachs etc.

Dein Camping-Wörterbuch

CEE-Stecker und -Adapter
Europaweit einheitliches Steckersystem zur Stromentnahme. Du erkennst CEE-Stecker auf den ersten Blick an ihrer dunkelblauen Farbe. Auf Campingplätzen im In- und Ausland heute meist, aber noch nicht flächendeckend Standard. Deshalb ist es u. U. ratsam, auch einen → *Schuko-Adapter* mitzuführen.

Chemietoilette
Im Campingfahrzeug meist als Kassettentoilette vorzufinden. Besteht üblicherweise aus Sitz mit Deckel, Schüssel und Fäkaltank. Im Fäkaltank mit meist um die 20 l Fassungsvermögen werden flüssige und feste Ausscheidungen gesammelt, um sie im Anschluss an dafür ausgewiesenen Stellen zu entsorgen. Anders als der Name vermuten lässt, ist die Verwendung von chemischen Zusätzen nicht unbedingt nötig – es können biologische Mittel oder eine Luftabsauganlage eingesetzt werden.

Collision Damage Waiver (CDW)
Versicherung zur Reduzierung der Selbstbeteiligung im Schadenfall. Achtung: Greift nur bei Unfallschäden! Beschädigungen durch Gebrauch sind eigentlich immer ausgenommen.

Euro-Set
Ein Set aus verschiedenen Gasadaptern, mit denen sich Flaschen aus dem Ausland an das Gassystem eines deutschen Fahrzeugs anschließen lassen.

Fahrerschutzversicherung
Zusätzlich zur Haftpflichtversicherung empfehlenswert. Sorgt dafür, dass der Fahrer bei Eigenschäden im Zuge eines selbstverschuldeten Unfalls abgesichert ist.

Flottenversicherung
Versicherungslösung bei großen Vermietfirmen oder Plattformen für → *privates Campersharing*. Hier bist du in der Regel gut geschützt, während es bei Privatvermietungen über Kleinanzeigen(portale) in diesem Bereich oftmals hapert. Achte bei der Auswahl deines Mietfahrzeugs darauf, dass mindestens eine → *Selbstfahrervermietversicherung* vorhanden ist.

Frischwassertank
Behältnis am oder im Fahrzeug, in dem (möglichst sauberes) Wasser zum Verbrauch an Bord bevorratet wird, z.B. zum Duschen, Zähneputzen, Abwaschen. Meist mit einer elektrischen Pumpe ausgestattet und ans Leitungssystem angeschlossen. Frischwassertanks sind in der Regel lebensmittelecht, das Trinken des Wassers kann aus Hygienegründen dennoch problematisch sein.

Gasprüfheft
Kleines gelbes Heft, in dem alle Gasprüfungen dokumentiert werden. Liegt es nicht vor, ist das kein größeres Problem – wichtiger ist eine gültige → *Gasprüfplakette*.

Gasprüfplakette
Auch wenn eine nicht durchgeführte Gasprüfung vorübergehend (Stand 2021) kein Grund mehr für ein Durchfallen bei der Hauptuntersuchung („TÜV") ist, solltest du zu deiner eigenen Sicherheit unbedingt darauf achten, dass für dein Mietfahrzeug eine solche Prüfung durchgeführt wurde. Zu erkennen an einer kleinen Plakette, die außen am Fahrzeug angebracht ist. Die letzte Prüfung sollte nicht länger als 2 Jahre zurückliegen.

Grauwassertank
Das Behältnis, in dem benutztes Brauchwasser aufgefangen und bis zur nächsten Entsorgungsmöglichkeit aufbewahrt wird. Nicht zu verwechseln mit dem Fäkaltank der Toilette!

Grüne Karte
Versicherungsnachweis für Fahrten ins Ausland. Eigentlich nicht mehr grün, sondern weiß – der Name blieb jedoch erhalten. Achtung: Bitte immer kontrollieren, ob die gewünschten Reise- und Transitländer inkludiert sind. Dies kann von Versicherung zu Versicherung unterschiedlich sein.

Inhaltsversicherung
Greift bei Beschädigung, Zerstörung oder Verlust von losen Teilen, die im Campingfahrzeug transportiert werden (z.B. Elektronik, Reisegepäck, Sportausrüstung, Fahrräder), durch Brand, Explosion, Diebstahl, Raub, Unwetter etc. Achtung: Bargeld, Geldkarten, Wertpapiere und Schmuck sind grundsätzlich ausgenommen und die genannten Gegenstände sind nur innerhalb des Fahrzeugs versichert!

Kassettentoilette
s. → *Chemietoilette*

Kautionsversicherung
Reduziert die Selbstbeteiligung im Schadenfall und umfasst dabei, anders als der → *Collision Damage Waiver*, auch Gebrauchsschäden. Achtung: Bei der Unterscheidung zwischen → *CDW* und Kautionsversicherung sind die Bezeichnungen seitens der Versicherer nicht immer eindeutig. Lieber nochmal nachfragen bzw. in den Bedingungen genau nachlesen.

Mietausfall-Versicherung
Deckt eventuelle Haftpflichtansprüche des Vermieters gegen den Mieter, z.B. wenn ein durch den Mieter verursachter Schaden eine Folgevermietung unmöglich macht und dem Vermieter so Einnahmen entgehen bzw. Kosten entstehen.

Privates Campersharing
Das Vermieten von Campingfahrzeugen durch Privatpersonen an andere Privatpersonen. Kann über Plattformen oder in Eigenregie erfolgen. Es muss jedoch eine ausreichende Versicherung abgeschlossen werden, z.B. eine → *Selbstfahrervermietversicherung.*

Schuko-Adapter
Auch Schuko-Kupplung genannt. Wird z.B. benötigt, wenn ein Campingplatz seine Stromanschlüsse (noch) nicht auf → *CEE* umgerüstet hat. Achtung: Offiziell ist die Verwendung eines solchen Adapters nicht zulässig – die Alternative wäre jedoch, dass du vielleicht tagelang ohne Strom auskommen musst…

Schutzbrief
Beinhaltet üblicherweise klassische Pannen- und Unfallhilfe, Abschleppdienst, Bergung und meist auch Leistungen wie Mietwagen bei Fahrzeugausfall, Übernahme von pannenbedingten Übernachtungskosten und von Kosten für den Fahrzeug- oder Krankenrücktransport. Bei manchen Anbietern sind Zusatzleistungen inkludiert (Auslandsschadenschutz, Krankheit von Mitreisenden, Schlüsselnotdienst für das Campingfahrzeug o. Ä.).

Selbstfahrervermietversicherung
Versicherung für private Mietfahrzeuge, die für den Vermieter häufig mit sehr hohen Prämien und einer hohen Selbstbeteiligung einhergeht, den Mieter aber umfassend schützt.

Urlaubsschutzpaket
Spezielles Versicherungspaket speziell für Reisen mit Mietfahrzeug. Kann je nach Anbieter u. a. beinhalten: → *Collision Damage Waiver (CDW),* → *Kautionsversicherung,* Reiserücktrittsversicherung, → *Inhaltsversicherung,* → *Mietausfall-Versicherung,* Kostenerstattung bei Insolvenz des Vermieters o. Ä.

FENDT

4

Ein eigenes Fahrzeug kaufen

Vorüberlegungen bei der Fahrzeugwahl

„Wer die Wahl hat, hat die Qual", sagt ein bekanntes Sprichwort. Das gilt nicht nur, aber auch beim Kauf eines Campingfahrzeugs. Für welchen Fahrzeugtyp du dich letztendlich entscheidest, hängt im Wesentlichen von folgenden Punkten ab, von denen wir die meisten in anderen Kapiteln vertiefend behandeln:

- **Führerschein** (s. S. 46) Je nach Gewicht deines künftigen Fahrzeugs oder Gespanns kann es sein, dass du deine Fahrerlaubnis „aufstocken" musst. Der gängige B-Führerschein deckt nämlich nur eine zulässige Gesamtmasse von bis zu 3,5 t ab – für Familien mit mehreren Kindern oder Menschen mit höherem Komfortbedürfnis häufig zu wenig.
- **Anzahl und Alter der Mitreisenden**
  Überlege dir genau, wie viele Personen mit in den Urlaub fahren sollen und ob auch Kinder darunter sind. Davon hängt beim Wohnwagen in erster Linie die Anzahl und Beschaffenheit der Schlafplätze sowie die der Sitzgelegenheiten im Innenraum ab.
  Beim Wohnmobil wirkt sich das zusätzlich auf die Zuladung (s. S. 55) sowie auf die Anzahl der eingetragenen Sitzplätze mit Sicherheitsgurt aus. Denn nur auf Letzteren darfst du während der Fahrt Menschen transportieren. Achtung: Die Anzahl der Schlafplätze und die Anzahl der eingetragenen Sitzplätze stimmen nicht zwangsläufig überein!
- **Mitreisende Tiere** (s. S. 306)
  Auch mitreisende Hunde oder Katzen müssen natürlich Platz finden und unterwegs gut gesichert werden. Für die Vierbeiner solltest du daher ebenfalls schon im Vorfeld nach geeigneten Liege- und Transportmöglichkeiten suchen.
- **Unterstellplatz** (s. S. 68)
  Es mag banal klingen, aber: Ein Wohnmobil oder Wohnwagen ist kein PKW. Du solltest dir daher schon vorher überlegen, wo du dein Fahrzeug unterbringen kannst, wenn du gerade nicht damit unterwegs bist.
- **Reiseform**
  Auch deine persönlichen Reisevorlieben (Zielregionen, Übernachtungsformen, Reisedauer, gewünschte Flexibilität) spielen bei der Wahl des Fahrzeugs eine Rolle (s. S. 93).

Lesetipp
Hund im Wohnmobil sichern
camper.st/hund-sicher

Welche Art von Urlaub steht an?

Ziele, Reisedauer, Klimaverhältnisse

Warm oder kalt? Wirst du nur im Sommer und in warmen Ländern unterwegs sein? Oder zieht es dich (auch) in den Norden? Planst du, unter die Wintercamper zu gehen, oder möchtest du die kalte Jahreszeit lieber in Südspanien, Portugal oder Marokko verbringen? Wenn auch kalte Regionen zu deinen Reisezielen gehören, solltest du darauf achten, dass dein Camper wintertauglich bzw. winterfest ist (s. S. 321). Stehen in erster Linie warme bis heiße Destinationen auf deiner Liste, lohnt es sich, die Anschaffung einer Klimaanlage (s. S. 248) in Betracht zu ziehen. Außerdem solltest du in diesem Fall auf die Größe deiner Wassertanks achten (s. S. 204).

Kurz oder lang? Wenn du vor allem längere Touren planst, können völlig andere Ausstattungsmerkmale empfehlenswert sein als für Kurztrips (s. S. 165).

Aufenthaltsorte und Übernachtungen

Campinglatz Möchtest du vor allem auf Campingplätzen Station machen (s. S. 286), kommen nahezu alle Fahrzeugtypen und Modelle für dich in Frage. Ein Anschluss für Landstrom, also für den Strom aus der Steckdose (s. S. 154), ist mittlerweile bei fast allen Campingmobilen Standard. Toilette und Dusche bräuchtest du auch nicht zwingend im Fahrzeug, weil du die öffentlichen Sanitäranlagen auf den Campingplätzen nutzen kannst. Und um die Größe deiner Tanks musst du dir ebenfalls nicht allzu viele Gedanken zu machen, da sich Abwasser und Frischwasser in der Regel jederzeit entleeren bzw. befüllen lassen.
Worauf du allerdings achten solltest, ist die Möglichkeit, ein Vorzelt oder eine Markise zu befestigen (s. S. 241). Viele Menschen nutzen diese gerne, wenn sie längere Zeit an einem Ort bleiben – sei es als Schutz vor Sonne und Regen oder zur Vergrößerung des Wohnraums.

Wohnmobil-Stellplätze Diese sind, wie der Name bereits verrät, in der Regel nur für Wohnmobile und Kastenwagen konzipiert (s. S. 288). Vans werden oft stillschweigend geduldet. Wohnwagen sind in den meisten Fällen (offiziell) nicht gestattet, manche Betreiber drücken aber auch hier ein Auge zu, sofern der Caravan-Zustrom nicht überhandnimmt.
Solche Plätze werden in erster Linie für Übernachtungen oder Kurzaufenthalte genutzt und stellen etwas höhere Anforderungen an die eigene Ausstattung, denn teilweise bieten sie keinerlei Infrastruktur. Manchmal, aber bei Weitem nicht immer, ist eine Ver- und Entsorgungsanlage vorhanden. Hier kannst du Wasser, Abwasser und Toilette befüllen bzw. entleeren. Öffentliche Toiletten und Duschen findest du noch seltener. Dafür sind Stellplätze aber

wesentlich günstiger als Campingplätze. Wenn du häufig auf Wohnmobil-Stellplätzen Station machen möchtest, sind Dusche und Toilette im Fahrzeug auf jeden Fall ratsam. Die Befestigung für Markise oder Vorzelt ist dagegen verzichtbar, da auf den wenigsten Stellplätzen das sogenannte Campingverhalten erlaubt ist, also: das Herausstellen von Möbeln, das Grillen, das Aufbauen bzw. Ausfahren von Vorzelten, Markisen oder Sonnensegeln, usw.

Da es auf Stellplätzen nicht immer einen Stromanschluss gibt, ist es zudem sinnvoll, mindestens eine Aufbaubatterie an Bord zu haben (besser zwei), um auch ohne Stromanschluss übernachten und kampieren zu können.

Wildcampen Diese (auch „Freistehen" genannte) Variante ist eine zugegebenermaßen sehr reizvolle Art des Urlaubs. Allerdings ist das wilde Campen in Europa sehr stark reglementiert und nur noch an wenigen Orten überhaupt legal möglich (s. S. 325).

Zudem setzt das Freistehen, zumindest bei längeren Aufenthalten, eine noch umfangreichere Ausstattung voraus (s. S. 165). Wenn du nicht gerade absoluter Minimalist bist, gehören dazu eine unabhängige Stromversorgung (Batterien, Solar, Generator oder Brennstoffzelle; s. S. 154), große Tanks, eine Küchenzeile mit Kühlschrank oder Kühlbox (s. S. 221), ein Bad mit Dusche und WC, große Stauräume und eventuell sogar Platz für eine kleine Waschmaschine.

Schlafgewohnheiten

Wir verbringen ein Drittel unserer Lebenszeit im Bett, deshalb gehört erholsamer Schlaf für die meisten Menschen zu einem gelungenen Urlaub. Zum Glück gibt es auch für das mobile Zuhause verschiedene Bett- und Schlafplatzvarianten, jede natürlich mit speziellen Vor- und Nachteilen (s. S. 134). Hier gilt es, einen tragfähigen Kompromiss aus Platzbedarf, Privatsphäre und Komfort für alle Mitreisenden zu finden – wie in vielen anderen Punkten wird es auch hier aber vermutlich nicht die eine perfekte Lösung geben.

Wie soll das Fahrzeug beschaffen sein?

Die verschiedenen Fahrzeugtypen und ihre jeweiligen Vor- und Nachteile hast du ja bereits kennengelernt (s. S. 16), die grundsätzliche Wahl ist also wahrscheinlich schon getroffen. Nun geht es um die Details.

Gewicht und Größe

Das Gewicht eines Campingmobils ist vor allem für den Führerschein (s. S. 46) und die Zuladungsreserven (s. S. 55) wichtig, die Größe dagegen ausschlaggebend für ein entspanntes Fahren und den gewünschten Komfort unterwegs. Probiere daher am besten im Vorfeld aus, bis zu welchen Abmessungen du dich noch wohlfühlst am Steuer. Außerdem kann hier auch die Art der Reiseziele und -routen eine Rolle spielen: Willst du kleine Bergdörfer erkunden und dich über gewundene Pfade schlängeln, ist ein kleineres Wohnmobil oder ein Van sicherlich empfehlenswerter als ein 9-Meter-Luxusliner. Brauchst du etwas mehr Platz und Komfort und planst ohnehin, nur über Autobahnen und Schnellstraßen zu fahren, kommen auch ein großer Wohnwagen oder ein geräumiges Reisemobil in Frage.

Zuladung

Ein Dauerthema, nicht nur unter Einsteigern: die Zuladung (s. S. 55). Sie sorgt regelmäßig für Stress in der sonst recht entspannten Camper-Community. Denn gerade bei größeren Wohnmobilen oder Wohnwagen mit viel Zusatzausstattung beträgt diese Gewichtsreserve gerne mal schlappe 100–200 kg, in einigen Extremfällen sogar unter 100 kg – also quasi nichts! Du musst nämlich das komplette Gewicht von Geschirr, Ausrüstung, Kleidung sowie Wasser- und Lebensmittelvorräten einkalkulieren, beim Wohnmobil zusätzlich noch das Gewicht der Mitreisenden. Es ist leicht auszurechnen, wie knapp das am Ende werden kann!

Vertrauen ist gut, Kontrolle ist besser
Die Angaben zum Leergewicht im Fahrzeugschein stimmen oft nicht mit dem tatsächlichen Gewicht überein! Idealerweise fährst du mit deinem neuen Wunschmobil selbst auf eine Waage oder lässt dir vom Verkäufer einen offiziellen Wiegeschein vorlegen.

Falls du mit dem Gedanken spielst, dir ein Wohnmobil mit mehr als 3,5 t oder einen entsprechend großen Wohnwagen für dein Gespann zuzulegen, hast du diese Probleme meist nicht, brauchst aber eventuell eine Führerscheinerweiterung oder eine höhere Führerscheinklasse (s. S. 46). Außerdem dürfen diese Fahrzeuge bzw. Gespanne auf einigen Straßen nicht fahren. Mit dem Reisemobil musst du dich zudem an die Geschwindigkeitsbegrenzungen und Überholverbote für LKW halten (s. S. 68). Und beim Wohnwagen kommt ab einer bestimmten Gewichtsklasse nur ein Tandemachser in Betracht, der wiederum ganz eigene Vor-, aber natürlich auch Nachteile mit sich bringt (s. S. 19).

Alter des Fahrzeugs

Bei dieser Frage wird dir jeder etwas anderes empfehlen: Die einen sagen, dass die heutigen Campingfahrzeuge viel schneller verschleißen als die solider gebauten Exemplare von vor 20 Jahren. Andere finden Garantie bzw. Gewährleistung wichtiger und führen ins Feld, dass bei alten Fahrzeugen schnell hohe Reparaturkosten zusammenkommen können. Und letztendlich haben alle ein bisschen Recht. Wie alt dein Mobil maximal sein darf oder muss, bestimmen am Ende nicht zuletzt dein Budget und dein handwerkliches Geschick.
Je mehr Geld dir zur Verfügung steht, desto neuer kann dein Wohnmobil sein und desto weniger Reparaturen werden voraussichtlich in den nächsten Jahren anfallen. Ausnahmen bestätigen natürlich wie immer die Regel: Wir haben schon von hochpreisigen Neufahrzeugen mit seitenlangen Mängellisten gehört, und ebenso von top in Schuss gehaltenen Gebrauchten, denen rein gar nichts fehlt. Ist deine Kasse weniger gut gefüllt ist und traust du dir zu, bei dem einen oder anderen Problem selbst aktiv zu werden, kannst du dir guten Gewissens auch ein altes Schätzchen zulegen.

Sollte der Preisunterschied zwischen einem gebrauchten und einem neuen Wunschmodell relativ gering sein, raten wir gerade Einsteigern jedoch aufgrund der Garantie- und Gewährleistungsbedingungen sowie potenzieller versteckter und für Laien teils schwer erkennbarer Mängel bei Gebrauchten dazu, sich für das Neufahrzeug zu entscheiden. So kannst du bereits ab Werk genau die Ausstattung wählen, die für dich besonders wichtig ist (s. S. 181).

Bei Wohnmobilen: Motorisierung

Bei motorisierten Campingfahrzeugen kann das Alter nicht nur für mögliche Reparaturen eine Rolle spielen, sondern auch für deine Bewegungsfreiheit. In ganz Europa gibt es immer mehr Umweltzonen, in denen Fahrzeuge ohne Katalysator und mit hohem Schadstoffausstoß nicht mehr fahren dürfen. Wenn du in einer Stadt mit Umweltzone wohnst oder gern Städte-

touren unternimmst, ist ein Wohnmobil mit mindestens grüner Plakette Pflicht. Fahrzeuge, die älter als 30 Jahre sind, können unter Umständen als Oldtimer angemeldet werden. Das senkt die Steuern und du darfst (bislang) mit einem Oldtimer die meisten Umweltzonen befahren.
Wie sich das Thema Dieselfahrverbote noch weiterentwickelt, ist momentan schwer abzuschätzen. Deshalb solltest du dich vor einem Kauf immer auf den aktuellsten Stand bringen.

Lesetipps

Dieselfahrverbote
camper.st/diesel

Umweltzonen
camper.st/umweltzonen

Bei Wohnwagen: Zugfahrzeug

Liebäugelst du mit einem Wohnwagen, brauchst du natürlich auch das passende Zugfahrzeug (s. S. 21). Hier spielen vor allem Faktoren wie Anhängelast und Stützlast sowie natürlich Gewicht, Motor und Antrieb eine entscheidende Rolle.

Vorsicht bei Feuchtigkeit!
Aufgrund ihrer Bauweise neigen vor allem Wohnmobile und Wohnwagen zu Feuchtigkeitsschäden, die im schlimmsten Fall zu Schimmel und einem regelrechten „Verrotten" des Aufbaus führen können. Bei der Besichtigung solltest du also ganz besonders genau hinschauen und -riechen (s. S. 111) – denn solche Schäden sind, wenn überhaupt, häufig nur mit hohem finanziellem Aufwand zu beheben.

Was kostet ein Campingfahrzeug?

Weder bei Neuen noch bei Gebrauchten lässt sich die Frage nach dem Preis pauschal beantworten (s. S. 78). Vielmehr hängt dieser von ganz verschiedenen Faktoren ab.

Faktoren, die für den Preis eine Rolle spielen

- Fahrzeugtyp
- Marke
- Modell
- Ausstattung

Bei Gebrauchtfahrzeugen zusätzlich:

- Alter
- Erhaltungszustand
- Schadstoffklasse

Für Gebrauchte gibt es die berühmt-berüchtigte „Schwacke-Liste", in der Fahrzeuge nach Alter und Kilometerstand mit empfohlenen Einkaufspreisen für Händler aufgeführt sind. Daran kannst du dich grob orientieren, der Zugang zu dieser Liste ist jedoch kostenpflichtig. Und schon ein leicht veränderter Grundriss, zum Beispiel ein anderes Bett oder eine andere Dinette, können den Wert für einen Käufer, der genau diese Variante sucht, nach oben treiben. Reisemobile und Caravans sind außerdem sehr preisstabil und verlieren deutlich weniger an Wert als PKW. Zusätzlich ist der Markt derzeit sehr unausgeglichen. Auf neue Fahrzeuge muss man häufig Monate bis Jahre warten und das Angebot an Gebrauchten ist deutlich geringer als die Nachfrage. Das lässt die Preise nach oben klettern.

Eine Möglichkeit, um sicherzustellen, dass du nicht zu viel bezahlst, ist ein sogenanntes Wertgutachten: Stimmt der Verkäufer zu, kannst du das Fahrzeug von einem Sachverständigen prüfen lassen, der dann den Wert bestimmt. Die Kosten dafür liegen allerdings zwischen 250 und 400 Euro, je nach Anbieter und Fahrzeug.

Vorsicht, Betrüger!
Häufig finden sich vor allem auf einschlägigen Internetseiten Angebote, die schlichtweg „zu gut sind, um wahr zu sein". Ein fünf Jahre alter Alkoven in super Zustand mit 20.000 Kilometern für 8.000 Euro? Hände weg! Es sind viele Betrüger unterwegs, die versuchen, ihre (in Wirklichkeit gar nicht existierenden) „Schnäppchenfahrzeuge" mit teils rührseligen Geschichten unter die Leute zu bringen.

Informiere dich daher ausführlich über die marktüblichen Preise, die aktuell für das von dir gesuchte Fahrzeug und Baujahr in etwa verlangt werden. Erkennst du hier große Ausreißer nach unten, ist meistens irgendetwas faul – entweder stimmt mit dem Fahrzeug etwas nicht oder die ganze Anzeige ist ein Fake!

Der Kaufzeitpunkt

Auch der Kaufzeitpunkt kann Auswirkungen auf den Preis haben: Grundlegend ist es schlau, ein Wohnmobil antizyklisch zu kaufen, also im Herbst, wenn die Saison vorbei ist. Das kann dir unter Umständen einen günstigeren Preis bescheren, denn die meisten Menschen möchten natürlich zum Start der Saison ein Mobil erwerben. Allerdings solltest du den Markt im Allgemeinen etwas beobachten. In den vergangenen Jahren boomt das Thema Camping enorm und die Branche vermeldet immer wieder neue Verkaufs- und Zulassungsrekorde bei den Freizeitfahrzeugen. Daher sind echte Schnäppchen momentan eher selten zu finden, und auch die oben genannte „Saisondynamik" greift nur bedingt, denn Angebot und Nachfrage diktieren den Preis. Es gibt also eigentlich keinen „perfekten" Zeitpunkt mehr, viel wichtiger sind Geduld, Ausdauer und etwas Glück.

Unterhaltungskosten nicht vergessen

Vor dem Kauf solltest du außerdem prüfen, was dich das ausgewählte Fahrzeug im Unterhalt kosten wird. Der Kaufpreis ist das eine, Versicherungen (s. S. 106) und Steuern sowie Reparaturen, Wartung und Spritverbrauch das andere.
Die laufenden Kosten richten sich nach dem Fahrzeugtyp, aber auch nach deinen Reisegewohnheiten. Grundlegend gilt: Je größer und schwerer dein Campingmobil ist, desto mehr Ausgaben wirst du aller Wahrscheinlichkeit nach dafür haben. Neben Steuer und Versicherung fallen nämlich vor allem Spritkosten und Reparaturen an. Auf Auslandsreisen können zudem höhere Maut- oder Vignettenklassen greifen.

Wo kann man ein Campingfahrzeug kaufen?

Bei einem Händler

Seriöse Händler bieten dir eine ausführliche persönliche Beratung und du kannst dir in Ruhe die Fahrzeuge – ob neu oder gebraucht – auf dem Hof ansehen. Für eventuelle spätere Reparaturen oder Wartungsarbeiten weißt du direkt, an wen du dich wenden musst, und brauchst nicht lange nach einer ordentlichen Vertragswerkstatt zu suchen.

Bei gebrauchten Fahrzeugen hat der Kauf beim Händler einen weiteren entscheidenden Vorteil: Dieser ist gesetzlich verpflichtet, dir eine Gewährleistung von meist einem Jahr auf das Fahrzeug zu geben. Manche Händler bieten zusätzlich eine Garantie an. Damit bist du relativ gut abgesichert, wenn das Fahrzeug in dieser Zeit Probleme bereitet. Außerdem checkt der Händler das Fahrzeug normalerweise vor dem Verkauf durch, bereitet es häufig nochmal auf und führt notwendige Reparaturen durch. Deshalb sind Gebrauchte hier auch meistens etwas teurer als aus privater Hand.
Ob der Händler, bei dem du dein Wunschmobil gefunden hast, vertrauenerweckend ist, kann dir zum einen dein Bauchgefühl sagen. Schau dich vor Ort um, sprich mit den Verkäufern und höre dabei auf deine innere Stimme.
Zusätzlich ist es immer auch eine gute Idee, sich vorab an anderen Stellen über den Händler zu informieren. Bewertungsplattformen sowie einschlägige Foren und Gruppen in den Sozialen Medien bieten dazu eine gute Möglichkeit. Betrachte die Aussagen, die dort getätigt werden, aber bitte immer kritisch. Lies dir die positiven wie negativen Kommentare genau durch und versuche zu analysieren, was genau hinter besonders unflätigen Beschwerden oder auffallend überschwänglichem Lob stecken könnte.

Eine Bitte...

Wenn du dich bei deinem ortsansässigen Händler gut beraten fühlst und dir ein einigermaßen attraktives Angebot unterbreitet wird, sei nach Möglichkeit so fair, dein Fahrzeug dann auch dort zu kaufen. Denn diese Unternehmen bieten einen Service, den du bei Messe- oder Privatkäufen so üblicherweise nicht bekommst – und das auch noch über den eigentlichen Vertragsabschluss hinaus. Das solltest du mit deiner Kaufentscheidung honorieren.

Auf einer Messe

Auf größeren Messen findest du eine unendliche Auswahl an Fahrzeugtypen und Modellen. Du kannst dich in den Fahrzeugen umsehen, Sitz- und Liegeproben machen, die Materialqualität in Augenschein nehmen und ein Gefühl für Raum- und Fahrzeuggröße bekommen. Wie gut die Beratung im teils hohen Besucherandrang ist und ob du an den Ständen etwas „aufgeschwatzt" bekommst, das du vielleicht nicht unbedingt möchtest oder brauchst, hängt zum einen vom jeweiligen Aussteller ab, zum anderen aber auch davon, wie gut informiert du in die Gespräche gehst.
Viele Kunden setzen auf günstige Messepreise – die es durchaus gibt. Doch nicht alles, was auf den ersten Blick als tolles Schnäppchen daherkommt, ist auch tatsächlich eines. Hier lohnt es sich, im Vorfeld genau die Preislisten zu studieren und sich nicht von den eigenen Emotionen mitreißen zu lassen. Wenn du jedoch genau weißt, was du willst, und das Mobil mit deiner Wunschausstattung auf einer Messe zu guten Konditionen angeboten wird, kannst du natürlich zuschlagen.

Sollte es sich um ein Ausstellungsfahrzeug handeln, achte bei der Übergabe genau darauf, dass nichts defekt ist oder fehlt. Denn die hunderten bis tausenden Besucher, die an solchen Tagen durch die Campingmobile geschleust werden, verursachen manchmal Schäden oder nehmen Teile einfach mit. Unter Langfingern beliebt sind vor allem Möbelgriffe, Duschköpfe, kleine Lämpchen und andere schnell abzumontierende Gegenstände.

Beim Hersteller

Solltest du auf der Messe oder beim Händler nichts Passendes finden oder dir den Weg sparen wollen, kannst du dein Traummobil auch auf den Webseiten der Hersteller selbst konfigurieren und direkt bestellen.

Alternativ besteht die Möglichkeit, ein Fahrzeug bei einem kleineren Ausbauer ganz nach deinen Wünschen anfertigen zu lassen. Die Wartezeiten schwanken – ähnlich wie im Automobilsektor – je nach Hersteller, Umfang der Zusatzausstattung und Nachfrage. Standardisierte Fahrzeuge von großen Unternehmen werden in der Regel schneller geliefert, individuelle Ausbauten bei Familienbetrieben dauern naturgemäß deutlich länger.

Kaufst du bei einem der großen Hersteller übers Internet, solltest du allerdings eines bedenken: Zwar sind Vertragshändler der jeweiligen Marke offiziell verpflichtet, Reparaturen und Wartungsarbeiten an deinem Fahrzeug vorzunehmen. Dennoch werden Kunden, die ihr Campingmobil bei dem betreffenden Händler gekauft haben, bei Werkstattterminen oft bevorzugt oder Neukunden gar nicht erst angenommen. Deshalb überlege dir gut, wie wichtig dir ein Ansprechpartner vor Ort ist und ob du dafür nicht vielleicht auf ein paar Euro Rabatt verzichten kannst.

Von privat

Wenn dein Budget knapp bemessen ist, du technisch sehr versiert bist oder dein Wunschmobil anderweitig nicht verfügbar ist, kannst du das Fahrzeug auch aus privater

Hand kaufen. Die Möglichkeiten, an solche Angebote zu kommen, sind vielfältig. Das Internet ist hier natürlich die Hauptadresse, aber auch der klassische Weg über Anzeigen in Tageszeitungen oder Fachmagazinen ist möglich. Oder du gibst selbst eine Suchanzeige auf, wenn nichts Passendes angeboten wird.

Vorsicht ist besser als Nachsicht
Wir raten dringend davon ab, ein Fahrzeug zu kaufen, das du nicht vor Ort angesehen und genau untersucht hast (s. S. 111). Nicht nur der Motor sollte von dir oder einem Experten genau in Augenschein genommen werden, auch das Thema Dichtigkeit ist sehr wichtig und muss dringend vor Ort überprüft werden. Das gilt natürlich nicht nur für Käufe von privat, aber dort besonders, da du hier ja keine Garantie oder Gewährleistung erhältst. Die Standardkaufverträge für Privatverkäufe, die es zum Beispiel vom ADAC gibt, schließen diese mit einem Satz aus wie: „Das Fahrzeug wird unter Ausschluss der Sachmängelhaftung verkauft."
Verschweigt ein Privatverkäufer allerdings Mängel bewusst, gilt dieser Ausschluss nicht. Bestätigt dir der Verkäufer also zum Beispiel, dass das Fahrzeug bislang keinen Unfall oder Wasserschaden hatte, und stellt sich dies hinterher als Falschangabe heraus, kannst du den Kaufvertrag anfechten, das Fahrzeug zurückgeben oder eine Minderung des Kaufpreises erwirken. Erkundige dich daher genau nach möglichen Schäden und Problemen und dokumentiere diese Punkte schriftlich im Kaufvertrag. So hast du im Notfall etwas in der Hand.

Das Fahrzeug finanzieren

Eine Möglichkeit, dir deinen Traum vom eigenen Campingmobil auch ohne großes Eigenkapital zu erfüllen, ist eine Finanzierung. Hier gibt es verschiedene Varianten, die natürlich jeweils auch Vor- und Nachteile sowie unterschiedliche Verpflichtungen mit sich bringen. Generell stehen folgende Wege offen:

- Ratenkredit bei einer Bank
- Finanzierung beim Händler
- Leasing

Am Anfang jeder Kreditvergabe steht eine Bonitätsprüfung, in der deine zu erwartenden Einnahmen, deine Vermögenswerte, aber auch eventuelle Schulden beleuchtet werden. Diese ist für die Kreditgeber verpflichtend – denn zum einen tragen sie das Risiko von Kreditausfällen, zum anderen sollen die Kreditnehmer dadurch vor Überschuldung geschützt werden.

Ratenkredit bei einer Bank

Bei dieser Variante gibt dir eine Bank einen Kredit, mit dem du dein neues Campingfahrzeug bar bezahlen kannst. Das kannst du entweder über deine Hausbank abwickeln, die

dich als Kunden bereits kennt, oder du suchst dir ein anderes Kreditinstitut, das dir gute Konditionen bietet. Bitte aber immer genau aufs „Kleingedruckte" achten, denn auch hier stellt sich so manches vordergründige Schnäppchen als Pferdefuß heraus.
Bei einem Ratenkredit unterscheidet man zwischen zweckgebundenen und zweckfreien Krediten. In ersterem Fall (meist in Form eines Autokredits) gehört das Fahrzeug zunächst der Bank, der Fahrzeugbrief wird dir nach Beendigung der Ratenzahlung übergeben. Falls du die Raten nicht bedienen kannst, hat die Bank die Möglichkeit, das Mobil zu verkaufen. Der Vorteil: Bei der Abgabe des Fahrzeugbriefs bekommst du meist sehr attraktive Zinsen, weil die Bank dadurch eine Sicherheit hat. Beim zweckfreien Kredit geht das Fahrzeug direkt in dein Eigentum über und du kannst auch während der Kreditlaufzeit frei darüber verfügen, indem du es zum Beispiel privat verkaufst.

Vor- und Nachteile einer Finanzierung über einen Ratenkredit

+ Häufig ansehnliche Rabatte bei Barzahlung des Fahrzeugs
+ Kreditkosten gut kalkulierbar
+ Ablösung jederzeit möglich, evtl. aber gegen Vorfälligkeitsentschädigung
+ Fahrzeug geht direkt oder nach Abzahlung der Raten ins Eigentum des Käufers über

– Zinssätze von Bonität abhängig
– Fahrzeugbrief verbleibt beim zweckgebundenen Kredit bis zur kompletten Tilgung bei der Bank

Finanzierung beim Händler

Die meisten Wohnmobil- und Caravanhändler bieten Finanzierungsmöglichkeiten an. Teilweise arbeiten die Unternehmen mit Banken zusammen, die sich auf Darlehen für Freizeitfahrzeuge spezialisiert haben, teilweise nutzen sie die Finanzierungservices der großen Händler.

Ratenkredit Der klassische Ratenkredit läuft über eine Bank genauso ab wie über einen Händler – allerdings mit dem Nachteil, dass du in diesem Fall keinen Barzahlerrabatt erzielen kannst.

Ballonkredit Beim Ballonkredit läuft die Tilgung nicht über den kompletten Betrag der Darlehenssumme, sondern nur über einen Teil davon. Zur Berechnung wird die voraussichtliche Nutzungsdauer des Fahrzeugs zugrunde gelegt. Aus dieser Dauer bestimmt sich der Restwert des Fahrzeugs nach Ablauf der Kreditdauer. Während der Laufzeit tilgst du daher nur einen geringen Teil des Fahrzeugpreises und kommst so auf sehr niedrige Raten. Teilweise wird sogar auf eine Anzahlung verzichtet. Der Restwert des Fahrzeugs wird, ähnlich wie ein großer Ballon, jedoch auf einen Schlag als hohe Schlussrate fällig. Eine Anschlussfinanzierung ist möglich, wird aber häufig nur zu schlechteren Konditionen angeboten.

Drei-Wege-Finanzierung Bei der Drei-Wege-Finanzierung handelt es sich um einen „Ableger" der Ballonfinanzierung. Auch hier wird am Ende der Kreditlaufzeit eine große Schlussrate fällig. Falls du diese nicht bedienen kannst, steht dir jedoch offen, das Fahrzeug an den Händler zurückzugeben und damit quasi die letzte Rate zu tilgen. Doch Achtung: Wenn das Fahrzeug aus irgendeinem Grund an Restwert eingebüßt hat, kann es sein, dass du eine Nachzahlung leisten musst.

Vor- und Nachteile einer Finanzierung über einen Ballonkredit

+ Meist geringe oder keine Anzahlung
+ Niedrige Raten während der Laufzeit
+ Häufig günstige Zinsen

– Hohe Schlussrate
– Anschlussfinanzierung möglich, aber häufig teuer
– Nicht vorhersehbare Wertverluste (z.B. durch Schäden oder zu hohe Fahrleistung) bergen Risiken
– Kein Barzahlerrabatt

Leasing

Das Leasing von Freizeitfahrzeugen ist zwar vorrangig für Selbstständige und Unternehmer interessant, grundsätzlich jedoch auch für Privatpersonen möglich. Beim Leasing nutzt du das Mobil auf Basis eines „Mietvertrags", es verbleibt aber im Eigentum der Leasingfirma. Die Leasingrate wird am Restwert bemessen, den das Fahrzeug am Ende der Vertragslaufzeit voraussichtlich haben wird. Nach Ablauf wird das Mobil zurückgegeben und der tatsächliche Restwert ermittelt. Liegt dieser unter dem vorher errechneten Wert, musst du diesen Verlust ausgleichen. Häufig wird eine Kaufoption zum Restwert angeboten, außerdem sind meist zusätzliche Leistungen wie Wartungsverträge möglich.

Folgende Varianten stehen beim Leasing zur Verfügung:

Kilometer-Leasing Hierbei darf dein Fahrzeug nach der Vertragslaufzeit nur die vereinbarte Laufleistung sowie „übliche Gebrauchsspuren" aufweisen. Mängel oder Schäden, die darüber hinausgehen, sind von dir zu tragen.

Restwert-Leasing Beim Restwert-Leasing spielt dagegen der technische und optische Gesamteindruck eine Rolle. So musst du nicht nur für überdurchschnittliche Abnutzung und selbst verursachte Schäden aufkommen, sondern auch für eventuelle Wertverluste, die du nicht zu verantworten hast, etwa eine veränderte Marktlage.

Vor- und Nachteile von Leasing

+ Flexibilität: keine langfristige Bindung an ein bestimmtes Fahrzeug, aber deutlich günstiger als Mieten
+ Bei Kilometer-Leasing kein Wertverlustrisiko durch Marktschwankungen
+ Umsatzsteuer für Selbstständige absetzbar

- Kein Verkauf möglich
- Übernahme des Leasingvertrags durch Dritte nur bei Zustimmung der Leasinggesellschaft und ggf. der Bank
- Fahrzeug geht nicht in dein Eigentum über, du hast also am Ende der Vertragslaufzeit keinen Gegenwert
- Vertragswerkstätten können vorgeschrieben werden
- Vollkaskoversicherung ist häufig verpflichtend
- Umsatzsteuer für Privatleute nicht absetzbar
- Potenzieller Wertverlust beim Restwert-Leasing kaum kalkulierbar

Das Fahrzeug versichern

Wie in vielen anderen Lebensbereichen ist bei Versicherungen „billig“ nicht immer die ideale Option. Denn wenn es wirklich mal kracht, brauchst du Beratung, Unterstützung und vor allem einen umfassenden Schutz. Neben den klassischen Kfz-Versicherern gibt es Anbieter, die sich auf die besonderen Bedürfnisse von Wohnwagen- und Wohnmobilbesitzern spezialisiert haben.

Haftpflichtversicherung

Ohne Haftpflichtversicherung kannst du das Fahrzeug nicht zulassen. Genau wie beim PKW musst du beim potenziellen Versicherer eine sogenannte eVB-Nummer anfordern und diese bei der Zulassung vorweisen (s. S. 119). Bei einem Haftpflichtschaden, also wenn du jemand anderen schädigst, gibt es beim Wohnwagen noch die Besonderheit, dass der Schaden je nach konkretem Fall entweder über die Versicherung des Caravans oder über die des Zugfahrzeugs abgewickelt wird.

Versicherungspflicht für feststehende Wohnwagen
Auch feststehende Wohnwagen benötigen mindestens eine Haftpflichtversicherung, sofern sie zugelassen sind. Ist der Caravan nicht angemeldet, entfällt diese Versicherungspflicht. Dann darf das Fahrzeug aber auch wirklich keinen Meter bewegt werden! Hierfür gibt es eine sogenannte Dauercamperversicherung (s. S. 108).

Voll- oder Teilkaskoversicherung

Eine reine Haftpflicht ist nur dann empfehlenswert, wenn der Restwert des Fahrzeugs so gering ist, dass die Versicherungsbeiträge für ein bis drei Jahre diese Summe übersteigen würden. Wohnmobile und Wohnwagen sind meist noch regelmäßiger und länger der Witterung ausgesetzt als PKW und weisen daher ein erhöhtes Risiko für Elementarschäden auf (s. S. 367). Diese über eine Teilkaskoversicherung abzudecken, ist also definitiv sinnvoll. Die Teilkaskoversicherungen für Campingfahrzeuge unterscheiden sich nicht von denen für PKW.
Bei der Vollkaskoversicherung sind, wie beim PKW, üblicherweise die Teilkaskoschäden inbegriffen, daneben greift die Vollkasko für selbst- oder mitverschuldete Unfallschäden sowie Vandalismus. Auch der Transport auf Fähren ist für verschiedene Schadensszenarien abgesichert. Außerdem springt die Versicherung ein, wenn du von jemand anderem geschädigt wurdest und dieser Fahrerflucht begeht oder eine Abwicklung über die Haftpflichtversicherung des Schadenverursachers aus anderen Gründen nicht möglich ist.
Die Kosten für diese Versicherungen lassen sich nicht pauschal beziffern, sondern hängen von der persönlichen Schadenfreiheitsklasse, dem Fahrzeugtyp und vielen anderen Faktoren ab.

Weitere sinnvolle Zusatzversicherungen

Schutzbrief Klassische Pannen zählen nicht als Unfall und sind somit nicht über die Kaskoversicherung abgesichert. Für so einen Fall ist ein Schutzbrief empfehlenswert. Doch auch hier gibt es natürlich Unterschiede: Du solltest zum Beispiel darauf achten, dass der Schutzbrief nicht zu viele Einschränkungen bezüglich der Fahrzeugmaße beinhaltet, sonst kann es beim Abschleppen zu Problemen bei der Kostenübernahme kommen.

Inhaltsversicherung Das ist quasi eine „mobile Hausratversicherung“. Mit ihr kannst du alle im Fahrzeug befindlichen losen Teile (persönliches Reisegepäck, Fotoausrüstung, Computer, Handy, Fernseher etc.) bis zu einem bestimmten Wert gegen Diebstahl, Unfall, Überschwemmung, Brand und sogar räuberische Erpressung versichern. Die Kosten liegen je nach Anbieter und Versicherungsumfang bei ca. 60–200 Euro pro Jahr. **Achtung:** Eine Hausratversicherung und die oft darin enthaltene „Außenversicherung“ gilt in der Regel nur innerhalb von Gebäuden, z.B. in Hotelzimmern. Sollten in deiner Hausratversicherung auch Gegenstände im Fahrzeug inkludiert sein, bitte auf jeden Fall beim Anbieter genau nachfragen: Häufig sind damit nämlich nur normale PKW gemeint. Außerdem ist beispielsweise Elektronik fast immer ausgenommen.

Fahrerschutzversicherung Sämtliche Mitreisende sind bei Unfällen durch die Haftpflicht abgesichert und können Schadenersatzansprüche geltend machen – der Fahrer selbst jedoch nicht! Um auch ihn bei schweren Verletzungen und ihren Folgen (Pflegekosten, Verdienstausfall etc.) abzusichern – oder im Todesfall die Hinterbliebenen mit einer Rente –, kann eine Fahrerschutzversicherung sinnvoll sein.

Besonderheiten bei Kaskoversicherungen

- ✓ Hagelschäden, die neben Sturm, Blitz und Überschwemmung zu den Elementarschäden zählen, gehören zu den häufigsten Schäden an Freizeitfahrzeugen. Deshalb bieten einige Versicherer für Mobile mit unempfindlicherem GFK-Dach einen Rabatt an.
- ✓ Vor allem bei Wohnmobilen sind oftmals Glasschäden zu beklagen, doch viele Versicherungen erstatten diese nur bis zu einer bestimmten Kostengrenze. Insbesondere bei Reisemobil-Frontscheiben erreicht man jedoch schnell hohe Summen, weshalb sich ein genauer Blick auf die Versicherungsbedingungen zu diesem Punkt lohnt.
- ✓ Manchmal sind bestimmte außereuropäische Länder wie Tunesien oder Marokko nicht im Versicherungsumfang enthalten. Falls du planst, in solche Regionen zu reisen, solltest du das unbedingt bei der Wahl der Versicherung berücksichtigen.

Lesetipps

- **Inhaltsversicherung** *camper.st/inhaltsv*
- **Schutzbrief** *camper.st/schutzbrief*
- **Fahrerschutz** *camper.st/fahrerschutz*
- **Gebrauchtes Wohnmobil versichern** *camper.st/womo-vers*
- **Gebrauchten Wohnwagen versichern** *camper.st/wowa-vers*

Dauercamperversicherung

Für feststehende Fahrzeuge ist eine Dauercamperversicherung empfehlenswert. Diese haftet für folgende Schäden an nicht zugelassenen und überwiegend privat genutzten Wohnwagen oder Mobilheimen:

- Brand und Explosion
- Sturm, Hagel, Blitzschlag
- Glasschäden
- Leitungswasserschäden
- Vandalismus

Neben dem eigentlichen Objekt sind je nach Vereinbarung auch fest positionierte Vorzelte, Markisen, Gartenhäuser und Zäune mitversichert. Selbst das persönliche Reisegepäck, Haushaltszubehör sowie Smartphones und E-Bikes sind häufig optional bis zum Neuwert versicherbar.

Konditionen für Dauercamperversicherungen

- ✓ Die Objekte können dauerhaft bewohnt werden, müssen es aber nicht.
- ✓ Es findet eine überwiegend private Nutzung statt.
- ✓ Der Wohnwagen oder das Mobilheim müssen auf einem Campingplatz innerhalb der EU stehen.
- ✓ Der Beitrag richtet sich nach dem Neuwert der zu versichernden Einheit
- ✓ Viele Versicherer bieten einen Nachlass bei Abschluss eines mehrjährigen Vertrags.

Wichtige Punkte beim Versicherungsvergleich

- **Neuwert- oder Zeitwertentschädigung?**
  Manche Versicherungen gewähren nach der Erstzulassung innerhalb von 24 Monaten eine Neupreisentschädigung bei Totalschaden oder Verlust, bei anderen sind es nur 6 oder 12 Monate. Wird nach dem Zeitwert entschädigt, so bekommst du nicht die vollen Kosten erstattet, sondern nur den Preis, den du zum Zeitpunkt des Unfalls für ein Fahrzeug mit denselben Charakteristika (Hersteller, Modell, Baujahr, Ausstattung, Zustand, Kilometerstand) auf dem Gebrauchtwagenmarkt bezahlen müsstest.
- **Schadenfreiheitsklassen**
  Die Anzahl der Schadenfreiheitsklassen – und damit deine Möglichkeit, langfristig zu sparen – kann von Versicherer zu Versicherer variieren. Ideal wäre also ein Anbieter, bei dem es möglichst viele SF-Klassen gibt. Achtung: Bei Abschluss einer Wohnmobil-Versicherung besteht nicht automatisch die Möglichkeit, deine schadenfreien Jahre vom PKW zu übernehmen.
- **Einschränkungen im Fahrerkreis**
  Hast du Familie oder enge Freunde, die sich vielleicht auch mal ans Steuer setzen möchten oder müssen, wähle einen Anbieter, der dies ermöglicht.
- **Altersbegrenzungen für Fahrer**
  Altersabhängige Tarife und ähnliche Klauseln können den Preis in die Höhe treiben oder die Flexibilität im Fahrerkreis einschränken – und sie kommen nicht selten vor.
- **Sonder-Ersteinstufung für besonders junge Fahrer**
  Falls du unter 25 Jahre alt bist und zum ersten Mal ein Wohnmobil versicherst, suche am besten einen Versicherer, der dir Vorteile gewährt wie z.B. die Einstufung in SF 2.
- **Altersbegrenzungen fürs Fahrzeug**
  Auch das Alter deines Mobils kann eine Rolle spielen. Für Fahrzeuge über 25 Jahre finden sich z.B. nur noch wenige Angebote, zumindest wenn du eine Kaskoversicherung abschließen möchtest. Prüfe evtl., ob eine spezielle Oldtimerversicherung für dich in Frage kommt.
- **Kilometerbegrenzung**
  Im Reisemobilsektor gibt es Versicherer, die ohne Kilometerbegrenzung arbeiten. Wenn du also viel unterwegs sein möchtest, kann sich ein solcher Tarif lohnen, auch wenn die Versicherungsbeiträge selbst vielleicht etwas mehr kosten als bei den Mitbewerbern.
- **Versicherungsschutz im Ausland**
  Innerhalb der EU und der geografischen Grenzen Europas sowie in den außereuropäischen Gebieten im Geltungsbereich der EU bist du üblicherweise durch deine deutsche Versicherung geschützt. Sofern exotischere Ziele auf deiner Wunschliste stehen, kläre beim Einholen der Angebote, ob diese abgedeckt sind.

Lesetipp

Checkliste Versicherungsvergleich zum Herunterladen und Ausfüllen
camper.st/versicherungsvergleich

- **Deckungssummen**
  Die gesetzlichen Mindestdeckungssummen in Deutschland liegen bei:
  Personenschäden: 7,5 Mio. Euro
  Sachschäden: 1,12 Mio. Euro
  Vermögensschäden: 50.000 Euro
  Bei den meisten Versicherungen sind die Deckungssummen höher, allerdings schwankt die Höhe je nach Anbieter.
- **Rabatte**
  Unter bestimmten Voraussetzungen werden bei vielen Anbietern Nachlässe gewährt, z.B. für Fahrzeuge mit GFK-Dach, Neukunden, Bestandskunden, Mitarbeiter im Öffentlichen Dienst oder im Rahmen von Messeangeboten.
- **(Mit-)Versicherung von Zubehör**
  Fest verbundenes Zubehör ist normalerweise beim Fahrzeug mitversichert, sofern es der Versicherung bekannt ist. Deshalb solltest du bei Abschluss eine Zubehörliste vorlegen und diese bei Neuanschaffungen aktualisieren. Für lose Teile gibt es die sogenannte Inhaltsversicherung (s. S. 107).
- **Fährüberfahrten und Havarie**
  Nicht alle Versicherungen haften bei Schäden im Rahmen von Fährtransporten oder bei einer Havarie, wenn also der Kapitän z.B. Fahrzeuge oder Beladung opfert, um ein Sinken des Schiffs oder sonstige Gefahr für Leib und Leben abzuwenden. Da einige beliebte Campingziele wie Norwegen, Schweden, das Baltikum, Großbritannien, Griechenland oder die Mittelmeerinseln auf dem Seeweg sehr schnell und bequem zu erreichen sind, ist es durchaus sinnvoll, dieses Risiko mit abzudecken.
- **Saisonkennzeichen und Ruheversicherung**
  Wenn du nur während der Saison mit deinem Wohnwagen oder Wohnmobil verreisen möchtest, kannst du mit einem Saisonkennzeichen oder über eine Abmeldung mit anschließender Ruheversicherung ordentlich sparen (s. S. 380). Jedoch bieten nicht alle Versicherer diese Option an.

Das Fahrzeug besichtigen und den Vertrag abschließen

Plane für die Besichtigung des von dir ins Auge gefassten Fahrzeugs ausreichend Zeit ein: Zwei Stunden sind unserer Erfahrung nach das absolute Minimum, mehr ist immer besser, um alles in Ruhe unter die Lupe zu nehmen. Bitte den Verkäufer außerdem im Vorfeld, etwas Wasser und Gas im Fahrzeug vorzuhalten und für einen Stromanschluss zu sorgen, damit du alle Geräte und Funktionen testen kannst. Bei Wohnmobilen sollte zudem ausreichend Sprit für eine ausführliche Probefahrt vorhanden sein.
Als Einsteiger solltest du bei der Besichtigung deines Wunschmobils auf jeden Fall einen Experten zu Rate ziehen, der die klassischen Knackpunkte kennt und dich begleiten kann. Wenn du keine solche Perle zu deinen Bekannten zählen kannst, stehen dir beispielsweise bei TÜV oder DEKRA unabhängige Gutachter zur Verfügung, die das Fahrzeug gemeinsam mit dir durchsehen.
Das ist sinnvoll, denn als Laie kannst du nur schwer beurteilen, in welchem Zustand sich Motor und Getriebe befinden, ob irgendwo Öl heraustropft oder ob die Angaben des Verkäufers ungefähr mit dem Gesamtzustand des Fahrzeugs übereinstimmen.

Lesetipp
Schwachstellen bei gebrauchten Wohnwagen (auch auf Wohnmobile übertragbar)
transitfrei.de/wohnwagenkauf

Wichtige Punkte bei der Besichtigung

- ✓ Warum wird das Fahrzeug verkauft?
- ✓ Wie viele Vorbesitzer hatte es?
- ✓ Wurden regelmäßig Dichtigkeitsprüfungen durchgeführt? Wann zuletzt?
- ✓ Ist die HU („TÜV") vorhanden?
- ✓ Liegen das gelbe Gas-Prüfheft, sowie Servicehefte, Betriebsanleitung(en) und sämtliche Betriebserlaubnisbescheinigungen für nachträglich verbaute Fahrzeugteile vor?
- ✓ Wann sind der nächste TÜV und die nächste Gasprüfung fällig?
- ✓ Wurde das Fahrzeug schon mal leer gewogen?
- ✓ Wie hoch ist das tatsächliche Leergewicht (unter Berücksichtigung von Sonderausstattung etc.)? Daraus ergibt sich die (echte) Zuladung!
- ✓ Hat das Fahrzeug noch Garantie?
- ✓ Welche Eigenheiten, Macken, Besonderheiten hat das Fahrzeug?
- ✓ Riecht der Innenraum nach Moder oder Schimmel? Gibt es irgendwo dunkle Flecken? All das können Hinweise auf Feuchtigkeitsschäden sein. Gewissheit bringt ein Feuchtigkeitsmesser.
- ✓ Funktionieren Wasserhähne, Abflüsse, Toilette, elektrische Geräte, Gasinstallationen, Schranktüren, Türverschlüsse etc.?
- ✓ Funktionieren Beleuchtung, Kühlschrank und andere elektrische Geräte?
- ✓ In welchem Zustand sind Polster und Matratzen?
- ✓ Wie gut wurde der Innenraum insgesamt gepflegt: Sieht er für das Alter des Fahrzeugs übertrieben abgewohnt aus, oder ist alles noch relativ gut erhalten?
- ✓ Sind Unfallschäden vorhanden? Falls ja, welche genau?
- ✓ Siehst du Farbunterschiede im Lack? Diese könnten Hinweise auf (verschwiegene) Unfälle oder Reparaturen sein.
- ✓ Stehen größere Reparaturen an?
- ✓ Gab oder gibt es Defekte?
- ✓ Gibt es rostige Stellen?
- ✓ Hat die Frontscheibe Schäden?
- ✓ Ist das Dach in Ordnung?
- ✓ Hat das Fahrzeug einen Hagelschaden (erkennbar an vielen kleinen Dellen auf dem Dach und/oder an den Seiten)? Falls ja, frag unbedingt nach, ob dieser über die Versicherung in bar abgerechnet wurde. In diesem Fall kann die Regulierung künftiger Schäden schwierig werden (s. S. 369)!
- ✓ Sind alle Lichter, Blinker etc. intakt?
- ✓ Lässt sich die Markise problemlos ausfahren?
- ✓ Wie sieht der Frischwassertank von innen aus? Hat er einen Film an den Wänden?

Speziell für Wohnwagen

- Besitzt der Caravan eine 100er-Zulassung? (Achtung: Hier bitte unbedingt das Leergewicht des eigenen Zugfahrzeugs beachten! S. S. 48)
- Sind eine Antischlingerkupplung und/oder ein elektronisches Antischleudersystem vorhanden (s. S. 354)?
- Ist ein Rangiersystem (s. S. 258) verbaut und funktioniert es? Ist die dazugehörige Batterie noch gut in Schuss oder verliert sie schnell an Spannung?

Speziell für Wohnmobile

- Wie viele Kilometer sind auf dem Tacho?
- Passen die Abnutzung des Lenkrades sowie der Zustand der Sitze und Pedale dazu?
- Wie sieht die Außenhaut aus? Sind Risse, Dellen oder gar Löcher sichtbar?
- Funktionieren Spiegelverstellung, elektrische Treppe, Scheibenwischer, Wasseranlage etc.?
- Ist der Motor trocken und sauber? Ggf. Ölstand vor und nach der Probefahrt messen.

Achtung: Schau bitte immer auch unter das Fahrzeug, nimm dir dafür eine alte Decke oder ein größeres Stück Karton mit. Achte dabei besonders auf Rost und beim Wohnmobil auf austretendes Öl.

Die Probefahrt

Achte bei der Probefahrt auf jedes Geräusch, fahre dazu ein Stück mit offenem Fenster und am besten auch über Kopfsteinpflaster. Teste das Fahrverhalten auf der Autobahn und beim Fahren durch Kreisverkehre.

Wichtige zu überprüfende Punkte bei der Probefahrt

- ✓ Springt der Motor des Wohnmobils problemlos an? Wie hört er sich an?
- ✓ Ist die Gangschaltung leichtgängig?
- ✓ Schleift die Kupplung?
- ✓ Greifen die Bremsen?
- ✓ Quietscht oder klappert etwas im oder am Fahrzeug?
- ✓ Zieht das Wohnmobil zur Seite oder hat die Lenkung Spiel?
- ✓ Lässt sich der Wohnwagen leicht ankuppeln?
- ✓ Ist der 13-polige Stecker am Caravan intakt?
- ✓ Funktioniert die Auflaufbremse des Wohnwagens bei einer scharfen Bremsung mit dem Gespann?

Der Vertragsabschluss

Wenn du ein gutes Gefühl hast und dir mit dem Verkäufer über den Preis einig bist, geht es an den Kaufvertrag. Ein Händler wird dir seinen eigenen Vertrag vorlegen, bei einem Privatverkauf empfehlen wir dir die Vorlage des ADAC. Bestehe darauf, dass alle im Gespräch genannten Punkte wie Hagelschäden, Unfälle oder durchgeführte Reparaturen, vor allem aber eine zugesicherte Unfallfreiheit (!) sowie die Angabe, dass keine Wasser- bzw. Feuchtigkeitsschäden bestehen, in den Vertrag aufgenommen werden, um dir später unangenehme Überraschungen zu ersparen.
Holst du das Fahrzeug erst Tage oder Wochen nach der Vertragsunterzeichnung ab, wird der Verkäufer vermutlich eine Anzahlung von dir verlangen. Kläre dies im Vorfeld ab und halte ggf. den entsprechenden Betrag in bar bereit. Lass dir auf jeden Fall eine Quittung ausstellen.

Lesetipp

ADAC-Kaufvertrag
camper.st/adac-kaufv

Die Fahrzeugübergabe

Bevor du dein neues Schätzchen abholen kannst, musst du das Fahrzeug ummelden bzw. Überführungskennzeichen besorgen (s. S. 118). Dann steht die offizielle Übergabe an. Du erhältst bei diesem Termin alle Fahrzeugpapiere und eine Einführung rund um das Fahrzeug. Häufig geben Händler zusätzlich noch ein paar Tipps zur Grundausstattung (s. S. 182).

Letzte Kontrolle

Falls die Besichtigung und Unterzeichnung des Kaufvertrags schon etwas her sind, solltest du unbedingt eine letzte Kontrolle durchführen und prüfen, ob alles noch so ist wie bei der Besichtigung vorgefunden:

- ✓ Riecht das Fahrzeug im Innenraum nach wie vor „sauber"?
- ✓ Sind auf dem Dach Hagelschäden erkennbar, die vorher nicht da waren?
- ✓ Sind irgendwo Feuchtigkeit, Schimmel oder Rost zu sehen, die vorher nicht da waren?
- ✓ bei Neufahrzeugen: Ist die bestellte Sonderausstattung komplett?

Eine Übergabe dauert üblicherweise etwa eine bis zwei Stunden, und seriöse Verkäufer nehmen sich diese Zeit, um dir die einzelnen Funktionen genau zu erläutern. Ihr geht gemeinsam um und durch das Fahrzeug, du erfährst alles Wissenswerte rund um Aufbau, Technik und Zusatzausstattung und kannst auch deine ganzen Fragen stellen. Vieles wird dir direkt vor Ort gezeigt, anderes zumindest theoretisch erklärt.

Aus eigener Erfahrung wissen wir, dass du vor lauter Ungeduld wahrscheinlich nur mit halbem Ohr zuhören wirst. Außerdem ist gerade für Einsteiger die Vielzahl an Informationen etwas überwältigend. Doch es ist wichtig, dass du dir alles in Ruhe zeigen lässt – damit du nicht beim ersten Ausflug mit riesigen Fragezeichen in den Augen vor der Gasheizung, dem Kühlschrank oder der Toilette stehst.

In der nachfolgenden, zugegebenermaßen sehr umfangreichen Checkliste führen wir alle Punkte auf, denen du im Laufe deiner ersten Reisen oder auch beim Ein- und Auswintern deines Fahrzeugs begegnen wirst. Es wäre ideal, wenn der Verkäufer dir all diese Funktionen und Komponenten zeigen und erläutern würde. Solltest du die Liste aber nicht komplett „abarbeiten" können, ist das nicht weiter schlimm. Bei vielen der Fragen können auch nette Camperkollegen, ob auf dem Platz oder z.B. in einer Community in den Sozialen Netzwerken, weiterhelfen.

Lesetipp

Unsere Facebook-Gruppe für Camping-Anfänger
campinganfaenger.de

Komponenten und Funktionen, die erklärt werden sollten

Fenster

- Verschlussmechanismen öffnen und schließen
- Verdunkelungsrollos und Fliegengitter öffnen und schließen
- Dachhauben („Hekis") öffnen und schließen

Heizung

- Zünden
- Abdeckung entfernen/ Heizung reinigen
- Frostschutz anbringen
- Thermostat bedienen

Boiler („Therme")

- Ein- und ausschalten
- Von Elektro- auf Gasbetrieb wechseln
- Wasser am Ablassventil entleeren (wichtig fürs Einwintern!)

Gas

- Gasflasche aufbewahren, transportieren und sichern
- Gas auf- und zudrehen
- Absperrhähne im Innenraum öffnen und schließen

Nasszelle/Toilette

- Toilettenschieber bedienen
- Toilette entleeren
- Spültank auffüllen
- Sanitärzusätze einfüllen
- Dusche richtig benutzen

Lesetipp

Checkliste Fahrzeugübergabe zum Herunterladen

camper.st/uebergabe

Wasser

- Tanks reinigen
- Frischwassertank auffüllen und ablassen
- Grauwasser entleeren
- Pumpe ausbauen und tauschen

Küche

- Herd ein- und ausschalten
- Weitere Küchengeräte bedienen
- Kühlschrank ein- und ausschalten

Strom

- Position von Stromanschlüssen, (evtl. versteckt eingebauten) Steckdosen und Sicherungskasten zeigen lassen
- Sicherungen ein- und ausschalten
- Adapter (CEE–Schuko) richtig verwenden
- Innen- und Außenbeleuchtung ein- und ausschalten
- Sicherungen austauschen
- Position der Ersatzsicherungen zeigen lassen
- Batterie und Wechselrichter zeigen lassen
- Bordnetz ein- und ausschalten
- Batterie für die Überwinterung abklemmen oder ausbauen

Weitere Einrichtungen
- ✓ Alarmanlage, Gaswarner und anderes Sicherheitsequipment bedienen
- ✓ Solaranlage in Betrieb nehmen
- ✓ Klimaanlage steuern
- ✓ Mover (Rangierantrieb) bedienen
- ✓ Satellitenanlage und Fernseher bedienen
- ✓ Stützensysteme aus- und einfahren

Bei Wohnwagen
- ✓ An- und abkuppeln
- ✓ Abreißseil richtig befestigen
- ✓ Antischlingerkupplung schließen und öffnen
- ✓ Verschleißanzeige der Antischlingerkupplung kontrollieren (inkl. Tausch der Reibbeläge bei Bedarf)
- ✓ Stützrad korrekt sichern
- ✓ Deichselschloss oder andere Diebstahlsicherung anbringen, falls vorhanden

Bei Wohnmobilen: Fahrerkabine, Motor, Getriebe
- ✓ Scheibenwischer, Licht, Navigationsgerät, Tempomat etc. bedienen
- ✓ Schließmechanismen und Wegfahrsperre ver- und entriegeln
- ✓ Verdunkelungsrollos öffnen und schließen

Sicherung vor dem Start

Bevor du dann losfährst, solltest du das Fahrzeug – am besten noch gemeinsam mit dem Verkäufer – „straßenfest" machen:

- Staufächer sicher verschließen
- Tisch aushängen
- Sitzecke zum Bett umbauen
- Schubladen sicher verschließen
- Korrekte Ladungsverteilung in den Staufächern und Schubladen überprüfen (maximale Last?)
- Trenntüren, Klappen oder lose Teile sichern

Ein Kurzzeitkennzeichen besorgen

Nun kannst du dein Campingmobil endlich nach Hause holen! In den allermeisten Fällen wird das Fahrzeug nicht (mehr) zugelassen sein, deshalb benötigst du ein sogenanntes Kurzzeitkennzeichen. Dieses ist für Überführungen oder Probefahrten durch Privatleute gedacht und damit das Gegenstück zum sogenannten roten Kennzeichen, das ausschließlich von Kfz-Gewerbetreibenden geführt werden darf.

Am einfachsten direkt zum Anmelden

Du benötigst das Kurzzeitkennzeichen für die Überführungsfahrt, und damit ist die direkte Strecke vom Kaufort zum Wohnort gemeint. Fährst du aber nach dem Kauf unmittelbar zur Zulassungsstelle, brauchst du kein Kurzzeitkennzeichen.

Bei der Zulassungsstelle musst du folgende Dokumente vorlegen:

- Personalausweis, alternativ: Reisepass + Meldebescheinigung
- Fahrzeugschein oder -brief
- gültige HU („TÜV“)
- eVB-Nummer von der Versicherung
- bei Firmen: Gewerbeanmeldung oder Handelsregisterauszug
- bei Beantragung des Kurzzeitkennzeichens für eine andere Person: Vollmacht

Gültigkeit Das Kurzzeitkennzeichen gilt unabhängig davon, ob du es bei der Zulassungsstelle an deinem eigenen Wohnort oder am Standort des Verkäufers beantragst. Es ist innerhalb Deutschlands ab Ausstellung fünf Tage lang gültig.
Das Datum, an dem du zur Zulassungsstelle gehst, ist auch automatisch der erste Tag der Gültigkeit, du kannst dir also nicht im Vorfeld ein Kurzzeitkennzeichen für einen bestimmten Zeitraum ausstellen lassen. Deshalb: Erst besorgen, wenn du es akut benötigst!

Kosten Die Kosten für ein Kurzzeitkennzeichen können je nach Zulassungsstelle schwanken. Meist fallen Verwaltungskosten von 10–15 Euro an plus die Ausgaben für das Erstellen der Nummernschilder. Hier kannst du etwa mit weiteren 20 Euro rechnen, sodass du bei der Zulassungsstelle insgesamt rund 30–35 Euro bezahlen musst.

Versicherung Natürlich brauchst du auch für eine Überführungsfahrt eine Versicherung – schließlich kann selbst auf kurzen Wegen immer etwas passieren.

Du musst dafür keinen extra Antrag oder Ähnliches bei der Versicherung einreichen. Sobald du deine persönlichen Daten beim Versicherer deiner Wahl angibst und eine eVB für ein Kurzzeitkennzeichen erhalten hast, besteht Versicherungsschutz. Um die eVB kannst du dich, anders als um das Kennzeichen selbst, sehr frühzeitig kümmern: Sie ist in der Regel mindestens 3 Monate gültig. Der Versicherungsschutz besteht aber nur für die Gültigkeitsdauer des Kurzzeitkennzeichens.
Je nach Anbieter liegen die Kosten für eine Kurzzeitkennzeichen-Versicherung zwischen 40 und 130 Euro. Schließt du die reguläre Fahrzeugversicherung später beim selben Anbieter ab, werden die Kosten häufig verrechnet, sodass das Kurzzeitkennzeichen dann am Ende keine Mehrkosten verursacht.

Eigene eVB unbedingt erforderlich
Für das Kurzzeitkennzeichen und später die reguläre Zulassung brauchst du zwei getrennte eVB-Nummern. Du solltest also den zukünftigen Versicherer auf jeden Fall darauf hinweisen, dass du vorab ein Kurzzeitkennzeichen benötigst.

Das Fahrzeug anmelden

Für die spätere „richtige" Zulassung bei der Straßenverkehrsbehörde schließlich sind die im Folgenden aufgelisteten Dokumente vorzulegen. Für den Fall, dass du das Fahrzeug auf jemand anderes zulassen möchtest, brauchst du zusätzlich dessen Ausweis sowie eine Vollmacht.

Beim Wohnwagen

Ein Wohnwagen ist verkehrsrechtlich ein Anhänger. Du benötigst zur Anmeldung:

- **Fahrzeugbrief/Zulassungsbescheinigung Teil II.** Die Zulassungsbescheinigungen Teil I und II ersetzen nach und nach die bisherigen Fahrzeugscheine und Fahrzeugbriefe. Generell sind aber die bereits ausgestellten Fahrzeugscheine und -briefe weiterhin gültig. Eine Umtauschpflicht besteht nicht.
- **TÜV-Bescheinigung**, falls das Fahrzeug älter als 3 Jahre ist.
- **Versicherungsbestätigung**, entweder als eVB-Nummer oder als Doppelkarte. Wenn du bereits eine Kfz-Versicherung hast und bei dieser Versicherungsgesellschaft auch das Campingfahrzeug versichern lassen möchtest, bekommst du in der Regel telefonisch die eVB-Nummer genannt, mit der du den Anhänger anmelden kannst. Wenn du noch keine Versicherung hast, musst du zuerst einen Vertrag abschließen.
- **Personalausweis**, alternativ: Reisepass + Meldebescheinigung
- **Kennzeichenschild**, falls du dein Wunschkennzeichen vorab hast reservieren lassen

Einzugsermächtigung erforderlich

Für die Kfz-Steuern musst du ein SEPA-Lastschriftmandat unterschreiben. Dafür benötigst du deine Kontodaten. Das Formular erhältst du bei der Anmeldung beim Straßenverkehrsamt.

Beim Wohnmobil

Beim Wohnmobil benötigst du zusätzlich zu den oben genannten Papieren:

- **EWG-Übereinstimmungsbescheinigung** („COC-Papiere"). Wird vom Hersteller ausgestellt und gibt die technischen Details hinsichtlich der EU-Normen und die EG-Typen-Zulassung an.
- **Abmelde- bzw. Stilllegungsbescheinigung**, falls das Wohnmobil in der Zwischenzeit abgemeldet war.

Hast du dein Fahrzeug im Ausland gekauft, müssen außerdem zusätzlich die folgenden Dokumente vorgelegt werden:

- **Unbedenklichkeitsbescheinigung** des Kraftfahrt-Bundesamts
- **Zollunbedenklichkeitsbescheinigung** bei Einfuhr außerhalb der EU
- **Einfuhrumsatzsteuererklärung** (nur bei Neuwagen) bei EU-Import
- die **ausländischen Fahrzeugpapiere** und der Kaufvertrag bzw. die Importbescheinigung
- ggf. **Vollgutachten** einer technischen Prüfstelle mit technischem Datenblatt gem. § 21 StVZO
- Bescheinigung über die **Abgasuntersuchung** für AU-pflichtige Fahrzeuge bei Gebrauchtwagen

Für eine Saisonzulassung

Bei der Saisonzulassung kannst du selbst bestimmen, über welchen Zeitraum dein Fahrzeug pro Kalenderjahr zugelassen wird (s. S. 381). Der Vorteil: Die Kfz-Versicherung sowie die Kfz-Steuer werden nur für den beantragten Zeitraum berechnet. Saisonkennzeichen werden jedoch bei den meisten Versicherern für Caravans nicht angeboten.

Eingeschränkte Nutzungszeit
Außerhalb des angegebenen Zeitraums darf das Fahrzeug mit Saisonkennzeichen nicht im Straßenverkehr benutzt werden!

FENDT
FENDT

Dein Camping-Wörterbuch

100er-Zulassung
Genehmigung für Gespanne, auf Schnellstraßen und Autobahnen mit bis zu 100 statt der sonst erlaubten 80 km/h unterwegs zu sein. Wird für den Anhänger in Form einer Plakette erteilt, das → *Zugfahrzeug* muss dafür aber ebenfalls eine Reihe an Kriterien erfüllen.

Anhängelast
Die Masse eines Anhängers, die ein → *Zugfahrzeug* ziehen darf. Maßgeblich für diesen Wert ist das tatsächliche Gewicht des Anhängers, nicht das zulässige Gesamtgewicht.

Antischleudersystem (elektronisch)
Quasi das ESP für den Wohnwagen. Kontrolliert mit Hilfe von Sensoren die Bewegungen des Wohnwagens und greift automatisch durch sanftes Bremsen ein, wenn es zu Schlinger- oder Pendelbewegungen kommt. Sinnvolle Ergänzung zur → *Antischlingerkupplung.*

Antischlingerkupplung
Sicherheitsvorrichtung an der Deichsel des Wohnwagens, die das Gespann durch mechanische Einwirkungen während der Fahrt stabilisiert. In Form eines großen „Hebels" über der Originalkupplung des Wohnwagens verbaut. Im Inneren sitzen sogenannte Reibbeläge, die ähnlich wie kleine Bremsbeläge arbeiten.

B96
Wird häufig als „Anhängerführerschein" bezeichnet, ist aber eigentlich „nur" eine Schlüsselzahl bzw. Führerscheinerweiterung. Mit B96 dürfen Gespanne bis 4,25 t zulässige Gesamtmasse geführt werden. Wird im Rahmen einer eintägigen Schulung ohne Prüfung erworben. Für Anhänger bis 750 kg in Kombination mit einem → *Zugfahrzeug* bis 3,5 t nicht nötig.

Campingverhalten
Das "Wohnlichmachen" eines Standplatzes, z.B. durch Herausstellen von Stühlen, Ausfahren der Markise, Aufbauen eines Vorzelts, Grillen etc. Auf Wohnmobilstellplätzen meist nicht gestattet.

Campingversicherung
s. → *Dauercamperversicherung*

Dauercamperversicherung
Spezielles Versicherungspaket für feststehende Wohnwagen oder Mobilheime. Deckt Schäden durch Brand, Explosion, Sturm, Hagel, Blitzschlag, Leitungswasser und Vandalismus sowie Glasschäden.

Elementarschäden
Versicherungsjargon für Schäden, die durch die Natur verursacht werden, z.B. Sturm, Erdbeben, Unwetter, Lawinen, Vulkanausbruch etc. Bei Campingfahrzeugen sind vor allem → *Hagelschäden* weit verbreitet.

Fahrerschutzversicherung
Zusätzlich zur Haftpflichtversicherung empfehlenswert. Sorgt dafür, dass der Fahrer bei Eigenschäden im Zuge eines selbstverschuldeten Unfalls abgesichert ist.

Freistehen
Übernachten in einem motorisierten Campingfahrzeug außerhalb von Campingplätzen und offiziell ausgewiesenen Wohnmobilstellplätzen.

Führerscheinerweiterung
Das „Upgrade" eines gültigen Führerscheins auf eine höhere Klasse oder die Ergänzung um eine Schlüsselzahl. Im Campingbereich sind vor allem die Schlüsselzahl → *B96* (Gespanne bis 4,25 t), die Klasse BE (Gespanne bis 7 t) sowie die C-Klassen (ohne Obergrenze) relevant.

GFK
Abkürzung für „glasfaserverstärkter Kunststoff", beschreibt einen Faser-Kunststoff-Verbund auf Basis von duroplastischen oder thermoplastischen Kunststoffen. Wird sehr viel im Wohnwagen- und Wohnmobilbau eingesetzt.

Hagelschaden
Überdurchschnittlich häufig auftretender → *Elementarschaden* bei Freizeitfahrzeugen. Erkennbar an vielen kleinen Dellen auf dem Dach oder an den Seitenwänden. Wichtiger Punkt beim Gebrauchtfahrzeugkauf, da ein über die Versicherung regulierter, aber nicht reparierter Schaden (über eine sogenannte Fiktive Abrechnung) dazu führen kann, dass keine weiteren Hagelschäden durch die Versicherungen reguliert werden.

Inhaltsversicherung
Greift bei Beschädigung, Zerstörung oder Verlust von losen Teilen, die im Campingfahrzeug transportiert werden (z.B. Elektronik, Reisegepäck, Sportausrüstung, Fahrräder), durch Brand, Explosion, Diebstahl, Raub, Unwetter etc. Achtung: Bargeld, Geldkarten, Wertpapiere und Schmuck sind grundsätzlich ausgenommen und die genannten Gegenstände sind nur innerhalb des Fahrzeugs versichert!

Kurzzeitkennzeichen
Temporäres Autokennzeichen, das von Privatleuten für Probefahrten und Überführungen nicht zugelassener Fahrzeuge genutzt wird. Nicht zu verwechseln mit dem „roten Nummernschild", dessen Gebrauch ausschließlich Kfz-Gewerbetreibenden vorbehalten ist.

Landstrom
Strom aus der Steckdose, z.B. auf einem Camping- oder Wohnmobilstellplatz.

Leergewicht
s. → *Leermasse*

Leermasse
Gewicht des Fahrzeugs in fahrbereitem Zustand, aber ohne Beladung. Je nach Fahrzeugtyp und angewandter Norm werden hier Fahrer (75 kg), gefüllte Wasser- und Kraftstofftanks, bestimmtes Werkzeug etc. bereits mit eingerechnet. Zu finden in der Zulassungsbescheinigung Teil I (Fahrzeugschein) – zur korrekten Bestimmung dieses Werts und der daraus resultierenden möglichen → *Zuladung* aber besser selbst auf die Waage fahren!

Schutzbrief
Beinhaltet meist klassische Pannen- und Unfallhilfe, Abschleppdienst, Bergung und meist auch Leistungen wie Mietwagen bei Fahrzeugausfall, Übernahme von pannenbedingten Übernachtungskosten und von Kosten für den Fahrzeug- oder Krankenrücktransport. Bei manchen Anbietern sind Zusatzleistungen inkludiert (Auslandsschadenschutz, Krankheit von Mitreisenden, Schlüsselnotdienst für das Campingfahrzeug o. Ä.).

Stützlast
Das Gewicht, das bei angekuppeltem Anhänger tatsächlich auf der Deichsel des → *Zugfahrzeugs* lastet. Der Wert der maximalen Stützlast gibt an, welche Gewichtsgrenze hier nicht überschritten werden darf. Zu finden in der Zulassungsbescheinigung Teil I (Fahrzeugschein).

Tandemachser
Anhänger/Wohnwagen mit zwei Achsen. Auch Doppelachser genannt. Hauptsächlich im schwereren Caravan-Segment zu finden – heute meist erst ab ca. 2 t zulässigem Gesamtgewicht, da die Tragfähigkeit der Fahrgestelle in den vergangenen Jahren deutlich verbessert wurde.

Teilkaskoversicherung
Deckt verschiedene Schadenarten am eigenen Fahrzeug, die nicht durch selbst verursachte Unfälle (s. → *Vollkaskoversicherung*) entstanden sind, z.B. → *Elementarschäden*, Diebstahl, Einbruch, Raub, Brand, Explosion, Kurzschluss, Glasbruch etc.

Überführungskennzeichen
s. → *Kurzzeitkennzeichen*

Ver- und Entsorgungsstation
Öffentliche Einrichtung, an der du Frischwasser auffüllen und Grauwasser bzw. Fäkalien ablassen kannst. Auf Wohnmobilstellplätzen häufig in Form einer Säule mit Wasserhähnen und Ausguss (mit oder ohne Bezahlfunktion), auf Campingplätzen in ganz unterschiedlichen Varianten zu finde: vom einfachen Wasserhahn und Loch im Boden bis zu eigenen Anschlüssen und Becken auf jeder Parzelle.

Vollkaskoversicherung
Der „Rundum-Versicherungsschutz" für Fahrzeuge. Neben allen Leistungen aus der → *Teilkaskoversicherung* sind in der Vollkaskoversicherung u. a. auch Vandalismus, Fährtransporte oder Schäden am eigenen Fahrzeug durch selbstverursachte Unfälle gedeckt.

Wildcamping
Übernachten in einem Zelt oder Campingfahrzeug außerhalb von Campingplätzen und offiziell ausgewiesenen Zelt- oder Wohnmobilstellplätzen. Wird häufig synonym zu → *Freistehen* verwendet, meint vor allem aber das Campieren in freier Natur.

Zugfahrzeug
Kfz, das einen Anhänger (im Campingbereich Wohnwagen) zieht. Ob ein Wagen für diese Aufgabe geeignet ist, ergibt sich u. a. aus der → *Anhängelast*, der → *Stützlast*, der PS-Zahl und dem Drehmoment.

Zuladung
Differenz aus zulässiger Gesamtmasse und → *Leermasse*. Das Gewicht an Ausstattung, Zubehör und Personen, das im Fahrzeug noch mitgeführt werden darf, ohne die zulässige Gesamtmasse zu überschreiten.

5

Aufbau und Technik

Fahrgestell und Fahrwerk

Fahrwerk und Fahrgestell bilden, ganz allgemein gesprochen, den „Unterbau" von Kraftfahrzeugen und Anhängern. Das Fahrgestell, auch als Chassis oder Rahmen bezeichnet, trägt die Last von Karosserie, Antrieb und Beladung. Das Fahrwerk ist Teil des Fahrgestells und setzt sich aus den folgenden Komponenten zusammen:

- Achse(n)
- Räder (= Reifen mit Felgen)
- Radlager
- Radaufhängung
- Radträger
- Bremsen
- Federungen
- Dämpfer
- beim Wohnmobil zusätzlich: Lenkung

Beim Wohnwagen

Das Fahrgestell beim Wohnwagen ist relativ einfach gebaut: Einachser-Fahrgestelle besitzen – wie der Name schon sagt – eine einzige Achse, Tandemachser zwei. Dazu kommen bei beiden Varianten jeweils zwei Längsträger, eine Deichsel (das ist die trapezförmige Vorrichtung am Bug des Wohnwagens), stabilisierende Querträger, eine Bremsvorrichtung, Federelemente und die Kupplung bzw. das Kupplungsmaul.

Deichsel Die Deichsel als Bindeglied zwischen Wohnwagen und Zugfahrzeug trägt auch zur Fahrstabilität bei: Die Trapezform fast aller Deichselarten sorgt zudem für eine hohe Steifigkeit.

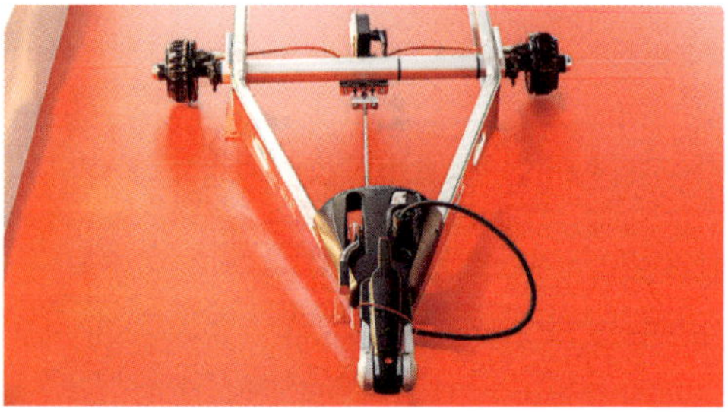

Kupplungsmaul und Antischlingerkupplung Mit dem Kupplungsmaul wird der Wohnwagen an das Zugfahrzeug angekuppelt (s. S. 356). Bei den meisten modernen Wohnwagen sitzt über dem Kupplungsmaul und dem normalen Kupplungsgriff ein zusätzlicher großer Stabilisierungshebel. Dieser ist Teil der sogenannten Antischlingerkupplung. Die Antischlingerkupplung hilft dabei, den Wohnwagen auch bei etwas Seitenwind oder höheren Geschwindigkeiten in der Spur zu halten (s. S. 354).

Auflaufbremse Anhänger mit bis zu 3,5 t zulässiger Gesamtmasse sind in der Regel mit einer Auflaufbremse ausgestattet. Diese setzt die beim Bremsen des Zugfahrzeugs auftretende Bewegungsenergie in Bremskraft um. Sobald das Zugfahrzeug bremst, drückt ein an der Anhängerkupplung befestigtes Zugrohr auf einen Umlenkhebel. Dieser ist über ein Gestänge und Seilzüge mit den Bremsen – meist Trommelbremsen – des Anhängers verbunden. Bremst das Zugfahrzeug, läuft der Anhänger also auf das Zugrohr auf, dieses drückt gegen den Umlenkhebel und die Bremse wird über das Gestänge und die Seilzüge betätigt. Damit dies nicht ruckartig passiert, sind in vielen modernen Anhängern Auflaufdämpfer verbaut.

Stützrad Das kleine Rad am vorderen Ende der Deichsel verhindert, dass der abgekuppelte Caravan nach vorne kippt. Außerdem dient es dazu, den Wohnwagen im Stand in Längsrichtung waagerecht auszurichten (s. S. 361).

Experten-Tipp

Hans Posthumus
Marketingleiter
AL-KO Fahrzeug-technik
alko-tech.de

Auch wenn das Fahrgestell nicht auf den ersten Blick sichtbar ist, sollte man ihm beim Kauf besondere Beachtung schenken. Denn es nimmt ganz entscheidenden Einfluss auf die Sicherheit und den Komfort beim Reisen. Um hier bestmöglich ausgestattet zu sein, ist es wichtig, dass sowohl der Rahmen selbst als auch die Komponenten – Radaufhängung, Achse und Federung – qualitativ hochwertig und optimal aufeinander abgestimmt sind.
Gute Fahrgestelle und Fahrwerke erkennt man daran, dass sie auch stärkere Stöße abfangen und das Campingmobil sich dabei nicht aufschaukelt. Dies sorgt zum einen für solide Spurenlage und Fahrstabilität, zum anderen auch für eine bequeme, „rüttelfreie" Reise.
Bei der Anschaffung eines Campingmobils ist es daher ratsam, diese Punkte auf einer Probefahrt zu testen. Idealerweise sollte diese auch über unebenen Untergrund wie unbefestigte Straßen, Kies- oder Schotterwege, Schlaglöcher und Gullydeckel führen.

Beim Wohnmobil

Beim Wohnmobil ist die Sache etwas komplexer. Nahezu alle Wohnmobile nutzen als Basisfahrzeug einen Transporter (s. S. 25). Statt wie üblich mit einem Kastenaufbau und einer Ladefläche werden diese Basisfahrzeuge jedoch „abgespeckt" an den Wohnmobil-Hersteller geliefert, der dann, salopp gesagt, nur noch seinen eigenen Aufbau daraufsetzt. Hier unterscheidet man zwei Basisformen:

- für teilintegrierte und Alkoven-Wohnmobile ein Fahrgestell plus Fahrerhauskabine. Das Fahrerhaus des Basisfahrzeugs bleibt erhalten und ist von außen klar erkennbar;
- für vollintegrierte Wohnmobile ein sogenanntes Windlauf-Chassis mit dem „rohen" Fahrgestell inklusive Leiterrahmen, Motor und Armaturenbrett plus Fahrwerk, aber ohne Fahrerhaus: Der Hersteller verbaut eine individuelle Hülle, in den meisten Fällen mit der charakteristischen, sehr großen Frontscheibe.

Fahrgestelle und Fahrwerke für Wohnmobile Die Standard-Unterbauten von Transportern sind aufgrund ihrer Bauweise und ihrer Fahreigenschaften nicht immer perfekt für Wohnmobile geeignet. Deshalb gibt es Hersteller, die sich auf die Konstruktion von Wohnmobil-Chassis spezialisiert haben. Diese bieten unter anderem folgende Vorteile:

- Gewichtsersparnis durch Leichtbau, dadurch mehr Zuladung möglich
- tieferer Rahmen und damit leichterer Einstieg
- mehr Platz für Stauraum und Doppelboden (Letztere ist die Voraussetzung für eine echte Winterfestigkeit des Fahrzeugs, s. S. 321)

- bessere Aerodynamik, dadurch geringerer Spritverbrauch
- erhöhte Fahrsicherheit durch den niedrigeren Schwerpunkt
- verbesserter Federkomfort durch Hinterachse mit Einzelradaufhängung

Ein spezieller Korrosionsschutz sorgt außerdem für längere Haltbarkeit.

Federsystem Eine weitere Besonderheit beim Wohnmobil ist das Federsystem. Es ist Teil des Fahrwerks und nimmt großen Einfluss auf Fahrsicherheit und Komfort. Das merkst du zum einen beim Fahren über schlechte Straßen, zum anderen in besonderen Fahrsituationen, etwa bei Seitenwind oder beim Ausweichen mit starken Lenkbewegungen.
Die Standardfederungen vieler Transporter sind auf Langlebigkeit und gute Straßenlage optimiert. Der Fahrkomfort kommt dabei normalerweise eher zu kurz. Das bedeutet, du spürst jedes Schlagloch und jeden abgesenkten Gullydeckel, das Geschirr klappert und das Fahrwerk wird insgesamt stärker belastet.
Stahlfedern sind Standard in vielen Wohnmobilen. Aufgrund der hohen Dauerbelastung verlieren diese jedoch im Laufe der Zeit ihre Federeigenschaften. Durch eine Ergänzung mit einer Luftfederung oder sogar den kompletten Austausch und Ersatz durch Luftfedern ergibt sich ein enormer Komfort- und Fahrsicherheitsgewinn. Dafür finden sich verschiedene, größtenteils auch nachrüstbare Systeme auf dem Markt.

Verbesserung des Federungskomforts

- ✓ **Austausch der Standarddämpfer an der Vorderachse** Der Einbau einer Spezialfederung sorgt insgesamt für ein ruhigeres Fahrgefühl. Sie gleicht Unebenheiten und Schlaglöcher besser aus, sodass das Fahrzeug stabiler auf der Straße liegt. Und auch die Fahrgeräusche werden gedämpft.
- ✓ **Erweiterung der Hinterachse um Luftfedern** Die sogenannte Zusatzluftfederung kommt zusätzlich zu den Blattfedern zum Einsatz und übernimmt einen Teil der Traglast. Sie verhindert ein Durchschlagen der Federung und bringt außer mehr Komfort und verbesserten Fahreigenschaften auch nützliche Einstellmöglichkeiten, z.B. die Möglichkeit der Heckanhebung bei Fährauffahrten. Luftfedern lassen sich an vielen Fahrzeugen nachrüsten.
- ✓ **Ausstattung mit Vollluftfederung** Bei diesem System kommen entweder an Vorder- und Hinterachse oder nur an der Hinterachse Luftbälge zum Einsatz, die die Federung vollständig übernehmen. So hat das Fahrzeug immer eine optimale Straßenlage und bietet optimalen Fahrkomfort. Dies ist die Königsklasse der Federsysteme.

Aufbau und Ausstattung

Als Aufbau wird der „Körper" des Campingfahrzeugs bezeichnet, also die Hülle inklusive des darin untergebrachten Wohnbereichs. Die meisten moderneren Wohnwagen, Wohnmobile oder Campervans sind neben Schlaf- und Sitzgelegenheiten auch mit Wasser-, Gas- und/oder Stromleitungen ausgestattet. So können Geräte wie Kühlschränke und -boxen, Heizungen, Herde, Spülbecken und sogar Warmwasserduschen betrieben werden. Manche dieser Geräte, z.B. viele Kühlschränke, lassen sich wahlweise mit Gas oder Elektrizität versorgen. Außerdem sind Wassertanks eingebaut, bei Wohnmobilen oder Kastenwagen auch feste Grauwassertanks (s. S. 149). Und sogar Komfortkomponenten wie Fußbodenheizungen, Klimaanlagen, elektrische Markisen, hydraulische Stützen-, Federungs- und Nivellierungssysteme, elektrische Hubbetten mit "Gefälleausgleich" oder vollautomatische Satellitenschüsseln findet man vor allem bei Wohnmobilen und Caravans immer häufiger.

Campingbusse sind aufgrund ihrer geringen Größe etwas spartanischer ausgebaut. Fast alles im Innenbereich ist multifunktional – zum Klappen, Ausziehen oder Schieben. Innenduschen oder Bäder sucht man hier meist vergeblich, als Toilette muss häufig ein „Porta Potti" herhalten, das in einem Staufach versteckt wird (s. S. 160). Statt einer „richtigen" Küche sind in Campingbussen oft Kochnischen mit tragbaren Campingkochern verbaut. Der Kühlschrank wird durch eine kompakte Kühlbox mit 12-V-Anschluss ersetzt, die Gasheizung meist durch eine Diesel-Standheizung.

Eingesetzte Materialien

Die Aufbauten heutiger Wohnwagen und Wohnmobile bestehen in der Regel aus glasfaserverstärktem Kunststoff (GFK) und/oder Aluminium sowie aus Dämmstoffen, meist XPS-Schaum oder Styropor. Sie sind als „Sandwich" konstruiert, das bedeutet, dass die Materialien in mehreren Schichten miteinander verbunden werden. Die Bodenplatte ist häufig aus Sperrholz oder ebenfalls aus GFK gefertigt.
Im Gegensatz zum früher verwendeten Holz sind die heute verwendeten Kunststoffbauteile deutlich unempfindlicher gegen Feuchtigkeits-, Hagel- oder Steinschlagschäden, weshalb immer mehr Reisemobile mit wenig oder ganz ohne Holz auskommen. Zudem verrottet Kunststoff nicht und kann einfacher ausgebessert werden als z.B. Aluminium.

GFK kann sich lohnen!
Wenn dein Fahrzeug ein GFK-Dach besitzt, solltest du unbedingt bei deiner Versicherung nachhören, ob du einen Rabatt abstauben kannst – denn viele Anbieter gewähren aufgrund der höheren Widerstandsfähigkeit attraktive Preisnachlässe auf die Teilkasko (s. S. 106).

Bei Kastenwagen und Campingbussen bleibt die Karosserie des Basisfahrzeugs erhalten. Sie wird lediglich isoliert und mit Kunststoff- oder Holzwänden verkleidet. Als Dämmmaterialien dienen häufig Armaflex oder flexibler Elastomerschaum aus synthetischem Kautschuk, Selbstausbauer greifen gerne zur günstigeren Mineralwolle oder auch immer stärker zu natürlichen Stoffen wie Hanffasern.

Inneneinrichtung

Die wichtigsten Komponenten im Innenraum des Aufbaus sind:

- Schlafplätze
- Sitzgelegenheiten
- Bad/Nasszelle
- Küche
- Stauraum
- Belüftung und Tageslicht
- Heizung
- Wassersystem
- Therme/Boiler
- Gasanlage

Schlafplätze Es gibt verschiedene Arten von Schlafgelegenheiten, die teils in Kombination vorzufinden sind.

Ein **Festbett** ist ein „richtiges" Bett, meist mit Lattenrost und Matratze, das nicht auf- oder abgebaut werden muss, sondern fest integriert ist. Teilweise lässt es sich wie ein kleines Schlafzimmer mit einer Tür vom Wohnraum abtrennen. Nachteil: Dieser Platz kann tagsüber nicht anderweitig genutzt werden. Festbetten werden vor allem in folgenden Varianten verbaut:

- Doppelbetten in verschiedenen Größen: Querbett, Queens-Bett, Französisches Bett
- Einzelbetten, in der Regel längs eingebaut und durch einen kleinen „Mittelgang" voneinander getrennt. Mit Polstern kann man sie oft zu einer Schlaflandschaft erweitern.
- Etagenbetten, vor allem toll für Kinder, die damit ihren eigenen Bereich zum Schlafen, Spielen, Lesen etc. haben.

Das Bett im Reisemobil-Alkoven ist im Grunde auch ein Festbett, allerdings ist es ja in der Haube über der Fahrerkabine integriert, sodass es im Innenraum nicht stört. Häufig wird diese Bettenform tagsüber als Stauraum mitgenutzt. Allerdings fühlt sich nicht jeder Reisende mit den beengten Platzverhältnissen und dem Zugang meist über eine Leiter wohl.

In Vans und Campingbussen finden sich häufig **Aufstell- oder Hochdächer** mit Einlegeböden als Bett. Damit lassen sich entweder zwei zusätzliche Schlafgelegenheiten schaffen oder umständliche Umbaumaßnahmen an den Sitzbänken vermeiden. Je nach Größe des Fahrzeugs kann man hier auch Betten in Überlänge unterbringen – wie beim Alkoven und beim Hubbett jedoch ebenfalls mit wenig „Luft nach oben".

Hubbetten, im Reisemobilsektor längst etabliert, kommen nun auch in den ersten Wohnwagenmodellen zum Einsatz. Sie sind mit einem Hebemechanismus unter der Decke angebracht und können manuell oder elektrisch heruntergelassen werden. Das spart tagsüber Platz und sorgt für Ordnung im Wohnbereich.

Und zu guter Letzt finden sich sowohl in Wohnwagen als auch in Wohnmobilen und Vans **umbaubare Sitzgruppen**, also Sitze oder Bänke, die sich zu Schlafgelegenheiten umfunktionieren lassen – mal mehr, mal weniger aufwändig: Während in Wohnwagen und Wohnmobilen oft ein regelrechtes „Polster-Tetris" notwendig ist, können die Bänke im Campervan meist mit wenigen Handgriffen umgeklappt und die Matratzen ausgezogen oder darübergelegt werden. Dafür müssen dort natürlich aufgrund der beengten Platzverhältnisse zunächst andere Umbaumaßnahmen (Tisch wegklappen, Gepäck anderweitig verstauen etc.) vorgenommen werden – der zeitliche Aufwand dürfte sich also ungefähr die Waage halten.

Wie viel Schlaf-Platz brauchst du?
Von den Wohnwagen- und Wohnmobilherstellern werden teils sehr verschiedene Maßstäbe bei den Abmessungen angelegt. Zählt beim einen schon ein 90 cm breites Polster als vollwertiger Schlafplatz, setzen andere eine Mindestbreite von 1,20 m oder mehr an. Vor allem wenn du mit größeren Kindern oder mehreren Erwachsenen im Camper nächtigen möchtest, solltest du also hier vor dem Kauf genau hinschauen.

Sitzgelegenheiten Bei vielen Wohnmobilen und Campervans sind in der Fahrerkabine **drehbare Vordersitze** verbaut, die sich gemeinsam mit der dahinter angebrachten Tisch-Bank-Kombination als Teil der Sitzgruppe nutzen lassen. Im Wohnwagen findet sich dagegen häufig eine **Dinette**, eine Essecke mit zwei sich gegenüberligenden Sitzbänken und einem Tisch. In vielen Fällen kann die Dinette zu einem Schlafplatz umfunktioniert werden. Hier werden hauptsächlich zwei Techniken angewendet: Entweder du entfernst den Tisch und klappst die Sitzbänke um. Oder der Tisch wird abgesenkt, bis er auf einer Höhe mit den Sitzbänken liegt, und du baust aus Sitz- und Rückenpolstern darauf eine mehrteilige „Matratze".
Ist von einer **Rundsitzgruppe** die Rede, verfügt das Campingmobil über einen Tisch, der von einer Sitzbank umrundet wird. Sie lässt sich durch das Absenken des Tischs und das Zusammenfügen der Polster ebenfalls zu einer Schlafmöglichkeit umgestalten. Eine Variante davon ist die **Lounge**: Links und rechts vom Tisch ist jeweils eine Sitzbank verbaut, die durch eine quer dazu angebrachte Couch ergänzt werden. Durch Ergänzungsteile, die zwischen Sitzbänke und Couch geklemmt werden, lässt sich diese Variante zu einer Rundsitzgruppe erweitern. Eher selten zu finden, aber sehr gemütlich, sind zudem Sitzgruppen mit einer oder mehreren **Längsbänken**. Sie bieten nicht nur viel Platz für Besucher, sondern bei Nichtnutzung und mit abgesenktem oder entferntem Tisch auch mehr Bewegungsfreiheit im Fahrzeug.

Nasszelle Zur Nasszelle eines Campingfahrzeugs gehört mindestens ein Waschbecken mit Wasserhahn, in moderneren Wohnmobilen und Wohnwagen zudem fast immer auch eine Toilette. Bei den meisten Wohnmobilen und Kastenwagen sowie einigen Wohnwagenmodellen ist außerdem eine Dusche oder zumindest eine herausziehbare Handbrause am Waschbecken montiert. In manchen Fahrzeugen sind Waschbecken und Toilette/Dusche getrennt, bei anderen wird alles zusammen in einem mehr oder weniger großen Raum untergebracht.

Als Toilette (s. S. 158) ist in den allermeisten Fällen eine sogenannte **Kassetten- oder Chemietoilette** verbaut. Sie besteht aus einem Kunststofftank mit rund 20 l Fassungsvermögen, der unter dem Bad eingeschoben und zur Entsorgung entnommen wird. Im Inneren sieht die Toilette fast aus wie zuhause: eine Schüssel mit Brille, auf der man bequem sitzen kann, und ein Deckel, manchmal auch in einer Art Bank integriert. Gespült wird über den Frischwasser- oder einen eigenen kleinen Spülwassertank. Bei Vielreisenden gewinnen zunehmend auch Varianten wie die **Trocken- oder Trenntoilette** an Beliebtheit. Und in Campingbussen gibt es in aller Regel keine fest installierte Toilette, hier kommt bei Bedarf ein **„Porta Potti"** zum Einsatz.

Duschen sind im Wohnwagen eher noch die Ausnahme, viele Hersteller bieten sie jedoch als Zusatzausstattung an. In diesem Fall wird in der Nasszelle eine Halterung mit Schlauch und Duschbrause installiert. Für die schnelle Körperhygiene sehr praktisch,

wirklich komfortabel ist das Duschen im Caravan auf Dauer jedoch nicht – zu gering ist in der Regel das Fassungsvermögen der Frisch- und Abwassertanks, zu beengt das „Badezimmer". Nur einzelne Modelle, meist von Herstellern im Premium-Bereich, bieten richtige Bäder mit geräumigem Duschbereich.
Bei Wohnmobilen und vielen Kastenwagen gehören Duschen und Wassertanks mit hohem Volumen hingegen zum Standard. Häufig finden sich hier sogar sogenannte Raumbäder oder -duschen, die auch größeren Menschen eine ausgiebige Körperpflege ermöglichen. Bei Kastenwagen sind die Duschen oftmals zwischen Schlaf- und Wohnbereich angeordnet und durch Schiebetüren oder Kabinenwände abgetrennt. In Campingbussen taucht ein solcher Luxus sehr selten auf, hier greift man eher auf eine mobile Solar-Außendusche zurück.

Küche Die Küche (s. S. 211) besteht bei größeren Campingfahrzeugen meist aus einem 2- bis 4-flammigen Gasherd, einem Spülbecken und einer Arbeitsplatte. Im höheren Preissegment sind Backöfen, Mikrowellen oder Kaffeemaschinen im Kochbereich als Standard- oder Zusatzausstattung verfügbar. Wenn du viel im Fahrzeug kochst, kannst du dir außerdem einen Dunstabzug installieren lassen. Bei Campingbussen oder Mini-Campern wird in aller Regel mit einem flachen Gaskocher gearbeitet, der sich bequem in einer Schublade oder einer Box im Heck verstauen lässt.

Stauraum Im Inneren des Fahrzeugs findest du meist eine Menge kleiner und größerer Schubladen, Schränkchen oder Regalfächer. Mit etwas Kreativität lassen sich auch Mini-Nischen optimal nutzen (s. S. 224), z.B. mit Kompressionspacktaschen, kleinen Boxen, Trennböden oder Schubladentrennern. Teleskopstangen sind vor allem bei offenen Fächern hilfreich, um ein Herausfallen der Gegenstände zu vermeiden.

Viele Campingfahrzeuge besitzen zudem Sitzbänke mit Stauräumen. Meist müssen die Bänke hierfür aufgeklappt werden, bei einigen Modellen sind kleine Klappen für den schnellen Zugriff angebracht. Je nach Fahrzeugtyp und Gewichtsverteilung können in diesem Bereich größere Zubehörteile wie Aufbaubatterien oder zusätzliche Wassertanks installiert werden. Manchmal sind auch Bodenfächer oder sogar ein kompletter doppelter Boden verbaut, die dafür genutzt werden. Besonders der doppelte Boden bietet sich an, denn er ist in der Regel beheizt und wärmt damit auch Tanks und Leitungen, was für die Wintertauglichkeit deines Fahrzeugs sorgt (s. S. 321).

Augen auf beim Stauraum!
Beim Kauf solltest du unbedingt darauf achten, dass genügend und vor allem sinnvoll konstruierte und platzierte Fächer, Schubladen etc. vorhanden sind. Doch ganz gleich, wie viel Stauraum dein Wohnwagen oder Wohnmobil bietet, behalte unbedingt die Gewichtsgrenzen (s. S. 55) und die richtige Beladung (s. S. 58) im Auge.

Der Begriff „Heckgarage“ stammt aus dem Wohnmobilbereich, gemeint ist damit der große Stauraum im hinteren Bereich des Fahrzeugs. Hier können Fahrräder und sogar Motorräder, Ersatzräder sowie weitere sperrige Gegenstände transportiert werden. Spezielle Rampen und Zug- bzw. Haltesysteme vereinfachen das Verladen und Sichern. Die Tragfähigkeit der Heckgarage ist je nach Ausführung der Unterkonstruktion (Rahmenverlängerung) sehr unterschiedlich. Die maximale Nutzlast sollte daher vor einem Fahrzeugkauf geprüft werden. Viele Wohnmobilisten lassen sich auch ein Regalsystem in die Heckgarage einbauen. Auf diese Weise bringst du etwas Ordnung in dein Hab und Gut und hast schneller Zugriff auf häufig benötigte Gegenstände.
Beim Wohnwagen wird das Wort „Heckgarage“ umgangssprachlich auch für den Stauraum unter dem Bett benutzt. Hier kannst du, sofern Stützlast und Zuladung es erlauben, Campingmöbel, Vorzelt, Lebensmittelvorräte oder Kisten mit Kleinkram unterbringen. Der Zugang zu diesem Stauraum erfolgt meist über das hochgeklappte Bett oder von außen über eine sogenannte „Serviceklappe“.

Manche Campingfahrzeuge besitzen darüber hinaus noch weitere Stauklappen an den Seiten, die nur von außen zugänglich sind. Auch hier verbergen sich Stauräume, die sich mit praktischen Auszügen und dazu passenden Boxen organisieren lassen.

Lesetipps

Organisation und Dekoration im Campingfahrzeug
camper.st/ordnung

Ordnungssystem Heckgarage
camper.st/heckgarage

Um Ordnung und Übersicht in deine Stauräume zu bringen, brauchst du jedoch kein Profi-System installieren zu lassen – oft reichen schon klassische stapelbare Euroboxen oder kleine Ordnungshelfer, die du von zu Hause kennst (s. S. 224).

Belüftung und Tageslicht In fast jedem Campingfahrzeug ist eine sogenannte Zwangsbelüftung verbaut. Hierbei handelt es sich meist um Löcher oder Schlitze im Dach oder Boden des Aufbaus, die mit einem Gitter abgedeckt sind. Auch manche Dachluken sind mit Mini-Löchern versehen. Die Zwangsbelüftung sorgt für einen konstanten Austausch der Raumluft und die nötige Sauerstoffzufuhr. Besonders wichtig ist sie beim Betrieb von Gasherd oder Gasheizung, um der Gefahr einer Kohlenmonoxidvergiftung vorzubeugen. Zudem verhindert sie einen Feuchtigkeitsstau im Inneren etwa durch nächtliches Schwitzen oder feuchte Kleidung.

Bloß nicht dicht machen!
Die Zwangsbelüftung darf aus Sicherheitsgründen keinesfalls verschlossen werden, auch wenn vor allem beim Wintercamping Kälte oder Zugluft eindringen kann!

Für Tageslicht und weitere Belüftungsmöglichkeiten sorgen Fenster und/oder Dachluken. Vor allem Campingbusse und Kastenwagen sind häufige mit seitlichen Schiebefenstern ausgestattet, die sich stufenlos verstellen und an bestimmten Positionen einrasten lassen. In der getönten Variante schenken sie etwas Privatsphäre. Bei Wohnmobilen und Wohnwagen sind hingegen sogenannte Ausstellfenster aus Acrylglas die wohl gängigste Variante. Zum Öffnen werden kleine Hebel bedient und die Fenster dann nach außen gedrückt, wo sie sich feststellen lassen. Willst du diese Fenster wieder schließen, musst du sie anheben und dann sanft in die ursprüngliche Position zurückführen.
Daneben sind mittlerweile fast überall serienmäßig Heki-Dachluken oder -Dachfenster verbaut. Sie bestehen aus durchsichtigem oder durchscheinendem Kunststoff und werden nach oben geöffnet und dabei gekippt („Heki" ist die Abkürzung für „Hebe-Kipp"). Oft sind verschiedene Öffnungspositionen möglich, vom Spalt bis zur nahezu senkrechten Stellung. Der Griff wird dabei eingerastet, sodass das Heki auch bei leichtem Wind geöffnet bleiben kann.

Nicht beim Fahren lüften!
Während der Fahrt müssen Ausstellfenster und Dachluken immer fest verschlossen sein, da sie durch Fahrtwind und Erschütterungen sonst buchstäblich wegfliegen können.

Heizung Geheizt wird in Wohnwagen und Wohnmobilen in der Regel mit einer bereits ab Werk installierten Gas-, Elektro-Gas-Kombi- oder Warmwasserheizung. Selten kommen in selbst ausgebauten Fahrzeugen auch Infrarotheizungen oder andere Lösungen zum Einsatz. In Kastenwagen und Campingbussen finden sich meist Diesel-Standheizungen. Für den Fall, dass die Heizung aufgrund einer technischen Störung ausfällt oder zur Beheizung des Vorzelts führen viele Camper vor allem fürs Wintercamping zusätzlich einen kleinen mobilen Heizlüfter mit (s. S. 324).

Wassersystem Fast alle Campingfahrzeuge verfügen über ein mehr oder weniger komplexes Wassersystem mit Tanks, Pumpen, Leitungen und mindestens einem Wasch- bzw. Spülbecken (s. S. 149). Bei Wohnwagen ist ein Frischwassertank mit einem Fassungsvermögen von ca. 20–40 l verbaut, das Grauwasser wird in einem Eimer oder einem rollbaren Tank („Abwassertaxi") aufgefangen, der außerhalb des Fahrzeugs unter dem Ablauf platziert wird. Wohnmobile besitzen in aller Regel einen größeren Frischwasser- sowie einen fest installierten Grauwassertank. Je nach Fahrzeuggröße kann das Fassungsvermögen hier mehrere hundert Liter betragen. Für die Toilettenspülung wird entweder der Frischwassertank oder ein eigener Spülwassertank im Toilettenkasten genutzt.
Bei Campingbussen und kleineren Kastenwagen arbeiten Hersteller und Ausbauer häufig mit einfacheren Lösungen. Hier werden beispielsweise tragbare 10-l- bis 20-l-Kanister unter den jeweiligen Becken installiert und durch Schläuche mit den Wasserhähnen sowie dem Abfluss verbunden. Frischwassertanks oder Kanister sind mit elektrischen Pumpen ausgestattet, die über die Bordbatterie oder Landstrom (s. S. 154) versorgt werden.

Therme/Boiler Für die Wassererwärmung werden Boiler oder sogenannte Thermen genutzt, die in aller Regel elektrisch oder mit Gas betrieben werden (s. S. 152). Stellst du den Wasserhahn auf „warm", fließt das Frischwasser automatisch in die Therme oder durch den Durchlauferhitzer und heizt sich auf die gewünschte Temperatur auf (meist bis maximal 65 °C). Boiler besitzen meist ein Volumen von 10 l, bei Durchlauferhitzern wird die Kapazität in l/Min. gemessen und variiert sehr stark. Gängige Modelle für den Campingbedarf bewegen sich in einem Rahmen von etwa 5–14 l.

Gasanlage Über die Gasanlage werden Verbrauchergeräte wie Herd, Heizung, Kühlschrank oder Warmwasserbereiter versorgt. Bei den meisten Fahrzeugen besteht die Gasanlage aus einer oder zwei Gasflaschen, einem Druckminderer, einer Schlauchbruchsicherung, Schläuchen und Leitungen und Absperrhähnen im Innenraum (s. S. 145).

Grundrisse

Die konkrete Anordnung von Möbeln, Staufächern und Installationen wird im Herstellerjargon „Grundriss" genannt. Hier findet man altbewährte Klassiker, z.B. den Familiengrundriss mit Etagenbetten, aber auch ganz neue Ansätze wie loungeartige Varianten für Paare oder Luxusausführungen mit geräumigen Bädern und komfortablen Längsbetten. Um die perfekte Aufteilung für deine persönlichen Bedürfnisse zu finden, soll dir der folgende Katalog mit Beispielfragen helfen – sicherlich fallen dir bei näherem Überlegen aber auch noch weitere individuelle Aspekte ein, die zu berücksichtigen sind.

Beim Fahren

- Wie viele Personen reisen mit? Im Wohnmobil benötigen diese einen eingetragenen Sitzplatz mit Sicherheitsgurt.
- Wie viel und welche Art von Stauraum wird während der Fahrt zum Transport der Ausrüstung und persönlicher Gegenstände gebraucht?
- Lässt sich die Ladung im ausgewählten Grundriss so verteilen, dass die Gewichtsgrenzen des Fahrzeugs (Achslast, Stützlast, zGG, s. S. 54) eingehalten werden?
- Besteht die Möglichkeit, einen mitreisenden Hund zu sichern?

Beim Sitzen/Wohnen

- Wie viele Personen sollen im Wohnwagen leben und bequem sitzen können?
- Wie viel Raum im Wohnbereich kannst/willst du für feste Schlafgelegenheiten opfern?
- Wie viel Stauraum wünschst du dir?
- Wie viel Platz wird tagsüber gebraucht?
- Soll viel Zeit im Fahrzeug verbracht werden oder spielt sich das Leben eher außerhalb ab?

Beim Schlafen

- Wie viele Schlafplätze werden aktuell gebraucht, wie viele dauerhaft?
- Bist du bereit, täglich die Sitzgruppe zum Bett umzubauen?
- Wie breit ist die zum Bett umgebaute Sitzgruppe tatsächlich (s. S. 135)?
- Welcher Schlafkomfort wird benötigt?
- Wie groß sind die Familienmitglieder? Achtung: Querbetten oder umgebaute Sitzgruppen sind für höhergewachsene Menschen oft zu kurz!
- Wie viel Privatsphäre ist gewünscht?
- Können/wollen die Kinder in Stockbetten schlafen oder wird ein Familienbett benötigt?
- Sind aufgrund des Schlafverhaltens (Schnarchen, Unruhe, Schlafstörungen) Einzelbetten oder getrennte Räume sinnvoll?
- Fühlt sich ein Alkovenbett gut an oder droht Platzangst?

Beim Essen

- Wird im Campingmobil häufig gekocht?
- Wie aufwändig ist die Zubereitung der Speisen? Davon hängen u. a. die Anzahl und Größe der Flammen am Herd, die Größe der Arbeitsplatte und der für Zusatzgeräte (Backofen, Mikrowelle etc.) benötigte Platz ab.
- Benötigst du einen größeren Kühlschrank oder tut es auch eine kleine Kühlbox?
- Soll im Fahrzeug abgespült werden? Dann bitte auf ein ausreichend großes Spülbecken achten – sonst wird das eine feucht-fröhliche Angelegenheit!

Bei der Körperpflege

- Welche Komponenten (Toilette, Dusche, Handwaschbecken) werden regelmäßig genutzt, welche sind vielleicht verzichtbar?
- Wie viele Liter Frischwasser werden voraussichtlich pro Tag verbraucht? Bitte die Tankgrößen (auch fürs Grauwasser) entsprechend dimensionieren.
- Genügt eine Toilette oder benötigst du auch eine integrierte Dusche?
- Darf die Dusche klein und eher provisorisch sein (für eine schnelle „Katzenwäsche“) oder ist mehr Komfort gewünscht?

Grundrisspläne lesen

Wenn du dich in Katalogen oder auf Hersteller-Webseiten umsiehst, wirst du früher oder später auf viele Bildchen mit unterschiedlichsten Grundrissen stoßen. Um dich hier zurechtzufinden, stellen wir hier exemplarisch einige Anordnungen vor und erklären, welche Komponenten sich hinter den Symbolen verbergen.

Alkoven-Mobil

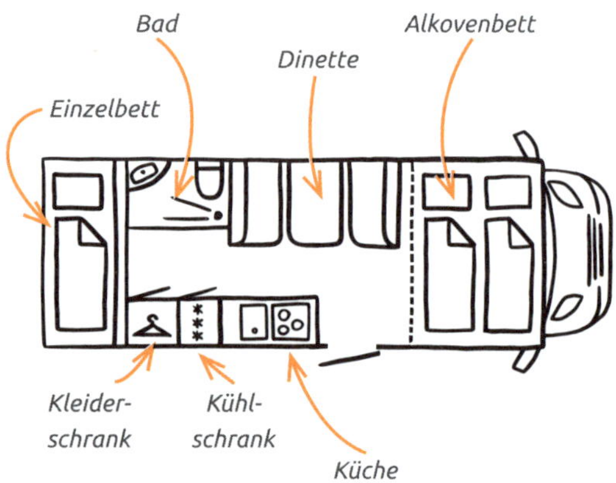

Dieses geräumige Alkoven-Mobil hat ein zusätzliches Bett im Heck und eine geräumige Sitzgruppe. In diesem Modell können drei Personen bequem reisen und schlafen.

Teilintegriertes Wohnmobil mit Hubbett

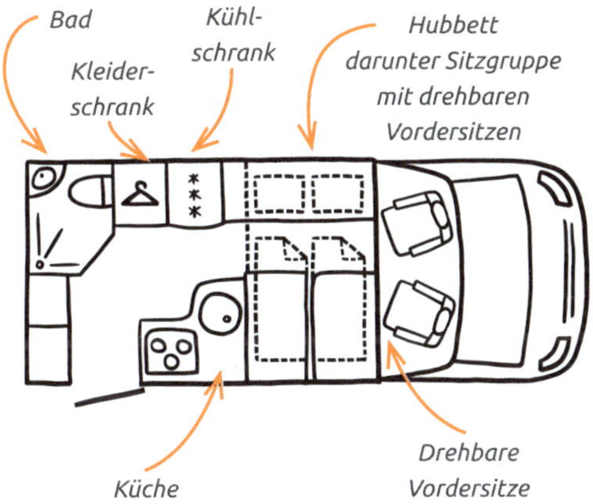

Dieses kompakte teilintegrierte Wohnmobil verfügt über ein Hubbett, das für zwei Personen sehr gut geeignet ist. Die Sitzgruppe befindet sich unter dem Bett.

Teilintegriertes Wohnmobil mit Festbett und Hubbett

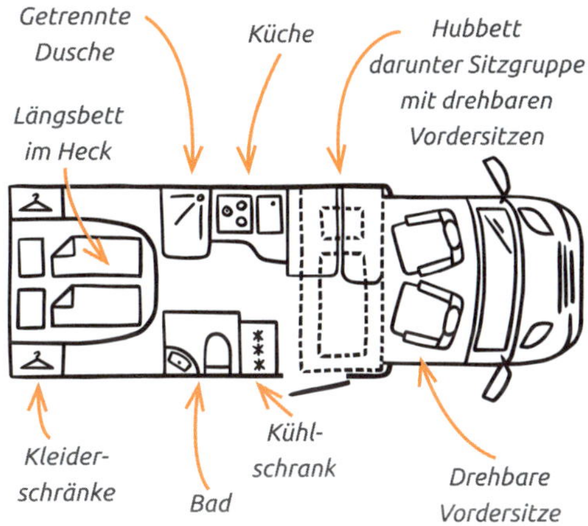

Teilintegrierte gibt es auch in etwas größerer Ausführung, in diesem Fall für bis zu drei Personen.

Vollintegriertes Wohnmobil mit getrennter Dusche

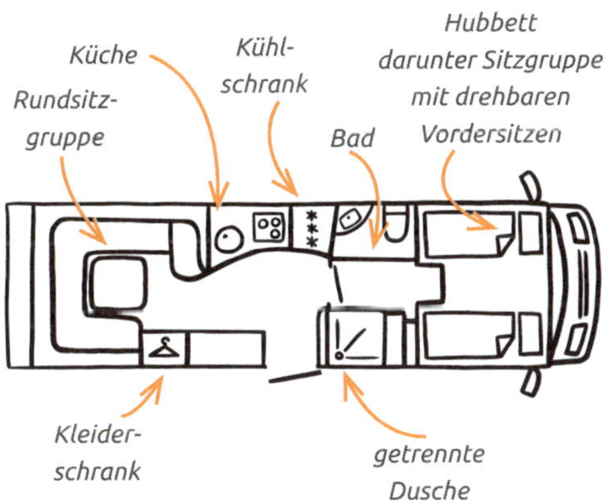

Noch etwas komfortabler sind vollintegrierte Wohnmobile, in denen die Fahrerkabine fester Bestandteil des Wohnraums ist.

Kompakter Reisewohnwagen mit Festbett

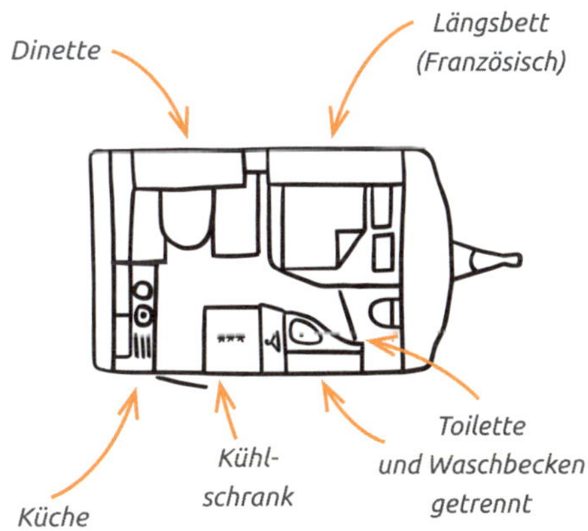

Dieser kleine, wendige Reisewohnwagen bietet Platz für zwei Personen und maximal ein Kind (falls die Sitzgruppe zum Schlafplatz umgebaut werden kann).

Familienwohnwagen mit Etagenbetten

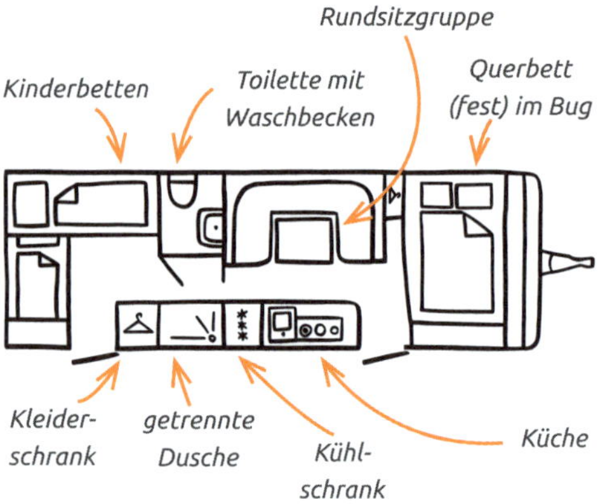

Für Familien mit mehreren Kindern bietet sich ein größeres Modell mit zusätzlichen Betten für die Kinder an. Besonders die Grundrisse mit Etagenbetten sind beliebt, zusätzlich kann die Sitzgruppe umgebaut werden. In diesem Beispiel ist der Nachwuchs sogar in einem richtigen „Kinderzimmer" mit eigenem Eingang untergebracht.

Luxuscaravan mit großem Raumbad

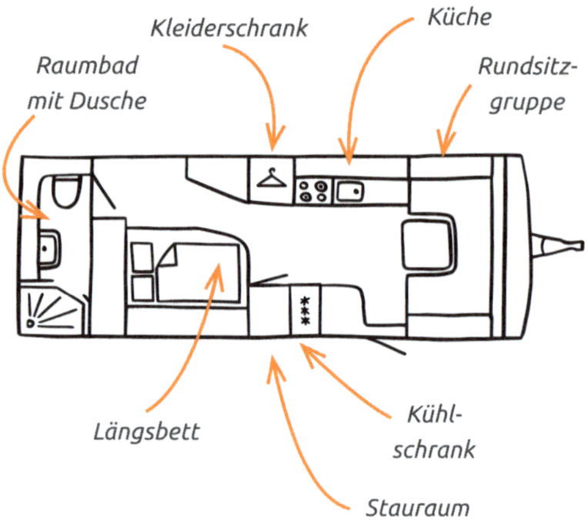

Unser letztes Beispiel zeigt ein echtes Luxusmodell mit einem großen Raumbad im Heck. Durch eine entsprechende Gesamtlänge bleiben auch in puncto Wohn- und Schlafkomfort kaum Wünsche offen. Gerade in dieser Klasse sind häufig auch Einzelbetten zu finden.

Informieren und testen

Die meisten Einsteiger haben naturgemäß noch keine klare Vorstellung, wie der Alltag in einem Freizeitfahrzeug aussieht. Deshalb raten wir dir dazu, dir ein Campingfahrzeug keinesfalls aus dem Katalog zu kaufen und dich auch nicht zu sehr von Empfehlungen anderer abhängig zu machen. Denn wie erwähnt sind Bedürfnisse und Konstellationen sehr individuell.

Schaue dir darum zunächst einige in Frage kommende Modelle „live" an, entweder bei einem Händler oder – noch besser – auf großen Campingmessen (s. S. 100).
Wenn du dir einen Überblick verschafft hast, solltest du deinen Wunschcamper oder ein Modell mit ähnlichem Grundriss mieten und mindestens ein paar Tage darin verbringen (s. S. 77).

Dieser Alltagstest hilft, das Risiko eines teuren Fehlkaufs zu minimieren: Du siehst im Echtbetrieb, wie du mit der Ausstattung zurechtkommst, was dich stört, was dir fehlt und auch, was vielleicht für dich überflüssig ist.

Transportcaravans

Neben den klassischen Wohnwagen-Grundrissen gibt es mittlerweile auch eine kleine Anzahl an sogenannten Transport- bzw. Sportcaravans. Bei diesen Modellen ist der Innenraum so gestaltet, dass sich sperrige Ausrüstung und sogar Motorräder darin gut verstauen und verzurren lassen.
Beladen wird in der Regel über eine große Heckklappe. Statt der üblichen Komponenten wie Sitzgruppe, Tisch oder Bett findest du eine stattliche Garage oder eine offene Ladefläche mit Zurrschienen vor. Die Möbel sind entweder seitlich wegklappbar bzw. im Bug angeordnet, oder sie stehen als mobile Module zur Verfügung.

Bei manchen Varianten liegt der Fokus ganz klar auf dem Zweck des Transports, der Wohnbereich ist daher entsprechend einfach, robust und funktional gestaltet. Doch das muss nicht sein: Es gibt auch Anbieter, die Style, Komfort und Funktionalität sehr ansprechend verbinden, sodass du – mit ein paar Einschränkungen im Platzangebot natürlich – fast wie in einem konventionellen Caravan logieren kannst. Unter anderem folgende Hersteller bieten Transportcaravans an: Sportcaravan, KnausTabbert, Kip, Swift, Trigano (Mini), Sylvansport.
Bei der Auswahl solltest du jedoch bedenken, dass die Zuladung auch bei ausgewiesenen Transportcaravans sehr endlich sein kann: Während manche Modelle serienmäßig bis zu 800 kg versprechen (mit Auflastungsmöglichkeit), kommt dieser Wert bei anderen nur auf magere 150–180 kg. Lass dich also hier nicht durch die Namensgebung täuschen, sondern kalkuliere vorab deinen Bedarf und schau dir die technischen Datenblätter genau an.

Experten-Tipp

Thomas Kamm
Marketingleiter
Fendt-Caravan
fendt-caravan.de

Ganz gleich, ob Caravan, Wohnmobil oder Van – die Wahl des Grundrisses sollte mit großer Sorgfalt erfolgen. Denn die richtige Innenaufteilung des Fahrzeugs trägt ganz erheblich zu einer gelungenen Reise bei.
Die Entscheidung für einen bestimmten Grundriss wird dabei immer ein Kompromiss bleiben, denn auf so kleinem Raum kann es nicht die perfekte Lösung geben:
Sind für alle Mitreisenden feste Betten vorhanden, reicht der Platz tagsüber vielleicht nicht zum gemütlichen Beisammensein aus. Steht viel Stauraum zur Verfügung, bleibt dafür womöglich die ersehnte eigene Dusche auf der Strecke.
Am besten ist es, sich vor dem Kauf möglichst viele Fahrzeuge von innen anzusehen. Dabei sollte man sich auch die Zeit nehmen, sich gemeinsam in Ruhe hinzusetzen und den Raum auf sich wirken zu lassen. Wichtig ist am Ende, dass sich alle Beteiligten wohl fühlen – auch wenn es mal ein paar Tage am Stück regnen sollte.

Gasanlage

Viele Campingfahrzeuge, vor allem Wohnmobile und Wohnwagen, besitzen eine Gasanlage. Diese besteht in der Regel aus ein bis zwei Gasflaschen, die über Rohrleitungen mit verschiedenen Verbrauchern im Innenraum verbunden sind, z.B. Gasherd, Heizung, Kühlschrank, aber auch ein Gerät zur Warmwasserbereitung (meist Therme oder Boiler).

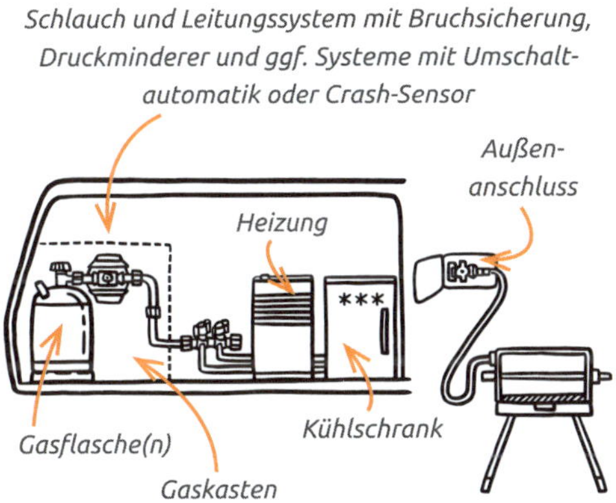

Als Alternative zu Gasflaschen kann bei vielen Fahrzeugen auch ein LPG-Gastank verbaut werden (s. S. 190).
In Deutschland wird zum Heizen und Kochen normalerweise ein Propan-Butan-Gemisch verwendet, wobei Propan den Hauptanteil darstellt (s. S. 186). In anderen Ländern können die Mischverhältnisse stark abweichen – je nach Klimazone und Jahreszeit.

Fachpersonal erforderlich!
Umbauten oder Reparaturen an der Gasanlage dürfen laut gesetzlicher Vorschriften grundsätzlich nur durch Fachpersonal vorgenommen werden!

Eine Gasflasche anschließen

1. Bei erstmaliger Inbetriebnahme: Schlauch am Druckminderer anschrauben und mit einem Schlüssel fest anziehen, aber nicht „überdrehen“.

Links und rechts nicht vertauschen!
Gasanlagen besitzen ein sogenanntes Linksgewinde. Das bedeutet, dass du beim Festschrauben der Komponenten immer genau andersherum drehen musst, als du es normalerweise gewohnt bist: zum Öffnen nach rechts, zum Schließen nach links!

2. Alle Gasverbraucher im Innenraum abschalten und Absperrhähne schließen.
3. Rote Schutzkappe von der Gasflasche entfernen.
4. Spitze des Druckminderers in das Gasflaschenventil stecken.
5. Schraubanschluss des Druckminderers ebenfalls gut, aber nicht zu fest anziehen.
6. Gasflaschenventil öffnen. Ideal wäre es, nun mit einem Lecksuchspray zu prüfen, dass kein Gas entweicht.
7. Falls kein Gas strömt: Knopf an der Schlauchbruchsicherung drücken.
8. Absperrhähne im Innenraum öffnen und Geräte nutzen.

Als Helfer kannst du einen speziellen Gasflaschenschlüssel (auch „Reglerlöser“ genannt) nutzen. Gröberes Werkzeug wie eine Rohrzange darf nicht verwendet werden, da damit die Dichtungen beschädigt werden können.

Die Gasflasche wechseln Ist das Gas in einer der Flaschen aufgebraucht, erfolgt der Wechsel von der Betriebs- auf die Vorratsflasche nach dem gleichen Muster: Du schraubst den Druckminderer von der leeren Flasche ab und führst dann wieder die Schritte 2 bis 7 durch.
Komfortabler (und ohne nerviges Aufstehen in kalten Winternächten) wird es, wenn du dir ein System mit Umschaltautomatik installieren lässt. Dieses erledigt den Wechsel für dich, wenn das Gas mal wieder im unpassendsten Moment zur Neige geht, und zeigt dir an den Flaschen oder an einem Bedienpanel im Fahrzeuginneren an, dass du jetzt deine Gasvorräte so langsam wieder auffüllen solltest.

Betrieb während der Fahrt

Eine herkömmliche Gasanlage im Campingfahrzeug ist für den Betrieb während der Fahrt nicht geeignet, da keine Sicherheitsvorkehrungen für Unfälle vorhanden sind. In der Regel müssen die Gasflaschen daher vor Fahrtantritt zugedreht werden, und auch auf Autofähren und an Tankstellen darfst du dich nur mit zugedrehten Gasflaschen aufhalten.

Ist dagegen ein spezielles System mit sogenanntem Crash-Sensor verbaut, darf die Gasanlage auch während der Fahrt genutzt werden, z.B. für den Kühlschrank oder die Heizung. Diese Sensoren lösen bei einem Aufprall mechanisch aus, stoppen die Gaszufuhr und verhindern so unkontrollierten Gasaustritt. Zusammen mit der Schlauchbruchsicherung, die im Falle eines Lecks vor unkontrolliertem Gasaustritt schützt, bist du technisch auf der sicheren Seite. Crash-Sensoren können an den meisten Anlagen problemlos nachgerüstet werden.

Bei Fahrzeugen vor Baujahr 2007 dürfen gasbetriebene Geräte in Deutschland während der Fahrt theoretisch auch ohne Crash-Sensor verwendet werden, da diese Fahrzeuge Bestandsschutz genießen. Aber Achtung: Im Ausland können andere Regelungen gelten. In Frankreich etwa ist der Betrieb der Gasanlage während der Fahrt nur in Fahrzeugen mit Erstzulassung ab 01/2007 erlaubt.

Zu deiner eigenen Sicherheit raten wir, die Gasanlage trotz dieser Ausnahmegenehmigung auch bei älteren Fahrzeugen während der Fahrt abzudrehen.

Abklemmen nicht nötig

Entgegen der selbst von Fachhandelsverkäufern häufiger getätigten Aussage kann die in Betrieb befindliche Gasflasche während der Fahrt angeschlossen bleiben. Lediglich die Ersatzflasche muss mit der roten Transportkappe und dem schwarzen Verschlussstopfen versehen werden.

Sicherheitsvorschriften

Aus Sicherheitsgründen unterliegt der Betrieb von Flüssiggasanlagen strengen Vorschriften. So muss der Gaskasten gesetzlich verpflichtend vom Wohnraum abgetrennt werden, komplett dicht sein und eine mindestens 100 cm2 große Öffnung nach unten aufweisen, über die unbemerkt austretendes Gas ins Freie entweichen kann. Darüber hinaus darf der Gaskasten keine ungeschützten elektrischen Anschlüsse oder sonstige Zündquellen aufweisen. Besitzt der Gaskasten eine Tür zum Innenraum, so muss hier ein mindestens 5 cm hoher Sockel angebracht werden.
Für den Transport müssen die Gasflaschen gut an den entsprechenden Halterungen verzurrt werden, damit sie während der Fahrt nicht verrutschen oder gar umkippen können. Dies gilt sowohl für die Versorgungs- als auch für die Ersatzflasche.
Der Schlauch an der Betriebsflasche muss mit einem Druckminderer ausgestattet sein, der den hohen Gasdruck aus der Flasche herunterregelt. Bei Campingfahrzeugen, die nach dem 1. Januar 2003 gebaut oder neu zugelassen wurden, ist laut europäischer Richtlinie nur noch ein Betriebsdruck von 30 mbar zulässig. Ältere Fahrzeuge besitzen Bestandsschutz, hier dürfen die Gasanlagen noch mit 50 mbar betrieben werden.
Im Innenraum der Campingfahrzeuge verfügt die Gasanlage über Absperrhähne, mit denen sich die Gaszufuhr manuell trennen lässt, sowie über automatische, an den Endgeräten integrierte Sicherheitsventile, die den Gaszustrom deaktivieren, sobald die Flamme erlischt. Schläuche und Druckminderer müssen bei Beschädigungen sofort, ansonsten spätestens nach 10 Jahren ausgetauscht werden.

Gasprüfung

Bei richtiger Handhabung ist eine Gasanlage im Wohnmobil oder Wohnwagen eine feine Sache. Wichtig ist jedoch, sie in regelmäßigen Abständen von einem Profi untersuchen und abnehmen zu lassen. Hier gibt es je nach Anlage normalerweise Empfehlungen oder Vorgaben, wann genau diese Untersuchungen durchgeführt werden sollten. So kannst du wirklich sicher sein, dass alles einwandfrei funktioniert. Zusätzlich kannst du dir einen Gaswarner zulegen, der bei ausströmendem Propan, Butan oder Kohlenmonoxid Alarm schlägt (s. S. 344)..

Gasprüfung beim Wohnmobil Beim Wohnmobil muss die Gasanlage bereits vor der ersten Inbetriebnahme durch einen Sachverständigen überprüft und abgenommen werden. Das wird bei Neufahrzeugen vom Hersteller durchgeführt. Danach ist in der Regel alle 2 Jahre eine Gasprüfung fällig, verantwortlich dafür bist du als Halter des Fahrzeuges. Ohne Gasprüfung gibt es keine erfolgreiche Hauptuntersuchung, und auch viele Campingplätze oder Stellplätze fordern für den Aufenthalt eine gültige Gasprüfungsplakette.

Gasprüfung beim Wohnwagen Auch beim Wohnwagen muss die Gasanlage vor Inbetriebnahme einmal abgenommen werden. Anders als beim Wohnmobil besteht jedoch danach für das Bestehen der HU keine Gasprüfungspflicht mehr. Doch die oben genannten Punkte „eigene Sicherheit", „Versicherungsschutz" und „Campingplatz-Regeln" gelten natürlich ebenso für Caravans. Deshalb spare bitte nicht am falschen Ende, sondern stelle dein Fahrzeug regelmäßig beim Gasprüfer vor.

Aktuell unsichere Rechtslage

Vor Kurzem wurden die Regeln zur Gasprüfung bei Wohnmobilen vorübergehend geändert: Im Amtsblatt des Bundesministeriums für Verkehr und Infrastruktur (BMVI) erschien eine neue HU-Richtlinie, in der das Fehlen einer Gasprüfung bis zum 1. Januar 2023 nicht mehr als Mangel eingestuft wird und damit nicht mehr zum Durchfallen bei der HU führt. Der Grund für das Aussetzen der Prüfpflicht liegt jedoch nicht in der Wichtigkeit der Sache, sondern an den Messinstrumenten, die laut BMVI nicht der Eichnorm entsprechen.
Jedoch: Die Flüssiggasanlage der Heizung bleibt laut Caravaning Industrie Verband Deutschland (CIVD) davon unberührt, Mängel führen hier also weiterhin zum Nichtbestehen der Hauptuntersuchung. Außerdem kann auch der Versicherungsschutz bei einem Schaden verfallen, vor allem wenn ein Unfall potenziell im Zusammenhang mit einer nicht ordnungsgemäß geprüften Gasanlage steht. Ohnehin ist es immer ratsam, die Gasanlage (freiwillig) regelmäßig überprüfen zu lassen. Denn eine fachgerecht geprüfte Anlage sorgt für Sicherheit.

Ablauf der Gasprüfung Sehr viele Caravan- und Wohnmobil-Händler sowie Fachwerkstätten und Prüfgesellschaften wie der TÜV oder die Dekra bieten Gasprüfungen an. Auch auf vielen Campingplätzen finden regelmäßige Abnahmen statt. Es gibt sogar mobile Dienstleister, die zu dir kommen und die Prüfung durchführen. Die Kosten für eine Gasprüfung liegen in Deutschland bei etwa 20–50 Euro, es kann je nach Standort und Anbieter aber auch teurer werden.
Die Prüfer müssen geschult sein und eine Sachkundigenprüfung abgelegt haben.

Du brauchst für die Prüfung

- eine angeschlossene, zumindest teilweise gefüllte Gasflasche,
- genügend Batterieladung, um Gasgeräte zu zünden (nicht notwendig bei Piezo-Zündern),
- die Herstellerbescheinigung oder das gelbe Prüfbescheinigungsheft.

Lesetipps

Liste von Prüfbetrieben des Deutschen Verbands Flüssiggas
gaspruefung-wohnwagen-wohnmobile.de/

Standortsuche TÜV für Gasprüfung
camper.st/gas-tuev-sued
camper.st/gas-tuev-nord

Nach einem festgelegten Plan werden dann unter anderem folgende Dinge überprüft:

- Gasflaschen-Halterung
- Lüftungsöffnung im Gaskasten
- unzulässige elektrische Einrichtungen im Gaskasten
- ordnungsgemäße Installation und Zustand der Leitungen
- Dichtheit der Gasanlage
- Sicherheitsventile
- Funktionsfähigkeit der Gasanlage
- Alter von Anschlussschlauch und Druckminderer
- die korrekte Funktion einzelner Gasgeräte und Sicherheitsventile (brennen alle Flammen, schalten die Ventile ab etc.)
- Abgasrohre

Für eine erfolgreiche Gasprüfung müssen alle ans Gas-System angeschlossenen Geräte einwandfrei funktionieren. Außerdem dürfen Druckminderer und Anschlussschlauch maximal 10 Jahre alt sein – unabhängig von ihrem Zustand.

Wassersystem

Das Wassersystem im Campingfahrzeug setzt sich aus den folgenden Komponenten zusammen:

- Wassertanks
- mobile Kanister, Abwassertaxi
- Wasserpumpe
- Wasserleitungssystem
- evtl. Filtersysteme
- System zur Warmwasseraufbereitung

Wassertanks für Frisch- und Abwasser

Vor allem Wohnwagen und Wohnmobile, aber auch viele ausgebaute Kastenwagen und Campingbusse verfügen über einen Frischwassertank. Das Tankvolumen hängt von der Größe und vom Modell des Campers ab: bei Wohnwagen meist 25–70 l, bei Wohnmobilen bis zu 200 l oder sogar mehr. Frischwassertanks bestehen aus hochwertigem, lebensmittelechtem Material, was für die Hygiene und ein sauberes Trinkwasser notwendig ist. Befüllt werden sie über einen Außenanschluss, der mit einem abschließbaren Deckel gesichert ist. Bei einigen Modellen befindet sich der Tank unter einer Serviceklappe, bei anderen an der Außenwand. Je nach Wasserbedarf und Gegebenheiten vor Ort kannst du ihn mit einem (eigenen) Wasserschlauch, einer Gießkanne oder einem Kanister befüllen. Wichtig ist hier, auf ausreichende Hygiene zu achten, denn der Kreislauf des Wassersystems beginnt beim Befüllen (s. S. 205).

Das benutzte Frischwasser, das über den Abfluss im Waschbecken, Spülbecken oder in der Dusche entsorgt wird, muss natürlich aufgefangen werden. Dafür ist der Abwassertank, auch Grauwassertank genannt, notwendig. Bei Campingbussen gibt es in der

Regel keine fest verbauten Abwassertanks, hier kommen tragbare Kanister zum Einsatz, und bei Wohnwagen werden meist „Abwassertaxis" verwendet, kleine, rollbare Tanks mit 20–40 l Fassungsvermögen. Einen solchen mobilen Abwassertank stellst du unter den Abflussstutzen des Wohnwagens, sodass das Grauwasser hineinfließen kann. Alternativ funktionieren auch Eimer oder ähnliche Auffangbehälter, die sind im vollen Zustand nur etwas schwieriger zu transportieren.

Richtig pflegen und entsorgen!
Vor allem der Frischwassertank sollte regelmäßig gereinigt werden. Ansonsten können sich hier Keime festsetzen, die sich vor allem bei warmen Temperaturen und geringem Durchfluss schnell vermehren und zu gesundheitlichen Risiken führen können (s. S. 205).
Das Grauwasser muss an ausgewiesenen Ver- und Entsorgungsstationen abgelassen werden – z.B. auf Camping- und Stellplätzen, an Tankstellen oder Rastplätzen. Es ist nicht gestattet, Grauwasser in die öffentliche Kanalisation zu kippen. Dasselbe gilt natürlich auch für Toilettenkassetten und -tanks!

Wasserpumpen

Damit das Wasser aus den jeweiligen Entnahmestellen am Waschbecken, an der Spüle oder der Dusche fließt, muss es – wie zu Hause auch – durch die Leitungen gepumpt werden. In Caravans, Wohnwagen und Wohnmobilen haben sich dafür zwei Pumpensysteme bewährt: Tauchpumpen und Druckpumpen.

Tauchpumpen Diese sind im Frischwassertank wortwörtlich eingetaucht. Dadurch belegen sie keinen zusätzlichen Stauraum, arbeiten leise, und schwer sind sie auch nicht. Zudem funktionieren Tauchpumpen wartungsfrei. Sobald du einen Wasserhahn im Fahrzeug öffnest, startet ein Mikroschalter im Hahn die Pumpe und das Wasser fließt. An der Armatur muss also ein elektrischer Mikroschalter eingebaut sein, der den Strom für die Pumpe regelt. Alternativ gibt es Fußschalter, die manuell beim Aufdrehen der Wasserhähne betätigt werden müssen. Die Förderleistung einer Tauchpumpe liegt bei ca. 10–25 l Wasser pro Minute, der Druck bei ca. 0,5–2,1 bar. Wenn du grundsätzlich mit dem Druck der Tauchpumpe auskommst, aber zum Beispiel beim Duschen einen höheren Wasserdruck wünschst, kannst du eine sogenannte Verstärkerpumpe in die Wasserleitung – in diesem Fall vor der Duscharmatur – einbauen (lassen). Auch diese Pumpen springen über einen Schalter an der Armatur

Niemals trockenlaufen lassen!
Eine Tauchpumpe darf niemals trockenlaufen! Wenn die Pumpe arbeitet, wird sie warm, da sie sich in einem abgeschlossenen, wasserdichten Gehäuse befindet. In einem gefüllten Wassertank wird diese Wärme durch das umgebende Wasser kompensiert. Wird die Pumpe aber in einem nahezu leeren Wassertank betrieben, kann sie leicht überhitzen.
Um einen Schaden durch Trockenlaufen zu verhindern, kann man ein kleines Elektronikmodul in die elektrische Leitung einbauen: Dieses unterbricht bei Trockenlaufen nach kurzer Zeit den Strom zur Pumpe.
Beim Verlassen des Campingfahrzeugs kannst du die Wasserpumpe außerdem ausschalten, damit sie nicht versehentlich anspringt. Bei vielen Modellen geht das unkompliziert über eine Taste am Bedienpanel.

an. Achtung: Druck und Fördermenge der Tauch- und Verstärkerpumpe müssen aufeinander abgestimmt sein!

Druckwasserpumpen Druckwasserpumpen werden außerhalb des Frischwassertanks verbaut, etwa in einem freien Stauraum. Sie halten einen konstanten Druck in den Wasserleitungen aufrecht. Öffnest du also den Wasserhahn, springt die Pumpe an, da der Druck in den Leitungen abfällt. Der Vorteil: Du kannst jede beliebige Armatur einbauen, denn sie muss nicht wie beim Tauchpumpensystem über einen elektrischen Schalter gesteuert werden. Zudem erzeugen Druckwasserpumpen einen höheren Wasserdruck als Tauchpumpen und können nicht trockenlaufen. Die Förderleistung einer Druckwasserpumpe liegt bei bis zu 19 l Wasser pro Minute, der Druck bei ca. 2–5,5 bar.
Bei allen Vorteilen gibt es aber auch einen entscheidenden Nachteil: Bei einer Undichtigkeit im System besteht die Gefahr, dass der gesamte Wassertank leergepumpt wird und sich im Caravan verteilt. Denn da die Pumpe auf Druckabfall in den Leitungen reagiert, ist es für sie irrelevant, ob der Wasserhahn geöffnet ist oder nicht. Um dieser Gefahr entgegenzuwirken, kannst du – ähnlich wie bei der Tauchpumpe – die Stromzufuhr zur Pumpe bei Bedarf unterbrechen (wenn nötig über einen zusätzlichen gesonderten Schalter).
Bei Druckwasserpumpen ist es außerdem sinnvoll, regelmäßig den Vorfilter zu reinigen. Dieser filtert Schmutzpartikel aus dem Wasser, damit diese nicht in die Pumpe gelangen.

Wasserleitungssystem

In modernen Caravans und Wohnmobilen sind in der Regel Kunststoffleitungen verlegt, die die Wassertanks mit den Wasserhähnen, dem Boiler und der Toilettenspülung verbinden. Dabei unterscheiden sich die Leitungen für Warm- und Kaltwasser in ihren Anforderungen: Kaltwasserschläuche sind blau gekennzeichnet und müssen bis zu 23 °C geprüft sein, Warmwasserleitungen dagegen sind meist rot und für Temperaturen bis zu

	TAUCHPUMPEN	DRUCKWASSERPUMPEN
GEWICHT	🟢	🟡
PLATZBEDARF	🟢	🟠
DRUCK	🟡	🟢
WARTUNGSAUFWAND	🟢	🟡
LEBENSDAUER	🟢	🟡
PREIS	🟢	🟡

🟢 *= vergleichsweise beste Eigenschaften in diesem Bereich*
🟡 *= vergleichsweise mittelgute Eigenschaften in diesem Bereich*
🟠 *= vergleichsweise schlechteste Eigenschaften in diesem Bereich*

60 °C ausgelegt. Alle Leitungen sollten dem Standard „trinkwasserecht" entsprechen. Ist das nicht der Fall, können sich gesundheitsgefährdende Stoffe aus dem Material lösen. Die Leitungen des Abwassersystems bestehen meist aus Spiralschläuchen.

Warmwasseraufbereitung

Ob zum Spülen, Duschen oder Putzen: Für warmes Wasser beim Campen bietet der Markt verschiedene Systeme. Die zwei gängigsten Varianten sind die Therme und der Boiler.

Therme Eine Therme nutzt die bereits vorhandene Heizungswärme, um das im Behälter stehende Wasser zu erwärmen – mit einem einzigen Gerät, das in der Regel mit Gas oder Kraftstoff betrieben wird. Wenn die Heizung nicht läuft, wird das Wasser mit einem zusätzlichen Elektroheizstab erwärmt, der wiederum elektrisch, mit Gas, mit Kraftstoff oder im Mischbetrieb mit Gas und Strom betrieben wird. Eine Therme eignet sich für einen geringeren Warmwasserbedarf.

Boiler Um heißes Wasser in größeren Mengen zu erzeugen, bietet sich ein Boiler an. Dieser lässt sich entweder mit Strom, mit Gas oder im Mischbetrieb mit Gas und Strom betreiben und liefert ein höheres Volumen an heißem Wasser als eine Therme. Die strombetriebenen Modelle benötigen im Vergleich zum Gasboiler für die Erwärmung des Wassers länger.

Elektrik für Anfänger

Beim Thema „Elektrik" schalten viele Menschen im wahrsten Sinne des Wortes ab. Meist wird zu elektrischen Anlagen gebührender Abstand gehalten und das ist im Grunde auch nicht verkehrt, denn Strom kann ja tatsächlich gefährlich werden. Doch in vielen Fällen sind diese Berührungsängste auch ganz unbegründet – und mit ein wenig Hintergrundwissen und Geschick kannst du einiges an deinem Campingmobil selbst in die Hand nehmen.

Grundlagen: Spannung, Strom, Widerstand

Spannung, Strom, Widerstand – darum dreht sich alles bei diesem Thema. Die drei Grundbegriffe sind am besten mit einer Analogie zu erklären: Stelle dir einen Wasserfall vor. Du stehst darunter und das Wasser plätschert auf deinen Kopf.

- **Spannung (U)** Das ist die Höhe des Wasserfalls. Je höher er ist, desto höher ist die Spannung, also die Energie, die das fallende Wasser hat.
- **Strom bzw. Stromstärke (I)** I ist die Menge des Wassers, also die einzelnen Tropfen, die pro Sekunde herunterfallen.
- **Widerstand (R)** Der Widerstand ist die Breite des Wasserfalls. Würden wir den Wasserfall durch ein Rohr leiten, wäre der Widerstand die Dicke des Rohres.

Je höher und breiter der Wasserfall ist, desto mehr Kraft bzw. Leistung hat er. Das bedeutet: Je mehr Spannung und Strom fließen, desto mehr Leistung kommt dabei heraus.

Ein Teil der elektrischen Energie wird in **Wärme** umgewandelt. Dadurch wird die Spannung kleiner. Hier sprechen wir dann von einem Spannungsabfall. Um das zu vermeiden, kannst du den Querschnitt der Leitung immer weiter erhöhen oder die Leitung verkürzen. Oder du erhöhst die Spannung auf der Leitung, um den Wärmeverlust zu verringern. Die letzte Variante funktioniert super bei Hochspannungsleitungen mit Wechselstrom, aber nicht im Wohnmobil, wo wir oft mit 12 V arbeiten.

Wechselstrom und Gleichstrom

Der Strom, den du von zu Hause kennst, wird oft aus sich drehenden Magneten (Generatoren) erzeugt. Diese erzeugen einen Strom, der immer wieder die Richtung ändert. Man spricht von **Wechselspannung** und **Wechselstrom**. Das sieht aus wie eine Sinuskurve und wird 50 Mal in der Sekunde durchlaufen. Der Strom fließt also in jeder Sekunde 50 Mal in die eine und 50 Mal in die andere Richtung. Damit besitzt er eine Frequenz von 50 Hertz (Hz). Im Campingfahrzeug kommt der Wechselstrom über den Landstrom, also über eine Außensteckdose, ins Wohnmobil oder den Wohnwagen und versorgt dort 230-V-Verbraucher wie Kühlschrank, Klimaanlage oder Fön.

Bei Gleichstrom oder Gleichspannung fließt der Strom immer in dieselbe Richtung. Er ist zum Laden der Batterien (s. S. 195) wichtig, da diese den Gleichstrom speichern und abgeben. Mit Gleichstrom hast du bei allen 12-V-Verbrauchern zu tun, also bei Innenbeleuchtung, Zigarettenanzünder, vielen Kühlschränken etc. Wenn du autark stehst und daher keinen Landstrom zur Verfügung hast, kommt der Strom aus der Batterie und ist immer Gleichstrom. Auch Solaranlagen liefern normalerweise 12 V durch den Laderegler.

12 V vs. 230 V

In den meisten autarken Campingfahrzeugen werden beide Systeme genutzt: 230 V meist, wenn Landstrom anliegt, 12 V aus den Aufbaubatterien (s. S. 195). Ideal wäre es, die jeweiligen Kabel in getrennten Kanälen zu verlegen. Das funktioniert aufgrund des begrenzten Platzangebots jedoch nicht immer. Die Anschlussdosen für 12 und 230 V sollten ebenfalls getrennt und mit flexiblen Kabeln (ohne starren Metallkern, sondern mit vielen verdrillten kleinen Adern) verbunden werden. Kabel, die durch Holz, Metall oder Kunststoffe gehen, sollten mit einem Scheuerschutz versehen werden, damit die Isolierung durch die Bewegung des Fahrzeugs nicht beschädigt wird.

Sicherheit

Das Arbeiten mit Strom birgt immer eine Gefahr. Bei einem elektrischen Schlag kann es zu Verbrennungen und Muskelkrämpfen kommen. Da dein Herz ein Muskel ist, kann auch dieses krampfen. Das kann zu Kammerflimmern führen und damit lebensbedrohlich sein. Daher solltest du dich schützen:

- Das Stromnetz immer stromlos schalten, bevor du daran arbeitest. Das bedeutet: Batterie abklemmen oder Sicherung deaktivieren.
- An der Batterie zuerst den Minuspol abklemmen, danach den Pluspol. Denn Minus wird beim Kfz über das Chassis geführt. Sprich: Fast alle Metallteile sind der Minuspol. Wenn du den Pluspol zuerst abklemmst, kannst du damit an ein Stück Metall vom Fahrzeug kommen und einen Kurzschluss auslösen.
- Beim Wiederanklemmen zuerst Plus und dann Minus anschließen.
- Defekte Isolierungen immer ersetzen.
- Im Wohnmobil mehrere Stromkreise verlegen und nutzen, dadurch können die Querschnitte kleiner gehalten werden und es kommt zu geringeren Spannungsabfällen. Die einzelnen Stromkreise sind damit weniger störanfällig.

Wenn du unsicher bist oder dich nicht traust, dann beschäftige dich weiter mit dem Thema bzw. frage einen Experten in einer Werkstatt oder einen Elektriker um Rat.

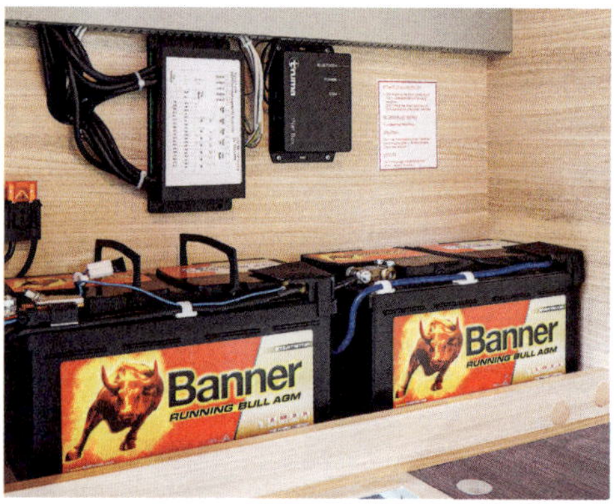

Stromversorgung

Wie der Strom in den Kastenwagen, das Wohnmobil oder den Wohnwagen kommt, sämtliche Geräte mit Leben versieht und außerdem für Licht sorgt, ist gerade für Einsteiger oft etwas rätselhaft. Zu Recht, denn ganz so trivial wie zu Hause – Strom fließt permanent an jeder Steckdose mit 230 V – ist es im mobilen Heim nicht.
Die Basis bilden stets zwei Stromkreisläufe: der 12-V- und der 230-V-Kreislauf. (In speziellen Fahrzeugen, z.B. bei Expeditionsmobilen, sind auch 24-V-Kreisläufe zu finden, das ist aber wirklich die Ausnahme.) Die beiden Stromkreise bestehen aus folgenden Elementen, die miteinander im Einklang arbeiten:

12-V-Aufbaubatterie(n) Die 12-V-Aufbaubatterien, auch Bordbatterien oder Versorgungsbatterien genannt, haben ein eigenes Ladegerät. Dieses wird entweder mit mit Landstrom oder über andere Energiequellen wie eine Solaranlage oder eine Brennstoffzelle betrieben. Beim Wohnmobil ist mindestens eine Bordbatterie fast immer Standard, beim Wohnwagen nachrüstbar. Die Batterien bilden die Basis für die Versorgung aller 12-V-Verbraucher im Camper (s. S. 195).

Abstimmung ist das A und O
Es ist wichtig, dass die Batterien und das Ladegerät zueinander passend ausgewählt werden, damit die richtige Ladekennlinie und Spannung verwendet werden.

230-V-Installation Die 230-V-Installation sorgt dafür, dass der 230-V-Stromkreislauf funktioniert, also Strom aus den Steckdosen kommt.

Lichtmaschine Die Lichtmaschine des Fahrzeugs oder Zugfahrzeugs wird durch den Motor angetrieben und produziert Strom, etwa für das Laden der Starterbatterie im Basis- bzw. Zugfahrzeug oder für das Autoradio. Während der Fahrt lädt die Lichtmaschine beim Camper zusätzlich die Aufbaubatterien. Die Verbindung besteht jedoch nur, während der Motor läuft. Denn ein sogenanntes Trennrelais unterbricht die Verbindung zur Aufbaubatterie, sobald der Motor abgeschaltet ist, um eine gegenseitige Entladung der Starter- und Aufbaubatterie zu verhindern. Beim Wohnwagen werden die Verbraucher während der Fahrt über die Lichtmaschine des Zugfahrzeugs mit Strom versorgt. Hierfür wird der 13-polige Stecker vom Caravan mit der Steckdose an der Anhängekupplung des Zugfahrzeugs verbunden (s. S. 238).

Bedienpanel Über das Bedienpanel, das in den meisten Campingmobilen verbaut ist und sich oftmals über der Wohnraumtür befindet, kannst du zahlreiche Funktionen steuern, die mit Strom, Wasser und Heizung zu tun haben. Die einzelnen Funktionen sind vom Hersteller und vom Modell des Campers abhängig, z.B. kannst du über das Bedienpanel den 12-V-Stromkreis (de-)aktivieren, den Ladezustand der Batterien und die Füllstände der Wassertanks anzeigen lassen und die Frischwasserpumpe ein- und ausschalten.

Wechselrichter (optional) Ein Wechselrichter transformiert den 12-V-Gleichstrom in einen 230-V-Wechselstrom.

Die zweite Möglichkeit, dich mit Elektrizität zu versorgen oder deine Aufbaubatterien zu laden: Du hängst deinen Camper an den Landstrom, also an eine stationäre Steckdose auf dem Campingplatz, am Stellplatz oder zu Hause. Die Steckdose befindet sich bei vielen Fahrzeugen direkt an der Außenwand, einige haben den Anschluss unter einer Serviceklappe verbaut. Über das Ladegerät werden die Batterien dann automatisch aufgeladen – und du hast als Nebeneffekt noch den 230-V-Stromkreislauf aktiviert.

Falls du gerne auch einmal mehrere Tage bis sogar Wochen unabhängig von einem Landstrom-Anschluss unterwegs sein möchtest, findest du verschiedene Alternativen zum Nachrüsten oder als mobile Versionen, beispielsweise fest verbaute oder tragbare Solaranlagen, Diesel-Generatoren oder sogar Brennstoffzellen (s. S. 165).

Die beiden Stromkreisläufe

Der 12-V-Stromkreis wird über die Aufbaubatterien betrieben und versorgt die Beleuchtung, die 12-V-Steckdosen zum Laden von Handys oder anderen Akkus, ebenso die Wasserpumpe, die Therme oder den Boiler, die Gasheizung, die elektrische Eingangsstufe, die Satelliten-Anlage mit TV, den Kühlschrank (je nach Typ) und ggf. den Wechselrichter.
Der 230-V-Kreislauf wird aktiviert, sobald du dein Wohnmobil oder den Wohnwagen an den Landstrom anschließt. Dadurch werden zum einen automatisch die 12-V-Aufbaubatterien aufgeladen und zum anderen die 230-V-Steckdosen aktiviert, um Geräte wie Haarfön, Kaffeemaschine & Co. zu betreiben. Auch einige Ladegeräte, etwa die von elektrischen Zahnbürsten, funktionieren ausschließlich über 230 V.

Stromverbraucher im Campingfahrzeug

Neben den Basiselementen wie Innenraumbeleuchtung, Wasserpumpe und Heizung gibt es weitere (mobile) Geräte, die Strom brauchen. Das fällt erst wirklich auf, wenn du einmal darauf achtest, wie viel Elektrizität du pro Tag benötigst, die zu Hause ganz selbstverständlich aus der Steckdose kommt.

Permanente Umwandlung vermeiden
Die Bordspannung von 12 V ist für viele Geräte wie Handy oder Tablet zu hoch. Sie werden üblicherweise mit 5 V Ausgangsspannung geladen, mit einer Stromstärke zwischen 1 und 5 A. Daher wandeln fest eingebaute USB-Steckdosen und Adapter die Spannung von 12 V auf 5 V um. Diese permanente Umwandlung der Spannung erzeugt Ladeverluste der Aufbaubatterie. Um dem entgegenzuwirken, empfiehlt es sich, Adapter nach Gebrauch sofort wieder aus der Steckdose zu ziehen. Bei USB-Steckdosen solltest du dich für abschaltbare Varianten entscheiden und diese wirklich nur einschalten, wenn sie auch genutzt werden.

Akkus laden Ein wichtiges Thema ist das Laden von Handy-, Laptop- oder Kamera-Akkus. Hast du deinen Camper an den Landstrom gesteckt, ist das einfach: An allen Steckdosen im Fahrzeug liegt Strom an und du kannst sämtliche Ladegeräte verwenden. Bist du gerade nicht mit Landstrom versorgt und hast keinen Wechselrichter, bleibt aber ausschließlich die 12-V-Versorgung der Aufbaubatterien. Hierfür gibt es folgende Varianten:

- Laden über die 12-V-Steckdosen mit Adapter oder über ein eigenes 12-V-Ladegerät, etwa für E-Bike-Akkus: Die mitgelieferten Ladegeräte für solche spezielleren Dinge sind im Normalfall nur mit einem Stecker für die 230-V-Steckdose versehen und auch dafür ausgelegt.
- Laden über die fest verbauten USB-Anschlüsse – Standard bei Handy-, Tablet- und Laptop-Ladegeräten

Kühlschrank betreiben Hier kommt es darauf an, welchen Typ Kühlschrank du besitzt. Absorberkühlschränke können auf 12 V, 230 V oder Gas laufen. Während der Fahrt erfolgt die Kühlung in der Regel mit 12 V, die durch die Lichtmaschine erzeugt werden. Bei diesem Betrieb hat der Kühlschrank den niedrigsten Wirkungsgrad. Beim Stehen dagegen wird es mit dem 12-V-Betrieb schwierig, da der Kühlschrank zu viel Energie verbraucht und so die Batterie sehr schnell leer wäre. Deshalb ist es ratsam, Absorbergeräte mit 230 V über Landstrom oder noch besser über Gas zu versorgen. Der Kompressorkühlschrank dagegen funktioniert ausschließlich über Strom, dafür kann er auch im 12-V-Betrieb laufen, da er darüber einen höheren Wirkungsgrad als die Absorbergeräte besitzt. Hängst du am Landstrom, wird die Aufbaubatterie sowieso permanent geladen und der Kühlschrank kann ohne Probleme durchlaufen. Beim Freistehen solltest du eine verlässliche zusätzliche Energiequelle an Bord haben.

Selbstständige Versorgung

Viele moderne Absorberkühlschränke besitzen eine Automatikfunktion, die sich die Energiequelle eigenständig sucht. So brauchst du nicht ständig manuell umzuschalten.

Weitere Geräte Bei vielen Campern an Bord und üblicherweise mit 230 V zu betreiben sind z.B.

- elektrische Kochplatten für draußen
- Elektrogrill
- Backofen
- Haarfön
- Kaffeemaschine
- Wasserkocher
- Handstaubsauger

Licht

Ob Kastenwagen oder Luxus-Wohnmobil: Der Platz beim Camping ist begrenzt, die meisten Flächen werden mehrfach genutzt. Der Sitzbereich etwa dient als Esszimmer, Sofa, Fernsehlounge und manchmal auch Büro gleichermaßen. Dadurch entstehen für ein und denselben Raum unterschiedliche Bedürfnisse hinsichtlich der Beleuchtung. Heutzutage sind in (neueren) Kastenwagen, Wohnmobilen und Wohnwagen fast ausschließlich LEDs verbaut. Diese sind sehr energieeffizient und bieten auch im 12-V-Netz eine hohe Lichtausbeute bei geringem Energiebedarf. Zudem lassen sie ein vielfältiges Lichtkonzept zu.
Zur Verfügung stehen etwa

- Einbaustrahler (LED-Spots) für die allgemeine, diffuse Beleuchtung;
- Funktionsleuchten, z.B. Leselampen, die exakt eingestellt werden können und für Helligkeit genau dort sorgen, wo du sie gerade benötigst;
- LED-Leisten und -Streifen, die an Decke und Boden gemütliches warmes Ambiente-Licht abgeben.

In der Regel sind in den Campern bereits ab Werk unterschiedliche Beleuchtungsvarianten verbaut, welche die meisten Bedürfnisse erfüllen.

Im Dunkeln ist gut munkeln...

Wenn du auf eine bestimmte Beleuchtungsvariante Wert legst, solltest du vor dem Kauf einen kleinen Test durchführen. Dafür alle Rollos schließen, sodass der Camper möglichst komplett abgedunkelt ist. Wenn das nicht geht, kannst du das Fahrzeug im Dunkeln anschauen und dann die Beleuchtung genau unter die Lupe nehmen. Sollte die „Lichtprobe" nicht zu deiner Zufriedenheit ausfallen, ist das jedoch nicht unbedingt ein Grund, ein ansonsten perfektes Fahrzeug zu verschmähen: Vieles lässt sich mit etwas Geschick problemlos nachrüsten.

Toilette

Es ist ein durch langjährige Erfahrung bestätigter Fakt, dass fast jedes Gespräch unter Campern früher oder später zum Thema Toilette führt, und auch sehr viele Einsteigerfragen drehen sich um diesen Bereich.
Neben den Sanitäranlagen auf Camping- und Stellplätzen sind fast alle modernen Wohnwagen und Wohnmobile sowie sehr viele ausgebaute Kastenwagen mit einem Bord-WC versehen.

Der Klassiker sind hier die sogenannten Chemie- bzw. Kassettentoiletten (s. S. 160); an manchen größeren Wohnmobilen sind auch Festtanks mit 100 l Fassungsvermögen und mehr verbaut. Daneben erfreuen sich die hier vorab und nur kurz vorgestellten (nachrüstbaren) Trockentoiletten in verschiedenen Varianten wachsender Popularität. Exoten wie die Zerhackertoilette sind in herkömmlichen Campingfahrzeugen kaum zu finden, sondern werden in der Regel eher in Expeditionsmobilen installiert.

Trockentoilette

Der Begriff „Trockentoilette" umfasst all jene Toiletten, die ohne Wasserspülung auskommen. Vertreter der Trockentoilette sind einfache „Plumpsklos", aber auch Kompost-, Klapp-, Trenn- und Verbrennertoiletten. Die Toilettentypen unterscheiden sich durch die Art, wie die Ausscheidungen gesammelt und im weiteren Prozess „verarbeitet" werden.
Im Campingbereich sind vor allem Trenntoiletten oder mobile Klapptoiletten zu finden, selten Verbrennertoiletten.

Trenntoiletten Das Prinzip der Trenntoilette basiert darauf, dass Kot und Urin in zwei voneinander getrennten Behältern aufgefangen und später auch getrennt entsorgt werden. Dabei kann die Konstruktion ganz unterschiedlich ausfallen – vom herkömmlichen Eimer mit Beutel bis hin zu ausgereiften Komplettsystemen. Serienmäßig verbaut werden Trenntoiletten in Campingfahrzeugen bislang nicht, sie lassen sich aber in vielen Modellen nachrüsten oder mit etwas handwerklichem Geschick selbst bauen.
Kompostierbare Biobeutel sind aus Umweltschutzgründen sicherlich eine gute Wahl, können bei Feuchtigkeit aber anfangen, sich zu zersetzen. Wenn du also nicht so häufig entsorgen kannst, verwende besser normale Müllbeutel.
Chemische Zusätze kommen bei einer Trenntoilette nicht zum Einsatz. Zur Unterstützung des Zersetzungsvorgangs kannst du ein mikrobiologisches Mittel auf die Feststoffe geben. Außerdem ist es bei einer Trenntoilette sinnvoll, ein Lüftungssystem einzubauen, das Gerüche absaugt.

Die Benutzung erfolgt ähnlich, wie du das vom WC zu Hause kennst: Draufsetzen und Geschäft verrichten. Der Unterschied besteht darin, dass die Trenntoilette zwei Öffnungen besitzt: Vorne läuft der Urin in einen Tank ab, hinten fällt der Kot in einen Eimer mit Auffangbeutel. Durch diese Trennung wird der Geruchsbildung entgegengewirkt, denn insbesondere der im Urin enthaltene Ammoniak ist der Auslöser für die typischen stechenden „Düfte". Beim Toilettenpapier brauchst du nichts Besonderes zu beachten, auch mehrlagige Varianten können verwendet werden. Das Papier wird einfach mit in den Feststoffbehälter geben.
Die Fäkalien und das Toilettenpapier werden nach jeder Benutzung mit Streu, Rindenmulch, Sägespänen oder ähnlichen Naturmaterialien bedeckt, damit sie gut trocknen und Gerüche gebunden werden. Manche Modelle arbeiten zusätzlich mit einem Sichtschutz.

Die Tanks bzw. Eimer besitzen zusammengerechnet recht viel Volumen, weshalb nicht so oft geleert werden muss: Im Schnitt reicht ein 30-l-Feststoffbehälter für zwei Personen ca. 1 Woche lang aus, ein gleich großer Urintank ggf. etwas weniger. Für die Entsorgung wird der Urin ebenfalls an einer Entsorgungsstation abgegeben. Die gebundenen und im besten Fall bereits vorkompostierten Feststoffe können, wie Babywindeln, gut verpackt im Restmüll entsorgt werden.

Kompostieren verboten!
Theoretisch könnte man die Fäkalien auch auf den Kompost geben. Aber abgesehen davon, dass man vielleicht aus persönlichen Gründen schon nicht damit düngen möchte, ist es in Deutschland zudem verboten, nicht aufbereitete menschliche Fäkalien zu diesem Zweck zu nutzen. Du müsstest die Feststoffe vorher mindestens ein Jahr lang kompostieren.

Mobile Klapptoilette Diese Variante besteht aus einem faltbaren Gestell (meist aus Metall), einem Toilettensitz und einem Beutel, manche Modelle besitzen zudem einen Deckel. Feste und flüssige Ausscheidungen werden zusammen im Beutel gesammelt und dann, wie bei der Trenntoilette, mit Streu oder Mulch gebunden. Diese Variante eignet sich für Camper, die mit Zelt oder einem sehr kleinen Fahrzeug unterwegs sind, aber nicht die öffentlichen Sanitäranlagen oder beim Wildcampen das Gebüsch aufsuchen möchten. Die Entsorgung der Hinterlassenschaften erfolgt im Beutel über den Restmüll.

Verbrennungstoilette Sehr viel komplexer (und auch teurer) ist die Verbrennungstoilette. Mit rund 20 kg ist sie außerdem alles andere als ein Fliegengewicht. Optisch ähnelt sie einem herkömmlichen WC, die darin verbaute Technik ist jedoch deutlich spannender: Feste und flüssige Ausscheidungen werden in einer speziellen, bei jedem Toilettengang neu einzulegenden Papiertüte aufgefangen. Die gesammelten Hinterlassenschaften werden dann in einer Brennkammer auf rund 600 °C erhitzt, dabei verdampft der Urin, der Kot wird zu Asche verbrannt. Dieser Vorgang dauert etwa eine Stunde, in der Zwischenzeit kann die Toilette aber weiter benutzt werden. Um eine Verbrennertoilette zu betreiben, benötigst du

- einen 30-mbar-Gasanschluss – pro Toilettengang werden laut Herstellerangaben rund 110 g Gas verbraucht;
- einen Kamin, über den die Abgase nach außen geleitet werden;
- einen 12-V-Anschluss mit zuverlässiger Stromversorgung.

Sofern ausreichend Platz vorhanden ist, lassen sich Verbrennertoiletten nachrüsten. Dieser Luxus hat allerdings seinen Preis: Für das bislang einzige speziell auf Wohnwagen und Wohnmobile ausgerichtete Modell musst du mehr als 4000 Euro einkalkulieren. Allerdings brauchst du für die Entsorgung dann auch nur ein kleines, keimfreies Häufchen Asche in den nächsten Mülleimer oder auf den Kompost zu werfen. Auch die sofortige Nutzung als Dünger ist möglich.

Zerhackertoilette

Hier werden die Fäkalien zusammen mit dem Toilettenpapier und ca. 1,25 l Wasser pro Spülgang in einen Tank geleitet und dort durch motorbetriebene Klingen zerhackt. Der große Vorteil besteht darin, dass durch diese Technik das Volumen der Feststoffe ganz erheblich verringert wird und sich so die Autarkiephasen je nach Tankgröße und Wasservorrat erheblich verlängern können. Deshalb sind Zerhackertoiletten vor allem bei Expeditionsfahrzeugen im Einsatz. Auch in „normalen" Campingmobilen lässt sich eine Zerhackertoilette nachrüsten. Sofern du aber nicht fest auf einem Campingplatz mit direkt angeschlossener Entsorgungsmöglichkeit stehst, benötigst du dafür einen großen, fest verbauten Fäkalientank mit mindestens 100 l Fassungsvermögen. Außerdem ist diese Variante mit 16–25 kg sehr schwer, es müssen also genügend Zuladungsreserven vorhanden sein – auch für die erhöhte Fäkalienmenge. Chemische Zusätze benötigst du bei einer Zerhackertoilette nicht, du kannst aber jederzeit mikrobiologische Mittel zugeben.

Die Entsorgung der Fäkalien erfolgt über einen Schlauch an gekennzeichneten Entsorgungsstationen. Da die Feststoffe jedoch „gehäckselt" wurden, ist am Ende nur noch eine flüssige Masse übrig, die ohne Verstopfungen abgeleitet werden kann.

Chemietoilette

Chemietoiletten sind die mit Abstand am weitesten verbreiteten Toiletten im Campingbereich, darum stellen wir sie im Folgenden etwas ausführlicher vor. Diese Toilettenform kennst du wahrscheinlich schon aus anderen Zusammenhängen, z.B. von größeren Open-Air-Veranstaltungen. Im Camper findet meist die Kassettentoilette als kompakte, mobile Variante der Chemietoilette Verwendung. Wie alle anderen Chemietoiletten kommt sie ohne Anschluss an die Kanalisation aus, die Fäkalien werden in einem tankartigen Behälter gesammelt – und müssen dann auch manuell entleert werden (s. S. 162). Chemietoiletten für den Campingbereich haben entweder einen fest im Fahrzeug zu verbauenden Kassettenkasten oder es sind tragbare Mini-WCs, auch „Porta Potti" genannt.

Sanitärzusätze für die Chemietoilette Um Geruchsbildung zu verhindern und gleichzeitig die Fäkalien samt Toilettenpapier zu zersetzen, können Kassettentoiletten mit verschiedenen Sanitärzusätzen in Form von Flüssigkeiten, Pulvern oder Tabs versehen werden. Diese Mittel werden direkt in die Kassette gegeben. Wenn du einen vom Frischwassertank getrennten Spültank hast,

Risikoreiche Inhaltsstoffe
Bei all diesen Zusätzen lohnt sich ein genauer Blick auf die Inhaltsstoffe. Denn manche der Produkte stellen sowohl für die Umwelt als auch für die eigene Gesundheit ein Risiko dar, selbst wenn sie sich mit einem „grünen" Label schmücken. Häufig sind unter anderem folgende Chemikalien enthalten:

- Glutaraldehyd: Zur Desinfektion. Kennzeichnend für Glutaraldehyd ist sein scharfer Geruch. Er ist sowohl für Menschen als auch für Wasserorganismen in hohem Maße giftig.
- Formaldehyd: Zur Desinfektion. Formaldehyd riecht sehr stechend und wurde bereits 2006 vom Bundesinstitut für Risikobewertung als krebsauslösend und erbgutverändernd eingestuft.
- Quartäre Ammoniumverbindungen: Unter anderem in Weichspülern enthalten. Diese Gruppe von Stoffen gehört zu den Tensiden und kann ebenfalls sehr aggressiv sein.

Solche chemischen Zusätze dürfen auf keinen Fall in der Natur entsorgt werden oder in normalen Toiletten, die an eine Pflanzenkläranlage oder eine biologische Kläranlage angeschlossen sind. Versuche, die genannten Stoffe zu vermeiden, und achte beim Kauf solcher Mittel auf die Auszeichnung mit dem Blauen Engel. Mit ihm sind hohe Kriterien verbunden, die an die Inhaltsstoffe der Produkte gestellt werden.

kannst du bei Bedarf auch noch eine Spülflüssigkeit zur Unterstützung verwenden.

Am häufigsten wirst du im Campingfachhandel auf die genannten chemischen Mittel stoßen. Im Camperjargon werden diese häufig als **„blaue Chemie"** oder **„grüne Chemie"** bezeichnet. Hierbei handelt es sich meist um Flüssigkeiten oder Tabs, die angefallene Feststoffe zersetzen sowie den Tank desinfizieren und parfümieren sollen.

Eine Alternative sind **biologisch abbaubare Sanitärzusätze**. Die Bezeichnung bedeutet aber nicht, dass diese Mittel automatisch gut (oder zumindest besser) für die Umwelt sind. Denn die einschlägige OECD-Richtlinie besagt lediglich, dass 90% des Stoffes in einer vorgegebenen Zeit unter standardisierten Bedingungen vollständig abgebaut sein müssen.

Mikrobiologische Sanitärzusätze als die Dritten im Bunde desinfizieren nicht im klassischen Sinne. Sie töten die Bakterien also nicht ab, sondern sie schicken quasi nur eine Armee an „guten" Bakterien auf den Weg. In Verbindung mit Sauerstoff aus der Luft machen sie den übelriechenden Bakterien aus dem Fäkaltank damit den Garaus und zersetzen Feststoffe recht zuverlässig.
Anfangs sind diese Sanitärzusätze etwas gewöhnungsbedürftig, denn der vertraute „Duft" nach „Meeresbrise" oder „Wildrose" fehlt und wird höchstens durch eine leichte Parfümierung ersetzt. Außerdem benötigen die Mikroorganismen etwas länger, um ihre Arbeit zu verrichten. Wer die Toilette jeden Tag leert, wird also beobachten, dass Feststoffe nicht komplett zersetzt sind. Und zu guter Letzt braucht eine bislang mit Chemie bestückte Kassette ein paar solcher Anwendungen, bis sie von den früheren Inhaltsstoffen befreit ist und die Mikroorganismen ihre Wirkung entfalten können.
Wir haben die kleinen Helfer aber lieben gelernt, denn wenn man ihnen etwas Zeit gibt, verwandeln sie die menschlichen Hinterlassenschaften in eine nach Waldboden riechende Flüssigkeit. Diese kann, wenn es auf dem Nachhauseweg mal keine Entsorgungsmöglichkeit gibt, notfalls auch in die heimische Toilette gekippt werden – ohne dass das Bad hinterher drei Tage lang nach Ammoniak riecht.

Richtig dosieren! Wie du die Toilette richtig mit dem Sanitärzusatz befüllst, erfährst du auf der Verpackung. Halte dich dabei unbedingt an die Herstellerangaben, denn bei keinem der Mittel verstärkt sich die Wirksamkeit durch eine Überdosierung. Sowohl die Zusätze für das Spülwasser als auch die für den Fäkalientank werden von außen in die entsprechenden Behälter gegeben und anschließend mit etwas Wasser aufgefüllt. Füge nichts direkt über die Toilettenschüssel hinzu, denn dadurch kann die Schieberdichtung des Tanks angegriffen werden, und manche Mittel hinterlassen unschöne Flecken auf der Schüssel.

Entlüftungssystem als Alternative

Wenn du keine Zusätze verwenden und trotzdem Geruch im Innenraum vermeiden möchtest, kannst du dir einen 12-V-Lüfter mit Lüftungsrohr oder eine sogenannte SOG-Anlage einbauen lassen. Beide ziehen die unangenehmen Düfte aus der Toilette und filtern dabei die Abluft. Aus Rücksicht auf deine Mitcamper solltest du deine Kassette trotzdem regelmäßig entleeren und vor allem nicht mit dem Abluftrohr in Richtung des benachbarten Frühstückstischs parken. Denn trotz der Filter sind vor allem bei wärmeren Temperaturen manchmal noch Gerüche wahrnehmbar, die den Genuss des Morgenkaffees (und die Camperfreundschaft) unter Umständen trüben.

Toilettenpapier für Kassettentoiletten Die Frage nach dem richtigen Toilettenpapier fürs „Chemieklo" wird immer wieder heiß diskutiert. Die einen schwören auf das spezielle (und recht hochpreisige) Campingtoilettenpapier, die anderen auf billiges dünnes Discounter-Papier. Wichtig ist in erster Linie, dass sich das Papier möglichst leicht und schnell zersetzt, damit es den Tank nicht verstopft. Wir haben mit ein- oder zweilagigem sowie mit Recycling-Papier gute Erfahrungen gemacht.
Ganz gleich, für welche Variante du dich entscheidest: Es ist immer ratsam, möglichst wenig Papier zu verwenden und mit ordentlich Wasser nachzuspülen, damit das Leeren problemlos funktioniert. Als Alternative kannst du wenig verschmutztes Papier gesondert in einem Mülleimer sammeln und diesen täglich entleeren. Das verlängert auch die Entsorgungsintervalle, weil viel Volumen eingespart wird.

Benutzung der Chemietoilette Bitte exakt in dieser Reihenfolge vorgehen:

1. Schieber auf(!).
2. Toilettendeckel auf.
3. Draufsetzen oder sorgfältig zielen.
4. Geschäft verrichten.
5. Toilettenpapier sparsam einsetzen und möglichst direkt in der Öffnung versenken.
6. Kräftig spülen.
7. Toilettendeckel zu.
8. Schieber zu.

Profi-Tipp für den Toilettengang

Falls du unangenehme Plätscher- oder Plumpsgeräusche sowie eine Verschmutzung der Schüssel beim „großen Geschäft" vermeiden möchtest, leg einfach zwei Blätter Toilettenpapier über die Öffnung. Dann gleiten Fest- und Flüssigstoffe sanft in die Kassette, die Schüssel bleibt sauber und deine Mitreisenden kriegen fast nichts mit!

Entleerung und Reinigung der Chemietoilette

1. In der Toilette überprüfen, ob der Schieber geschlossen ist.
2. Die Kassette aus ihrem Fach entnehmen – meistens gibt es einen kleinen Riegel am unteren Rand der Kassette, den man hochdrücken muss, um sie zu „entsperren".

3. Die Toilette zur Entsorgungsstation tragen, rollen oder auf einem kleinen Wagen transportieren.

4. Die Kassette leicht schräg oder aufrecht halten, das Ablaufrohr nach oben drehen und vorsichtig den Schraubverschluss öffnen.

5. Dann ganz langsam (!) die Kassette mit dem Rohr in Richtung Ausguss neigen und nach kurzer Zeit ebenfalls langsam und vorsichtig den farbigen Knopf an der Kassette drücken. Achtung: Wenn du hier zu schnell drückst, kann es sein, dass sich der Inhalt mit einem Schwall entleert und in alle Richtungen spritzt.

6. Sobald die komplette Flüssigkeit und der erste Schwung an Feststoffen entleert sind, mit dem Schlauch langsam etwas Wasser durch das Rohr nachfüllen.

7. Vorsichtig die Kassette hin- und herschwenken, bis sich weitere Feststoffe von den Wänden und vom Boden gelöst haben.

8. Die Schritte 5 bis 7 so oft wiederholen, bis beim Ausgießen mehr oder weniger klares Wasser kommt und beim Schwenken keine Feststoffe mehr auszumachen sind.

9. Den Verschluss abwaschen und wieder aufschrauben, das Rohr an seine ursprüngliche Position zurückdrehen.

10. Bei Bedarf die Kassette von außen abwaschen oder putzen.

11. Falls Sanitärflüssigkeit verwendet wird, diese nach Anleitung auf der Verpackung einfüllen und 2–3 l Wasser dazugeben.

12. Die Kassette einsetzen und das Türchen abschließen.

Nachdem die Toilette geleert wurde, sollte sie gereinigt werden. Das ist wichtig, da etwa die Schieberdichtung oft mit aggressiven Substanzen in Kontakt kommt und undicht werden kann, wenn diese nicht regelmäßig entfernt werden.
Um die Chemietoilette zu säubern, solltest du Handschuhe anziehen und darauf achten, dass deine Haut nicht mit den Ausscheidungen oder den Chemikalien in Berührung kommt. An den Entsorgungsstationen sind meistens Wasserschläuche vorhanden, mit denen die Toilette ausgespült werden kann. Auf zusätzliche Chemikalien solltest du beim Reinigen verzichten, damit es nicht zu einer unerwünschten Reaktion mit den Sanitärzusätzen kommt oder die Dichtung angegriffen wird.

Nur an Entsorgungsstationen entleeren!
Die Entsorgung und Reinigung der Toilettenkassette darf aus Hygienegründen keinesfalls an normalen Wasch- und Spülbecken oder an einer Frischwasserstation vorgenommen werden! Auch ist es nicht nur eklig, sondern strikt verboten, das Abwasser einfach in die Natur zu kippen – Verstöße werden empfindlich bestraft.

Ebenso verboten ist die Entsorgung über die „normalen" Toiletten in den öffentlichen Sanitäranlagen, da es hier selbst bei vorsichtiger Handhabung zu einer Verunreinigung durch umherspritzende Fäkalien kommen kann.

Entsorgungsstationen für Chemietoiletten
Solche Stationen findest du an diesen Stellen:

- Campingplätze
- Stellplätze
- Raststätten
- Kläranlagen

Falls du vor Ort kein entsprechendes Schild entdecken kannst, frage nach! Hinweise auf Entsorgungsstationen in deiner Nähe liefern diverse Camping- und Stellplatz-Apps oder natürlich das Internet. Manche Länder pflegen hier Auflistungen nach Gebieten und Kommunen. Die Stationen können ganz unterschiedlich aussehen, vom einfachen „Loch" im Boden, das in einen abpumpbaren Betontank mündet, über kleine Kabinen mit „normalen" Kloschüsseln und Schläuchen zur Reinigung des Tanks bis hin zu Entsorgungssäulen mit Klappen und Spülvorrichtungen. Manche Plätze, aber nicht alle nehmen für die Entsorgung eine Gebühr. Einige Campingplätze bieten mittlerweile außerdem Automaten an, in die man gegen Bezahlung die Kassette einführen kann und sie dann maschinell geleert, gereinigt und neu befüllt wieder zurückbekommt.

Leerungsintervalle bei Chemietoiletten
Wie häufig die Toilette geleert werden sollte, hängt u.a. von folgenden Faktoren ab:

- Anzahl der Nutzer: Je mehr Leute die Toilette aufsuchen, desto schneller füllt sie sich – logisch. Bei zwei Personen, die ausschließlich die Bordtoilette benutzen, muss sie spätestens alle 2–3 Tage geleert werden.
- Nutzungshäufigkeit: Wird die Toilette nur ab und an mal nachts fürs „kleine Geschäft" aufgesucht, verlängern sich die Zeitabstände zwischen den Leerungen. Wenn sich zwischendurch kein unangenehmer Ammoniakgeruch bildet, reicht in der Regel eine Entsorgung alle 2–3 Tage.

Lesetipp

Bordatlas: Liste von Entsorgungsstationen bundesweit
camper.st/entsorgung-bordatlas

- Außentemperaturen: In warmen oder heißen Klimazonen ist es ratsam, die Toilette häufiger zu entleeren. Neben den Gerüchen können sich sonst auch Keime schneller vermehren.
- Art der Zusätze: Aggressive Toilettenchemie überdeckt in der Regel den Geruch stärker als die umweltfreundlichen Varianten. Dafür wirken biologische Sanitärzusätze „nachhaltiger" und sollten sogar am besten länger im Tank verbleiben. Möchtest du auf Sanitärzusätze gänzlich verzichten, ist eine tägliche Entleerung ratsam.
- Tankgröße: Eine klassische Kassettentoilette mit 24 l Fassungsvermögen muss naturgemäß häufiger entleert werden als der 150-l-Abwassertank des 7,5-Tonners.

Autarkie

Autark zu sein bedeutet für Camper, unabhängig von Versorgungsstationen und Steckdosen stehen zu können und dabei Wasser, Strom und (fast) alle Funktionen ihres Kastenwagens, Wohnmobils oder Wohnwagens vollumfänglich weiternutzen zu können. Ein autarker Camper ist aber auch auf Stellplätzen praktisch – so musst du nicht die vorhandene Infrastruktur nutzen und zum Beispiel kein extra Geld für Strom bezahlen.

Wildcampen erlaubt?
Informiere dich stets länder- und regionenspezifisch, ob und wo freies Stehen oder Wildcampen erlaubt ist. Es gibt eine klare Abgrenzung zum reinen Übernachten beispielsweise auf einem Parkplatz nach langer Fahrt. Ein Verstoß gegen die Regeln kann zu erheblichen Geldstrafen führen. Außerdem achten Camper die Natur und die geltenden Gesetze des Landes (s. S. 328).

Wege zum autarken Camper

Du kannst bei einem Neukauf häufig schon ab Werk eine erweiterte Grundausstattung bestellen. Die meisten Hersteller bieten zudem sogenannte Autark-Pakete an. Diese variieren in den Details und in der Leistungsfähigkeit, enthalten aber sämtliche Komponenten für mindestens zwei, drei Tage autarke Basis-Stromversorgung. Der Vorteil eines solchen Pakets vom Hersteller: Es passt zu deinem Camper-Modell und nutzt vorhandene Stauräume optimal aus, um Batterie oder Wassertank unterzubringen. Allerdings sind diese Pakete natürlich auch teurer, als wenn du die Umrüstung selbst in die Hand nimmst. Für eigene Umbauten braucht es etwas handwerkliches Geschick, technisches Verständnis und natürlich die entsprechenden Komponenten.

Autarke Grundausstattung

In puncto Autarkie unterscheiden sich Kastenwagen und Wohnmobile deutlich von Wohnwagen: Während vor allem moderne Mobile bereits eine gute Standardausrüstung für autarkes Stehen mitbringen, musst du bei einem Wohnwagen in der Regel etwas mehr investieren, um die grenzenlose Freiheit zu erfahren. Folgende Elemente solltest du berücksichtigen, wenn du nicht auf die Infrastruktur von Camping- und Stellplätzen angewiesen sein möchtest:

Gasversorgung Die Gasversorgung ist sowohl beim Wohnmobil als auch beim Wohnwagen relativ unkompliziert. Im Wohnmobil hast du normalerweise Platz für zwei 11-kg-Gasflaschen im Gaskasten, bei Wohnwagen sind diese meist im Deichselkasten untergebracht. Wenn du autark unterwegs sein und dabei deinen Kühlschrank, deine Heizung und deinen Herd mit Gas betreiben möchtest, musst du einfach stets für volle Gasflaschen sorgen – alternativ für einen vollen Gastank (s. S. 186).

Stromversorgung Hinsichtlich der Stromversorgung bedeutet autarkes Reisen, unabhängig vom Landstrom zu sein. Dafür brauchst du mehrere Komponenten, denn der Strom muss ja nicht nur erzeugt, sondern auch gespeichert werden. Neben Batterien und Ladegeräten sind weitere Installationen notwendig (s. S. 193). Der erste Schritt auf dem Weg zur Autarkie ist meist, die Batteriekapazität zu vergrößern. Das kann im Kastenwagen oder Wohnmobil, in dem als Basisausstattung meist eine Aufbaubatterie installiert ist, durch eine **zwei-**

te Batterie geschehen. Beim Wohnwagen, der von Haus aus meist keine Bordbatterie hat, rüstest du mindestens eine 12-V-Aufbaubatterie nach. Platz dafür findet sich üblicherweise unter einer Sitzbank oder im Staukasten. Wenn du sowieso überlegst, dir eine Rangierhilfe (s. S. 258) für deinen Caravan zuzulegen, kannst du gleich über eine leistungsstärkere Batterie nachdenken, die dir eine 12-V-Versorgung zur Verfügung stellt.

Um die Batterien dann ohne Landstrom oder Lichtmaschine aufzuladen, die diese Aufgabe normalerweise übernehmen, ist die Installation einer **Solaranlage** eine gängige Methode. Die Technik steht in Form von fest verbauten Solarmodulen, mobilen Solarkoffern oder auch als Solartaschen bzw. faltbaren Solarpanels zur Verfügung (s. S. 201). Eine weitere Möglichkeit zur Energieerzeugung ist der Einbau einer **Brennstoffzelle**. Der große Vorteil gegenüber der Solarlösung: Diese Technologie funktioniert wetterunabhängig. Für den Treibstoff, etwa aus Methanol-Kartuschen, musst du allerdings zusätzlichen Platz und zusätzliches Gewicht einkalkulieren. Die Brennstoffzelle erzeugt immer dann Strom, wenn die Spannung der Bordbatterie unter ein bestimmtes Level fällt. Absolut effizient ist eine Kombination aus Brennstoffzelle und Solarlösung – damit bist du bei jedem Wetter gut versorgt und erzeugst bei gutem Wetter „kostenlos" Strom, nämlich nur durch das Sonnenlicht.

Wenn du zusätzlich Wert auf eine autarke 230-V-Versorgung legst, kann der Einbau eines **Wechselrichters** eine Option sein. Dieser wandelt die 12-V-Spannung der Bordbatterie für alle Geräte, die nur mit 230 V betrieben werden können, entsprechend um.

Die Alternative ist ein **Generator:** Generatoren erzeugen Strom ebenfalls wetterunabhängig und zudem in der Regel mit 230 V. Für den Betrieb braucht der Generator Brennstoff wie Benzin, Diesel oder Gas – verwende am besten, was du sowieso an Bord hast und wie viel Spielraum du bei der Zuladung hast. Der Nachteil dieser Lösung: Generatoren sind relativ schwer und sorgen für Geräusche, die an ruhigen Fleckchen oder auf dem Campingplatz stören können.

Kompakter und leiser geht es mit sogenannten **Stromkoffern**, die sämtliche Komponenten zur Stromversorgung bereits enthalten. Diese Koffer sind leicht, handlich, flexibel einsetzbar. Sie lassen sich ohne zusätzliche Installation nutzen und bieten eine gesicherte Stromversorgung an Bord, je nach Modell entweder mit 12 V, 230 V oder einer Kombination aus beiden.

Verbrauch reduzieren

Nicht nur, aber vor allem dann, wenn du autark unterwegs bist, solltest du einmal darüber nachdenken, wie du deinen Verbrauch reduzieren kannst. Je sparsamer du mit deinen Ressourcen umgehst, desto länger kannst du von deiner Batterieladung, deinen Gasvorräten und deinem gefüllten Frischwassertank zehren und auch die Entsorgungsintervalle verlängern sich. Das ist häufig schon ein großer Schritt hin zu mehr Autarkie!

Frisch- und Abwasser Ausreichend Frischwasser an Bord zu haben, ist fürs autarke Reisen essenziell – insbesondere, wenn du nicht weißt, ob an deinen Zielorten eine sichere Wasserversorgung garantiert ist. Den persönlichen Verbrauch an Frischwasser für mehrere Tage zu kalkulieren, ist möglich – doch sicherheitshalber gilt hier: Je mehr du dabeihast, desto besser ist es (solange die Zuladung es zulässt, natürlich). In den meisten Wohnmobilen sind aus-

reichend große Frischwassertanks verbaut, um für einige Tage unabhängig von externen Wasserversorgungen zu sein.
Im Wohnwagen dagegen ist der Frischwassertank von Haus aus mit maximal 45 l eher klein und nicht für langes autarkes Unterwegssein ausgelegt. Ist ausreichend Platz vorhanden, kannst du hier auf einen größeren Frischwassertank mit 50–100 l zurückgreifen oder einen zweiten Tank nachrüsten. Ist das nicht möglich, hat sich das Mitführen zusätzlicher Wasserreserven in tragbaren (lebensmittelechten) Kanistern als praktikable Lösung erwiesen. Diese lassen sich meist problemlos irgendwo im Zugfahrzeug verstauen und belasten so weder dein Platzangebot noch deine Zuladung im Caravan.

Beim Abwasser verhält es sich ähnlich. Im Wohnmobil sind Frischwasser- und Abwassertanks zumeist gleich groß, sodass keine Schwierigkeiten beim Auffangen des Abwassers entstehen. Beim Wohnwagen jedoch gehören Abwassertaxis zur Grundausstattung – mobile Tanks mit ca. 20–40 l Fassungsvermögen, die unter das Grauwasserrohr gestellt werden (s. S. 138). Hier hast du zwei Möglichkeiten: Den Tank regelmäßig entleeren oder für Notfälle einen Ersatztank mitführen, falls mal keine Entsorgungsmöglichkeit in der Nähe ist.
Manchmal besteht die Möglichkeit, unter dem Wohnwagen einen fest verbauten Abwassertank anzubringen, der (wie beim

Experten-Tipp

Andreas Irmer
Inhaber
autarker.de
autarker.de

Bei der Auswahl der Autark-Ausstattung ist es wichtig, zunächst zu überlegen, welche Geräte auf Reisen betrieben werden sollen. Auf dieser Basis wird dann der konkrete Verbrauch ermittelt, am besten mit etwas Puffer. Für normale Trips in die europäischen Nachbarländer reicht natürlich weniger Ausrüstung und Leistung als für eine mehrmonatige Südamerika-Tour. Und wer auf Reisen am liebsten „abschaltet“, braucht andere Komponenten als ein Selbstständiger, der sich auch im Urlaub um Kunden und Mitarbeiter kümmern muss.
Häufig schätzt man den eigenen Bedarf falsch ein und ist dann entweder völlig unterdimensioniert unterwegs oder hat viel zu viel Geld für eine High-End-Lösung ausgegeben, die man gar nicht braucht.
Um Enttäuschungen zu vermeiden, hilft eine Beratung durch Fachleute. Besonders sollte darauf geachtet werden, dass diese auf die Wünsche und den Bedarf des Kunden eingehen und individuelle Lösungen suchen – anstatt nur ihre Standardprodukte zu verkaufen.

Wohnmobil) über ein Ventil abgelassen wird. Das ist jedoch nicht bei allen Modellen in sinnvoller Größe möglich. Eine weitere – allerdings sehr kostenintensive – Alternative wäre eine eigene Wasseraufbereitungsanlage. Diese Investition lohnt sich jedoch in aller Regel nur für wirklich lange Touren in sehr entlegene Gebiete.

Toilette Neben dem Grauwasser ist natürlich auch die Toilette zu entsorgen (s. S. 164). Ab Werk ist sowohl in Kastenwagen und Wohnmobilen als auch in Wohnwagen meist eine Standard-Toilettenkassette („Chemietoilette") erbaut, die im Durchschnitt nur für wenige Tage reicht. Eine zweite Kassette bietet die Möglichkeit, diese Kapazität zu verdoppeln. Allerdings müssen auch hier wieder Platzangebot und Zuladung mitspielen. Eine andere Lösung wäre der Einbau einer Trocken- oder Zerhackertoilette (s. S. 158). Alternativ kannst du versuchen, weniger Spülwasser zu verwenden und so einige Liter pro Tag einsparen. Auch das Toilettenpapier in einem getrennten Behälter zu sammeln, verlängert die Entsorgungsintervalle.

Mobiles Internet Informationen dazu findest du auf S. 254.

Auflastung und Ablastung

Alles über die richtige Beladung für eine sichere Fahrt hast du bereits erfahren (s. S. 54). Doch was tun, wenn die vom Hersteller vorgesehene Zuladung nicht ausreicht? Insbesondere bei Wohnwagen und Wohnmobilen mit viel Zusatzausstattung ist die Differenz zwischen Leergewicht und zulässigem Gesamtgewicht häufig recht gering. Hier kann in vielen Fällen eine Auflastung weiterhelfen.
Der Haken: Ob und in welcher Form dein Fahrzeug aufgelastet werden kann, hängt von verschiedenen Faktoren und deren Zusammenspiel ab. Deshalb ist es unbedingt erforderlich, dass du dich von Fachleuten beraten lässt. Wenn du ein älteres Schätzchen oder gar einen Oldtimer besitzt, ist wahrscheinlich etwas Geduld gefragt: Unter Umständen müssen die Hersteller in einem sehr langwierigen Rechercheprozess nach den entsprechenden Dokumenten suchen. Sollten die Infos dort nicht mehr aufzutreiben sein, wird man dich vielleicht auch an den TÜV zu einer weiteren Prüfung verweisen.

Verschiedene Stufen der Auflastung

Je nach Fahrzeugtyp und -modell kommen unterschiedliche Auflastungsvarianten in Frage, die auch preislich stark variieren. Sinnvoll ist es, sich zunächst über alle Möglichkeiten zu informieren und dann auf Basis des persönlichen Bedarfs und Budgets zu entscheiden. Um prüfen zu lassen, ob überhaupt und in welcher Form dein Camper aufgelastet werden kann, benötigst du in der Regel mindestens folgende Daten und Dokumente:

- Kopie der Zulassungsbescheinigung
- genaue Modellbezeichnung des Aufbauherstellers
- evtl. Zeichnungsnummer des Chassis

Weitere Informationen hierzu kann dir die Fachwerkstatt deines Vertrauens erteilen. Vor der Entscheidung solltest du, sofern noch nicht geschehen, dein Fahrzeug unbedingt wiegen. Ermittle dabei nicht nur das Gewicht für dein gesamtes Mobil, sondern idealerweise auch die jeweiligen Achslasten und wenn möglich die Belastung der Räder im Einzelnen. So erkennst du potenzielle Schwachstellen für ungleiche Beladung oder Überladung.

Dokumentenauflastung Häufig sind die Fahrwerke von Wohmobilen und Wohnwagen bereits für höhere Gewichtsgrenzen ausgelegt. Um sie jedoch mit dem B-Führerschein fahren zu können (s. S. 46) oder die zulässige Anhängelast des Zugfahrzeugs nicht zu überschreiten (s. S. 23), werden die Campingmobile auf ein geringeres Gesamtgewicht zugelassen. In diesem Fall reicht es oft schon aus, sich vom Hersteller eine Unbedenklichkeitsbescheinigung ausstellen zu lassen. Die Prüfstelle (TÜV, DEKRA, etc.) muss die Änderung abnehmen, damit sie anschließend von der Zulassungsstelle in die Fahrzeugpapiere eingetragen werden kann. Diese Variante ist sehr kostengünstig und kommt ohne technische Eingriffe aus, die Erhöhung der Zuladung ist jedoch überschaubar.

Austausch von Federungselementen Sollte eine reine Dokumentenauflastung nicht möglich sein oder nicht ausreichen, kann technisch nachgeholfen werden.
Beim Wohnwagen können unter Umständen in einem ersten Schritt die Gummirundschnüre in den Achsen durch längere, stärkere Ausführungen ersetzt werden. Auskunft dazu gibt dir der Chassis-Hersteller. Beim Wohnmobil lassen sich Zusatzfederungen einbauen oder das vorhandene Federsystem austauschen. Bereits höherwertige Blatt- oder Schraubfedern können einen wirkungsvollen Effekt erzielen und die Zuladung signifikant erhöhen. Auch Vollluftfederungen bringen (neben anderen Vorteilen, s. S. 132) eine gesteigerte Zuladung.
Hier kommst du um eine individuelle Beratung durch Experten nicht herum, damit du keine Fehlinvestition tätigst. Gerade bei den Federsystemen kommt es sehr auf die persönlichen Bedürfnisse und Vorlieben an.

Montage einer stärkeren Rad-Reifen-Kombination Oft findet der Austausch oder die Aufrüstung der Federsysteme beim Wohnmobil zusammen mit einem Wechsel auf belastbarere Alufelgen und eine Bereifung mit höherer Tragkraft statt. Dabei musst du jedoch darauf achten, dass die Reifen auch auf die neue zulässige Gesamtmasse abgestimmt sind (s. S. 55).

Austausch von Fahrgestell-Komponenten Beim Wohnwagen können außerdem einzelne Fahrwerkskomponenten ausgetauscht und durch leistungsfähigere Systeme ersetzt werden, z.B. die Auflaufeinrichtung, Teile des Rahmens und/oder die Achse(n) des Caravans. Dafür werden technische Änderungen am Fahrgestell vorgenommen. Die Kombinationsmöglichkeiten der Komponenten sind vielzählig. Abhängig vom Modell kommen etwa in Frage:

- Achse + Traverse
- Achse + einzelne Rahmenteile
- Achse + Bremse und Auflaufeinrichtung
- Achse + Stoßdämpfer

Austausch des kompletten Fahrwerks
Als „Ultima Ratio" besteht sowohl beim Wohnwagen als auch beim Wohnmobil die Möglichkeit, das komplette Chassis auszutauschen. Sofern die neuen Gewichtsgrenzen vom Aufbauhersteller genehmigt sind und im gesetzlichen Rahmen liegen, sind hier der potenziellen Zuladungserhöhung (fast) keine Grenzen gesetzt. Allerdings ist dies auch mit Abstand die teuerste Form der Auflastung. Sie wird beispielsweise in Erwägung gezogen, wenn das vorhandene Chassis beschädigt ist, eine Auflastung mit den anderen Methoden und Bauteilen nicht erfolgen kann oder die Kosten für eine Reparatur beschädigter Komponenten unverhältnismäßig hoch wären.

Ablastung

Bei einer angestrebten Reduzierung des zulässigen Gesamtgewichts spricht man von Ablastung. Das kommt eher selten vor, ist aber etwa dann sinnvoll, wenn z.B. dein Camper über eine sehr hohe Gesamtmasse mit entsprechend hoher Zuladung verfügt, du aber nur einen B-Führerschein besitzt. Beim Caravan können zudem schon wenige Kilos zu viel darüber entscheiden, ob die zulässige Anhängelast deines Zugfahrzeugs überschritten ist oder ob du eine 100er-Zulassung bekommst (s. S. 48).

Aber auch finanzielle Entscheidungen spielen vielleicht eine Rolle. So ändern sich in manchen Nachbarländern die Mautgebühren erheblich: In Österreich etwa kannst du bei einer zulässigen Gesamtmasse von mehr als 3,5 t am Wohnmobil keine Vignette mehr nutzen, sondern musst auf die elektronische Go-Box umsteigen (s. S. 278). Ein weiterer Punkt, der für eine Ablastung sprechen kann, sind die zusätzlichen Verkehrsregeln, an die du dich halten musst, z.B. Durchfahrtverbote an Straßen und Brücken

oder Geschwindigkeitsbegrenzungen und Überholverbote (s. S. 70).
Technisch ist die Ablastung deutlich weniger aufwendig als die meisten Auflastungsvarianten. In der Regel erfolgt sie in Form einer Dokumentenablastung über einen technischen Prüfdienst, ohne Eingriffe am Fahrzeug. Deshalb muss in diesem Fall auch keine Unbedenklichkeitsbescheinigung des Herstellers vorgelegt werden. Eine solche Bescheinigung kann aber trotzdem sinnvoll sein, da hierin unter Umständen neue Belastungsgrenzen für die Achse(n) definiert werden.

Ablauf einer Ablastung Um zu ermitteln, ob dein Fahrzeug auf die gewünschte zulässige Gesamtmasse abgelastet werden kann, müssen zunächst die Leermasse und die Nutzlast betrachtet werden.

- **Leermasse:** Die Leermasse ist zwar im Fahrzeugschein angegeben, kann aber produktionsbedingten Schwankungen unterliegen. Da bei den meisten Herstellern nicht jedes Fahrzeug einzeln gewogen wird, lohnt sich vor der Ablastung eine Fahrt zur Waage. Hierbei muss der Sachverständige neben dem reinen Fahrzeuggewicht auch die weiteren, laut EU-Verordnung zur Leermasse zählenden Gewichte hinzurechnen.
- **Nutzlast:** Zur Berechnung der Nutzlast wird mit 10 kg Last pro angebrochenem Meter Fahrzeuglänge kalkuliert, dazu kommt eine vorgegebene Menge an Frischwasser- und Gasreserven sowie das Gewicht der potenziell mitreisenden Personen. Pro eingetragenem Sitzplatz werden, zusätzlich zum Fahrer, 75 kg Körpergewicht sowie 10 kg Gepäck angenommen.

Diese beiden Werte werden nun addiert. Liegt die Summe unter dem angestrebten neuen zulässigen Gesamtgewicht, ist alles geregelt.
Andernfalls stehen noch zwei „Notlösungen“ zur Verfügung:

1. Gewichtsreduktion durch den Ausbau von schwerer Zusatzausstattung wie Satellitenschüssel, Bordbatterien oder Markise.

2. Einzelabnahme. Bei dieser Prüfvariante wird die EU-Verordnung quasi „umgangen“ und man wendet stattdessen nationales Recht an. Dies ist ein etwas umständlicher und mit höheren Kosten verbundener Weg als die normale Dokumentenablastung, aber völlig legal. Es ist empfehlenswert, den Hersteller in den Prozess der Einzelabnahme einzubinden, da das Typenschild des Campingfahrzeugs in der Regel geändert werden muss. Die Prüfung erfolgt dann vor Ort bei der Prüfgesellschaft, anschließend bekommst du eine Bescheinigung ausgehändigt, die du bei der Zulassungsstelle zur Änderung der Fahrzeugpapiere vorlegst.

Dein Camping-Wörterbuch

13-poliger Stecker
Stecker bzw. Kabel, die den Anhänger mit dem Zugfahrzeug verbinden und ihn so mit Strom versorgen. War früher 7-polig. Mindestens die Pins für die Außenbeleuchtung des Anhängers (Brems- und Rücklichter, Blinker und Warnblinkanlage, Rückfahrleuchte, Begrenzungsleuchten) müssen belegt sein. Zur Versorgung von Verbrauchern im Innenraum (Kühlschrank etc.) müssen → *Ladeleitung* und/oder → *Dauerplus* häufig nachgerüstet werden.

Ablastung
Reduzierung der → *zulässigen Gesamtmasse* eines Fahrzeugs, z.B. wegen zu niedriger Führerscheinklasse oder 100er-Zulassung. Erfolgt im Normalfall nur durch Änderung der Fahrzeugpapiere, ohne technische Eingriffe.

Absperrhähne
Vorrichtungen im Innenraum des Campingfahrzeugs, durch die die Gaszufuhr unterbrochen werden kann. In der Regel mit roten, länglichen „Drehknöpfen" versehen, die horizontal oder vertikal gestellt werden können. Ein Pfeil zeigt die Richtung an, in der das Gas strömt. Meist gibt es für jedes gasbetriebene Gerät (z.B. Kühlschrank, Herd, Heizung) einen eigenen Absperrhahn.

Abwassertaxi
Rollbarer Tank zum Auffangen von Grauwasser. Wird außen unter den Abwasserablauf des Fahrzeugs gestellt.

Antischlingerkupplung
Sicherheitsvorrichtung an der Deichsel des Wohnwagens, die das Gespann durch mechanische Einwirkungen während der Fahrt stabilisiert. In Form eines großen „Hebels" über der Originalkupplung des Wohnwagens verbaut. Im Inneren sitzen sogenannte Reibbeläge, die ähnlich wie kleine Bremsbeläge arbeiten.

Aufbau
Der Wohnbereich eines Campingfahrzeugs, der von den Fahrzeugherstellern auf das → *Basisfahrzeug* aufgesetzt wird. Beherbergt Möbel, Installationen und technische Komponenten.

Aufbaubatterie
s. → *Bordbatterie*

Auflastung
Erhöhung der → *zulässigen Gesamtmasse* eines Fahrzeugs zur Erweiterung der → *Zuladung*. Erfolgt durch Änderung der Fahrzeugpapiere oder Einbau bzw. Austausch technischer Komponenten am → *Fahrgestell / Fahrwerk*.

Auflaufbremse
Vor allem bei Anhängern bis 3,5 t zu finden, die keine eigene hydraulische Bremsanlage besitzen, z.B. Wohnwagen. Bremst das → *Zugfahrzeug*, wird durch den „auflaufenden" Anhänger mechanischer Druck auf das Bremsgestänge ausgeübt, das wiederum mit den Trommelbremsen verbunden ist und die Bewegungsenergie so in Bremskraft umwandelt.

Aufstelldach
Nachträglich aufgesetztes Dach zum Ausklappen. Wird vor allem für Campingbusse oder Hochdachkombis genutzt, um die Höhe des Fahrzeugs zu erweitern und/oder zusätzliche Schlafplätze zu schaffen. Im Wohnwagensektor nur bei sehr wenigen einzelnen Modellen zu finden.

Autarkie
Allgemeine Definition: Unabhängigkeit von äußeren Einflüssen. Bei Campingfahrzeugen die Möglichkeit, über einen bestimmten Zeitraum ohne lokale Infrastruktur (Gas, Strom, Wasserver- und Entsorgung) auszukommen.

Basisfahrzeug
In der Regel das Trägerchassis (im Reisemobilbau meist ein Transporter- → *Fahrgestell* mit oder ohne Karosserie), auf das der Wohnmobil- → *Aufbau* „aufgesetzt" wird. Seltener wird nur der Triebkopf übernommen und ein spezielles → *Chassis* dazu angefertigt.

Bordbatterie
Batterie im → *Aufbau* eines Campingfahrzeugs, die für die Versorgung der Stromverbraucher genutzt wird. Liefert 12 V, Strom kann über → *Wechselrichter* aber auch auf 230 V transformiert werden. Kopplung mit externen Stromerzeugern (z.B. Solarpanel) ist möglich und sinnvoll.

Brennstoffzelle
Gerät zur Stromerzeugung, z.B. durch Methanol. Wird an die → *Bordbatterie* angeschlossen und kann auch mit einem → *Wechselrichter* versehen werden.

Chassis
s. → *Fahrgestell/Fahrwerk*

Chemietoilette
Im Campingfahrzeug meist als Kassettentoilette vorzufinden. Besteht üblicherweise aus Sitz mit Deckel, Schüssel und Fäkaltank. Im Fäkaltank mit meist um die 20 l Fassungsvermögen werden flüssige und feste Ausscheidungen gesammelt, um sie im Anschluss an dafür ausgewiesenen Stellen zu entsorgen. Anders als der Name vermuten lässt, ist die Verwendung von chemischen Zusätzen nicht unbedingt nötig – es können biologische Mittel oder eine Luftabsauganlage eingesetzt werden.

Crash-Sensor
Sicherheitsvorrichtung, die bei einem Unfall die Gaszufuhr unterbricht. Als optionales Zubehör auch zum Nachrüsten erhältlich. Vorteil: Die (Verbrauchs-)Gasflasche muss damit während der Fahrt nicht mehr zugedreht werden und kann zur Versorgung z.B. des Kühlschranks genutzt werden.

Dauerplus
Alle Kontakte, die konstant mit der → *Starterbatterie* eines Fahrzeugs verbunden bleiben, sodass auch bei ausgeschalteter Zündung Strom fließt.

Dinette
Sitzkombination mit zwei gegenüberliegenden Bänken und einem Tisch in der Mitte.

Druckminderer
Ventil, das den Gasdruck aus der Gasflasche so herunterregelt, dass die zugelassenen mbar-Werte des Gassystems im Fahrzeug oder an Gas-Endgeräten (Grill etc.) nicht überschritten werden.

Druckwasserpumpe
Wird, anders als die → *Tauchpumpe*, außerhalb des → *Frischwassertanks* installiert und bringt eine höhere Förderleistung.

Fahrgestell
Wird auch Chassis oder Rahmen genannt. Bildet zusammen mit dem → *Fahrwerk* die Basis eines Fahrzeugs und beinhaltet die tragenden Komponenten.

Fahrwerk
Teil des → *Fahrgestells*. Zusammengesetzt aus verschiedenen Komponenten, die dem Fahrkomfort und der Fahrsicherheit dienen, u. a. Achse(n), Räder, Bremsen Dämpfer, Federn etc.

Festbett
Bett, das fest im Fahrzeug verbaut ist und nicht durch Umbaumaßnahmen (z.B. an der Sitzgruppe) vor dem Schlafen aufgebaut werden muss.

Frischwassertank
Behältnis am oder im Fahrzeug, in dem (möglichst sauberes) Wasser zum Verbrauch an Bord bevorratet wird, z.B. zum Duschen, Zähneputzen, Abwaschen. Meist mit einer elektrischen Pumpe ausgestattet und ans Leitungssystem angeschlossen. Frischwassertanks sind in der Regel lebensmittelecht, das Trinken des Wassers kann aus Hygienegründen dennoch problematisch sein.

Gastank
Fest im Campingfahrzeug verbauter Gastank, der an LPG-Tankstellen befüllt werden kann.

Gastankflasche
Fest im Campingfahrzeug montierte Gasflasche, die an LPG-Tankstellen befüllt werden kann.

GFK
Abkürzung für „glasfaserverstärkter Kunststoff", beschreibt einen Faser-Kunststoff-Verbund auf Basis von duroplastischen oder thermoplastischen Kunststoffen. Wird sehr viel im Wohnwagen- und Wohnmobilbau eingesetzt.

Gleichstrom
Strom, bei dem die Bewegungsrichtung der Ladungsträger konstant gleichbleibt.

Grauwassertank
Das Behältnis, in dem benutztes Brauchwasser aufgefangen und bis zur nächsten Entsorgungsmöglichkeit aufbewahrt wird. Nicht zu verwechseln mit dem Fäkaltank der Toilette!

Halbdinette
Sitzkombination mit einer Sitzbank und einem Tisch, die beim Wohnmobil durch gegenüberliegende drehbare Vordersitze ergänzt wird.

Heckgarage
Stauraum im hinteren Bereich von Reisemobilen. Wird beim Wohnwagen häufig umgangssprachlich für den Stauraum unter dem Bett oder andere Stauräume im Heck genutzt.

Heki
Abkürzung für „Hebe-Kipp". Beschreiben Dachluken aus meist durchsichtigem Kunststoff, die in verschiedenen Winkeln nach oben hin geöffnet werden können.

Hochdach
Fest auf Campingbussen oder Kastenwagen aufgesetztes, erhöhtes Dach, meist aus → *GFK* oder Karosserieblech. Schafft Stehhöhe oder zusätzliche Schlafplätze.

Hubbett
Unter der Fahrzeugdecke angebrachtes Bett, das elektrisch oder mechanisch abgesenkt oder angehoben werden kann. Vorteil: Tagsüber nimmt es keinen Platz im Wohnbereich weg.

Ladeleitung
Auch Zündungsplus oder Ladeplus genannt. Bezeichnet die Kontakte, an denen nicht permanent Spannung über die → *Starterbatterie* anliegt. Hier fließt nur bei eingeschalteter Zündung Strom.

Porta Potti
Kompakte, tragbare Variante der → *Chemietoilette*, findet v. a. in kleineren Campervans Anwendung.

Reglerlöser
Spezieller Schlüssel zum Festziehen von Verbindungen an Gasflaschen, -schläuchen und → *Druckminderern.*

Rundsitzgruppe
Sitzkombination, bei der die Sitzbänke um einen in der Mitte befindlichen Tisch herum verbaut werden.

Sanitärzusatz
Flüssiges oder festes Mittel, das in die → *Chemietoilette* gegeben wird und dort für schnellere Fäkalienzersetzung und Geruchsbindung sorgen soll. Zu finden in verschiedenen Varianten – von der „Chemiebombe" bis zum mikrobiologischen Zusatz.

Starterbatterie
Die Batterie, die zum Anlassen des Motors genutzt wird. Ist nicht zur Versorgung von Verbrauchern im → *Aufbau* geeignet.

Stromkoffer
„Kleine Lösung" für mehr → *Autarkie.* Ein kompakter Koffer, in dem die wichtigsten Komponenten für die Stromversorgung gebrauchsfertig verbaut sind. Erfordert keine Montage.

Stromkreis
In Campingfahrzeugen finden sich meist zwei Stromkreise: 12 V über die Batterie und 230 V über Landstrom. Damit auch ohne Landstrom 230-V-Verbraucher betrieben werden können, muss ein → *Wechselrichter* verbaut oder passende 12-V-Adapter eingesetzt werden.

Stützrad
Das kleine Rad an der Anhänger- bzw. Wohnwagendeichsel. Wird von Hand gekurbelt und muss vor der Fahrt hochgezogen und gesichert werden. Auch Bugrad, Deichselrad oder Deichsellaufrad genannt.

Tauchpumpe
Wird im → *Frischwassertank* versenkt und meist durch Öffnen des Wasserhahns (seltener durch einen Fußschalter) aktiviert. Darf nicht trockenlaufen. Alternative: → *Druckwasserpumpe*.

Transportcaravan
Häufig auch als Sportcaravan bezeichnet. Wohnwagen mit abgespecktem Interieur und großer Ladefläche für sperriges Equipment im Inneren, z.B. Motorräder, Fahrräder, Surf-Ausrüstung etc.

Trockentoilette
Toilette, die ohne Wasserspülung auskommt. Flüssige Ausscheidungen werden von Feststoffen getrennt, aufgefangen und entsorgt. Durch die Trennung werden die Entsorgungsintervalle verlängert und die Entsorgung selbst vereinfacht.

Umbaubare Sitzgruppe
Sitzgruppe, aus der durch das Absenken oder Entfernen des Tischs und das Umklappen der Sitzbänke eine Schlafgelegenheit entsteht.

Ver- und Entsorgungsstation
Öffentliche Einrichtung, an der du Frischwasser auffüllen und Grauwasser bzw. Fäkalien ablassen kannst. Auf Wohnmobilstellplätzen häufig in Form einer Säule mit Wasserhähnen und Ausguss (mit oder ohne Bezahlfunktion), auf Campingplätzen in ganz unterschiedlichen Varianten zu finde: vom einfachen Wasserhahn und Loch im Boden bis zu eigenen Anschlüssen und Becken auf jeder Parzelle.

Verbrennungstoilette
Toilette, bei der Fäkalien unter hohen Temperaturen zu einem keimfreien Häufchen Asche verbrennen (Feststoffe) oder verdampfen (Urin). Die Überreste können über Hausmüll oder Kompost entsorgt werden.

Versorgungsbatterie
s. → *Bordbatterie*

Wechselrichter
Gerät, das zwischen Batterie und Verbraucher geschaltet wird und 12 V → *Gleichstrom* in 230 V → *Wechselstrom* transformiert.

Wechselstrom
Strom, bei dem sich die Bewegungsrichtung der Ladungsträger ändert.

Windlaufchassis
Reduzierte Version eines → *Basisfahrzeugs*: Es werden nur Leiterrahmen und Fahrerhausblock übernommen, nicht jedoch die Wände der Fahrerkabine oder die Karosserie. Wird üblicherweise bei vollintegrierten Wohnmobilen eingesetzt.

XPS-Schaum
Kunststoff-Hartschaum, der im Reisemobilbereich gerne als Dämmmaterial eingesetzt wird.

Zerhackertoilette
Toilettenmodell, bei dem die Fäkalien und das Papier in einem großen Tank gesammelt und dann mit motorbetriebenen Klingen kleingehackt werden. Spart Volumen und reduziert die Entsorgungsintervalle.

Zuladung
Differenz aus → *zulässiger Gesamtmasse* und Leermasse. Das Gewicht an Ausstattung, Zubehör und Personen, das im Fahrzeug noch mitgeführt werden darf, ohne die → *zulässige Gesamtmasse* zu überschreiten.

Zulässige Gesamtmasse
Gewicht, das ein Fahrzeug oder Gespann inklusiver aller mitzuführenden Gegenstände und Personen maximal auf die Waage bringen darf. Summe aus Leermasse und → *Zuladung*. Zu finden in der Zulassungsbescheinigung Teil I (Fahrzeugschein).

Zwangsbelüftung
Vergitterte Löcher oder Schlitze im → *Aufbau* oder Boden, die im Fahrzeug für konstanten Luftaustausch und Sauerstoffzufuhr sorgen. Dürfen aus Sicherheitsgründen niemals verschlossen werden!

Zweitbatterie
s. → *Bordbatterie*

6

Zubehör und Zusatzausstattung

Die Erstausstattung

Wir haben auf Basis unserer Erfahrungen eine relativ umfangreiche Checkliste für Wohnwagen- und Wohnmobilreisen (s. S. 183) sowie eine abgespeckte Version für Mini-Camper- und Zelturlaube (s. S. 185) erstellt. Du brauchst diese Listen aber nicht schon vor deiner ersten Tour vollständig „abzuarbeiten", sondern kannst zunächst einmal mit einer Basisausrüstung starten, die du dann Schritt für Schritt nach deinen Bedürfnissen erweiterst. Übrigens muss nicht jedes Teil aus dem Campingfachhandel stammen. Vieles, was du zu Hause nutzt, leistet oftmals genauso gute Dienste.
Folgende Dinge solltest du bereits für deine erste Fahrt an Bord haben:

Für Strom, Gas, Wasser, Toilette Gasflaschen oder -kartuschen, Kabel, Kanister, eine Gießkanne und/oder einen Schlauch. In den meisten Fahrzeugen ist eine Toilette verbaut, alternativ kannst du dir ein sogenanntes Porta Potti oder eine klappbare Campingtoilette zulegen.

Für die Entsorgung, sofern kein fest verbauter Abwassertank zur Verfügung steht: einen Eimer oder ein sogenanntes Abwassertaxi, Sanitärzusätze oder Einstreu für die Toilette, Mülleimer, Müllbeutel.

Für das Fahrzeug Auffahrkeile zur Nivellierung, Basis-Diebstahlschutz in Form von Radkrallen und ggf. Zusatzschlössern, einen kleinen Werkzeugkoffer und eine Trittstufe. Bei Letzterer bitte sehr auf gute Qualität und Stabilität achten, sonst kann es schnell zu Stürzen kommen! Zudem für Ordnung und Sauberkeit im Fahrzeug Fußabtreter, Kehrschaufel, Besen, Handstaubsauger, Ordnungsboxen in verschiedenen Größen.

Für guten Schlaf Bettzeug bzw. Schlafsack und Isomatte, Kissen

Für deine Verpflegung Geschirr, Besteck, ein paar Töpfe und Pfannen mit Zubehör wie Pfannenwender und Grillzange, Kaffeemaschine oder Teekocher, Spülutensilien. Als Zeltfan oder Mini-Camper-Besitzer solltest du dir einen kleinen Grill oder einen Gaskocher zulegen.

Für die Körperpflege Zahnputz- und Duschutensilien, Rasierzeug, Make-up, Toilettenpapier (für Campingtoiletten entweder Spezialpapier oder ein- bis zweilagiges Papier aus dem Discounter), Badeschlappen sowie ein Kulturbeutel zum Aufhängen und evtl. Desinfektionsspray für die öffentlichen Sanitäranlagen.

Für längere Touren zum Wäschewaschen einen Wäschesack, Wäscheleine(n), Wäscheklammern und Waschmittel oder Reisewaschpaste.

Für die Gemütlichkeit bequeme Campingstühle, einen stabilen Klapp- oder Rolltisch, ein Sonnensegel, ein Vorzelt oder eine Markise (inklusive Sturmsicherung), Insektenschutz. Beim Zelten außerdem eine Plane für den Innenbereich, damit Nässe und Tau nicht von unten in den Schlafsack kriechen.

Für das Zelt Abspannseile und hochwertige Heringe, am besten in Signalfarben oder mit Reflektoren, um zu vermeiden, dass nachts jemand darüber stolpert.

Außerdem Taschenlampen oder noch besser Stirnlampen (etwa für Toilettengänge im Dunkeln), Campinglampe, Kerzen oder Teelichter.

Checkliste: Erstausstattung für Wohnmobil und Wohnwagen

Für Strom, Gas, Wasser
- ✓ 1–2 Gasflaschen
- ✓ Kabeltrommel (25 m–H07RN-F 3G2,5)
- ✓ 2x Adapterkabel (CEE 1,5 m–H07RN-F 3G2,5)

Für die Entsorgung
- ✓ Abwassertank oder Eimer
- ✓ Abwasserschlauch (3 m)
- ✓ Gießkanne, Faltkanister oder normaler Kanister (10–20 l)
- ✓ Trichter oder Auslaufstutzen für Kanister
- ✓ WC-Flüssigkeit oder -Tabs
- ✓ Mülleimer
- ✓ Müllbeutel

Für das Fahrzeug
- ✓ Auffahrkeile
- ✓ Diebstahlschutz (s. S. 341)
- ✓ Caravan-Zusatzspiegel für das Zugfahrzeug
- ✓ für den Wohnwagen: Holzbrettchen oder Unterlegplatten für die Stützen
- ✓ Standard-Werkzeugkasten inkl. Schraubensortiment
- ✓ Trittstufe
- ✓ Fußabtreter
- ✓ Handstaubsauger (evtl. 12 V)
- ✓ Kehrschaufel und Besen
- ✓ Ordnungsboxen

Zum Übernachten
- ✓ Bettzeug bzw. Schlafsack und Isomatte

Für deine Verpflegung (für 2–4 Pers.)
- ✓ Spülutensilien
- ✓ klappbares Geschirrabtropfgestell
- ✓ 4x große flache Teller
- ✓ 4x kleine flache Teller
- ✓ 4x tiefe Teller und/oder 4x Müslischalen
- ✓ 4x Tassen (am besten Edelstahl)
- ✓ 4x Saftgläser
- ✓ 4x Weingläser
- ✓ 1x Korkenzieher
- ✓ 1x Flaschenöffner
- ✓ 4x Gabeln, Messer, Esslöffel, Teelöffel
- ✓ 1x Küchenmesser
- ✓ 1x Brotmesser
- ✓ Mini-Schärfer
- ✓ 1x Schneidebrett

- 1x Schere
- 1x Feuerzeug + Gas zum Nachfüllen
- 1x Dosenöffner
- 1x Sparschäler
- 1x Pfannenwender
- 1x Kochlöffel
- 1x Grillzange
- 1x Suppenkelle
- 1x kleine Reibe
- 1x Pfanne
- 1x kleiner Topf
- 1x großer Topf
- faltbares Sieb
- wiederverwendbare Plastikbeutel
- Frischhalteclips
- Frischhaltedosen mit Deckel
- Wasserkocher/Kaffeebereiter (und Teebeutel/Kaffeepulver)
- Zucker, Salz, Pfeffer, weitere Gewürze
- Salatschüssel/Salatbesteck
- Küchenrolle

Für die Körperpflege (für 2–4 Pers.)

- 2–4 Badetücher
- 2–4 kleine Handtücher
- Seife
- Zahnbürste und Zahnpasta
- Shampoo und Duschgel/-seife
- Deo
- Kamm/Haarbürste
- Toilettenpapier
- Nagelschere
- Badeschlappen
- Desinfektionsspray
- Sonnencreme
- Anti-Mücken-Spray
- Reiseapotheke
- Fön
- Kulturbeutel zum Aufhängen
- Damen-Hygieneartikel (Tampons, Binden, etc.)
- Kinder-Hygieneartikel (Windeln, Feuchttücher, etc.)

Für längere Touren

- Wäschesack/faltbarer Wäschekorb
- Waschmittel/Reisewaschpaste
- Wäscheleine und Wäscheklammern

Für Gemütlichkeit

- Klapptisch
- Campingstühle/-liegen
- Sonnensegel/Markise/Vorzelt inkl. Sturmsicherung

Für das Zelt

- Gummi- oder Zimmermannshammer
- Heringe

Außerdem

- Stirnlampe/Taschenlampe inkl. Ersatzbatterien
- Campinglampe/Laterne
- Kerzen/Teelichter
- klappbare Müllbeutelhalter
- Fallschirmleine (Paracord)
- Wandler 12V > 230V
- Mehrfachsteckdose
- AUX-Verbindungskabel
- Picknickdecke
- Regenschirm(e)
- für Reparaturen und Wartungen: Panzerband, Isolierband, Kabelbinder, Draht, Kriechöl
- Schreibblock und Kugelschreiber
- Kühltasche/-box/-rucksack
- Batterien/Akkus (6x AAA, 4x AA)
- Ladegeräte für Handys, E-Reader etc.
- Powerbank

Lesetipp

Checkliste zum Herunterladen

camper.st/erstausstattung

Checkliste: Erstausstattung für Zelt und Mini-Camper

Für Wasser

- ✓ faltbarer Wasserkanister (lebensmittel-echt/BPA-frei!)

Für das Zelt

- ✓ Gummi- oder Zimmermannshammer
- ✓ Heringe

Zum Übernachten

- ✓ Bettzeug bzw. Schlafsack und Luftmatratze/Isomatte

Für deine Verpflegung (für 2–4 Pers.)

- ✓ Camping-Gaskocher, Hobo-Kocher (funktioniert auch mit Holz, Laub, Brennspiritus etc.), Benzinkocher oder kleiner Grill
- ✓ Gaskartusche, Grillkohle, Benzin oder Spiritus
- ✓ Spülutensilien: Schüssel, Spülmittel, Schwamm/Spülbürste, Geschirrtücher
- ✓ 4x Gabeln, Messer, Esslöffel, Teelöffel, alternativ: klappbares Campingbesteckset
- ✓ 1x Sparschäler
- ✓ 1x Pfannenwender
- ✓ 1x Kochlöffel
- ✓ 1x Grillzange
- ✓ 1x Suppenkelle
- ✓ 1x kleine Reibe
- ✓ 1x Küchenmesser
- ✓ Mini-Schärfer
- ✓ 1x Schneidebrett
- ✓ Zucker, Salz, Pfeffer, weitere Gewürze
- ✓ Kaffeefilter oder Kaffeebereiter (und Teebeutel/Kaffeepulver)
- ✓ große, faltbare Schüssel
- ✓ Thermoskanne
- ✓ Müllbeutel

Für die Körperpflege (für 2–4 Pers.)

- ✓ 2–4 schnelltrocknende Handtücher (z.B. Mikrofaser)
- ✓ Seife
- ✓ Zahnbürste und Zahnpasta
- ✓ Shampoo und Duschgel/-seife (am besten biologisch abbaubar)
- ✓ Deo
- ✓ Kamm/Haarbürste
- ✓ Toilettenpapier
- ✓ Nagelschere
- ✓ Badeschlappen
- ✓ Desinfektionsspray oder -tücher
- ✓ Kulturbeutel zum Aufhängen
- ✓ Feuchttücher (als Notlösung)

Für längere Touren
- ✓ Waschmittel (biologisch abbaubar)

Für Gemütlichkeit
- ✓ wasserdichte Plane (als Unterlage oder Regen-/Sonnenschutz)
- ✓ Sitzunterlage
- ✓ klappbare Campingstühle oder -hocker (1 pro Pers., ggf. 1–2 zusätzlich als Beistelltisch(e))

Außerdem
- ✓ Stirnlampe/Taschenlampe inkl. Ersatzbatterien
- ✓ Campinglampe/Laterne
- ✓ Kerzen/Teelichter
- ✓ Panzertape oder Gewebeband
- ✓ wasserdichter Packsack
- ✓ Rucksack
- ✓ Karabinerhaken
- ✓ reißfestes Seil, z.B. Paracord (zum Abspannen, Befestigen, Verknoten, Sichern etc.)
- ✓ Vorhängeschloss
- ✓ Reparatursets für Zeltgestänge und Planen
- ✓ Taschenmesser oder Multitool
- ✓ Klappspaten

Und falls noch Platz vorhanden ist
- ✓ Campingtisch
- ✓ Kühlbox oder Minikühlschrank
- ✓ klappbarer Zeltschrank
- ✓ Verlängerungskabel
- ✓ Verteilersteckdose
- ✓ Sonnenschirm/Sonnensegel
- ✓ Hängematte
- ✓ Moskitonetz

Gasversorgung

Welche Art der Gasversorgung für Camper am besten geeignet ist, hängt vom jeweiligen Gefährt und natürlich den eigenen Wünschen ab. Mit einer herkömmlichen Gasflasche kannst du kochen, heizen und den Kühlschrank betreiben. Doch auch Tankflaschen oder Gaskartuschen eignen sich hervorragend für unterwegs. Und dann gibt es auch noch „richtige" Gastanks.

Propan oder Butan?

Propan und Butan gehören beide zu den Stoffen der Alkane, es handelt sich also um gesättigte Kohlenwasserstoffe. Diese Flüssiggase sind nur in den Gasflaschen unter Druck flüssig. Sobald sie aus der Flasche austreten, expandieren sie und gehen in den gasförmigen Zustand über. Daher werden beide Alkane gerne als Brennstoffe verwendet. Sie unterscheiden sich hinsichtlich ihrer Heiz- und Brennwerte kaum.
In den gängigen grauen Gasflaschen, die du in Deutschland kaufen und bei Bedarf „leer gegen voll" tauschen kannst, ist in der Regel überwiegend Propangas enthalten.

Der Unterschied zwischen den beiden Gasen liegt in erster Linie darin, dass du Propan auch im Winter benutzen kannst, Butan jedoch nicht, denn der Siedepunkt der beiden Gase unterscheidet sich stark: Reines Butan vergast bei Temperaturen unter 4 °C meist nicht mehr, kann also dann nicht mehr zum Heizen und Kochen genutzt werden. Der Siedepunkt von reinem Propangas liegt dagegen bei –42,1 °C. Oft wird daher auch ein Gemisch beider Gase benutzt.
Solltest du noch keine eigene Gasflasche haben, stellt sich die Frage, ob du diese lieber kaufen oder leihen möchtest. Dabei solltest du bedenken, für welchen Zweck du die Gasflasche benötigst.

Gasflasche leihen oder kaufen?

- ✓ Hast du einen festen Wohnwagenstellplatz, dann kannst du mit einer Pfandflasche Geld sparen und eventuell ein Modell mit sehr viel Füllkapazität auswählen.
- ✓ Bist du mit deinem Wohnwagen oder Wohnmobil unterwegs, ist es empfehlenswert, eine eigene Stahl- oder eine Alugasflasche mit 5 oder 11 kg Fassungsvermögen zu kaufen.
- ✓ Für Mini-Camper und Zeltfans eignen sich am besten Gaskartuschen. Aber Achtung: Gaskartuschen sind in der Regel mit Butangas gefüllt (bzw. mit einer Mischung aus mehr Butan als Propan) und daher für den Einsatz im Winter nicht geeignet!

Gängige Größen von Camping-Gasflaschen

- **33 kg:** Diese Variante ist nur für Dauercamper empfehlenswert. In einem Reisemobil oder Wohnwagen können solche großen Gasflaschen nicht sicher transportiert werden und würden auch viel zu viel Platz und Zuladung in Anspruch nehmen.
- **11 kg:** Eignen sich perfekt für Wohnwagen oder Wohnmobil, denn sie enthalten ausreichend Gas, um zu kochen, zu heizen, den Kühlschrank zu betreiben und Wasser zu erhitzen
- **5 kg:** Lassen sich gut für den Gasgrill oder auf Camping-Kurztrips einsetzen. Außerdem stellen sie eine Alternative dar, wenn nicht genügend Platz bzw. Zuladung für eine 11-kg-Gasflasche vorhanden ist.

Rote Pfandflaschen

Bei den roten Stahlflaschen bezahlst du ein Pfand und bekommt dieses bei der Rückgabe und Vorlage des Kassenzettels wieder ausbezahlt. Das erscheint im ersten Moment zwar als die günstigere Variante, ergibt aber nur Sinn bei Kurztrips, da man die Pfandflaschen lediglich bei dem Hersteller tauschen kann, bei dem man sie gekauft hat. Für den Campingbereich werden normalerweise Modelle mit 5 kg, 11 kg oder 33 kg Füllmenge genutzt.

Lesetipp

Gasflaschen in anderen europäischen Ländern
camper.st/gasflaschen-eu

Graue Eigentumsflaschen aus Stahl oder Aluminium

Für eine graue Stahlflasche greifst du einmal geringfügig tiefer ins Portemonnaie und kannst sie dann nach der Nutzung deutschlandweit an Tankstellen, auf Campingplätzen, im Fachhandel oder im Baumarkt gegen eine neue austauschen. Selbst einige Camping- oder Stellplätze im benachbarten Ausland bieten diesen Service an. An vielen Stellen kannst du die Gasflaschen auch wieder „verkaufen", wenn du sie nicht mehr benötigst – zwar meist zu einem etwas geringeren Preis als dem Einkaufspreis, aber immerhin bekommst du einen Teil deines Geldes zurück. Auch diese Variante findest du üblicherweise mit 5 kg, 11 kg und 33 kg Füllmenge.

Alugasflaschen stellen mit mehr als 100 Euro Kaufpreis den mit Abstand teuersten der drei Gasflaschentypen dar. Der große Vorteil ist ihr geringes Gewicht – die Flaschen sind rund 60% leichter als herkömmliche Stahlflaschen. Gerade bei Wohnmobilen und Wohnwagen, die häufig mit Problemen bei Zuladung und Stützlast zu kämpfen haben, kann dies ein entscheidender Punkt sein. Gefüllt werden können Alugasflaschen mit Butan oder Propan, und es gibt sie mit 6 kg, 11 kg und 14 kg Füllmenge.

Vor- und Nachteile von Pfandflaschen

+ Geringe Anschaffungskosten

– Tausch/Befüllung nur beim Händler, im Ausland in der Regel nicht möglich
– Hohes Gewicht

Vor- und Nachteile von Eigentumsflaschen

+ Bei Stahlflaschen: mittlere Anschaffungskosten
+ Bei Stahlflaschen: Tausch/Befüllung in Deutschland flächendeckend möglich
+ Bei Aluflaschen: geringes Gewicht

– Bei Aluflaschen: hohe Anschaffungskosten
– Bei Stahlflaschen: Tausch/Befüllung im Ausland nur selten möglich
– Bei Aluflaschen: Tausch/Befüllung in Deutschland und im Ausland nicht flächendeckend möglich
– Bei Stahlflaschen: hohes Gewicht

Gaskartuschen

Die beste Wahl für alle, die beim Campen minimalistisch unterwegs sind oder ein Platz- bzw. Gewichtsproblem haben. Bei Gaskartuschen handelt es sich um mit Gas gefüllte Einwegbehälter, die üblicherweise zum Kochen, Grillen oder Beleuchten, nicht aber zum Heizen verwendet werden können. Sie sind durch ihre geringe Größe und das niedrige Gewicht ideal fürs Zelten. Gaskartuschen gibt es mit bis zu 2,75 kg Füllmenge und von verschiedenen Herstellern (die blauen Kartuschen von „Campingaz" sind aber wohl die bekanntesten und sicherlich auch die mit dem europaweit am besten ausgebauten Händlernetz).

Gastankflaschen

Neben den klassischen tragbaren Gasflaschen gibt es sogenannte Gastankflaschen, offiziell „Druckgasbehälter zur Selbstbetankung" . Diese werden fest im Camper verbaut und an LPG-Tankstellen befüllt. Damit ersparst du dir das lästige Flaschenschleppen und umgehst die genannten Probleme mit der Gasversorgung im Ausland – denn LPG gibt es mittlerweile praktisch überall. Allerdings ist bei Gastankflaschen neben dem hohen Anschaffungspreis auch der (aus Sicherheitsgründen unbedingt notwendige) fachgerechte Einbau der Flasche einzukalkulieren. Gastankflaschen gibt es aus Alu, Stahl oder Komposit. Gebräuchlich sind bei Gastank-

Vor- und Nachteile von Gaskartuschen

+ Kein Tausch nötig
+ Auch im Ausland gut ausgebautes Händlernetz
+ Geringes Gewicht

– Relativ hohe Anschaffungskosten

Vor- und Nachteile von Gastankflaschen

+ Kosten für Befüllung geringer als für Flaschengas
+ Befüllung an allen LPG-Tankstellen möglich (ggf. mit Adapter)
+ Bei Aluflaschen: geringes Gewicht

– Sehr hohe Anschaffungskosten
– Montagekosten
– Zum Befüllen muss immer das ganze Fahrzeug bewegt werden

flaschen unter anderem die Größen 5 kg, 6 kg, 10 kg, 11 kg und 14 kg, für Camper mit viel Platz gibt es aber auch größere Varianten mit mehr als 20 kg Füllmenge.

Gastank

Eine weitere Alternative zu den klassischen tragbaren Gasflaschen stellt der Gastank dar. Hierbei handelt es sich nicht um klassisches Einsteigerzubehör, der Vollständigkeit halber wollen wir aber an dieser Stelle dennoch kurz auf die wichtigsten Punkte eingehen.
Der zylinderförmige Gastank wird, wie die Tankflasche, fest im Flaschenkasten oder unter dem Campingfahrzeug verbaut und an LPG-Tankstellen über die Außenbetankung selbst befüllt. Die Montage muss, wie bei den Tankflaschen, fachgerecht und vorschriftsmäßig erfolgen.

Gastanks stehen mit unterschiedlichen Fassungsvermögen zur Verfügung. Je nach Fahrzeug und Platzreserven können hier Modelle mit bis zu knapp 200 l verbaut werden.

Rechenspiele
Um herauszufinden, wie viel Gas in kg in einen solchen Tank passt, gibt es folgende Formel:

1 l Flüssiggas = 0,509 kg

Ein 100-l-Tank könnte also theoretisch 50,9 kg Flüssiggas aufnehmen. Allerdings gibt es einen Füllstopp bei 80%, dadurch kommst du am Ende noch auf 40,72 kg – doch auch das ist noch immer knapp das Vierfache einer normalen 11-kg-Flasche!

Für die Befüllung von Gastanks und Gastankflaschen werden spezielle **Adapter** benötigt. Da die Anschlüsse nicht genormt sind, ist es sinnvoll, für Auslandsreisen verschiedene gängige Varianten mitzuführen, die es im

Fachhandel auch als Set zu kaufen gibt. In den europäischen Ländern kommen in erster Linie folgende Adapter zum Einsatz:

- Belgien, Deutschland, Luxemburg, Irland, Österreich, Schweiz: ACME
- Großbritannien, Niederlande, Norwegen, Spanien: Bajonett
- Spanien, Portugal: Euronozzle
- Albanien, Baltikum, Bosnien-Herzegowina, Bulgarien, Dänemark, Frankreich, Griechenland, Italien, Kroatien, Mazedonien, Montenegro, Polen, Portugal, Rumänien, Schweiz, Österreich, Slowenien, Slowakei, Schweden, Schweiz, Tschechien, Türkei, Ungarn, Ukraine: DISH

Gasflaschen tauschen

Solltest du Gaskartuschen statt Gasflaschen nutzen, brauchst du normalerweise nichts weiter zu beachten, da es sich hierbei um Einwegbehälter handelt. Du verwendest diese

Kombinieren ist schlau!

Wenn du (wie wir) mehrere Vorteile haben möchtest, kannst du die Zusammenstellung der Flaschen variieren. Wir sind seit einigen Jahren mit einer Kombination aus 11-kg-Alugas- und 5-kg-Stahlgasflasche unterwegs und kommen damit sehr gut zurecht. Bei wiederkehrenden längeren Reisen in bestimmte Länder (in unserem Fall Spanien) lassen wir eine der beiden in Deutschland gekauften Flaschen zuhause und führen stattdessen eine spanische Gasflasche mit entsprechendem Adapter mit. Die im Fahrzeug verbleibende deutsche Flasche nutzen wir nur als Reserve für die An- und Abreise.

Lesetipp

Liste der Füllstationen für Alugasflaschen
camper.st/alugas

also so lange, bis die Kartusche leer ist, und kaufst dir dann eine neue.

In Deutschland Hierzulande bieten viele Tankstellen, Baumärkte, Fachhändler und natürlich auch Campingausrüster den Tausch der grauen Stahlgasflaschen an – unabhängig davon, wo du sie erstmalig gekauft hast. Bei den roten Pfandflaschen sowie bei den Alugasflaschen musst du darauf achten, den Händler zu finden, der deine Flasche im Sortiment hat.

Im Ausland Andernorts ist der Tausch meist etwas schwieriger, denn (fast) jedes Land arbeitet mit eigenen Systemen und Anschlüssen. Eine europaweite Norm gibt es hierzu bislang leider nicht. Das bedeutet in der Praxis, dass du in den allermeisten Ländern die lokalen Flaschen nicht an dein deutsches System anschließen und natürlich auch nicht einfach an der Tankstelle oder im Baumarkt tauschen kannst.

Zu groß?
Bei den 11-kg-Stahlflaschen kann die Höhe etwas variieren. In einigen Gaskästen, vor allem in kleineren Campingfahrzeugen, können aber genau diese wenigen Zentimeter darüber entscheiden, ob du die Flasche noch unterbringst oder nicht. Deshalb achte darauf, immer die richtige Größe zu bekommen. Am besten nimmst du deine leere Gasflasche mit und stellst sie beim Tausch neben die neue, um die Höhen zu vergleichen.

Für kürzere Reisen empfiehlt es sich, genügend eigene Gasreserven mitzuführen. Wenn du allerdings länger auf Tour gehst oder nicht über genügend Platz oder Zuladung verfügst, kannst du dir vor Ort eine lokale Flasche zulegen. Hier solltest du dir am besten schon vor der Abfahrt den Anbieter aussuchen, der über die beste Abdeckung in deiner Zielregion verfügt. Mit dem Kauf eines günstig zu erstehenden Euro-Adapter-Sets bzw. eines Füllstutzen-Sets ist sichergestellt, dass du für die verschiedenen Systeme immer den passenden Adapter mitführst. Bestelle diese Sets jedoch unbedingt vor der Reise, da sie im Ausland normalerweise nicht erhältlich sind.

Mit einer lokalen Flasche ist das Tauschen dann wieder ganz unkompliziert. Vor allem in Gebieten, in denen auch in „normalen" Haushalten noch viel mit Gas gekocht wird, gibt es meist ein breites Versorgungsnetz an Tankstellen, Baumärkten oder autorisierten Gasfachhändlern. Bei Letzteren kannst du die Flaschen auch befüllen lassen – teils sogar deine deutschen Modelle, wenn du den entsprechenden Füllstutzen-Adapter mitführst.

Nicht selbst befüllen
Ein eigenmächtiges Befüllen an Tankstellen ist für gewöhnlich nicht gestattet und für Laien auch absolut nicht ratsam, denn bei falscher Handhabung oder Überfüllung bestehen hier erhebliche Sicherheitsrisiken!

Gasfüllstand prüfen

Mit Zubehör Es gibt vielerlei „Spielzeug", mit dem du die noch enthaltene Gasmenge prüfen kannst. Gerade die sehr billigen Gadgets sind jedoch nicht gerade zuverlässig. Hier solltest du besser ein paar Euro mehr in ein hochwertiges System investieren, z.B. den MOPEKA-Gassensor oder das LevelControl-System von Truma. Beide werden an den Gasflaschen angebracht und ermitteln sehr präzise den Füllstand.

Manuell Alternativ wiegst du die Flasche mit einer handelsüblichen Kofferwaage und ziehst das auf der Flasche angegebene Taragewicht (Leergewicht) davon ab. Beispiel: Die Kofferwaage zeigt 7,0 kg an, das Taragewicht wird mit 5,2 kg beziffert. Die Differenz von 1,8 kg ist die verbleibende Gasmenge.

Lesetipp
Gasadapter für ausländische Flaschen
camper.st/gasadapter

Strom

Auch wenn Camping zumindest bei den Romantikern unter uns mit der Vorstellung von Minimalismus, Einfachheit und Natur verbunden ist, sind heute fast immer auch etliche elektrische und elektronische Geräte mit an Bord. Das beginnt bei Basics wie Kühlbox oder Kühlschrank (s. S. 221), geht weiter mit persönlicher Ausrüstung wie Laptops und Kameras und endet bei gehobener Ausstattung wie Rangierantrieben (s. S. 258) oder Alarmanlagen (s. S. 344). Und manch einer möchte sich im Fahrzeug sogar die Haare föhnen oder eine Küchenmaschine betreiben. Dafür benötigst du Strom, teilweise sogar erstaunlich viel – das wirst du spätestens dann merken, wenn ein Campingplatzbetreiber nach Verbrauch abrechnet. Grundsätzlich stehen dir zwei Varianten zur Verfügung: Entweder du zapfst den Strom an einer Säule am Camping- oder Stellplatz ab, oder du generierst ihn selbst.

Landstrom

Für viele Campingreisende ist Landstrom auf einem Camping- oder Stellplatz völlig ausreichend. Damit lassen sich bequem alle 230-Volt-Geräte im Wohnmobil nutzen und auch der Kühlschrank betreiben. Zu beachten sind dabei die folgenden Punkte:

Kabel und Adapter Strom erleichtert das (Camper-)Leben ungemein, kann aber auch gefährlich sein: Das Berühren einer nicht isolierten oder nassen Leitung kann durch den Stromschlag im schlimmsten Fall zum Tod führen. Durch Schäden im Kabel kann es außerdem zur Erhitzung bis hin zum Brand kommen. Daher ist geregelt, welche Kabel beim Campen verwendet werden dürfen.

- Laut DIN sind Gummischlauchleitungen der Norm HO7RN-F 3G 2.5 qmm oder besser zulässig. Diese Kabel sind besonders stabil. Wenn also der Nachbar mit seinem 7,5-Tonner darüberfährt, halten diese Kabel das aus.
- Das Kabel darf maximal 25 m lang sein und nicht weiter verlängert werden.
- Ob du ein loses Kabel oder eine Trommel nutzt, spielt keine Rolle. Die Trommel muss nur für den Außenbereich geeignet sein.An beiden Kabelenden müssen blaue CEE-Kupplungen oder -Stecker angeschlossen sein. Die Stecker sind spritzwassergeschützt.

Eigentlich nicht erlaubt
Auf vielen Plätzen im Ausland finden sich immer noch Schuko-Stecker statt der neuen CEE-Stecker. Für diese benötigst du einen entsprechenden Adapter. Und das verstößt streng genommen gegen die Vorschriften. Um diese Verbindung wenigstens zu schützen, solltest du sie darum in eine spezielle Sicherheitsbox für CEE-Stecker legen.

Sicherungen Landstrom ist normalerweise auf beiden Seiten abgesichert: auf dem Platz wie auch in deinem Campingfahrzeug. Die Absicherung auf dem Platz erfolgt üblicherweise mit 4 bis 16 A (Ampere). Manchmal wirst du bei der Ankunft gefragt, wieviel du benötigst. 4 A können für Kühlschrank und Fernseher reichen, wenn daneben aber noch ein Computer und ein Handy geladen werden, dann wird es schon knapp und die Sicherung kann „rausfliegen“. Heizlüfter oder Klimaanlagen benötigen höhere Absicherungen. In deinem Campingfahrzeug findest du die Sicherungen meist in der Nähe der Stromanschlussdose. Sollte es hier einmal zu einem Kurzschluss oder einer Überlastung im Stromkreis kommen, kannst du die Kippsicherungen nach Behebung des Fehlers einfach wieder nach oben drücken. Die kleinen Stecksicherungen, die du aus dem Kfz-Bereich kennst, müssen dagegen häufiger mal ersetzt werden. Hier ist es also ratsam, immer ein Ersatzset an Bord zu haben.

Das 12-V-Bordnetz

Die meisten Wohnmobile und Vans und auch immer mehr Wohnwagen sind mit einer oder mehreren zusätzlichen Batterien (s. S. 195) ausgestattet. Diese nennen sich Aufbaubatterien, Bordbatterien oder Versorgungsbatterien und liefern dem Bordnetz 12-V-Gleichstrom. Sie werden während der Fahrt durch die Lichtmaschine, beim Anschluss an den Landstrom, durch eine Solaranlage auf dem Dach oder über einen Generator geladen. Es gibt verschiedene Batterietypen (z.B. Nassbatterien, Blei-Gel-Batterien, AGM-Batterien, LiFePo-Batterien), die jeweils unterschiedliche Kapazitäten sowie Vor- und Nachteile mit sich bringen. Um das Bordnetz zu versorgen und zu nutzen, benötigst du folgende Teile:

Ladegerät Wichtig ist, dass das Ladegerät zum verbauten Batterietyp passt und die Leistung mindestens 10% der Batteriekapazität beträgt. Dies ist leider selbst bei Einbauten ab Werk nicht immer der Fall, weshalb sich hier ein genauer Blick vorab lohnt.

Wechselrichter Wenn du auch ohne Landstrom 230-V-Geräte im Fahrzeug betreiben möchtest, brauchst du einen sogenannten Wechselrichter. Dieser transformiert 12-V-Gleichstrom auf 230-V-Wechselstrom. Dabei unterscheidet man grundlegend zwischen zwei Modellen, die in der Form der Ausgangsspannung variieren: Sinus-Wechselrichter und Trapez-Wechselrichter (aka modifizierter Sinus- oder Quasi-Sinus-Wechselrichter). Der Trapez-Wechselrichter ist preiswerter als der Sinus-Wechselrichter, allerdings funktionieren nicht alle Geräte damit: Viele benötigen einen Wechselrichter mit einer echten Sinuswelle, z.B.

- moderne Kaffeemaschinen
- Geräte mit Schaltnetzteilen
- LED-Lampen
- Kühlschränke

Sinnvoll können auch ein Wechselrichter mit Landstrombegrenzung und/oder eine Netzvorrangschaltung sein. Letztere trennt die Quellen der Eingangsspannung sauber und schaltet immer nur eine (z.B. Landstrom) durch.

Ladebooster Die Lichtmaschine lädt sowohl die Starterbatterie als auch die Versorgungsbatterie. Das funktioniert oft allerdings nicht wie gewünscht. Denn wenn die Starterbatterie voll ist, bekommt auch die Bordbatterie nur noch wenig Strom zugeführt. Außerdem verringern die oft zu dünnen Kabel die Spannung auf unter 14 V. Damit wird die Aufbaubatterie niemals voll. Hier helfen sogenannte Ladebooster: Diese transformieren die Spannung wieder auf 14,4 V oder höher, außerdem fordern sie von der Lichtmaschine konstant hohen Strom. Damit werden die Aufbauakkus bei längeren Fahrten vollständig geladen.

Für Wohnwagen: 13-poliger Stecker Anders als Wohnmobile werden Wohnwagen während der Fahrt über die Lichtmaschine des Zugfahrzeugs mit Strom versorgt. Dafür wird ein Kabel mit einem 13-poligen Stecker (früher: 7-polig) vom Caravan aus mit der Steckdose an der Anhängekupplung des Zugfahrzeugs verbunden (s. S. 238). Mit dem 13-poligen Stecker funktioniert nicht nur die für den Straßenverkehr vorgeschriebene Außenbeleuchtung am Wohnwagen, sondern es können – sofern alle Pins belegt sind – auch der Kühlschrank betrieben und eine eventuell vorhandene Bordbatterie gespeist werden. Auch hier sollte ein Booster verbaut werden.

Batterien

Fast jedes Wohnmobil hat mindestens zwei Batterien an Bord, eine Starter- und eine Bordbatterie.
Die **Starterbatterie** befindet sich im Motorraum und versorgt Anlasser und Licht, ebenso wie das Radio und andere Verbraucher im Fahrerhaus. Beim Anlassen wird sehr kurz ein hoher Strom aus der Batterie gezogen; sobald der Motor läuft, wird alles von der Lichtmaschine versorgt und kein Strom mehr entnommen. Dieser Akku (nichts anderes sind die Batterien im Wohnmobil) ist also dafür gemacht, wenige Sekunden lang hunderte Ampere zu liefern. Er hat einen flachen Zyklus und sollte stets nur um 10–20% entladen werden.
Die verschiedenen Verbraucher im Wohnmobilaufbau (Licht, Wasserpumpe, Fernseher, Satellitenanlage, Kühlschrank) versorgt eine zusätzliche **Bordbatterie**, wenn kein Landstrom vorhanden ist. Sie liefert über einen längeren Zeitraum Strom und muss nicht zwingend immer vollgeladen werden. Dieser auch Versorgungsbatterie genannte Akku ist dafür gemacht, viele Stunden lang wenige Ampere zu liefern. Er hat einen tiefen Zyklus und kann regelmäßig um 50–80% entladen werden, ohne Schaden zu nehmen.

Batteriepflege ist wichtig

Nutzt du dein Wohnmobil längere Zeit nicht, z.B. im Winter, schließe es an den Strom an. Moderne Ladegeräte stellen dann auf Erhaltungsladung und pflegen so die Batterien. Hast du diese Möglichkeit nicht, lade die Akkus einmal komplett voll und trenne danach alle Verbraucher.

Grundbegriffe

Kapazität In Beschreibungen von Batterien begegnen dir Angaben wie C1, C5, C10 oder C20 mit zugehörigen Angaben in Ah. Dies sind Kenngrößen zur Beschreibung der Batteriekapazität.
Die Kapazität ist vom zu entnehmenden Strom abhängig: Je höher der entnommene Strom ist, desto geringer ist die verfügbare Gesamtkapazität. C1 bedeutet nun beispielsweise, dass die Gesamtkapazität innerhalb einer Stunde entnommen wird. C5 sagt aus, dass die vollständige Entladung innerhalb von 5 Stunden erreicht wird.

Kenngrößen interpretieren

Auf einer SBG 12-100 Gel-Batterie (100 Ah) steht z.B.:

- C1 = 60,7 Ah
  Das bedeutet, 1 Std. lang können 60,7 A entnommen werden, dann ist die Batterie vollständig entladen.
- C5 = 73 Ah
  Das bedeutet, 5 Std. lang können 14,6 A entnommen werden, dann ist die Batterie vollständig entladen. Damit ist die verfügbare Batteriekapazität um 17% höher bei der geringeren Stromentnahme.
- C10 = 82 Ah
  Das bedeutet, 10 Std. lang können 8,2 A entnommen werden, bis die Batterie vollständig entladen ist. Damit ist die verfügbare Batteriekapazität um 26% höher als bei der einstündigen Entladung.
- C20 = 100 Ah (der Nennwert der Batterie)
  Das bedeutet, in 20 Std. können 5 A entnommen werden. Die Kapazität der Batterie ist hierbei am höchsten.

Ladezyklus und Zyklenzahl Die Hersteller geben die Zahl der möglichen Ladezyklen in Kombination mit der Entladetiefe an. Die Zyklenzahl beschreibt also im Grunde die Lebensdauer der Batterie, d. h. die Anzahl der Ladezyklen, die der Akku relativ unbeschadet übersteht, bevor die Kapazität unter einen bestimmten Wert fällt. Nach Erreichen des Werts funktioniert die Batterie also noch, die Speicherkapazität nimmt aber kontinuierlich weiter ab.

Ein einzelner Ladezyklus kann folgendes sein:

- Die Batterie wird zweimal zur Hälfte entladen und jeweils wieder vollgeladen.
- Die Batterie wird um 20% entladen und wieder geladen, dann wird sie um 30% entladen und wieder geladen und danach noch einmal um 50% entladen und wieder geladen.
- Die Batterie wird um 100% entladen und wieder vollgeladen.

Bei Bordbatterien ist es wichtig, dass sie lange halten, daher werden hierfür in der Regel möglichst zyklenfeste Batterien eingesetzt – also Modelle, die sehr häufig entladen und wieder aufgeladen werden können, bevor die Kapazität nachlässt.
Diese Eigenschaft ist zusammen mit der **Zyklustiefe** entscheidend und wichtig. Batterien mit tiefem Zyklus liefern über viele Stunden hinweg eine geringe Amperezahl (z.B. zur Stromversorgung im Camper). Diese Akkus können um 50 bzw. 80% ihrer Kapazität entladen werden.
Bei Flachzyklusbatterien verhält es sich genau andersherum: Hier fließen binnen weniger Sekunden extrem hohe Amperezahlen (z.B. zum Starten des Motors), danach wird die Batterie sofort wieder aufgeladen. Die Entladung sollte hier nicht mehr als 10–20% der Kapazität betragen.

Ladeschlussspannung Die Ladeschlussspannung ist die Spannung, die während des Ladevorgangs nicht überschritten werden

darf. Die Höhe der Ladeschlussspannung ist von der Batterietechnologie abhängig. Je nach Hersteller liegt sie bei 14,7 V für Nassbatterien und bei 14,4 V für AGM- und Gel-Batterien.
Wird die Ladeschlussspannung überschritten, kann es zur Gitterkorrosion kommen, was sich durch „Ausgasen" der Batterie bemerkbar macht. Es entsteht dabei hochexplosives Knallgas und je nach Batterietyp kann die Batterie dauerhaft geschädigt werden: Während Nassbatterien das kurzzeitige Überschreiten der Ladeschlussspannung noch halbwegs unbeschadet verkraften, reagieren Blei-Gel- und AGM-Batterien auf eine Überschreitung extrem sensibel.

Keine Zündquellen in der Nähe von Batterien!
Aufgrund der Möglichkeit des „Ausgasens" sollten in der Nähe der meisten Batterien keine Zündquellen vorhanden sein.

Erhaltungsspannung/Ladeerhaltung Die Erhaltungsspannung ist die Spannung, die das Ladegerät nach dem Vollladen halten soll, um der Selbstentladung der Batterie entgegenzuwirken. Dieser Wert ist für alle Batterietypen gleich und liegt bei 13,7–13,8 V.

Entladeschlussspannung Die Entladeschlussspannung ist die Spannung, die beim Entladen nicht unterschritten werden darf. Wird die Batterie dennoch weiter entladen, kommt sie in den Bereich der Tiefenentladung und kann geschädigt werden.

Ruhespannung Die Ruhespannung ist die Spannung, die an der Batterie gemessen werden kann, nachdem seit dem letzten Ladevorgang oder der letzten Entladung mindestens 4 Std. vergangen sind. Sie ist ein ungefähres Maß für den Ladezustand der Batterie.

Batterietypen

Batterien in Wohnmobil, Wohnwagen, Auto und auch auf Booten sind heute immer noch überwiegend Blei-Säure-Batterien. Diese bestehen aus einer positiven und einer negativen Bleiplatte sowie einer Elektrolyt-Flüssigkeit (verdünnte Schwefelsäure, H_2SO_4) dazwischen.
Seit einiger Zeit findet auch die Lithium-Ionen-Technologie ihren Weg in die Campingmobile und gewinnt aufgrund ihrer Leistungsfähigkeit und Lebensdauer zunehmend an Popularität. Du kennst diesen Batterietyp von deinem Smartphone, aus dem Modellbau oder von anderen Akku-Geräten.

Begriffs-Wirrwarr

Die Hersteller benennen die verbauten Batterien häufig unterschiedlich, z.B.

- Versorgungsbatterie
- Aufbaubatterie
- Bordbatterie
- Solarbatterie

Dahinter verbergen sich immer möglichst zyklenfeste Batterien, die sich für die Stromversorgung unterwegs eignen. Über den konkreten Typ der Batterie – ob Nassbatterie, Blei-Gel-Batterie, AGM-Batterie oder Lithium-Ionen-Akku – sagen diese Bezeichnungen aber nichts aus.

Nassbatterien Dieser Typ ähnelt einer Starterbatterie. Die Unterschiede bestehen in der Dicke der Bleiplatten und in der Art der Legierung, auf die das Blei aufgetragen wird. Diese Materialien verbessern die Zyklenfestigkeit einer Batterie wesentlich und machen Nassbatterien als Aufbaubatterie einsetzbar.

Nassbatterien sollten zu nicht mehr als der Hälfte entladen werden, das heißt, die Batterie muss das Doppelte der von dir benötigten Kapazität besitzen. Werden sie zu sehr entladen, kommt es zur Sulfatierung. Dabei verbinden sich die Bleisulfatkristalle zu Brocken auf der Oberfläche, die freie Oberfläche wird immer geringer und die Leistung nimmt ab, da die Elektroden schlechter leiten. Die Brocken können außerdem einen Bodensatz bilden, was umgangssprachlich häufig als „Verschlammung" bezeichnet wird. Steigt dieser „Schlamm" bis zu den Elektroden, kommt es zu einem Kurzschluss. Das kann auch auftreten, wenn die Akkus lange ungenutzt bleiben. Ein solcher Kurzschluss wird die Batterie ziemlich schnell zerstören. Weitere Nachteile: Beim Betrieb enstehen Gase in der Batterie, die durch ein Ventil ausgeleitet werden. Diese müssen auch aus dem Wohnmobil entweichen können. Und da die Säure auslaufen könnte, muss die Batterie in einem säurefesten Behälter aufbewahrt werden. Bei klassischen Nassbatterien ist bzw. war zudem der Wartungsaufwand sehr hoch (Säurestand prüfen, Wasser nachfüllen), allerdings wird dieser Typ mehr und mehr durch die wartungsarme Variante ersetzt.

Wartungsarme Nassbatterien

Eine Abwandlung der Nassbatterie sind „ventilgeregelte Blei-Säure-Akkumulatoren", kurz VRLA-Akkus. Diese Versorgungsbatterien sind verschweißt und oben keinen Deckel zum Abdrehen und Nachfüllen von Säure, sondern lediglich ein Überdruckventil. Das Elektrolyt ist eingedickt und kann daher nicht so einfach herausfließen. Dadurch reduziert sich der Wartungsaufwand gegenüber normalen Nassbatterien erheblich.

Blei-Gel-Batterien Bei diesen Batterien ist das Elektrolyt in einem Gel gebunden und die Akkus besitzen dickere Platten. Daraus resultiert, dass sie Strom wesentlich länger abgeben können und mit bis zu 70% eine bessere Entladetiefe aufweisen. Die Akkus sind bei sachgemäßer Verwendung recht auslaufsicher und benötigen keine Wartung. Die im Inneren entstehenden Gase werden durch das Gel aufgehalten, nur eine geringe Menge tritt durch ein Ventil aus.
Dafür dauert das Aufladen länger und du benötigst ein spezielles Ladegerät für Gel-Batterien. Außerdem sind diese Batterien schwerer als diejenigen mit Flüssig-Elektrolyt. Hohe Temperaturen vertragen sie wesentlich besser als tiefe, deshalb sind sie fürs Wintercamping nicht ideal. Auch als Starterbatterie oder im Zusammenspiel mit größeren Wechselrichtern sollten sie besser nicht eingesetzt werden, da sie große Stromentnahmen nicht mögen.

AGM-Batterien Dieser Typ ist der Versuch, die beiden oben genannten Techniken zu verbinden. Bezüglich der Zyklenfestigkeit liegt er zwischen den Nass- und den Blei-Gel-Akkus. AGM-Batterien haben eine höhere Energiedichte und können damit leichter

sein als die anderen Varianten. Sie vertragen ähnlich hohe Stromentnahmen wie Nassbatterien und sind zugleich nicht so empfindlich, was die Notwendigkeit des schnellen Wiederaufladens betrifft. Und durch den geringen Innenwiderstand der Batterien ist die Selbstentladung deutlich geringer. Sie sind also perfekt für längere Standzeiten, in denen das Mobil ungenutzt ist.
Bei den AGM-Batterien befindet sich das Elektrolyt in einem Glasvlies. Die Batterie selbst ist gekapselt wie eine Gel-Batterie und damit auslaufsicher – und sie gast kaum aus. Du kannst die Akkus mit höheren Spannungen laden als die anderen beiden Typen, allerdings sind hierfür ein spezielles Ladegerät sowie ein Temperatursensor nötig, denn sie vertragen keine Hitze.

Lithium-Ionen-Batterien Im Bereich der Lithium-Ionen-Technologie finden auf dem Wohnmobilsektor vor allem die sogenannten $LiFePO_4$-Batterien Anwendung. Hier besteht die positive Elektrode aus Lithium-Eisenphosphat ($LiFePO_4$), die negative aus Graphit mit eingelagertem Lithium.
Die Akkus sind den Blei-Säure-Versionen in praktisch jedem Bereich überlegen: Sie sind kleiner und leichter, entladen sich selbst kaum, speichern mehr Strom, laden schneller nach, vertragen sehr viele Ladezyklen und sind wartungsfrei. Zudem lassen sie sich tiefenentladen, sodass die Nennkapazität nahezu der real entnehmbaren Kapazität entspricht. Lediglich sehr kalte Temperaturen mögen die „normalen" LiFePOs (ohne Zusatz von Yttrium) nicht so gerne. Eigentlich müsste unsere Empfehlung für dein Wohnmobil also ganz klar zu $LiFePO_4$-Akkus gehen!
Was allerdings dagegen spricht, ist der Anschaffungspreis: Ein $LiFePO_4$-Akku kann durchaus bis zum Zehnfachen einer Nassbatterie kosten. Zwar gleicht die hohe Lebensdauer diese Investition langfristig wieder aus. Wenn du aber wenig freistehst oder das Campen erst einmal ausprobieren möchtest, ist eine Investition dieser Größenordnung vielleicht doch etwas zu hoch.

	NASS-BATTERIE	BLEI-GEL-BATTERIE	AGM-BATTERIE	LITHIUM-IONEN-BATTERIE
PREIS	🟢	🟡	🟡	🟠
GEWICHT	🟠	🟠	🟠	🟢
LEBENSDAUER	🟠	🟡	🟡	🟢
AUSLAUF-SICHERHEIT	🟠	🟡	🟢	🟢
MÖGLICHE ENERGIEENTNAHME	🟠	🟡	🟡	🟢
LADEDAUER	🟡	🟡	🟡	🟢

🟢 *= vergleichsweise beste Eigenschaften in diesem Bereich*
🟡 *= vergleichsweise mittelgute Eigenschaften in diesem Bereich*
🟠 *= vergleichsweise schlechteste Eigenschaften in diesem Bereich*

FENDT
CARAVAN
CamperStyle.de

Solaranlage

Wenn du nicht auf eine externe Stromversorgung angewiesen sein möchtest, solltest du über den Kauf einer Solaranlage nachdenken. Diese Systeme gibt es sowohl als mobile als auch als fest installierte Lösungen.

Mobile Solaranlagen

Gegenüber fest verbauten Solaranlagen haben tragbare Systeme zwei entscheidende Vorteile:

1. Sie lassen sich sofort und ohne Montage nutzen, sind damit unabhängig vom Fahrzeug und können im Wohnmobil, mit dem PKW oder auch in der Gartenlaube genutzt werden.
2. Sie lassen sich immer zur Sonne ausrichten. Damit sind höhere Stromerträge möglich und das Campingfahrzeug kann im Schatten stehen, während das Modul in der Sonne aufgebaut wird. Das ist gerade im Sommer sehr komfortabel.

Solarkoffer Der Solarkoffer besteht aus zwei Solarmodulen, die mit einem Scharnier verbunden sind. Er kann dadurch wie ein Koffer zusammengeklappt werden. Ein Solarregler sowie ein Batterie-Anschlusskabel sind üblicherweise ebenfalls integriert. Der Regler wandelt den Strom, der von den Solarzellen eingespeist wird, in Ladestrom für die angeschlossene Batterie um. Diese Koffer sind sehr stabil, aber auch entsprechend schwer.

Faltbares Solarmodul Noch platzsparender und leichter ist ein faltbares Solarmodul aus mehreren Einheiten, das sich zu einer schlanken Tasche zusammenfalten lässt. Ein Solarregler sowie ein Batterie-Anschlusskabel sind ebenfalls integriert. Faltbare Solarmodule lassen sich sehr flexibel einsetzen, z.B. auf oder hinter der Windschutzscheibe (von innen angebracht dienen sie zugleich als Hitzeschutz und sind auch noch vor Diebstahl geschützt) oder mit Saugnäpfen am Fahrzeugaufbau.

Fest installierte Solaranlagen

Diese Systeme werden jeweils auf dem Fahrzeugdach montiert, wo sie die meiste Sonneneinstrahlung einfangen können. Sie bringen je nach Modell andere Eigenschaften mit. Neben CIS-Modulen aus Kupfer-Indium-Diselenid gibt es auch Module mit monokristallinem oder polykristallinem Silizium. Letztere sind normalerweise die erste Wahl bei Campingfahrzeugen.

CIS-Module Die auch Dünnschichtmodule genannten Module bestehen aus Kupfer-Indium-Diselenid. Ihre Bauweise sorgt dafür, dass auch bei wenig Sonneneinstrahlung noch eine gute Energieausbeute erreicht wird. Allerdings sind diese Module im Vergleich zu den kristallinen Zellen weniger effizient, sie benötigen mehr Dachfläche.

Monokristalline und polykristalline Zellen Da die Platzverhältnisse meist sehr begrenzt sind – vor allem, wenn noch eine Klimaanlage installiert werden soll –, bilden kristalline Varianten die bessere Alternative. Für die Herstellung von monokristallinen Modulen werden Siliziumkristalle gezüchtet. Optisch erkennt man diese Variante an der dunkelblauen bis schwarzen Färbung. Sie besitzen einen besseren Wirkungsgrad als die helleren polykristallinen Vertreter, die aus erhitztem und in Form gegossenem Silizium bestehen. Durch das aufwändigere Produktionsverfahren sind monokristalline Module etwas teurer, aber auch unempfindlicher gegen Teilabschattung. Wirft also ein Ast etwas Schatten auf einen Teil der Solarzelle, bringt eine monokristalline Zelle etwas mehr Strom als eine polykristalline. Steht dir viel Dachfläche zur Verfügung, bist du in puncto Preis-Leistung mit einer polykristallinen Solarzelle gut aufgestellt. Möchtest du hingegen möglichst viel Stromausbeute auf kleinem Raum erzielen, ist ein monokristallines Modul die bessere Lösung.

Weitere Komponenten einer Solaranlage

Batterien Der Strom in deinem Campingfahrzeug kommt aus einer oder mehreren Batterien (s. S. 195). Bei Wohnmobilen und Vans sind es meistens zwei oder drei: die Starterbatterie im Motorraum und eine bis zwei Verbraucherbatterien (Bordbatterien). Beim Wohnwagen fällt die Starterbatterie weg, hier kommen nur Bordbatterien zum Einsatz. Die Batterien werden beim Fahren über die Lichtmaschine geladen. Im Stand übernimmt die Solaranlage die Energieerzeugung.

Laderegler Außerdem muss ein Laderegler verbaut werden, der „prüft", ob die Batterie voll ist. Wenn nicht, wird sie über den Strom aus den Solarzellen nachgeladen. Ist die Batterie voll, kappt der Regler den Strom; entnimmt ein Verbraucher Strom, wird wieder geladen. Wichtig ist, dass der Laderegler zum Batterietyp passt, denn jeder Batterietyp benötigt je nach Füllstand ganz bestimmte Spannungen und Ströme.

Wechselrichter Willst du auch 230-V-Geräte betreiben (z.B. Fön, Kaffeemaschine, Computer), benötigst du zusätzlich einen Wechselrichter, der die 12-V-Bordspannung auf 230 V transformiert.

Passende Kabel Die Kabel zwischen den Solarpanelen und dem Laderegler sowie dem Laderegler und der Batterie müssen den richtigen Querschnitt aufweisen. Sind die verwendeten Kabel zu dünn, sind recht schnell hohe Spannungsabfälle zu erwarten und deine Solaranlage produziert wesentlich weniger Ertrag, als sie könnte. Im schlimmsten Fall kann es dadurch sogar zu einem Brand kommen. Das Kabel zwischen Laderegler und Batterie sollte außerdem so kurz wie möglich sein.

Lesetipp
Anleitung: Solaranlage selbst montieren
camper.st/solar-tutorial

Den eigenen Strombedarf ermitteln

Um deine Solaranlage richtig zu dimensionieren, musst du zunächst einen Blick auf deine Verbraucher werfen, die autark betrieben werden sollen. Das können z.B. sein:

- Heizung
- Kühlschrank/Kühlbox
- Laptop(s)
- Tablet(s)
- Smartphone(s)
- Internetrouter
- Fernseher
- Radio
- Lautsprecher
- Wasserpumpen
- Kaffeemaschine/Wasserkocher

Hast du diese identifiziert, solltest du möglichst genau ermitteln, wie viel Spannung (V) sie benötigen, wie viel Watt (W) sie verbrauchen und wie lange jeder von ihnen am Tag läuft. Daraus ergibt sich die benötigte Leistung, Energie und elektrische Ladung. Addierst du die einzelnen Ladungen der Geräte, erhältst du die Menge, die du pro Tag brauchst (s. S. 394). Daraus lässt sich ableiten, welche Batterien du verwenden solltest und wie groß deine Solarpanels sein müssen.

Um die benötigte Speicherkapazität der Batterie zu ermitteln, musst du jetzt noch wissen, wie viele Tage du autark stehen können möchtest. Oder anders gesagt: Wie viele Tage mit schlechtem Wetter, an denen die Batterie nicht über Solarenergie geladen werden kann, willst du überbrücken können?

Lesetipp

12-V-Kabelquerschnitt
camper.st/12v-kabel

Solarmodule besitzen verschiedene Kenngrößen, die für deine Kaufentscheidung relevant sind:

1. die maximale Leistung Pmax (in W). Diese Angabe findest du auf jedem Solarpanel;
2. die Spannung (in V);
3. der maximale Strom (in A).

Die Panels sollten genügend Strom an einem Tag liefern, um deine Batterien wieder komplett zu laden. Brauchst du also ca. 55 Ah am Tag und möchtest damit drei Tage auskommen, muss deine Anlage 165 Ah liefern.

Adapter vs. Wechselrichter

Viele unserer technischen Geräte laufen auf 230 V. Oft besitzen diese jedoch ein Netzteil, das die elektrische Spannung von 230 V auf 24 V, 12 V oder noch weniger heruntertransformiert.
Um 230-V-Geräte im Wohnmobil zu betreiben, kommt ein Wechselrichter zum Einsatz. Schließt du nun ein 230-V-Gerät mit Netzteil an, wird die Spannung von 12 V durch den Wechselrichter auf 230 V transformiert und vom Netzteil wieder zurück auf 12 V. Dabei geht Energie verloren und wird in Wärme umgewandelt, die sich auch auf die Geräte überträgt.
Klassische „Stromfresser“ wie Fön, Minibackofen oder Kaffeemaschine können außerdem die Batterien stark belasten und schnell entleeren. Effizienter ist es darum, auf 12-V-Geräte zu setzen oder mit einem entsprechenden Adapter zu arbeiten.

Wasserversorgung und -entsorgung

Grundausstattung

Frischwasser tanken und dein Abwasser entsorgen kannst du auf jedem Campingplatz sowie auf vielen Wohnmobilstellplätzen (hier häufig gegen Gebühr). Vor allem im Ausland findest du darüber hinaus auch oftmals Ver- und Entsorgungsstationen an Rastplätzen, Tankstellen oder öffentlichen (Park-)Plätzen.

Auf Sicherheit achten
Willst du das Wasser trinken, sollten alle damit in Berührung kommenden Gegenstände BPA-frei und lebensmittelecht sein!

Gießkannen, Kanister, Flaschen und Eimer Zum „Zapfen" von Frischwasser an einer Versorgungsstation eignen sich neben Gießkannen und Kanistern auch 5- oder 8-Liter-Flaschen aus dem Supermarkt oder saubere Eimer. Je nachdem, ob du das Wasser nur holen und direkt einfüllen, einen kleinen Vorrat anlegen oder es zum nächsten Etappenziel transportieren möchtest, muss der Behälter natürlich verschließbar sein. Bei Kanistern ist ein abnehmbarer Auslaufstutzen praktisch, den du, wie den Gießkannenhals, direkt in die Öffnung des Wassertanks stecken kannst. Für alle anderen Varianten benötigst du zusätzlich einen Trichter.

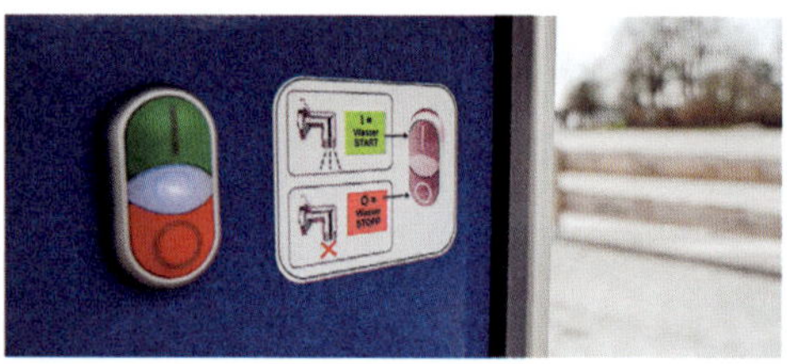

Wasserschlauch Ein Wasserschlauch ermöglicht es, das Fahrzeug direkt an der Versorgungsstation zu „betanken", und spart dir damit die lästige Schlepperei. Zum anderen kannst du dein Wassergefäß auf den Boden stellen und musst es nicht unter den Hahn halten, bis es gefüllt ist. Wasserschläuche gibt es in drei Größen:

- Ø ½ Zoll bzw. 12 mm
- Ø ⅝ Zoll bzw. 15 mm
- Ø ¾ Zoll bzw. 19 mm

Wir empfehlen die 19-mm-Variante. Sofern ausreichend Wasserdruck vorhanden ist, geht das Tanken damit deutlich schneller – ein großer Vorteil vor allem an zeitgesteuerten, kostenpflichtigen Automaten. Hier bekommst du dann schlichtweg mehr Wasser für dein Geld. Durch den größeren Durchmesser nimmt dieses Modell allerdings auch mehr Platz ein. In puncto Länge sind 10 m eine gute Wahl. Alternativ kannst du einen Schrumpfschlauch nutzen, der seine Länge unter Druck mehr als verdoppelt. Falls du das Wasser nicht trinken möchtest, ist auch ein normaler Gartenschlauch einsetzbar.

Adapter und Anschlüsse Um den Schlauch möglichst überall in Deutschland und Europa nutzen zu können, ist eine kleine Adaptersammlung empfehlenswert. Die Anschlüsse können sich nämlich unterscheiden.

- ½-Zoll-Adapter
- ¾-Zoll-Adapter (der am weitesten verbreitete Typ)
- 1-Zoll-Adapter
- „Wasserdieb" für Wasserhähne ohne Gewinde
- Spritzdüse
- 2 Schlauch-Kupplungen; auf jeder Seite angebracht, lässt sich der Schlauch damit ganz einfach an die Adapter auf der einen Seite und die Düse auf der anderen Seite anschließen

Grauwasserentsorgung

Wenn dein Campingfahrzeug einen fest verbauten Abwassertank besitzt, kannst du einfach über die Bodenrinne fahren, die an vielen Entsorgungsstationen zu finden ist. Dort öffnest du den Schieber, und dein Brauchwasser fließt direkt in den angeschlossenen Kanal. Doch nicht überall werden solche Rinnen vorgehalten, deshalb solltest du für den Notfall einen Kanister, einen Eimer oder einen Rolltank dabeihaben. Ein eigener Schlauch fürs Abwasser ist ebenfalls sinnvoll – zum Beispiel auch für die Fälle, in denen du dich aus irgendeinem Grund nicht direkt über die Rinne stellen kannst.

Bist du mit Wohnwagen, Campingbus oder Mini-Camper unterwegs, musst du meist auf einen festen Abwassertank verzichten. Beim Caravan wird ein Eimer oder ein sogenanntes Abwassertaxi (Rolltank mit 20–40 l Fassungsvermögen) unter das Ablaufrohr gestellt. Bei Campingbussen oder Mini-Campern sind häufig kleine tragbare Kanister unter den Waschbecken installiert.

Den Füllstand im Blick behalten
Gerade am Anfang solltest du regelmäßig den Füllstand des Abwasserbehälters kontrollieren, um ein Gefühl für deinen Wasserverbrauch zu bekommen. Ein nach faulen Eiern stinkender mobiler Tank, der womöglich auch noch überläuft, stößt bei Platzbetreibern und Nachbarn nämlich nur auf wenig Gegenliebe – und auch dem Grundwasser tun Seifenreste, Chemikalien und andere Rückstände nicht gut.

Wasserhygiene

Leitungswasser-Qualität prüfen und verbessern Grundsätzlich wird das Leitungs- bzw. Trinkwasser in Deutschland und den anderen europäischen Ländern sehr stark kontrolliert und sollte eigentlich bedenkenlos konsumiert werden können. Eigentlich – denn trotz aller Kontrollen und Vorschriften können sich auch unerwünschte „Besucher" im Trinkwasser tummeln, z.B.

- Legionellen
- Pseudomonaden
- E.coli-Bakterien
- Enterokokken
- Schwermetalle
- Nitrat
- Feststoffe (Lehm, Sand, Rostpartikel etc.)
- Chlor
- Kohlenwasserstoffe
- Biofilm

Die Wasserqualität hängt dabei nicht nur vom öffentlichen Wassersystem ab, sondern auch von den Leitungen und Anschlüssen auf den Plätzen und an den Versorgungsstationen sowie von deinem eigenen Equipment. Konkret bedeutet das: Selbst wenn blitzsauberes Wasser aus der Leitung kommt, kann es durch verkeimte oder schadstoffbelastete Leitungen, Anschlüsse, Schläuche oder Tanks so verunreinigt sein, dass es nicht mehr als Trinkwasser geeignet ist. Eine weit verbreitete Quelle für Erreger ist z.B. nicht das Trinkwasser aus dem Hahn, sondern der Schlauch, der zum Befüllen genutzt wird. Er liegt oder hängt an der Entsorgungsstation häufig den ganzen Tag in der prallen Sonne, gefüllt mit Restwasser – ein perfekter Nährboden für Keime.

Mit ein paar Maßnahmen und der richtigen Ausstattung kannst du das Risiko, kontaminiertes Wasser zu tanken, aber zumindest reduzieren:

- Fülle etwas Wasser in eine transparente Flasche ab, schau es dir genau an und rieche daran. Sauberes Trinkwasser ist in der Regel farblos, klar und geruchsneutral.
- Vermeide die Nutzung von Wasserhähnen, die direkt neben der Entsorgung für Campingtoiletten angebracht sind.
- Stecke den Schlauch beim Nachfüllen nicht direkt in den Füllstutzen, sondern lass erst einmal etwas Wasser durchlaufen. So wird abgestandenes und eventuell verunreinigtes Wasser aus dem Schlauch gespült.
- Im Idealfall: Verwende deine eigenen Anschlüsse, Schläuche und Behälter, die du regelmäßig reinigst. Säubere auch deinen Frischwassertank regelmäßig und desinfiziere gelegentlich die Enden deines Wasserschlauchs.
- Entleere sowohl den Tank als auch das übrige Equipment nach der Nutzung stets vollständig und lass alles gut trocknen.
- Nutze einen Vorfilter aus dem Fachhandel: Er entfernt beim Betanken zumindest gröbere Partikel aus dem Wasser.
- Um Keime, Schwermetalle, Chemikalien und/oder Medikamentenrückstände herauszufiltern, benötigt man meist hochwertige und damit auch teure Filtersysteme oder sogar eine richtige Wasseraufbereitungsanlage. Wenn du eine solche Investition nicht tätigen willst, greife auf Wasserflaschen aus dem Supermarkt zurück, diese gibt es gerade in südlichen Ländern auch in großen Gebinden von bis zu 8 l.

Auf Nummer Sicher
Manche Camperkollegen stecken den Schlauch an der Station auch gerne in die Kassettentoilette, um diese mal richtig durchzuspülen. Diesen Anblick durften wir schon häufig genießen, weshalb uns der Frühstückskaffee dann doch besser mit stillem Mineralwasser aus der Flasche schmeckt.

Das eigene Frischwassersystem sauber halten Wird (sauberes) Trinkwasser sorgsam abgefüllt und gut verschlossen gelagert, ist es relativ lange haltbar. Lediglich der Geschmack kann sich dabei verändern, da im Wasser gelöste Stoffe, z.B. Mineralien, unter Umständen ausfallen. Allerdings ist Wasser nicht steril, es können sich also durchaus immer Pilzsporen, Algen und Bakterien oder andere Erreger darin befinden, genau wie in den Tanks und Leitungen. Das Immunsystem eines gesunden Menschen kommt damit gut zurecht. Bei Kranken, Geschwächten, älteren Menschen und kleineren Kindern kann es allerdings zu Problemen kommen. Außerdem ist an den Wassertanks von Campingfahrzeugen stets eine Öffnung nach außen vorhanden, es handelt sich also nicht um ein geschlossenes System.
Die eigenen Tanks und Leitungen müssen darum regelmäßig gereinigt werden. Hierfür gibt es spezielle Produkte aus dem Campingfachhandel, mit denen in einem oder mehreren Durchläufen das komplette System gesäubert und desinfiziert wird. Bei kürzeren Reinigungsintervallen oder für zwischendurch können auch Hausmittel wie Zitronensäure oder verdünnter Essig gute Dienste leisten.

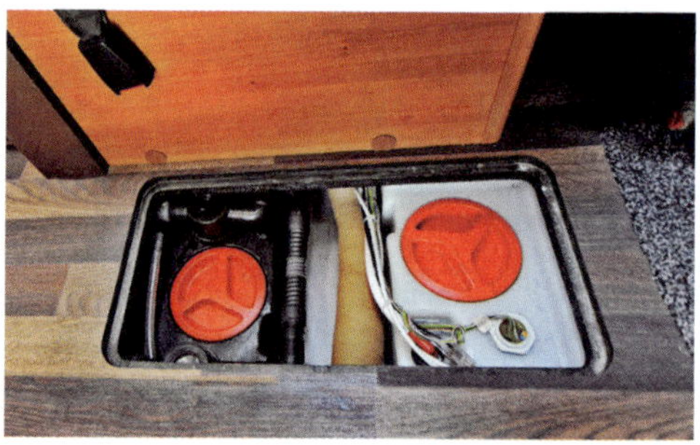

Darüber hinaus solltest du während deiner Reise immer für guten „Durchlauf" sorgen und zwischen den Touren das Wasser ablaufen und den Tank trocknen lassen. Denn sobald die Temperaturen steigen und/oder eine größere Menge Sauerstoff ins Trinkwasser gelangt, vermehren sich Mikroorganismen darin teilweise sehr schnell. Dann kann sich beispielsweise ein sogenannter Biofilm bilden, der wiederum einen hervorragenden Nährboden für Keime darstellt.
Wenn du diese Tipps beherzigst und lieber einmal zu viel als einmal zu wenig durchspülst, benötigst du in der Regel keine zusätzlichen Mittel zur Wasserkonservierung. Solltest du dich damit aber sicherer fühlen, wirst du auch hierzu im Fachhandel fündig. Wir selbst nutzen solche Mittel jedoch nicht und stehen nach mehreren Gesprächen mit Experten vor allem den immer wieder massiv beworbenen Silberprodukten sehr kritisch gegenüber. Deshalb möchten wir an dieser Stelle keine Empfehlung aussprechen.

Gebissreiniger nur fürs Gebiss!
Auf einen immer wieder auftauchenden Tipp aus der Camper-Community solltest du unbedingt verzichten: den Einsatz von Gebissreiniger. Die darin enthaltenen Substanzen können sich in den Leitungen ablagern und diese schädigen!

Den Grauwassertank sauber halten

Dem Grauwassertank brauchst du eigentlich keine erhöhte Aufmerksamkeit zu schenken, sofern du ihn regelmäßig entleerst und zwischendurch immer wieder vollständig trocknen lässt. Sollte der Tank dennoch irgendwann anfangen, stark zu müffeln, kannst du mit speziellen Zusätzen auf mikrobiologischer Basis aus dem Fachhandel gegensteuern.

Campingmöbel

Zu einem gemütlichen Campingurlaub gehört für die meisten Reisenden eine Sitzgarnitur. Schließlich spielt sich das Leben ja überwiegend draußen ab. Bei Campingtischen und -stühlen kommt es darauf an, die optimale Kombination aus Größe, Gewicht, Handling und Komfort zu finden.

Auswahlkriterien für Campingmöbel

Qualität Damit du langfristig Spaß an deiner Ausrüstung hast, sollte die Qualität stimmen. Gute Campingmöbel sind witterungs- und uv-beständig, besitzen strapazierfähige und leicht zu reinigende Oberflächen, lassen sich werkzeuglos und ohne Fingerquetschungen aufbauen und sind stabil.

Nutzungsgefühl Bestelle Tische und vor allem Stühle nicht irgendwo, sondern teste sie am besten vor Ort im Fachhandel. So kannst du ausprobieren, wie bequem du sitzt, wie solide die Konstruktionen sich wirklich anfühlen und ob du mit dem Auf- und Zuklappen gut zurechtkommst.

Passende Proportionen Achte darauf, dass Tisch und Stühle gut aufeinander abgestimmt sind, vor allem in Höhe und Funktion. Bei Stühlen ist es zudem wichtig, dass sie zu Körpergröße und -gewicht passen. Für kräftiger gebaute Menschen gibt es übrigens spezielle „XXL-Stühle", die problemlos auch 100 bis 150 kg aushalten. Generell sind die Sitzhöhe, die Höhe der Lehne, die Tragkraft und die Breite der Sitzfläche entscheidend für den Sitzkomfort.

Passendes Gewicht und passende Maße
Behalte deine Platz- und Gewichtsreserven im Auge: Bei hochwertigen, massiven Möbeln kommen einige zusätzliche Kilos zusammen. Wenn dein Stauraum eingeschränkt ist, solltest du außerdem besonderes Augenmerk auf das Packmaß legen.

Individuelle Anpassungsmöglichkeiten
Tische sollten höhenverstellbar sein. Am besten ist jedes einzelne Bein justierbar, um Unebenheiten im Untergrund ausgleichen und Wackeln verhindern zu können.

Nimm nicht zu viel mit! (Aber auch nicht zu wenig)

Packe auch in diesem Bereich angemessen: Es ist in aller Regel nicht nötig, für zwei Reisende einen Sechsertisch und zusätzliche Stühle für Besucher mitzuschleppen. Umgekehrt ist es für eine fünfköpfige Familie nicht besonders gemütlich, gemeinsam an einem Mini-Klapptisch zu essen.

Campingtische

Campingtische zeichnen sich vor allem dadurch aus, dass sie zusammenklappbar sind und platzsparend in deinem Wohnmobil, Van oder Auto verstaut werden können. Sie lassen sich außerdem schnell auf- und abbauen und sind häufig auch für unebenes Terrain geeignet.

Ausführungen Campingtische gibt es in vielen Varianten, wobei die folgenden wohl am gebräuchlichsten sind:

- **Klassischer Klapptisch** mit fester Tischplatte: einfach die Beine unter der Tischplatte aufklappen und eventuell mit einem kleinen Hebel feststellen – fertig!
- **Rolltisch** mit aufrollbarer Tischplatte: Die Tischplatte besteht aus einzelnen Lamellen und lässt sich zusammenrollen. So kann die Platte mit den Tischbeinen sehr platzsparend in einer Tragetasche verstaut werden. Rolltische sind aufgrund dieses geringen Packmaßes sehr beliebt. Je nach Qualität und Modell sind sie allerdings auch etwas instabiler als Tische mit fester Tischplatte. Außerdem dauert das Auf- und Abbauen etwas länger als bei einem Klapptisch.
- **Koffertisch**, oft mit integriertem Stuhl oder Sitzbank: Die sogenannten Koffertische lassen sich im Kofferformat verpacken und sind so gut zu transportieren. Aufgrund einer speziellen Konstruktion bauen sie sich zudem nach dem Öffnen fast von allein auf.
- **Falttisch** mit Nylonbespannung: Falttische können für Urlaube mit Zelt, Mini-Camper oder Rucksack eine gute Alternative darstellen. Sie bestehen meist aus Nylon und einem leichten Aluminiumgestell und werden zum Aufstellen einfach auseinandergefaltet. Diese Tische sind einfach zu transportieren, aufgrund ihres geringen Gewichts und der etwas „wackeligen" Konstruktion aber längst nicht so standfest wie ein Tisch aus Holz oder Kunststoff.

Material Campingtische sind meist aus Holz, Bambus, Kunststoff und/oder Aluminium gefertigt. Dadurch unterscheiden sie sich im Gewicht, der Witterungsbeständigkeit und dem Pflegeaufwand.

	HOLZ	ALUMINIUM	KUNSTSTOFF	BAMBUS
PREIS	🟠	🟡	🟢	🟡
STABILITÄT	🟢	🟠	🟢	🟢
GEWICHT	🟠	🟢	🟢	🟡
WITTERUNGS-BESTÄNDIGKEIT	🟡	🟢	🟠	🟢
PFLEGEAUFWAND	🟠	🟢	🟢	🟡
AUFHEIZEN BEI SONNENEINSTRAHLUNG	🟢	🟠	🟡	🟢

🟢 *= vergleichsweise beste Eigenschaften in diesem Bereich*
🟡 *= vergleichsweise mittelgute Eigenschaften in diesem Bereich*
🟠 *= vergleichsweise schlechteste Eigenschaften in diesem Bereich*

Campingstühle

Wenn du nicht auf jedes Gramm und jeden Zentimeter achten musst, empfehlen wir, pro Person einen (möglichst bequemen) Campingstuhl mitzuführen. Denn zwei Wochen oder länger auf dem Boden oder auf kleinen Hockern zu kauern, kann mit der Zeit die Freude am Campen doch etwas trüben.

Ausführungen Auch bei den Stühlen sind unzählige Varianten auf dem Markt, teils auch mit praktischer Zusatzausstattung wie Beinauflagen, Becherhaltern, Netztaschen oder integrierten kleinen Tischen. Generell unterscheidet man aber folgende Typen:

- **Faltbarer Campingstuhl:** Einer der Klassiker. Der Faltstuhl besitzt meist vier Beine, eine gerade Rückenlehne und einen flachen Sitz. Es gibt Faltstühle in normaler Sitzhöhe und solche mit eher kürzeren Beinen. Letztere eignen sich z.B. gut für Strandausflüge, Angelnachmittage oder unebene Untergründe. Außerdem sind die Gestänge bei faltbaren Campingstühlen weniger massiv, was sie leichter und somit auch besser transportierbar macht. Sie weisen meist ein kleines Packmaß auf, wodurch sie auch für Rad-, Zelt- oder Trekkingtouren geeignet sind.
- **Klappstuhl:** Klappstühle sind komfortabler als Faltstühle, da sie neben einer hohen Rückenlehne meist auch mit verstellbaren Armlehnen ausgestattet sind. Durch diese Bauweise sind sie außerdem stabiler. Allerdings erhöht das breitere Gestänge auch das Packmaß und das Gewicht. Klappstühle eignen sich daher eher für Wohnwagen oder Wohnmobile, bei denen etwas mehr Platz- und Gewichtsreserven vorhanden sind.
- **Campinghocker:** Keine Rücken- und Armlehnen, daher weniger Komfort. Doch durch seine geringen Maße und sein niedriges Gewicht lässt sich der Hocker besonders einfach tragen, beispiels-

weise bei Wandertouren im oder am Rucksack. Es gibt ihn auch als Dreibeinhocker, der ebenso leicht und klein ist.

- **Aufblasbarer Stuhl:** Dieses Modell wird oft als Strandstuhl verwendet. Es lässt sich schnell und leicht mit Luft befüllen und passt sich gut an den Körper an, wodurch ein angenehmes Sitzgefühl entsteht. Außerdem ist es besonders leicht und lässt sich sehr klein zusammenfalten, wodurch es in fast jedem Gepäck verstaut werden kann. Allerdings ist es auch sehr empfindlich und anfällig für Beschädigungen.
- **Klappbank:** Besitzt natürlich ein größeres Gewicht und Packmaß als ein Stuhl, dafür finden mehrere Personen darauf Platz

Material Hier unterscheidet man zwischen den einzelnen Elementen eines Stuhls.

- **Gestell:** Das Gestell eines Campingstuhls besteht meist aus Aluminium, Metall oder Kunststoff. Aluminium ist sehr robust, wetterfest und besonders leicht. (Noch leichter ist nur ein Karbongestell, das spiegelt sich allerdings auch im Preis wider.) Metallgestelle zeichnen sich durch besondere Stabilität und Langlebigkeit aus, sind aber auch ziemlich schwer und können bei anhaltender Feuchtigkeit oder Nässe rosten. Kunststoff wiederum ist leicht, aber weniger stabil, und kann bei starker Sonneneinstrahlung porös werden. Stühle mit Holzgestell sind zwar optisch sehr schick, dafür aber auch wetterempfindlicher und schwerer.
- **Bezüge:** Nylon oder Polyester sind besonders praktisch, da widerstandsfähig, wasserabweisend, leicht zu reinigen und schnell trocknend. Wenn die Wetterbeständigkeit des Stuhls nicht so wichtig für dich ist oder du dir nachhaltigere Materialien wünschst, können auch Stoffbezüge (z.B. aus Baumwolle) eine gute Wahl sein. Die gibt es sogar gepolstert, und sie sind in der Regel atmungsaktiver und damit deutlich angenehmer, wenn man z.B. in Shorts oder Badebekleidung darauf sitzt.

Campingküche

Manche Camper lieben es, im Urlaub einfach nur Würstchen und Steaks auf den Grill zu werfen. Andere möchten auch auf Reisen abwechslungsreich essen. Das Schöne ist: Du hast deine eigene Küche dabei und kannst jeden Tag neu entscheiden, was auf den Teller kommt.
Besitzt du ein geräumiges Fahrzeug mit ausreichend Zuladung, brauchst du an der Küchenausstattung nicht so sehr zu sparen. Packe einfach eine etwas abgespeckte Version deines zu Hause verwendeten Equipments ein. Je geringer jedoch dein Stauraum ist, desto mehr solltest du darauf achten, dass dein Zubehör möglichst leicht, platzsparend (z.B. faltbar) und multifunktional einsetzbar ist.

In der Checkliste zur Erstausstattung (s. S. 182) findest du schon einiges an Koch-Equipment. Was du sonst noch gebrauchen könntest und welche Grundnahrungsmittel und Gewürze zumindest wir immer an Bord haben, verraten wir hier. Und wir geben dir ein paar unserer Lieblingsrezepte mit auf den Weg, die sich auch auf kleinem Raum und mit wenigen Hilfsmitteln schnell und einfach zubereiten lassen.

Mobile Küchenlösungen

Für Zelte, Zeltanhänger oder Fahrzeuge ohne eigene Küchenzeile gibt es mobile Outdoorküchen in unterschiedlichen Formen, Größen und Ausstattungsvarianten.
Die einfachsten Modelle bestehen aus einem **Klappgestell** (z.B. aus Aluminium) mit Stoffbespannung, einem Windschutz, einem eingelassenem Spülbecken und Einlegeböden. Sie werden in Kombination mit einer kleinen tragbaren Herdplatte oder einem Campingkocher genutzt und sind bereits ab ca. 70 Euro erhältlich.

Für **Küchenkisten**, auch Küchenboxen genannt, wird häufig Kunststoff, Holz und/oder Aluminium verwendet. Manche Modelle sind wie ein normales Schränkchen mit Fächern und Türchen konstruiert, ohne integrierte Kochstelle. Andere punkten mit ausgeklügelten Klappmechanismen, und bei den hochpreisigeren Modellen sind oft schon ein zweiflammiger Herd mit Gasanschluss sowie Spülbecken, Wasserpumpe, Kanister und Batterie verbaut. Die Preise liegen je nach Ausführung zwischen mehreren hundert bis ca. 1500 Euro. Das teuerste uns bekannte Modell kostet stolze 6500 Euro.

Für Mini-Camper und Campingbusse gibt es darüber hinaus **Küchenmodule**, die entweder in den vorhandenen Zurrschienen befestigt oder im Heck mit Schwerlastauszügen montiert werden. Die Kosten starten bei rund 700 Euro. Viele Hersteller solcher Module bieten auch weiteres Equipment wie z.B. Stauraum-, Kühlschrank- oder Toilettenboxen an.

Empfohlenes Kochzubehör

Töpfe und Pfannen Was du genau brauchst, ist sehr individuell. Beginne am besten mit einer Basisausstattung und erweitere diese dann Schritt für Schritt nach deinen Bedürfnissen. Für begrenzten Stauraum bietet sich ein spezielles, leichtes und stapelbares Camping-Kochset aus dem Fachhandel an. Meist bestehen diese Sets aus einem bis zwei Töpfen, einer Pfanne (jeweils mit Deckel) und manchmal auch noch zusätzlichem Zubehör wie einem Wasserkessel oder Tassen.
Ansonsten kannst du auch einfach etwas Kochgeschirr von zu Hause mitnehmen:

- einen größeren Topf für Nudeln und Suppen für alle Mitreisenden,
- einen kleinen Topf zum Wassererhitzen, Butterschmelzen oder für kleine Portionen,
- eine große und evtl. eine kleine Pfanne

Kochbesteck Wir empfehlen

- mindestens ein gutes scharfes Messer,
- einen Pfannenwender,
- eine Schöpfkelle,
- eine Grillzange (diese ist auch beim Fleischbrutzeln am Herd hilfreich),
- evtl. einen Kochlöffel und einen Rührbesen,
- ein bis zwei robuste Schneidebretter oder -matten.

Speziellere Dinge wie Salatbesteck, eine Schaumkelle oder ein Spaghettilöffel sind sicherlich praktisch, aus unserer Sicht auf Reisen aber verzichtbar bzw. durch andere Utensilien ersetzbar.

Omnia-Backofen Vielleicht hast du schon mal von diesem sagenumwobenen Teil gehört, denn viele in der Camper-Community (uns eingeschlossen) schwören auf den kleinen Alu-Backofen. Im Omnia, der eigentlich nicht wie ein Ofen, sondern eher wie eine Guglhupf-Form mit Deckel aussieht, kannst du Kuchen und Brot backen, Aufläufe, Gratins, Eintöpfe und Fleischgerichte zubereiten.

Lesetipp
Der Omnia-Backofen: Testbericht und Rezepte
camper.st/omnia

Camping-Grill/-Kocher Grillen gehört für viele einfach zum Camping dazu. Deshalb haben wir diesem Thema ein eigenes Kapitel gewidmet (s. S. 219). Für den „Hausgebrauch" reicht ein Gaskocher normalerweise aus: Mit diesem lassen sich einfachere Speisen leicht zubereiten. Das müssen nicht immer die berühmten Ravioli aus der Dose sein – auch Gemüse, Eintöpfe, Suppen, Pasta, Spätzle oder One-Pot-Gerichte bekommst du damit gut hin.
Minimalistischer wird es mit einem sogenannten Hobo-Kocher, einem meist viereckigen Metallgestell zum Zusammenstecken oder Klappen, das manchmal auch noch Einschübe für die verschiedenen Ebenen aufweist. In die Mitte stellst du ein Gefäß mit einer Brennpaste oder natürlichem Brennmaterial wie Holz und Blätter auf. Dieser Kocher eignet sich zum Aufwärmen von Konserven sowie zum Tee- oder Kaffeekochen bei Zelt- und Trekkingtouren. Für aufwändigere Gerichte bietet er sich aber aufgrund seiner geringen Größe und der oft auch etwas wackeligen Konstruktion eher nicht an.

Elektrische Kochplatte Viele Camper haben als Zusatzausrüstung ein kleines elektrisches Kochfeld dabei, um z.B. geruchsintensive Speisen draußen zubereiten zu können.

Stab-/Handmixer Einen Stabmixer, der nicht umsonst häufig auch „Zauberstab" genannt wird, kannst du sehr vielseitig einsetzen, z.B. für Smoothies, Fruchtpürees, Gemüsesuppen und -cremes, Aioli oder Saucen. Das Gerät ist so klein und leicht, dass es selbst in einem Mini-Camper Platz findet. Bei uns hat es lange Zeit sogar (etwas eingeschränkt) den Handmixer ersetzt. Wenn Platz keine Rolle spielt und du auch unterwegs gerne Pfannkuchen, Kuchen oder Brot selbst machen möchtest, ist Letzterer ebenfalls eine gute Investition.

Kaffee- und Teezubereitung Willst du an keinem Ort der Welt auf deinen Morgenkaffee oder -tee verzichten, aber auch nicht gleich den Vollautomaten aus der heimischen Küche in den Camper wuchten, gibt es verschiedene, relativ kompakte Möglichkeiten:

- Filterhalter, zum Aufsetzen auf Kannen oder Tassen, z.B. mit einem Dauerfilter aus Edelstahl, Kunststoff oder Bio-Baumwolle
- French Press oder Kaffeebereiter mit eingebauter Filterfunktion
- Espresso- bzw. Mokkakocher
- Teekanne für den Gasherd aus Keramik, Edelstahl oder hitzebeständigem Borosilikatglas mit Edelstahlboden und -sieb

Und wenn du deine Kaffeebohnen selbst mahlen möchtest, findest du in gut sortierten Läden auch Handmühlen im Taschenformat.

Haltbare Grundnahrungsmittel

Für unterwegs eignet sich ein kleiner Vorrat an haltbaren Lebensmitteln, die sich in Kombination mit frischen Zutaten schnell zu leckeren Gerichten verarbeiten lassen. Da du all dies normalerweise auch im Ausland in jedem Supermarkt findest, nimm aber wirklich nicht zu viel mit.

- Nudeln
- Reis
- Milch bzw. Milchersatz im Getränkekarton
- Sahne bzw. Sahneersatz im Getränkekarton
- Thunfisch-Konserven
- Erbsen-Möhren-Konserven
- Suppenwürze, als Brühwürfel oder selbst gemacht im Glas
- Paniermehl
- Tortilla-Fladen
- Mehl
- Haferflocken
- Obstkonserven
- evtl. Wurst und Fleisch in Dosen
- Getrocknetes, z.B. Obst, Tomaten, Pilze
- Zucker
- Honig oder Honigersatz, z.B. Agavendicksaft
- Speiseöl und Essig
- evtl. Trockenhefe und Backpulver

Gewürze

Die meisten Menschen, die einen Blick in unseren „mobilen Gewürzschrank" werfen, sind erst einmal erstaunt, was wir so alles an Kräutern mitschleppen. Doch abgesehen davon, dass wir einfach gerne kochen und genießen, steckt dahinter eine recht einfache Strategie: Zum einen bringen wir mit den verschiedenen Gewürzen Abwechslung in häufig zubereitete Basisgerichte wie Pasta, Reis, Suppen oder Eintöpfe, zum anderen lassen sich Reste durch eine andere Geschmacksrichtung am nächsten Tag kreativ aufpeppen. Wir haben rund 30 Gewürze und selbst gemachte Würzmischungen an Bord… Das ist sicherlich etwas übertrieben. Mit diesen Empfehlungen aber bist du für den Anfang mehr als gut aufgestellt:

Salz und Pfeffer Feines Tafelsalz und gemahlener schwarzer Pfeffer sind die Klassiker, es gibt aber auch viele Varianten, die einem Gericht eine ganz besondere Note verleihen können, z.B. Fleur de Sel, grobes Meersalz, Räuchersalz, grüner/roter Pfeffer usw.

Paprikapulver Ob edelsüß oder geräuchert, Paprikapulver ist ein toller Geschmacksträger und gibt blassen Saucen auch optisch etwas Pfiff. Die geräucherte Variante aber bitte sparsam dosieren!

Italienische Kräuter Oregano, Basilikum und Rosmarin sind besonders beliebt für italienische Speisen, sie passen aber auch sehr gut zu gebratenen Pilzen, Gemüse, Fisch oder Hähnchen.

Thymian und Majoran Diese beiden sind schon etwas spezieller und sicher Geschmacksache. Zurückhaltend eingesetzt harmoniert Thymian perfekt mit Lamm, Rind, Meeresfrüchten, Semmelknödeln und Nachtschattengewächsen; Majoran passt sehr gut zu Eintöpfen, Aufläufen, Saucen und Hülsenfrüchten.

Zimt Ohne Zimt geht bei uns nichts! Gemahlen lieben wir ihn über Müsli, Milchreis, Pudding oder Grießbrei, in Stangenform wandert er in Ingwer- oder Ananastee, Kaffee und „Golden Milk".

Curry Eine der Gewürzmischungen, die bei uns häufig auch zur Resteverwertung eingesetzt werden. Ob Tomatenreis, Rosenkohl oder Hühnchen – viele Gerichte lassen sich damit nochmal ganz neu kreieren. Passt auch super in herzhafte Speisen, die von Mango, Pfirsich oder Ananas begleitet werden.

Chili Gemahlen und sparsam eingesetzt unterstreicht Chili hervorragend den Geschmack von Fleisch und Gemüse. Die getrockneten Schoten können in Öl eingelegt oder vorsichtig angebraten werden und dienen so als Basis für Salate, Antipasti, Bohnenmus oder Saucen.

Muskat Ein in der Alltagsküche völlig unterschätztes Gewürz, das aber gerade einfachen Gerichten wie Kartoffelpüree, Grießklößchen, Blumenkohl, Spinat, Grießbrei, Milchreis etc. einen tollen Geschmack verleiht.

Lorbeerblätter Passen zu ganz vielen Speisen, z.B. Fleisch, Fisch, Geflügel, Suppe, Eintopf, Tomatensauce oder Sauerkraut. Da meist nur je ein Blatt verwendet wird, brauchst du dich nicht übermäßig auszustatten.

Aufbewahren lassen sich Gewürze übrigens gut in viereckigen Gläsern (die nehmen weniger Platz weg als die runden Standarddosen), einer „Gewürzkartei" oder in Lutschdragee-Dosen. Bei den im Campingfachhandel angebotenen Dosen, die bereits einige Standardgewürze enthalten, solltest du genau hinschauen: Viele sind nur mit roher Gewalt zu öffnen und daher nicht oder nur sehr umständlich wiederzubefüllen. Wähle am besten ein Modell mit abnehmbarem Deckel.

Unsere liebsten Camping-Rezepte

Mexikanischer Café de Olla („Topfkaffee")

Für 2 Portionen

- ca. 5 Tassen Wasser
- 1 Zimtstange
- 3 EL Vollrohrzucker, alternativ ein ca. 5 cm großes Stück Piloncillo (gepresste und getrocknete Zuckerrohrmelasse)
- 1 EL Kaffeepulver

1. Das Wasser in einen Topf geben.
2. Die Zimtstange zerbrechen und mit dem Vollrohrzucker ins Wasser geben.
3. Das Wasser aufkochen und 7–8 Min. zugedeckt auf kleiner Flamme köcheln lassen.
4. Den Herd ausschalten und das Kaffeepulver hinzugeben.
5. Kurz umrühren und den Kaffee zugedeckt stehen lassen, bis sich das Pulver abgesetzt hat.
6. Das Pulver abseihen und den Kaffee genießen.

Ziegenkäse-Burger mit Karamellzwiebeln

Für 2 Portionen

- 1 Zwiebel
- 1 getrocknete rote Chilischote
- 300 g Rinderhack
- Salz, Pfeffer
- 1 Tomate
- 50 g Ziegenkäse
- 2 EL Senf
- 4 EL Honig
- 1 EL Ketchup
- 1 EL Mayonnaise
- 6 Scheiben Speck
- 2 Burgerbrötchen
- Öl
- ein paar Salatblätter

1. Die halbe Zwiebel in Würfel schneiden, die Chilischote fein hacken.
2. Zwiebelwürfel und Chili in das Hackfleisch einkneten, mit Salz und Pfeffer abschmecken. Abdecken und an einem kühlen Ort ziehen lassen.
3. In der Zwischenzeit die Tomate und den Käse in Scheiben schneiden.
4. Einen Teil der Käsescheiben zerbröseln.
5. Den Senf mit 2 EL Honig mischen, den Ketchup mit der Mayonnaise mischen.
6. Die Speckscheiben knusprig braten und aus der Pfanne nehmen. Auf einem Küchenpapier abtropfen lassen.
7. Den Rest der Zwiebel in feine Streifen schneiden und mit 2 EL Honig in der Pfanne im ausgelassenen Fett goldgelb anbraten.
8. Mit feuchten Händen aus dem Hackfleisch Pattys formen. In der Mitte jeweils eine kleine Mulde eindrücken und ein paar Käsebrösel hineingeben.
9. Die Burgerbrötchen aufschneiden und die Schnittflächen mit etwas Öl bestreichen.
10. Die Pattys von jeder Seite ca. 1–2 Min. grillen, am Ende der Garzeit jeweils eine Scheibe Käse auf eine Seite legen und anschmelzen lassen. Dann vom Grill neh-

men. Währenddessen die Brötchenhälften mit auf den Rost legen, bis sie leicht gebräunt sind.

11. Die beiden oberen Brötchenhälften mit der Honig-Senf-Soße bestreichen, die beiden unteren mit der Ketchup-Mayonnaise-Mischung.
12. Die Burger in dieser Reihenfolge zusammensetzen: Salatblatt – Tomatenscheiben – Patty – Speckscheiben – Zwiebelstreifen
13. Mit Pommes, Kartoffelecken, Salat oder einfach solo servieren und genießen.

Pfannen-Flammkuchen

Für 2 Portionen

- 100 g Mehl
- 60 ml Wasser
- 1–2 TL Olivenöl
- 1 TL Salz
- 60 g Speck
- 1 Zwiebel
- 1 Bund Schnittlauch
- 4 TL Schmand

1. Für den Teig Mehl, Wasser, Olivenöl und Salz in einer Schüssel vermengen und so lange kneten, bis sich eine geschmeidige, nicht mehr klebrige Masse ergibt. Bei Bedarf etwas mehr Mehl einarbeiten.
2. Den Teig mindestens 10 Min., optimalerweise 30 Min. gehen lassen.
3. In der Zwischenzeit den Speck in Würfel, die Zwiebel in Halbmonde und den Schnittlauch in Ringe schneiden.
4. Speck und Zwiebeln auf der Grillplatte oder in einer Pfanne ohne Öl kurz anbraten, bis sie leicht gebräunt sind. Das ausgetretene Fett mit einem Küchenpapier entfernen.
5. Den Teig in zwei Portionen teilen und je eine Hälfte zu einem sehr dünnen Fladen ausrollen. Die Fladen in die Pfanne legen.
6. Den Grill kurz vorheizen, dann die Pfanne auf höchster Stufe ca. 2 Min. daraufstellen – am besten mit aufgelegtem Deckel.
7. Den Grill ausschalten, die Fladen in der Pfanne wenden.
8. Die Fladen mit Schmand bestreichen und mit dem Speck und den Zwiebeln belegen.
9. Den Grill wieder einschalten und die Pfanne erneut bei niedriger bis mittlerer Hitze 3–5 Min. lang daraufstellen, bis die Fladen durchgebacken sind.
10. Die fertigen Flammkuchen mit dem Schnittlauch bestreuen und genießen. Dazu passt Weißwein oder Federweißer.

Fruchtiger Salat mit Riesengarnelen

Für 2 Portionen

- 1 Kopf Blattsalat nach Wahl
- 300 g ganze oder 200 g geschälte Riesengarnelen/Scampis
- 2 Nektarinen oder Pfirsiche, möglichst reif
- 2 Knoblauchzehen
- 2 kleine Zweige Rosmarin
- Olivenöl
- Salz, Pfeffer
- 1 Limette, den Saft davon
- Balsamico-Essig

1. Den Salat waschen und in mundgerechte Stücke zupfen.
2. Ggf. die Garnelen schälen und die Därme entfernen.
3. Den Knoblauch und den Rosmarin hacken und mit einem kräftigen Schuss Olivenöl in einer kleinen Schüssel oder einer Tasse mischen.

4. Mit Salz, Pfeffer und einem Teil des Limettensafts abschmecken.
5. Die Garnelen großzügig mit der Marinade benetzen, bei Bedarf etwas Öl nachgießen, und 5–10 Min. zugedeckt ziehen lassen.
6. In der Zwischenzeit die Nektarinen in dünne Scheiben schneiden.
7. Die marinierten Garnelen in eine Pfanne oder auf die Grillplatte geben und so lange braten, bis sie zart orange sind. Dann vorsichtig mit einem Löffel herausnehmen und beiseitestellen.
8. Für das Dressing die Flüssigkeit in der Pfanne mit Balsamico-Essig ablöschen, aufkochen und mit Salz, Pfeffer und dem restlichen Limettensaft abschmecken. Abkühlen lassen.
9. Das Dressing gleichmäßig über dem Salat verteilen, alles vermengen und den Salat mit den Nektarinen und den Riesengarnelen anrichten.

Gefüllte Grill-Avocados

Für 2 Portionen

- 2 Tomaten
- 1 Knoblauchzehe
- ½ TL Thymian, frisch oder getrocknet
- Olivenöl
- Salz, Pfeffer
- ½ Limette, den Saft davon
- 2 Avocados, reif

1. Die Tomaten würfeln, den Knoblauch und den Thymian fein hacken. Zusammen in eine kleine Schüssel geben und mit etwas Olivenöl vermengen.
2. Mit Salz, Pfeffer und Limettensaft abschmecken und ein paar Minuten ziehen lassen.
3. Den Grill kurz vorheizen.
4. Die Avocados halbieren und die Kerne entfernen. Die Schnittflächen mit Olivenöl bestreichen und salzen.
5. Die Avocados 3–4 Min. auf den Grill legen. Sobald sich ein deutliches „Grillmuster" abzeichnet, vom Rost nehmen und mit der Tomaten-Thymian-Mischung füllen.

Knuspriges Olivenbrot

Für 2 Portionen

- 150 g Mehl
- ½ TL Backpulver
- ½ TL Salz
- 100 ml Wasser
- ½ EL Olivenöl + etwas für die Pfanne
- ca. 10–15 Oliven, je nach Geschmack, in Scheiben

1. Das Mehl in einer Schüssel mit dem Backpulver und dem Salz vermischen und mit Wasser, Olivenöl und die Olivenscheiben zu einem weichen, noch leicht klebrigen Teig vermengen. Ein paar Minuten gehen lassen.
2. Den Grill oder die Pfanne kurz vorheizen und mit ein wenig Olivenöl bepinseln.
3. Den Teig mit einem Löffel in vier gleichgroße Kugeln teilen. Die Kugeln auf die Grillplatte oder in die Pfanne legen.
4. Kurz backen lassen, bis die untere Seite etwas fest ist. Dann wenden und die Kugeln flach drücken.
5. In 2–3 Min. goldbraun backen, dann wenden und erneut 2–3 Min. backen.

Guacamole

Für 2 Portionen
- ½ Zwiebel
- 4–5 Zweige Koriander, frisch
- 1 große Tomate
- 2 große Avocados
- Salz
- ½ Limette, den Saft davon

1. Die Zwiebel fein und den Koriander grob hacken.
2. Die Tomaten würfeln.
3. Die Avocados würfeln und in einer Schüssel vorsichtig zu einer stückigen Masse zerdrücken.
4. Die Zwiebeln, die Tomaten und den Koriander unterheben und alles mit Salz und Limettensaft abschmecken.
5. Zu Tortilla-Chips oder Quesadillas servieren und genießen.

Lesetipp
Weitere Camping-Rezepte
camper.st/rezepte

Quesadillas

Für 2 Portionen
- 1 große Zwiebel
- 10 mittelgroße Champignons
- 1 große grüne Paprika
- Speiseöl
- 4 große oder 6 kleine Tortillas
- 300 g Käse in Scheiben, z.B. Gouda
- Salz

1. Die Zwiebel in Ringe, die Champignons und die Paprika in mundgerechte Stücke schneiden.
2. Erst die Zwiebelringe mit den Champignons in etwas Öl in einer Pfanne oder auf der Grillplatte anbraten und mit Salz abschmecken, dann die Paprika auf gleiche Weise anbraten.
3. Die Pfanne mit Küchenpapier grob säubern, dann die Tortillas hineinlegen und mit Käsescheiben belegen: Große Tortillas nur zur Hälfte belegen und umklappen, die kleinen vollflächig belegen und jeweils mit einer zweiten Tortilla bedecken.
4. Auf niedriger Stufe erwärmen. Sobald der Käse geschmolzen ist, die Quesadilla vom Feuer nehmen, aufklappen bzw. aufdecken und die anderen Zutaten daraufgeben. Bitte nicht zu „dick“ belegen, sonst quillt beim Essen alles heraus!

So wird's noch leckerer!

Quesadillas werden übrigens mit der Hand gegessen, genau das Richtige also für den legeren Campingurlaub!
Nach Wunsch kannst du noch eine unserer Lieblings-Tortilla-Saucen dazu reichen: unsere Guacamole oder eine fix zusammengerührte Sauce aus Tomate, Zwiebel und frischem Koriander. Alternativ passt auch eine fertige scharfe Sauce dazu.

Campinggrills

Auch Grills sind eine beliebte Ausstattung, und du solltest bei der Auswahl einige Punkte bedenken. Es gibt zahlreiche, teilweise auch sehr kompakte Modelle, die du problemlos sogar in einem kleinen Fahrzeug mitführen kannst. Auf immer mehr Campingplätzen, vor allem in südlichen Regionen, sind wegen der Brandgefahr jedoch keine Holzkohlegrills mehr zugelassen. Elektrogrills benötigen häufig einen Stromanschluss mit hoher Absicherung und können daher nicht überall eingesetzt werden. Wir empfehlen daher meist die gasbetriebenen Modelle.

Handhabung eines Gasgrills

Generell ist beim Betrieb eines Gasgrills zu beachten:

- Hantiere keinesfalls mit offenem Feuer oder einer Zigarette in der Hand an deiner Gasflasche oder -kartusche herum.
- Bei Nicht-Nutzung drehst du die Gasquelle zu.
- Schläuche und Druckminderer müssen bei Beschädigung, spätestens aber nach 10 Jahren getauscht werden.

Weitere Informationen zum Thema Gas und Sicherheit findest du auf S. 186.

Mit Gasflasche Eine Gasflasche ist mittlerweile in fast jedem Campingfahrzeug zu finden. Manche verfügen sogar über einen Außenanschluss, an den sich ein Gasgrill in der Regel problemlos andocken lässt. Neue Fahrzeuge haben in Deutschland einen 30-mbar-Gasanschluss, während bei alten Fahrzeugen in der Regel noch 50-mbar-Gasanschlüsse vorhanden sind. Gasgrills dürfen in Deutschland wiederum nur mit 50-mbar-Brenner verkauft werden. Etwas paradox, ist aber leider so. Welchen Druck deine Gasanlage hat, ist auf dem Gaskasten oder Gastank vermerkt. Alternativ überprüfst du das Schild auf dem angehängten Druckminderer.
Das bedeutet für dich: Besitzt du ein älteres Fahrzeug mit einem 50-mbar-Anschluss, kannst du jeden Campinggrill daran anschließen. Mit einem neuen Fahrzeug mit 30-mbar-Anschluss musst du dir hingegen einen entsprechenden Grill in den Niederlanden, Dänemark oder einem anderen Nachbarland kaufen. (Den Herstellern ist der Export nach Deutschland verboten, du darfst das Gerät jedoch in Deutschland betreiben.)

Mit Gaskartusche Falls die Gasflasche nicht in Frage kommt, kannst du zu einem kleineren Modell mit einer praktischen Gaskartusche greifen (s. S. 189).

Druckminderer Kannst du den Gasbehälter nicht direkt am Grill anschrauben, benötigst du einen Druckminderer – denn der Druck in einer Gasflasche oder -kartusche ist oft deutlich höher als der Betriebsdruck der Düse im Grill. Daher muss dieser gesenkt werden. Falls dich die Technik dahinter interessiert:

Beim Druckminderer wird der von der Flasche kommende Druck durch ein Ventil mit Membranen sowie eine Feder gesteuert. Bei hohem Druck schließt sich das Ventil, bei niedrigem Druck vergrößert sich der Durchströmquerschnitt vom Ventil und erhöht somit den Druck, der durchgelassen wird. Dieses kleine Bauteil wird zwischen Flasche und Gasanschluss eingebaut und sorgt nicht nur für einen konstanten Druck, sondern auch für eine maximale Sicherheit.

Den richtigen Druck wählen
Gasgrill-Druckminderer gibt es in zwei unterschiedlichen Varianten: mit einem Druck von 30 mbar und mit einem Druck von 50 mbar. Wichtig ist, dass du vor dem Kauf einen Blick auf das Typenschild deines Grills wirfst.

Der ideale Grill für Unterwegs

Wichtig ist auch immer, wie sich der Campinggrill transportieren und zusammenklappen lässt. Er sollte im Auto, Wohnwagen oder Wohnmobil nur wenig Platz wegnehmen. Am besten schaust du dir deinen Wunschgrill im Fachhandel genau an und lässt dir den Auf- und Abbau zeigen. So findest du schnell heraus, wie einfach oder umständlich diese Prozedur ist – und ob die Fertigungsqualität den Anforderungen von Transport und häufigem Auf- und Abbauen auf Dauer wohl gewachsen ist.

Neben der Größe solltest du in dieser Hinsicht auch das Gewicht im Auge behalten, denn Zuladung ist ja bekanntlich ein kostbares Gut. Naturgemäß wiegen große Grills deutlich mehr als die kompakten Modelle und Materialien wie Gusseisen sind schwerer als Aluminium. Kleine Tischgrills sind bereits mit einem Eigengewicht von nur 5 kg zu haben, ein Standgrill für mehrere Personen kommt schnell auf 12–15 kg.

Auswahlkriterien für den Grill

- ✓ Für wie viele Personen wird regelmäßig gegrillt?
- ✓ Möchtest du nur grillen oder auch kochen, schmoren oder backen können?
- ✓ Welche Art von Grillgut soll zubereitet werden?

Von den Antworten auf diese Fragen hängt ab, wie groß und aus welchem Material die ideale Grillfläche ist und welches Zubehör (Topfständer, weitere Grillplatten und -pfannen etc.) du sonst noch benötigst.

Grillvarianten

Die im Folgenden vorgestellten Varianten und Formen sind alle mit unterschiedlichen Betriebsarten (Holzkohle, Gas, Elektro) verfügbar.

Tischgrill Den Tischgrill gibt es in zahlreichen Größen und Formen, immer aber ist er recht handlich. Er besitzt in der Regel kein Gestell oder ein nur sehr kleines und wird entweder mit einer Gaskartusche betrieben oder direkt an die Gasflasche angehängt (manche Modelle bieten beide Optionen). Ideal sind Tischgrills für 2–4 Personen, mit etwas Organisationstalent und Geduld lassen sich notfalls auch mehr Mitcamper verköstigen.

Standgrill Standgrills sind wohl auch heute noch die am weitesten verbreiteten Modelle. Sie sind in unendlich vielen Formen und Größen erhältlich und bringen unterschiedliche Funktionen mit sich. Mit einem Standgrill hast du eine größere Grillfläche zur Verfügung und bist daher in puncto Speisenzubereitung, aber auch bei der Anzahl deiner Essensgäste flexibler. Außerdem bleibt damit die komplette Tischfläche für Geschirr, Salate, Brot und Co. frei und gegrillt wird ganz bequem daneben.

Koffergrill Koffergrills gibt es in verschiedenen Größen, Formen und Ausführungen. Bei manchen Modellen wird die Hitze von oben abgestrahlt, bei anderen von unten. Wieder andere arbeiten mit Oberhitze, sind aber gleichzeitig noch mit Kochplatten ausgestattet, sodass du zeitgleich grillen und z.B. Kaffeekochen kannst. Ob mit einem, zwei oder drei Brennern, Größe und Ausstattung können individuell gewählt werden.

Camping-Kühlboxen

Verfügt dein Campingfahrzeug nicht über einen Kühlschrank oder benötigst du eine zusätzliche Kühl- oder Gefriermöglichkeit, kannst du auf eine praktische Kühlbox zurückgreifen.

Passivkühlboxen

Diese Boxen, die man teilweise sehr günstig im Discounter erwerben kann, haben kein eigenes Kühlaggregat, sondern schützen das Kühlgut durch dick isolierte Wände. Sie eignen sich damit nur zum kurzfristigen Transport bereits vorgekühlter Lebensmittel.

Thermoelektrische Kühlboxen

Die thermoelektrische Kühlbox ist mit Abstand die preisgünstigste und leichteste Variante unter den Kühlgeräten. Im Deckel der thermoelektrischen Kühlbox sind zwei miteinander verbundene Halbleiter verbaut. Sobald Strom fließt, erhitzt sich einer der Halbleiter und gibt die Energie an den anderen ab.
Es entsteht also eine Temperaturdifferenz zwischen den beiden Seiten. Die Temperatur auf der „heißen" Seite wird nun durch einen aufgesetzten Kühlkörper mit Ventilator wieder abgesenkt, um den Kühleffekt weiter zu verstärken. Die Modelle sind mit einem 12-V- und teilweise zusätzlich mit einem 230-V-Anschluss versehen und können während der Fahrt oder bei ausreichender Stromversorgung auch im Stand mit der Aufbaubatterie bzw. über Landstrom betrieben werden.
Die kleinen Kühlboxen sind allerdings stark abhängig von der Außentemperatur und ziehen im Verhältnis zu ihrer Größe und Leistung sehr viel Strom, sind also nicht wirklich effizient. Im Schnitt erreichen sie 15 °C unter Umgebungstemperatur, das Maximale sind 25 °C – das Einfrieren von Lebensmitteln

ist also nicht möglich. Die Innentemperatur bleibt darüber hinaus nicht konstant, weshalb die thermoelektrischen Modelle eher für den kurzfristigen Transport von Lebensmitteln oder für unempfindliches Kühlgut geeignet sind.

Absorberkühlboxen

Absorberkühlboxen sind in der Anschaffung günstiger als vergleichbare Kompressormodelle und punkten durch nicht oder kaum hörbare Betriebsgeräusche. In ihrem Inneren wird ein Gemisch aus Wasser und Ammoniak elektrisch erhitzt. Der Ammoniak verdampft und nimmt beim Abkühlen Wärme aus dem Kühlschrank auf. Absorbergeräte lassen sich mit 12 V (wenig konstant), 230 V (annehmbar) oder mit Gas (am zuverlässigsten) betreiben. Der letzte Punkt machte sie früher bei Reisenden ohne eigene autarke Stromquelle (z.B. Solaranlage) sehr beliebt. Durch die immer leistungsfähigeren modernen Autarkpakete und die immer effizienter werdenden Kompressorgeräte verliert dieser Aspekt jedoch zunehmend an Relevanz.

Der Energieverbrauch ist sowohl im Strom- als auch im Gasbetrieb (un-)verhältnismäßig hoch und wie bei den thermoelektrischen Boxen wird die Kühlleistung beim Absorber sehr stark von der Außentemperatur beeinflusst. Maximal sind 25–30 °C unter Umgebungstemperatur erreichbar, die optimale Kühltemperatur liegt bei etwa 6–7 °C Umgebungstemperatur. Spätestens ab 30 °C stellen diese Boxen die Kühlung häufig ein. Durch einen Lüfter oder den Umstieg auf Gasbetrieb ist dies noch etwas regulierbar, die Kühlleistung schwankt aber dennoch stark und bietet damit für sensibles Kühl- oder Gefriergut keine ausreichende Verlässlichkeit.

Kompressorkühlboxen

Kompressorkühlboxen stellen die schwerste und teuerste, aber auch die zuverlässigste Lösung dar. In Kompressorboxen findet ein Kältemittel auf natürlicher oder FKW-Basis Verwendung. Dieses geht in einem Verdampfer vom flüssigen Zustand ins Gasförmige über. Durch das verdampfende Kältemittel wird dem Raum Wärme entzogen, was zum gewünschten Kühleffekt führt. Der Kompressor komprimiert Kältemittel (daher der Name) und speist es wieder in den Verdampfer ein. So entsteht ein Kältekreislauf. Betrieben werden Kompressorkühlboxen mit 12 V oder 230 V. Die modernen Geräte werden zwar immer leiser, doch spätestens wenn sich der Kompressor zuschaltet, sind die Betriebsgeräusche deutlich hörbar und können für sensible Ohren etwas störend sein.
Die Technologie bei Kompressor-Kühlboxen hat sich in den vergangenen Jahren stark weiterentwickelt, sodass die Boxen heute sehr effizient im Stromverbrauch sind. Da sie weitestgehend unabhängig von der Außentemperatur arbeiten, lassen sich im Innenraum absolute Kühltemperaturen von bis –18 °C, bei einzelnen Modellen sogar –20°C und noch weniger erreichen. Bei hochwertigen Geräten treten erst in Bereichen ab 40–45 °C Umgebungstemperatur erste spürbare Schwankungen in der Kühlleistung auf.

	THERMO-ELEKTRISCH	ABSORBER	KOMPRESSOR
PREIS	🟢	🟡	🟠
ENERGIEVERBRAUCH	🟠	🟠	🟢/🟡
ABHÄNGIGKEIT VON AUSSENTEMPERATUR	🟠	🟠	🟢
KÜHLLEISTUNG	🟠	🟡	🟢
BETRIEBSGERÄUSCHE	🟢	🟢	🟡
GEWICHT	🟢	🟡	🟠
BESONDERHEITEN	Einfrieren nicht möglich	autarker Betrieb auch ohne Stromquelle möglich	Einfrieren möglich

🟢 *= vergleichsweise beste Eigenschaften in diesem Bereich*
🟡 *= vergleichsweise mittelgute Eigenschaften in diesem Bereich*
🟠 *= vergleichsweise schlechteste Eigenschaften in diesem Bereich*

Auswahlkriterien für die Kühlbox

Wenn du dir eine Kühlbox anschaffen möchtest, überlege dir vor dem Kauf,

- ✓ wohin und wie lange du reisen möchtest;
- ✓ was genau gekühlt werden soll;
- ✓ auf welche Energiequellen du zurückgreifen kannst;
- ✓ wie viel Platz du zur Verfügung hast.

Bist du mit Zelt, Auto oder Mini-Camper unterwegs, wirst du vermutlich auf eine thermoelektrische Kühlbox zurückgreifen müssen – schon alleine aus Platzgründen. Hier solltest du nur darauf achten, sensible Lebensmittel oder Medikamente schnell zu verbrauchen oder dich vor Ort um eine verlässlichere Kühlmöglichkeit zu kümmern.

Wünschst du dir hingegen z.B. einen autarken Betrieb über Gas, reist du eher in kühlere Klimazonen und/oder stehst du in erster Linie auf Campingplätzen bzw. Stellplätzen, auf denen der Strom pauschal abgerechnet wird, kann ein Absorbergerät durchaus sinnvoll sein.
Für längere, weitestgehend autarke Reisen, die Aufbewahrung von verderblichen Lebensmitteln oder empfindlichen Medikamenten und/oder für heiße Klimazonen empfehlen wir ein Kompressorkühlgerät. Diese Modelle sind zwar deutlich teurer als Absorber- und vor allem thermoelektrische Geräte, bieten aber die zuverlässigste, schwankungsärmste und energieeffizienteste Kühl- und Gefrierleistung. Allerdings benötigst du hier eine ausreichend dimensionierte Autarkielösung, z.B. über eine leistungsstarke Solaranlage mit mindestens einer guten Aufbaubatterie.

Ordnung und Sauberkeit

Bevor du deinem Fahrzeug mit Hammer und Säge für größere Umbaumaßnahmen zu Leibe rückst, schaue dir alles noch mal genau an: Schon mit einfachen Kniffen und etwas zusätzlichem Zubehör lassen sich Arbeitsflächen oder Stauräume kostengünstig und „minimalinvasiv" optimieren. Im Laufe der Zeit wirst du herausfinden, an welchen Punkten für dich besonderer Bedarf herrscht, was du konkret brauchst und welche vorhandenen Gegenstände sich vielleicht kreativ umfunktionieren lassen. Aber ein paar Tipps und Inspirationen für mehr Ordnung und Sauberkeit die sich nach vielen Jahren des Herumprobierens als nützlich und praktikabel erwiesen haben, möchten wir dir schon mal mit auf den Weg geben.

Für die Küche

Fliesenaufkleber Mit Fliesenaufklebern aus PVC bzw. Vinyl haben wir etwas Farbe in die neue Küche gebracht. Vor allem aber schützt die Folie Wände und die Kühlschrankfront vor Fettspritzern und anderen Verschmutzungen. Und auch Möbelfronten lassen sich damit ganz individuell verschönern und schonen. Die Aufkleber gibt es in ganz vielen Varianten – von einfarbig über dezent schwarz-weiß, grau oder pastellfarben bis hin zum kunterbunten Knallbonbon.

Schubladentrenner Durch diese praktischen Teile lässt sich nicht nur in Schubladen, sondern auch in Schränken, Regalen und anderen Stauräumen für Ordnung sorgen. Wenn du eine etwas höhere Version wählst, kannst du damit z.B. Textilien wie Bettwäsche, Handtücher und Kleidung separieren. Und in der Küche bekommen dank Schubladentrennern etwa Alufolie, Schöpfkellen, große Messer, Gewürze und Gefrierbeutel ihre eigenen Schubladenfächer.

Besteckkasten Im Campingfachhandel haben wir vor Kurzem einen platzsparenden Besteckkasten entdeckt: kompakt, rechteckig und mit übereinanderliegenden Einschubfächern ausgestattet. Das hat uns sofort begeistert, denn damit wird ein großer Teil der Besteckschublade mit einem Schlag frei. Einziger Nachteil: Bei dieser Art von Besteckkastensortierer sieht man nicht auf den ersten Blick, ob man Löffel, Gabeln oder Messer vor sich hat. Aber das lässt sich dank des erheblichen Platzgewinns verschmerzen.

Faltbares Küchenzubehör Faltbare Schüsseln können zum Waschen von Obst und Gemüse, zur Salatvorbereitung, zum Teiganrühren oder zum „Zwischenparken" von schmutzigem Geschirr verwendet werden. Nach Gebrauch lassen sie sich auf wenige Zentimeter Höhe zusammenklappen und in kleinen Stauräumen aufbewahren.
Dazu passend gibt es faltbare Siebe mit relativ feinen Löchern, perfekt für das Abgießen von Nudelwasser, Reis oder gewaschenem Obst bzw. Salat. (Zum Sieben von Mehl oder Passieren von Gemüse sind dagegen eher die herkömmlichen Produkte aus Metall empfehlenswert.) Und auch Salatschleudern, Wasserkocher und Töpfe gibt es als faltbare Versionen; bei letzteren beiden sind wir persönlich aber ein wenig misstrauisch, weil uns die Kombination Hitze + Kunststoff + Lebensmittel nicht so behagt.

Faltbares Geschirr-Abtropfgestell Einer der Gegenstände, die bei uns am häufigsten (mehrfach täglich) zum Einsatz kommen. Wir nutzen seit ein paar Jahren eine Variante aus Polypropylen, die nicht nur sehr funktional, sondern auch überraschend robust ist und vor allem keine Kratzer an Geschirr und Möbeln verursacht. Zur Reinigung der schwer zugänglichen Stellen (Noppen) weichen wir das Gestell in einer Lösung aus Natron und Apfelessig ein. Das löst sehr gut Kalkrückstände und andere Verschmutzungen.

Faltbarer Abfalleimer Wenn dein Fahrzeug wie unser Wohnwagen mit einem (zu) kleinen Abfalleimer ausgestattet ist oder du eine zusätzliche Möglichkeit zur Mülltrennung benötigst, stellt diese Variante eine gute Ergänzung dar. Besonders nützlich sind Modelle, die man sowohl aufstellen als auch einhängen kann. Diese kannst du mit einem Handgriff umplatzieren und z.B. während des Kochens an den Schubladengriffen anbringen, um Küchenabfälle direkt von der Arbeitsplatte aus hineinzuschieben.

Glasflaschen mit Schraubverschluss Diese kleinen Flaschen sind eigentlich für selbstgemachte Schnäpse und Liköre gedacht, lassen sich aber auch für andere Flüssigkeiten nutzen. Wir bringen darin z.B. unsere ganzen Essig- und Ölsorten übersichtlich unter. Bei Bedarf können die Flaschen mit Etiketten versehen werden.

Viereckige Gewürzgläser oder -dosen Im Gegensatz zu den üblichen runden Behältern verschwenden viereckige Versionen deutlich weniger Platz. Und du weißt ja: Im Campingmobil zählt jeder Zentimeter! Befüllen lassen sich die Behälter mit einem (evtl. faltbaren) Trichter. Und um nicht den Überblick zu verlieren, kannst du deine Gewürze mit Etiketten versehen, die du z.B. mit abwischbaren Kreidestiften beschriftest.

Stapelbare Bambusboxen mit Deckel Da in Schubladen immer viele Kleinteile herumflattern, ist es sinnvoll, Scheren, Korkenzieher, Feuerzeuge, Nussknacker und Flaschenverschlüsse in kleinen Boxen aufzubewahren. Am liebsten nutzen wir stapelbare Bambusboxen mit Deckel, die es in verschiedenen Größen und Formen gibt. Der Deckel besitzt einen Rand und dient damit gleichzeitig als Ablage für Gegenstände, die öfter gebraucht werden – bei uns z.B. die Sparschaler.

Bett-Tablett Unter dem Begriff „Bett-Tablett“ werden anklemmbare Tische in unterschiedlichen Formaten, Formen, Größen und Farben vertrieben. Eigentlich sind sie als Nachttischersatz fürs Bett konzipiert. Wir haben unserem Modell einen neuen Einsatzbereich zugewiesen: als Arbeitsflächenerweiterung in der Küche, wo wir es einfach in die geschlossene Schublade einhängen.

Achte beim Kauf vor allem darauf, dass das Tablett verstell- und festziehbare Schrauben besitzt, die ihm Stabilität verleihen. Viel Druck bzw. Gewicht sollte allerdings auch dann nicht darauf lasten – schon allein, damit die Schubladen nicht beschädigt werden. Fürs schnelle Ablegen von Tellern, Schneidbrettern oder Küchengeschirr leistet das Tablett aber gute Arbeit.

Antirutschmatte für Schubladen Leider mussten wir die Erfahrung machen, dass z.B. Konservendosen, nicht abgewischte Essig- und Ölflaschen oder Kakaopackungen auf den Schubladenböden unschöne Ränder hinterlassen können. Verhindern kannst du das, indem du Schubladen und andere Staufächer oder Regale mit transparenten Antirutschmatten auslegst. Das schützt zugleich – wie der Name ja schon sagt – vor dem Verrutschen der Gegenstände.

Selbstklebende Handtuchhalter Selbstklebende Handtuchhalter mit Einsteckloch, ebenso wie die Versionen zum Einhängen an der Tür, sind unwahrscheinlich praktisch. Ganz gleich, wie groß Geschirrtücher, Handtücher oder Badetücher sind, du kann sie entweder an einer Ecke oder irgendwo in der Mitte in die Aussparung stopfen. Für uns ist das in der Küche besonders wichtig, damit die Geschirrtücher nicht zu nahe an die Gasflamme kommen. Aber auch im Badbereich lassen sie sich wunderbar einsetzen.

Für Wohn-, Ess- und Schlafbereich

Boxen Deine besten Freunde im Campingmobil, ob für offene Staufächer, Schränke oder Schubladen. Bei uns sind unterschiedliche Modelle an Bord, die alle einem eigenen Zweck dienen.

Weiche Gegenstände wie Schals und Tücher, Socken oder Putzlappen sind in faltbaren Stoffboxen untergebracht. Große, stapelbare Euroboxen eignen sich super, um Werkzeug, Sanitärzusätze, Lebensmittelvorräte oder Ersatzteile unter dem Bett oder in der Heckgarage zu verstauen. In stabilen Kunststoff- oder Holzkisten, am besten mit Deckel und Einsätzen, lassen sich Kabel, Ladegeräte, Akkus, Schreib- und Malsachen oder Medikamente gut sortieren. Kleine Schubladenboxen, z.B. aus Bambus, oder quadratische Mini-Boxen nutzen wir für Kleinteile wie Handy-Kopfhörer, Münzen, Büroklammern oder Schlüssel.

Flexible Aufbewahrer

Besonders hübsch sind Häkelkörbe, die es über verschiedene Anbieter in jeder nur erdenklichen Ausführung gibt – rund, oval, eckig, mit Deckel, einfarbig, bunt, mit oder ohne Muster. Das Tolle daran ist, dass sie sich an die Form des Stauraums anpassen. In unserem Wohnwagen ist z.B. die Rückwand des Bettregals abgeschrägt, was die Verwendung von starren Boxen erschwert. Außerdem lassen sich diese Körbe etwas dehnen, sodass du auch Handtücher oder Kleidungsstücke super darin unterbringen kannst.

Schrank- und Schubladen-Sortiersysteme Unser Geschirr sortieren wir seit einigen Jahren mit einem flexiblen Stecksystem. Je nachdem, was im Schrank oder in der Schublade geordnet werden soll, lassen sich die Stifte in ihrem „Lochboden" ganz unterschiedlich anordnen. Der Nachteil: Die Steckstifte werden durch die Bewegung beim Fahren immer mal wieder ein bisschen locker und das System ist auch eher für leichtes Camping-Essgeschirr geeignet – mit Keramik oder Töpfen wird es mitunter instabil.

Aufbewahrungsnetze Solche Netze kennst du wahrscheinlich aus Flugzeugen oder Bussen. Sie werden mit kleinen Schrauben an vier Punkten an der Wand oder einer anderen, ungenutzten Stelle befestigt. Hier finden kleinere, flache Gegenstände wie Zehensandalen, Handy, Flyer, Hundeleine oder Taschentücher Platz.

Teleskopstangen Die sogenannten Barkeeper sind multifunktional einsetzbar: zum einen, um Geschirr und Gläser an Ort und Stelle zu halten, zum anderen als improvisierte Handtuchstange, zum schnellen Trocknen kleinerer, leichter Wäschestücke oder zum Fixieren von Handtüchern, Kleidung oder Faltboxen in den Regalen während der Fahrt.

Bett-Organizer Diese Taschen gibt es in allen erdenklichen Materialien, Formen und Ausführungen. Sie lassen sich nicht nur am Bett, sondern auch an Sitzbänken und anderen Möbeln im Campingfahrzeug nutzen und geben „toter" Fläche eine neue Bestimmung. Die Organizer werden entweder mit dem oberen Teil unter Matratze oder Polster gelegt und halten dann durch das jeweilige Eigengewicht, oder du bringst sie mit einem Klettverschlussband, Haken oder Schlaufen an.

In den schlanken Versionen kannst du einzelne Zeitschriften oder Dokumente unterbringen. Modelle mit mehreren Innentaschen bieten Platz für Smartphone, Tablet und sogar eine kleine Trinkflasche. Die bauchigeren Vertreter können Kabel, Netzteile, Ladegeräte, Bücher oder deine dicken Stricksocken aufnehmen.

Packwürfel Die Idee, Packwürfel zum Komprimieren und Sortieren der Kleidung in den Staufächern zu nutzen, kam uns eher zufällig. Wir hatten diese Teile bereits viele Jahre lang für unsere Touren nach und in Mexiko genutzt und waren irgendwann nach der Rückkehr schlichtweg zu faul, die Klamotten auszupacken und wieder in den Wohnwagen einzuräumen. Kurzerhand haben wir die vollen Packtaschen in die Fächer gestopft – und ein neues Ordnungssystem war geboren.

Für Bad und Nasszelle

Seifenhalter mit Magnet Im Campingfahrzeug fehlen vor allem in der Nasszelle häufig Ablagemöglichkeiten für Seifen und Shampoos. Und gerade in diesem Bereich solltest du wegen der Gefahr potenzieller Feuchtigkeitsschäden keinesfalls einfach ein Loch in die Wand bohren. Eine gute Alternative sind Seifenhalter mit Saugnäpfen, entweder in der normalen Variante oder mit Unterdruck. Das magnetische Gegenstück wird in die leicht aufgeweichte Seife gepresst.

Auf den Untergrund kommt es an
Wichtig ist zu wissen, dass Saugnäpfe nur auf absolut glatten Oberflächen haften, z.B. auf Kunststoff. Auf den Holzfurnierfronten der Möbel oder schon einer leicht strukturierten Wand funktioniert das System meist nicht mehr.

Selbstklebende Topfdeckelhalter Ein weiteres, von uns umfunktioniertes Zubehör. Normalerweise wird der selbstklebende Topfdeckelhalter in Schränken und Schubladen angebracht, um Topfdeckel aus dem Weg zu räumen. Bei uns ist er für den Kosmetikspiegel zuständig. Dieser bleibt dank der Konstruktion nicht nur während der Fahrt und im Stand an Ort und Stelle, sondern ist auch so auf der Innenseite des Spiegelschränkchens platziert, dass man ihn direkt zum Schminken, Augenbrauenzupfen oder Faltenzählen benutzen kann.

Ablösbares Multifunktions-Tape Unsere jüngste bahnbrechende Entdeckung ist sogenanntes Nanotape. Das doppelseitige „Klebe“band hält bombenfest, ist aber jederzeit ablösbar, ohne Rückstände zu hinterlassen. Sowohl Gegenstände, die im ständigen Gebrauch sind (Scheren, Besteck, Schminkartikel) als auch fest zu montierende Teile wie kleine Bilderrahmen, Mehrfachsteckdosen oder Haken lassen sich damit anbringen. Wir haben mit dem Tape z.B. Staubsaugeraufsätze und Kosmetikartikel platzsparend und ordentlich an den Innenwänden der Schranktüren organisiert.

Nicht zu großzügig verkleben
Das Nanotape darf auf Gegenständen, die du regelmäßig abnehmen möchtest, nicht zu großflächig aufgeklebt werden – sonst braucht es rohe Gewalt, um die Teile wieder zu trennen. Besser ist es, die schmalen Kanten als Klebefläche zu nutzen.

Lochplatten Besonders nützlich für kleine Räume mit wenig Ablagefläche, ganz gleich ob im Bad, im Schlafbereich oder in der Küche, sind Lochplatten. An ihnen lassen sich Haken, Klemmen und Fächer einhängen, in denen du verschiedene Utensilien übersichtlich sortieren kannst. Angebracht werden die Lochplatten üblicherweise mit kleinen Schrauben oder einem wiederablösbaren, stark haftenden Klebeband.

Hänge-Utensilos Sicherlich hast du dieses praktische Zubehör schon mal in Kinderzimmern oder sehr kleinen Wohnungen gesehen. Es handelt sich dabei um ein Aufbewahrungssystem, meist aus Stoff, Filz oder Kunststoff, bei dem mehrere Taschen und Fächer an einer Rückwand angebracht sind. Diese Utensilos kannst du mit Haken, Nägeln oder Schrauben an Türen und Wänden befestigen und als zusätzlichen Stauraum für Kinderspielzeug, Badartikel, Hundeleinen oder Unterwäsche nutzen.

Weitere Helfer

Besen, Kehrschaufel, Akkusauger Besen und Kehrschaufel, die unverzichtbaren Helfer für Sauberkeit im Campingfahrzeug, gibt es als kompaktes, zusammensteckbares Mini-Set im Campingfachhandel. Nicht nur, aber auch Camper mit Hunden werden darüber hinaus einen Staubsauger zu schätzen wissen. Besonders angenehm für unterwegs sind leistungsstarke Modelle mit Akku, die nicht permanent an der Steckdose hängen müssen. Spare hier bitte nicht am falschen Ende, denn die meisten günstigen Modelle schaffen es gerade mal, Brotkrümel, Staub und Haare von glatten Oberflächen aufzusaugen. Vor den vielen kleinen Ecken, Ritzen und Schienen im Freizeitmobil kapitulieren sie jedoch meist schnell.

Fußmatten Damit du gar nicht erst viel Schmutz hereinschleppst und deine Schuhe trotzdem nicht im Kalten oder Nassen draußen stehen lassen musst, sind vor allem bei Matschwetter oder Schnee Fußmatten empfehlenswert. Am besten außen vor der Trittstufe einen groben Abstreifer (z.B. Drahtgummi- oder Ringgummimatte) platzieren, durch den der schlimmste Dreck hindurchfallen kann, und innen am Eingang eine klassische Schmutzfangmatte für die „Überreste".

Lappen Eine Grundausstattung an verschiedenen Lappen gehört ebenfalls mit an Bord. Bei uns hat sich folgende Kombination bewährt:

- Schwammtücher oder Bambuslappen für Küche, Tisch, Ablageflächen und Bad,
- schnelltrocknende Mikrofasertücher zum Trockenreiben der geputzten Stellen, für den Boden oder für schmutzige Hundepfoten,
- weiche Baumwolltücher für die Außenhaut und besonders empfindliche Oberflächen wie die Acrylglasfenster.

Reinigungsmittel Unser persönlicher „Putzschrank" besteht in erster Linie aus mikrobiologischen Reinigern für Innen und Außen, Apfelessig und ökologischem Spülmittel (mit dem wir auch putzen). Wenn du herkömmliche Reinigungsmittel oder Spezialreiniger aus dem Campingfachhandel verwenden möchtest, beachte bitte, dass Fahrzeuge nur an speziellen Waschplätzen mit chemischen Mitteln gewaschen werden dürfen.

Finger weg von der Dichtmasse!
Bei aller Liebe zu Sauberkeit und Ästhetik: Bitte zupfe niemals an der seitlich herausquellenden Dichtmasse herum! Die sieht zwar im schlimmsten Fall aus wie ein grauschwarzes Pilzgewächs, erfüllt aber ihren Zweck – sie garantiert nämlich die Dichtigkeit deines Fahrzeugs.
Auch wenn viele Camper die ungeliebten, unansehnlichen „Würste" mit diversen Techniken angeblich schonend entfernen, ohne die verbleibende Dichtmasse aus den Fugen zu ziehen – versuche es lieber nicht. Uns sind Fälle bekannt, in denen Hersteller aus diesem Grund die Behebung von Feuchtigkeitsschäden als Garantieleistung abgelehnt haben.

Mobile Campingduschen

Auch wenn es beim Campen recht entspannt zugeht und man nicht schon morgens wie aus dem Ei gepellt vor dem Wohnmobil sitzen muss – eine gewisse Grundhygiene wünschen sich doch die meisten Reisenden. Auf normalen Camping- und sogar auf manchen Stellplätzen stehen Sanitäranlagen mit Duschen zur Verfügung, sodass du nicht unbedingt eine eigene in deinem Fahrzeug brauchst. Anders sieht es auf Zeltplätzen, auf sehr einfachen Naturcampingplätzen oder beim Freistehen aus. Doch dank mobiler Duschen musst du auch hier nicht auf die Körperpflege verzichten – im Gegenteil: Sie kann sogar zu einem echten Outdoor-Erlebnis werden!

An die Umwelt denken!
Möchtest du eine mobile Campingdusche nutzen, verzichte bitte auf herkömmliche Seifen, Shampoos und Duschgels. Diese enthalten umweltschädigende Inhaltsstoffe und können das natürliche Gleichgewicht empfindlich stören. Verwende stattdessen umweltfreundliche, biologisch abbaubare Outdoor-Produkte, reine Naturseifen ohne Tenside und andere Zusätze oder, am allerbesten, einfach nur klares Wasser.

Solardusche

Die simpelste und günstigste Variante und das beliebteste Modell bei Freiluftfans ist eine sogenannte Solardusche. Dabei handelt es sich um einen schwarzen Kunststoffsack mit Wasserauslass, erhältlich von diversen Herstellern. Das Prinzip funktioniert

mal mehr, mal weniger gut, für eine kurze Erfrischung oder eine schnelle Haar- und Körperwäsche reicht es auf jeden Fall.
Der Wassersack wird mit rund 20 l Wasser befüllt, welches sich langsam erwärmt, wenn man ihn in der Sonne platziert. Zum Benutzen wird die gefüllte, erwärmte Solardusche an einem höheren Punkt aufgehängt. Durch einen kleinen Plastikduschkopf plätschert das Wasser herunter. Mithilfe eines kleinen Hebels kann der Strahl auf- und zugedreht werden. Du solltest darauf achten, nicht zu viel Wasser einzufüllen, denn sonst kann die Aufhängung reißen.
Da die Solardusche ohne Strom funktioniert, lässt sie sich flexibel überall einsetzen, und das Packmaß ist ohne Wasser sehr gering, sodass du sie auch bei Zelturlauben problemlos mitführen kannst.

Sprühdusche

Die Sprühdusche ist eine ganz einfache, aber effektive Umsetzung einer Outdoor-Dusche. Sie besteht aus einem Wassersprühgerät und eignet sich außer zum Duschen auch zum Abbrausen für die Außenküche oder für die schnelle Fahrzeugwäsche. Die Wassermenge ist vergleichsweise gering, dafür kannst du etwas mehr Druck generieren als bei anderen Modellen.

Der Behälter, der entweder 5 oder 8 l fasst, wird mit Wasser gefüllt und mit Pumpstößen unter Druck gesetzt. Anschließend kann das Wasser über den Sprühkopf ausgelassen werden, wobei es verschiedene Möglichkeiten gibt, den Duschstrahl einzustellen.
Du kannst die Sprühdusche überall betreiben, da sie keinen Strom benötigt. Lediglich nimmt der Hartplastikbehälter beim Transport etwas Platz in Anspruch.

Campingdusche mit Pumpe

Die Pumpdusche besteht aus einem bis zu 11 l fassenden Wassersack, einer Fußpumpe und einem Druckduschkopf, mit dem du die Wassermenge steuern kannst.
Für die Benutzung wird der Sack einfach mit Wasser in der gewünschten Temperatur befüllt. Mit dem Fuß wird die Pumpe bedient, den Wasserfluss startest du über den Duschkopf. Während der Benutzung musst du die Fußpumpe konstant treten, was etwas unbequem sein kann. Zudem musst du den Duschkopf festhalten und kannst ihn nicht einfach einhängen.

Pumpduschen haben einen stabilen Tragegriff für den Transport, dieser sorgt für viel Flexibilität beim Einsatz. Außerdem sind das kleine Packmaß und der Betrieb ohne Strom positiv hervorzuheben.

12-V-Campingdusche

Für Reisende, die ihr Fahrzeug und damit eine Stromquelle in der Nähe haben, gibt es mit der 12-V-Dusche eine etwas komfortablere, aber auch teurere Variante. Der Wasserdruck ist nicht mit einer normalen Dusche vergleichbar, für eine Katzenwäsche oder auch zum Abduschen des Haustiers erfüllt die Campingdusche aber voll und ganz ihren Zweck. Die Dusche besteht aus einem kleinen Duschkopf, der z.B. mithilfe eines Saugnapfs am Fahrzeug befestigt werden kann, einem Wasserschlauch, einer kleinen Pumpe und einem Wassereimer.
Das Wasser, das zuvor auf eine angenehme Temperatur gebracht wurde, wird mittels der Pumpe und dem Schlauch aus dem Eimer zum Duschkopf befördert. Alternativ kann die Pumpe in einen See oder Fluss getaucht werden, um das Duschwasser direkt von dort zu entnehmen.

Für mehr Privatsphäre

Die meisten Outdoor-Fans haben kein Problem damit, sich in Badehose bzw. Bikini oder auch ganz unbekleidet unter eine Campingdusche zu stellen. Wenn dir das aber zu wenig Privatsphäre ist, kannst du dich mit einem sogenannten Duschzelt vor neugierigen Blicken schützen. Diese kompakten, schmalen Zelte mit Stehhöhe kannst du auch als mobiles Toilettenhäuschen oder als Umkleide nutzen.

Fahrrad- und Motorradträger

Wenn du dein Zweirad mit auf die Reise nehmen möchtest, solltest du dir zuallererst überlegen, wo und wie du diese zusätzliche Ladung verstaust: Die korrekte Beladung ist bei Wohnmobilen und Wohnwagen ein entscheidender Sicherheitsfaktor (s. S. 54). Gerade für Wohnmobile und Kastenwagen gibt es eine breite Auswahl an Trägersystemen. Aber auch mit einem Wohnwagen lassen sich grundsätzlich zumindest Fahrräder oder E-Bikes mitnehmen.

Auswahlkriterien für den Träger

- Welche Arten von Zweirad sollen transportiert werden: Fahrräder, E-Bikes, Roller, Motorräder?
- Wie viele Zweiräder sollen transportiert werden?
- Wie schwer sind die Zweiräder?
- Welche Transportmöglichkeiten stehen allgemein zur Verfügung: Heck, Heckgarage, Anhängerkupplung, Deichsel etc.
- Wo liegen die Gewichtsgrenzen deines Campingfahrzeugs oder Gespanns: zulässige Gesamtmasse, Zuladung, Achslasten, Stützlast, Dachlast, Garagennutzlast etc.
- Wie hoch ist die Nutzlast des Trägersystems?
- Wie ist die optimale Ladungsverteilung für deinen Wohnwagen oder dein Reisemobil?
- Wie hoch ist dein Budget?

Bleib leicht(er)!
Sollten Gewichtsgrenzen wie z.B. die Nutzlast des Trägers und die Zuladung oder Stützlast des Fahrzeugs voneinander abweichen, ist immer der niedrigere Wert zu beachten!

Zweiradtransport mit dem Wohnmobil

Wohnmobile oder größere Kastenwagen bieten im Allgemeinen mehr Möglichkeiten für den Radtransport als Caravans. Neben der Heckgarage stehen unter anderem Heckträgersysteme unterschiedlichster Ausführung, Kupplungsträger und auch Anhänger zur Verfügung, auf denen sich Motorräder, Quads oder Roller problemlos mitnehmen lassen. Bei manchen Fahrzeugen lässt sich auch der Innenraum entsprechend ausstatten, um einen sicheren Transport zu gewährleisten.

Im Innenraum Bei Reisemobilen oder Vans kannst du die Räder theoretisch im Innenraum mitführen – sofern ausreichend Laderaum und Sicherungsmöglichkeiten vorhanden sind. Kastenwagen mit spartanischem Ausbau und stabilen Zurrschienen können sich dafür gut eignen, bei vollausgebauten Wohnmobilen hingegen dürfte diese Option kaum umsetzbar sein: Zu hoch ist das Risiko, dass die Ladung bei einem

Ausweich- oder Bremsmanöver verrutscht und Schäden an den Möbeln verursacht oder, noch schlimmer, dass sich die Räder lösen und dir entgegenschleudern. Ein Auffahrunfall kann schon bei moderater Geschwindigkeit katastrophal enden. Bereits bei 50 km/h schleudert ungesicherte Ladung mit dem bis zu 50-Fachen des Eigengewichts nach vorne, bei höherem Tempo steigt dieser Wert exponentiell. Was es bedeutet, wenn man von einem solchen Geschoss getroffen wird, kann sich jeder selbst ausmalen.

In der Heckgarage Die meisten klassischen Wohnmobile bieten eine großzügige Heckgarage, in der du Zweiräder bis hin zum Motorrad verstauen kannst. Der Vorteil: Die Räder sind vor Diebstahl und Regen geschützt und du musst beim Rangieren nicht auf die zusätzliche Länge achten. Außerdem sind Heckgaragensysteme häufig leichter und günstiger. Es gibt sie in verschiedenen Varianten:

- Die einfachste, leichteste und günstigste Lösung ist die Befestigung der Räder an Zurrschienen. Mithilfe von Ösen und Spanngurten wird die Ladung an mehreren Fixpunkten gesichert – fertig. Durch die Bewegung während der Fahrt jedoch kann Reibung zwischen Rädern und Wand entstehen und Schäden verursachen.
- Bei einem richtigen Fahrradhalter werden die Räder auf eine Art Schienen gesetzt und an einer Greifvorrichtung gesichert, ähnlich wie bei einem Heckträger. Die Schienen fungieren gleichzeitig als Abstandhalter, sodass nichts scheuern oder gegeneinanderschlagen kann.
- Für schwerere Räder gibt es Halter mit ausfahrbarem Schienensystem (Slide). Hier wird die Ladung auf die Schienen aufgesetzt und dann bequem in die Garage geschoben.
- Noch komfortabler geht es mit einem Garageneinzug. Diese Variante ist vor allem für Motorräder oder Roller interessant. Man schiebt das schwere Fahrzeug einfach auf den dafür vorgesehenen Schlitten und zieht es dann manuell oder elektrisch per Seilwinde oder Kettenführung in den Stauraum.

Ohne Sicherung geht's nicht!
Dass Fahrräder nicht lose auf dem Bett oder Boden liegend mitgeführt werden sollten, ist eigentlich eine Selbstverständlichkeit. Da wir das aber immer wieder beobachten, weisen wir an dieser Stelle ausdrücklich darauf hin: Wer das tut, spielt mit seinem Leben!

Mit Heckträger Sowohl für Wohnmobile als auch für Kastenwagen findet man eine breite Auswahl in unterschiedlichen Preisklassen, Qualität und Ausführung. Günstige Modelle sind häufig aus Stahl, hochwertige aus dem sehr viel leichteren Aluminium.

- **Hecktürträger** sind wohl die am weitesten verbreitete Variante. Sie sind einfach abnehmbar und in sehr vielen Varianten für fast alle Fahrzeugmodelle verfügbar. Allerdings haben sie einen entscheidenden Nachteil: Je nach Belastung kann es passieren, dass die Türen nach einiger Zeit nicht mehr richtig schließen oder die Scharniere dem Gewicht auf Dauer nicht standhalten und brechen.
- Ein sogenannter **rahmengebundener Heckträger**, der am Rahmen des Fahrzeugs angebracht wird, kennt die Probleme des Hecktürträgers nicht: Durch seine Bauweise und Montage ist die Konstruktion schon in sich deutlich stabiler als ein Hecktürträger und verhindert Schäden an Türen und Scharnieren. Außerdem kannst du dank der höheren Nutzlast auch schwere Fahrräder (z.B. E-Bikes) problemlos transportieren, sofern dein Reisemobil dafür grundsätzlich geeignet ist. Der rahmengebundene Träger hat einen weiteren Vorteil: Durch den tieferen Schwerpunkt wird das Gewicht besser verteilt, was sich positiv auf die Fahrstabilität auswirkt. Und zu guter Letzt haben es Diebe nicht so leicht, einen solchen Träger „auf die Schnelle" mitgehen zu lassen – denn er ist am Rahmen direkt verankert und unter dem Fahrzeug mit einem Stecksplint gesichert, an dem du bei Bedarf auch noch ein Vorhängeschloss anbringen kannst.
- Eine Variante der beiden genannten Systeme bildet der **elektrische Heckträger**. Hier lassen sich die Transportschienen oder Plattformen automatisch absenken und die Räder damit ganz bequem und ohne Kraftaufwand verladen. Oft können solche Elektromotoren auch nachgerüstet werden und man kann einen „normalen" Heckträger damit upgraden.

Mit Kupplungsträger Meist nicht mit sehr viel Gewicht belastbar, aber dafür flexibel einsetzbar (z.B. auch am PKW) sind Fahrradträger, die direkt auf den Kugelkopf der Anhängekupplung aufgesetzt werden. Auch hier gibt es schwenkbare Modelle, die dir einen Zugriff auf die Hecktüren erlauben. Kupplungsträger bieten als Basis meist Schienen oder eine Plattform, du findest hier aber auch zusätzliches Zubehör wie Boxen, in denen du andere Ladung transportieren kannst.

Auf die Breite kommt es an
Beachte beim Kauf, dass der Abstand der Bremsleuchten des Trägers max. 40 cm Abstand zu den Außenkanten deines Fahrzeugs aufweisen darf. Bei einem Wohnmobil mit 2 m Breite bräuchtest du also einen Träger mit mind. 1,60 m Breite. Viele Systeme sind aus diesem Grund für die meisten größeren Wohnmobilmodelle nicht geeignet.

Mit Anhänger Wer mit „schwerem Gerät" oder mehreren Rädern unterwegs ist, für den kommt wahrscheinlich nur ein Anhänger in Frage. Auch diese gibt es in vielen Varianten, oft sogar mit Nachrüstsätzen für noch mehr

Flexibilität und Kombinationsmöglichkeiten – etwa wenn du Motorrad UND Fahrräder mit in den Urlaub nehmen möchtest. Weitere Vorteile dieser Variante: Du brauchst keinen Platz im Innenraum und musst nicht auf Zuladung, Gewichtsverteilung oder Hinterachslast schielen. Der Nachteil: Dein Fahrzeug verlängert sich entsprechend, was beim Rangieren oder bei der Stellplatzsuche hinderlich sein kann. Schwere Anhänger (> 750 kg) können außerdem Auswirkungen auf die benötigte Führerscheinklasse und eventuell auf die Mautgebühren haben.

Zweiradtransport mit dem Wohnwagen

Im Wohnwagensektor findest du einige wenige Modelle, die speziell für den Transport von Sportequipment oder Zweirädern konzipiert sind. Sie werden unter Begriffen wie Transportcaravan, Sportcaravan oder Heavy Duty Caravan vertrieben (s. S. 143). Hier sind die Aufbauten in der Regel eher spartanisch eingerichtet, dafür gibt es einen großen Laderaum mit Befestigungsmöglichkeiten. Bei den klassischen Caravan-Modellen bist du in puncto Radtransport eingeschränkter als beim Reisemobil. Dabei hängt vieles auch vom Grundriss deines Wohnwagens ab, z.B. ob er eher heck- oder buglastig ist, denn dies ist für die Stützlast und die Fahrstabilität von Belang.

Mit Dachgepäckträger Der Dachgepäckträger ist ein weit verbreiteter, unkomplizierter Klassiker unter den Transportsystemen. Geeignet ist er vor allem für leichtere Fahrräder, denn die zulässige Dachlast deines PKW muss unbedingt eingehalten werden. Wenn schwere E-Bikes aufs Autodach gewuchtet werden müssen, wird so ein Träger zudem schnell unkomfortabel. Außerdem ist, besonders bei E-Bikes, immer die Nutzlast des Trägers zu beachten, damit nicht bei starkem Bremsen die Konstruktion samt Rädern vom Dach fliegt. In Kombination mit einem SUV tritt ein weiterer Minuspunkt zu Tage: Ohne Trittleiter bekommst du bei solchen hohen Geländewagen kein Fahrrad aufs Dach montiert. Und natürlich solltest du auch beachten, dass die senkrecht stehenden Räder den Luftwiderstand und damit den Spritverbrauch erhöhen.

Im Innenraum Wenn du nicht gerade einen speziellen Transportcaravan besitzt, ist der Innenraum nur sehr eingeschränkt für den Zweiradtransport geeignet: Motorräder können überhaupt nicht untergebracht werden und auch das „normale" Fahrrad sollte im Innenraum eine Ausnahme bleiben. Zum einen können Schmutz und Kettenfett unschöne Flecken an Möbeln, Polstern, Teppichen oder Bettwäsche hinterlassen. Zum anderen ist in einem herkömmlichen Wohnwagen eine ausreichende Sicherung der Räder fast unmöglich: Es gibt keine Zurrschienen, und Einrichtungsgegenstände wie Sitzbänke oder Tischbeine bieten in aller Regel keine Möglichkeit, das Ladegut ausreichend zu sichern. Und selbst wenn du alles gut verschnürst, bleibt auch bei kleineren Fahr- und Bremsmanövern oder einem Auffahrunfall ein hohes Restrisiko, denn wenn Räder durch den Innenraum geschleudert werden, entstehen schnell große Schäden an der Einrichtung. Abgesehen davon müssten die Räder klein und handlich genug sein, um durch die Tür zu passen. Eine mög-

liche Alternative sind Klappräder, die sich ggf. auch gut verzurrt im Kofferraum deines Zugfahrzeugs transportieren lassen.

Mit Heckträger Auch für Wohnwagen scheint sich der Platz am Heck für einen Fahrradträger zunächst anzubieten: Man kommt jederzeit gut an die Fahrräder heran und sie stören nicht im Fahrbetrieb. Oftmals ist das aber nur auf den ersten Blick eine gute Lösung. Am Heck platzierte Räder schaffen nämlich bei vielen Modellen, besonders den hecklastigen, einen gefährlichen Schwerpunkt am Ende des Gespanns, der zu Schlingern und Ausbrechen führen kann. Hierdurch können Fahrstabilität und Sicherheit erheblich beeinträchtigt werden, denn damit die Spurlage des Gespanns erhalten bleibt, muss die Deichsel des Wohnwagens in bestimmter Stärke auf den Kugelkopf der Anhängerkupplung des Autos drücken.
Diese sogenannte Stützlast (s. S. 56) unterscheidet sich von Fahrzeug zu Fahrzeug und darf in größerem Umfang weder über- noch unterschritten werden. Nur wenn die Stützlast stimmt, ist das Gespann sicher unterwegs. Platzierst du nun schwere Räder, vielleicht sogar E-Bikes mit 30 bis 40 kg Gewicht, am Heck, wird die Stützlast schnell zu gering und der Wohnwagen kann sich gefährlich „aufschaukeln“.

Wenn du während der Fahrt nicht unbedingt Zugriff auf deinen Kofferraum benötigst, kann ein Heckträger für das Zugfahrzeug eine Lösung sein. Aber Achtung: Häufig ist dort sicherheitsrelevantes Equipment wie Warndreieck, Erste-Hilfe-Kasten oder Pannenset verstaut. Dieses solltest du dann unbedingt anderweitig im Auto unterbringen!

Mit Deichselträger Sofern du bei der Stützlast noch Spielraum hast und die Deichsel deines Caravans lang genug ist, kann ein Deichselträger eine gute und sichere Alternative sein. An dieser Stelle befestigtes Gewicht verändert das Fahrverhalten des Gespanns nicht und du hast dein Transportgut über den Rückspiegel immer im Blick. Ein Manko ist jedoch der verringerte Einschlagwinkel: Beim Rangieren und in sehr engen Kurven kann das Heck deines Zugfahrzeugs die Fahrräder touchieren. Hier solltest du besondere Umsicht walten lassen. Viele Deichsel-Fahrradträger versperren außerdem den Zugang zur Serviceklappe. Um an die Gasflasche zu kommen, müssen also zuerst die Fahrräder vom Träger genommen werden – es sei denn, du hast eines der klappbaren Modelle, die das auch mit montierten Rädern erlauben.

Mit Kupplungsträger und Deichseladapter Eine praktische Alternative für alle, die ihre Räder vor Ort auch mal mit dem Zugfahrzeug zu Ausflügen mitnehmen möchten, ist ein „normaler“ Kupplungsträger für den PKW. Dieser lässt sich mit einem entsprechenden Deichseladapter an der Wohnwagendeichsel montieren und bei Bedarf mit wenigen Handgriffen wieder zurück auf die Kupplung des Zugfahrzeugs setzen.

Anhängekupplungen

Nicht nur im Wohnwagenbetrieb, sondern auch für den Pferde- und Hundetransport oder für bestimmte Fahrradträger bzw. -anhänger (s. S. 232) benötigst du eine Anhängekupplung, kurz AHK. Am Markt sind verschiedene Ausführungen erhältlich, bei PKW und Wohnmobilen ist die Variante mit Kugelkopf am gängigsten.

AHK-Typen

Man unterscheidet grundsätzlich zwischen folgenden Systemen:

- feste (starre) AHK
- abnehmbare AHK
- schwenkbare AHK
- Anhängebock
- Fahrradträger-AHK

Starre Anhängekupplungen mit angeschraubtem oder angeschweißtem Kugelkopf gibt es schon sehr, sehr lange. Sie werden fest am Fahrzeug montiert und eignen sich daher besonders gut für den häufigen Einsatz. Eine Nachrüstung ist meist problemlos möglich und sie sind für fast alle Zugfahrzeugtypen erhältlich.

Abnehmbare Anhängekupplungen erfordern im Gegensatz zu den starren keine dauerhafte Veränderung am Fahrzeug und können bei Nicht-Benutzung mit wenigen Handgriffen entfernt werden. Der Vorteil ist dabei nicht nur optischer Natur, sondern auch ganz praktisch: Du musst beim Einparken nicht auf die AHK achtgeben, bei einem Auffahrunfall wird das gegnerische Fahrzeug meist weniger stark beschädigt, und du verursachst beim Ein- und Ausladen keine Flecken an deiner Kleidung, weil du an der AHK hängen bleibst.

Schwenkbare Anhängekupplungen vereinen die Vorteile der starren und der abnehmbaren Variante in sich: Die Kupplung verschwindet unter der Stoßstange, wenn du sie nicht benötigst, ist aber ohne Aufwand sofort wieder einsatzbereit. Außerdem musst du den Kugelkopf nicht extra verstauen und vor dem nächsten Einsatz suchen.

Anhängeböcke sind eine Sonderform der Anhängekupplung, die sehr hohe Zuglasten ermöglicht. Statt einer Kugelstange lassen sich hier unterschiedliche Kupplungsformen anbringen, z.B. Flanschkugel, Maulkupplung etc. Auch Wechselsysteme stehen zur Verfügung, sodass du theoretisch mehrere unterschiedliche Kupplungen damit verwenden könntest, ohne jedes Mal aufwendig umbauen zu müssen. Anhängeböcke besitzen jedoch ein hohes Eigengewicht und werden in der Regel nur im Nutzfahrzeugbereich eingesetzt.

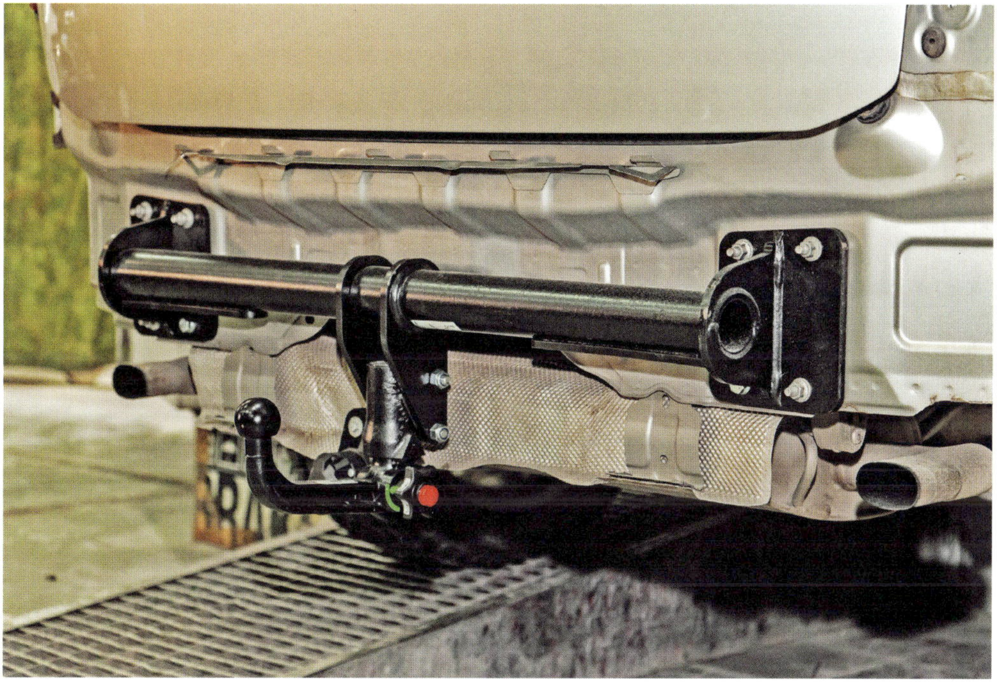

Fahrradträger-Anhängekupplungen bilden eine Sonderform. Sie sind eine Entwicklung für Kleinst- und Elektro- bzw. Hybridfahrzeuge und dienen lediglich dazu, Fahrradträger zu befestigen. Eine Nutzung mit Anhängern darf nicht erfolgen.

Eine AHK nachrüsten

Falls du nicht schon ab Werk eine Anhängekupplung als Zusatzausstattung bestellt hast, lässt sich dieses Manko relativ einfach beheben: Die meisten heutigen Fahrzeuge – zumindest diejenigen, die sich als Zugfahrzeug prinzipiell eignen – sind für eine Anhängekupplung vorbereitet. So muss nur noch der Elektrosatz verlegt und angeschlossen werden. Bei vielen Kfz-Modellen ist es zudem nötig, die Bordelektronik freizuschalten. Den Elektrosatz brauchst du, damit der Anhänger

Dauerplus und Ladeleitung

Dauerplus bezeichnet alle Kontakte im Bordnetz, die sowohl bei ein- als auch bei ausgeschalteter Zündung mit der Fahrzeug-Starterbatterie verbunden sind. Hiermit werden vor allem Innenbeleuchtung und Wasserpumpen betrieben, Kühlschränke hingegen eher selten, da sie die Batterie bei ausgeschalteter Zündung schnell leersaugen können.
Die Ladeleitung (auch Ladeplus genannt) wird über ein Trennrelais mit der Starterbatterie gekoppelt, sodass nur Strom fließt, wenn die Zündung eingeschaltet ist. Für Kühlschränke und andere stärkere Verbraucher ist das die bessere Wahl.

eine elektrische Verbindung zum Zugfahrzeug bekommt und sichergestellt ist, dass die Beleuchtung funktioniert, also Licht, Blinker, Bremsleuchten, Begrenzungsleuchten etc. In den letzten Jahren hat sich hierbei die 13-polige Steckverbindung durchgesetzt, sie ist bei allen neueren Fahrzeugen verbaut. Nur kleine und ältere Anhänger sowie Fahrradträger besitzen noch das 7-polige System. Für diese Fälle gibt es Adapter.

Achtung: Häufig sind an der Steckvorrichtung des Zugfahrzeugs nicht alle Pins belegt. Während die Verkehrsbeleuchtung in aller Regel funktioniert, ist dies z.B. beim Wohnwagenkühlschrank nicht unbedingt der Fall. Wenn dir der Kühlschrankbetrieb oder das Laden der Bordbatterie während der Fahrt wichtig sind, solltest du mit einem Testgerät überprüfen (lassen), ob Dauerplus und Ladeleitung im Wohnwagen ankommen.

Sind die relevanten Pins, meist die Nummern 10–12, nicht belegt, kannst du dies je nach Fahrzeugmodell mehr oder weniger einfach beheben. Im ungünstigsten Fall muss jedoch, wie bei unserem Auto, ein zusätzlicher Kabelstrang gelegt werden. Beim Neuwagenkauf ist es häufig möglich – und preiswerter –, die „Vollbelegung" direkt ab Werk zu bestellen.

Auswahlkriterien für die AHK

Stützlast Da dieses Thema (s. S. 56) bei sehr vielen Caravanern Dauerstress erzeugt, sollte es bei der Neuanschaffung besondere Beachtung finden. Wähle optimalerweise eine AHK, bei der von vornherein mehr zulässig ist als die üblichen 75–80 kg.
Willst du auch Räder auf der Deichsel transportieren, benötigst du vermutlich eine noch höhere Gewichtsgrenze, vor allem, wenn dein Wohnwagen buglastig gebaut ist. Größer als die Deichsellast deines Wohnwagens braucht die Stützlast der AHK aber nicht zu sein, da im Gespannbetrieb immer der kleinere Wert maßgeblich ist.

Öse Falls du auch in die Niederlande oder die Schweiz reisen möchtest, sollte an der AHK bzw. am Zugfahrzeug eine Öse, eine Schelle oder ein Langloch angebracht sein (oder nachgerüstet werden können), durch die der Feder- oder Karabinerhaken des Abreißseils geführt werden kann. Denn in den genannten Ländern muss das Abreißseil durch diese Öse gezogen und dann wieder am Seil eingehakt werden (s. S. 357). Zuwiderhandlungen können mit hohen Geldbußen geahndet werden!

Steckverbindung Ein unscheinbarer Punkt, der jedoch den Alltag mit dem Gespann erleichtert, ist die Lage der Steckverbindung: Je bequemer du sie erreichen kannst, desto besser!

EU-Zulassung Sollte deine AHK keine haben, muss sie zuerst durch eine Prüforganisation wie TÜV oder DEKRA abgenommen und eingetragen werden. Mit EU-Zulassung ist dies normalerweise nicht nötig.

Qualität Bitte kaufe dieses sicherheitsrelevante Zubehör nicht bei Billiganbietern und sei auch bei gebrauchten Produkten vorsichtig. Greife lieber auf die Produkte namhafter Hersteller wie Westfalia, SAWIKO, Brink, Rameder oder Bosal zurück. Auch diverse Autozubehörfirmen bieten hochwertige, solide Anhängevorrichtungen. Ihnen allen gemeinsam ist der Vorteil, dass Garantieleistungen inklusive sind.

Vorzelt, Markise, Sonnensegel

Beim Camping spielt sich ein Großteil des Alltags im Freien ab. Damit du in den verschiedenen Jahreszeiten oder Klimazonen auch bei Kälte, Sonne, Wind oder Regen noch entspannt draußen sitzen kannst, solltest du dir einen Wetterschutz zulegen. Die Möglichkeiten reichen hier vom kompletten Vorzelt, das es auch in winterfesten Versionen gibt, über unterschiedliche Markisentypen mit allerhand Zubehör bis hin zu einfachen, schnell aufzuspannenden Sonnensegeln.

Vorzelt

Ein Vorzelt ist eine auf- und abbaubare, nach Belieben nutzbare Raumerweiterung, etwa für eine überdachte Außenküche, als Schlafraum, als zusätzliches „Wohnzimmer" oder als Abstellraum für Sportequipment und sonstige sperrige Gegenstände. Üblicherweise besteht ein Vorzelt aus Gestänge, Dach und einziehbaren Wänden. Das Gestänge ist aus Aluminium, Stahl oder Carbon gefertigt (außer bei Luftvorzelten, diese haben ein Gestänge aus Schläuchen). Dach und Wände bestehen aus Synthetikstoffen wie Acrylgewebe oder aus PVC. Dabei ist Vorzelt nicht gleich Vorzelt: Man unterscheidet Ganzzelte, Teilzelte und Bus-/Mobilzelte.

Auswahlkriterien für das eigene Vorzelt Je nach den persönlichen Bedürfnissen können ganz unterschiedliche Vorzeltvarianten in Frage kommen.

Ein **Ganzzelt** erstreckt sich über die gesamte Länge des Fahrzeuges und bietet somit den meisten Platz. Dafür ist es aber auch schwerer, platzraubender beim Transport, etwas umständlich im Aufbau und nicht so flexibel einzusetzen wie ein Teilzelt. Es kommt für dich in Frage, wenn du

- viel erweiterten Raum und zuverlässigen Wetterschutz brauchst;
- Zeit und Geduld für den Aufbau hast;
- mindestens mit einer weiteren Person reist oder vor Ort helfende Hände zur Verfügung hast;
- länger am selben Aufenthaltsort bleibst oder Dauercamper bist.

Ein **Teilzelt** nimmt nicht die gesamte Länge des Fahrzeugs ein und lässt sich flexibel links, rechts oder auch mittig am Wohnwagen oder Wohnmobil montieren. Zum Teilzelt raten wir dir, wenn du

- häufig deinen Standort wechselst;
- eher wenig Platzbedarf hast;
- nicht zu viel Zeit mit dem Aufbau verbringen möchtest.

Mit dem **Bus- oder Mobilzelt** ist der Ort des Aufbaus noch freier wählbar, da dieses dank seiner verschließbaren Rückwand auch freistehend genutzt werden kann. Es passt gut zu dir, wenn du

- dir einen unkomplizierten, schnellen Aufbau wünschst;
- dein Campingfahrzeug auch für Ausflüge nutzen möchtest;
- nur einen moderaten Wetterschutz brauchst;
- mit wenig Raum zurechtkommst.

Aufbau Der Aufbau ist von Modell zu Modell unterschiedlich, meist wird das Vorzelt jedoch in die Kederleiste deines Fahrzeugs eingezogen. Danach musst du es mittels Gestänge aufrichten, abspannen und die Seitenwände einziehen. Das kann nerven- und zeitraubend sein, vor allem, wenn du alleine unterwegs bist, denn für das Einführen der Keder in die vorgesehene Schiene am Fahrzeug brauchst du definitiv eine zweite Person.

Aufbauplan erstellen

Beim ersten Aufbau solltest du genügend Zeit einplanen und am besten einen Aufbauplan mit Fotos und Notizen erstellen. Dieser wird dir beim nächsten Mal eine große Hilfe sein. Anfangs wirst du wahrscheinlich sehr lange herumprobieren (und fluchen), mit etwas Routine und guter Organisation ist das Ganze später aber in etwa einer Stunde zu schaffen.

Einfacher ist der Aufbau eines **Luftvorzelts**. Hier besteht das Gestänge aus Luftschläuchen, die du nur aufpumpst. Der Aufbau ist zügig erledigt und das Zelt steht in der Regel stabil. Bei Unwettern stößt diese Variante jedoch häufig schneller an ihre Grenzen als ein klassisches Vorzelt.

Preis Die Spanne ist recht groß. Wenn du nicht allzu viel Platz benötigst und mit einem kleinen Teil- oder Buszelt vorliebnimmst, kannst du bereits ab 200 Euro fündig werden. Für ein hochwertiges, großes Vorzelt werden hingegen bis zu 3000 Euro fällig – immer in Abhängigkeit von Qualität und Ausführung.

Vorzeltteppich Bei diesem Thema sind wir persönlich sehr zwiegespalten. Zum einen ist so eine Unterlage natürlich sehr praktisch, um den Bereich im Vorzelt (oder auch unter der Markise oder dem Sonnensegel) sauber und einigermaßen trocken zu halten. Auf sandigen oder geschotterten Untergründen spricht auch nichts gegen ihre Nutzung, und auch im Winter wirst du ohne eine Plane nicht so recht glücklich werden, da ohne sie Nässe und Kälte ins Vorzelt dringen können. Auf „grünen Untergründen" jedoch ersticken diese Planen schon nach einigen Tagen die Vegetation und zurück bleibt eine gelbbraune Grasnarbe, die sich oftmals nur schwer oder gar nicht mehr erholt. Auf einigen Plätzen sind Vorzeltteppiche daher nicht gestattet.

Lesetipp

Ratgeber Vorzeltteppich
camper.st/zeltteppich

Muss es wirklich sein?
Überlege dir genau, ob du wirklich eine Unterlage benötigst. Denn schließlich gehst du ja campen, um näher an der Natur zu sein – da gehören ein bisschen Erde und vielleicht auch der eine oder andere Matschabdruck dazu, oder? Falls du unbedingt einen Vorzeltteppich nutzen möchtest, achte darauf, dass es sich um atmungsaktives Gewebe handelt. Das verzögert den „Zerstörungsprozess" zumindest ein wenig.

Markise

Eine weitere Möglichkeit, ein schattiges Plätzchen vor deinem Fahrzeug zu schaffen, bietet eine Markise. Grundsätzlich versteht man unter dem Begriff ein ausfahrbares, meist mit Synthetikstoff bespanntes Gestell, das an einem Objekt befestigt wird. Eine Markise bietet dir Schutz vor Sonne und Regen und erfüllt beim Wohnwagen oder

Wohnmobil einen ähnlichen Zweck wie ein Vorzelt. Man unterscheidet im Wesentlichen zwischen Taschenmarkisen (Sackmarkisen) und Kassettenmarkisen, wobei die Funktionalität im Großen und Ganzen gleich ist. Für einige Modelle sind zusätzlich Seiten- und Frontwände zum Einziehen erhältlich, mit denen man dann sich ein Markisenvorzelt (auch Vorzeltmarkise genannt) bauen kann. Diese flexible Wohnraumerweiterung kann zwar in Größe und Winddichtigkeit nicht ganz mit einem echten Vorzelt mithalten, bietet aber auch einen guten Wetterschutz.

Auswahlkriterien für die Markise Ganz allgemein ist eine Markise besonders dann zu empfehlen, wenn du in deinem Urlaub häufig den Standort wechselst und überall, wo du bist, schnell und unkompliziert deinen eigenen Schattenspender aufspannen möchtest und mit einem nicht ganz so stabilen Wetterschutz zurechtkommst.

Die **Taschenmarkise**, auch Roll- oder Sackmarkise genannt, wird in einer Art Beutel in die Kederleiste deines Campers eingezogen und zur Nutzung per Hand ausgerollt. Der Beutel wird an beiden Enden mit einer Sicherungsvorrichtung versehen, sodass er während der Fahrt am Mobil bleiben kann. Wenn das Fahrzeug gewechselt wird, ist diese Art Markise schnell umgebaut, sofern die Länge auch zum neuen Fahrzeug passt. Eine Sackmarkise kommt für dich in Frage, wenn du

- keine Montagelöcher im Aufbau verursachen willst;
- die Markise problemlos auch an einem anderen Fahrzeug passender Größe anbringen können möchtest;
- für den Aufbau eine zweite Person zur Verfügung hast.

Kassettenmarkisen bzw. Gelenkarmmarkisen können an der Seitenwand oder auf dem Dach montiert werden. Sie werden per Kurbel oder – in der Luxusvariante – per Elektromotor ausgefahren. Der Nachteil ist, dass bei der Installation Löcher in den Aufbau gebohrt werden müssen und die Markise nicht flexibel abnehmbar ist. Eine Dachmarkise ist zu empfehlen, wenn du

- alleine reist und/oder niemanden um Hilfe bitten möchtest;
- in wenigen Minuten alles auf- und abbauen möchtest;
- keine Lust hast, dir beim Einrollen die Hände schmutzig zu machen.

Und ein Markisenvorzelt mit Seitenwänden solltest du dir zulegen, wenn du

- zwar kein Vorzelt benötigst, aber dir doch manchmal erweiterten Wohnraum wünschst;
- möglichst flexibel bleiben möchtest;
- mit Einschränkungen in puncto Platz und Winddichtigkeit leben kannst.

Aufbau Anders als beim Vorzelt ist der Auf- und Abbau einer Markise sehr einfach. Bei der Taschenmarkise ist eine zweite Person hilfreich, da die Markise nicht mit einem festen Gestell verbunden ist, sondern per Hand ausgerollt und meist mit Teleskoparmen gespannt wird. Das kann alleine schnell nervig werden, ist aber notfalls auch zu schaffen und mit etwas Übung in 5–10 Min. erledigt. Die Kassettenmarkise wird per Handkurbel oder Elektromotor ausgefahren und dann nur noch mit den integrierten Stangen abgestützt und abgespannt. Das geht wirklich fix. Das Einziehen von Seitenteilen ist ebenfalls schneller als bei einem Vorzelt, denn die Planen sind mit Reißverschlüssen verbunden. Jedes Teil noch mit Heringen im Boden sichern, und in 15–20 Min. bist du fertig.

Preis Hier gibt es zwischen Vorzelt und Markise keinen großen Unterschied. Eine einfache Taschenmarkise bekommst du schon ab 200 Euro, eine Kassettenmarkise dagegen kann bis zu 2.500 Euro kosten.

Sonnensegel

Sonnensegel (oder Sonnendächer) dienen zwar nur als Basis-Wetterschutz, lassen sich dafür aber sehr vielseitig nutzen. Grundsätzlich besteht ein Sonnensegel aus einem Stahl- oder Aluminiumgestänge und einem Acrylstoff oder Polyester-Baumwoll-Gemisch als Bespannung. Sonnensegel sind in den verschiedensten Formen, Farben und Größen erhältlich, vom kleinen Dreieck bis zum großen Hexagon. Einige Modelle haben abklappbare Seitenwände, die zusätzlich als Sicht- und Windschutz dienen können. Die meisten Sonnensegel sind nicht fahrzeugspezifisch, das bedeutet, dass du dein riesiges Segel auch an einem kleinen 4-m-Wohnwagen befestigen kannst oder dein Mini-Sonnensegel an deinem XXL-Wohnmobil. Noch unabhängiger bist du mit einem freistehenden Sonnensegel, das du auch einfach vor deinem Camper aufbauen und je nach Sonnenstand versetzen kannst.

Aufbau Der Aufbau ist von Modell zu Modell unterschiedlich. Einige Versionen werden in die Kederleiste deines Fahrzeugs eingezogen und mit Hilfe des Gestänges aufrecht gehalten. In diesem Fall solltest du eine zweite Person als Hilfe haben. Andere ziehst du über ein freistehendes Gestell, spannst sie mittels Abspannseilen und Heringen über die Eckpunkte ab und befestigst sie zusätzlich über Saugnäpfe an deinem Fahrzeug. Das geht problemlos alleine und der Aufwand ist nicht viel größer als bei einer Markise – mit etwas Routine brauchst du ca. 15 Min.

Preis Sonnendächer sind eine wirklich erschwingliche Option, auch für Reisende mit kleinem Budget: Ab 60 Euro bekommst du bereits eine einfache Segeltuchkonstruktion, ab etwa 150 Euro eine etwas größere Variante. Für die „Deluxe-Version" mit Seiten- und Frontwänden sind bis zu 1000 Euro zu kalkulieren.

	VORZELT	MARKISE	SONNENSEGEL
PREIS	🟠	🟠	🟢
GEWICHT	🟠	🟡	🟢
AUFWAND FÜR DEN AUF- UND ABBAU	🟠	🟢	🟢
WITTERUNGSSCHUTZ	🟢	🟡	🟠
PLATZGEWINN	🟢	🟡	🟡

🟢 *= vergleichsweise beste Eigenschaften in diesem Bereich*
🟡 *= vergleichsweise mittelgute Eigenschaften in diesem Bereich*
🟠 *= vergleichsweise schlechteste Eigenschaften in diesem Bereich*

Umlaufmaß fürs Vorzelt ermitteln

Wenn du dich mit dem Kauf eines Vorzelts beschäftigst, wird dir der Begriff „Umlaufmaß" begegnen. Der Wert ist entscheidend, um die richtige Größe eines Vorzelts mit Gestänge zu ermitteln. Denn: Ist das Zelt zu klein, reicht es nicht bis zum Boden. Ist es zu groß, lässt es sich nicht richtig abspannen und flattert. Vorzelte gibt es darum in vielen verschiedenen Größen.

Ausnahme Luftvorzelt

Für Luftvorzelte ist das Umlaufmaß in aller Regel nicht wichtig. Hier kommt es lediglich auf die Länge der Kederschiene an.

Nennst du ein neueres Campingfahrzeug dein Eigen, solltest du das Umlaufmaß im Handbuch bzw. in der Betriebsanleitung finden. Falls nicht, kannst du beim Hersteller anfragen oder du nutzt eine der zahlreichen Online-Datenbanken mit Größenrechner, die verschiedene Zelthersteller oder Händler für Campingzubehör anbieten.
Auch für viele ältere Fahrzeugmodelle wirst du hier fündig, denn bei diesen findest du in den Fahrzeugpapieren meist keine Angaben zum Umlaufmaß.
Vorsichtshalber solltest du jedoch immer selbst nochmal nachmessen. Denn schon eine geänderte Rädergröße kann Einfluss auf das richtige Maß nehmen – und hast du das neue Zelt erst einmal aufgebaut, kannst du es vielleicht nicht mehr umtauschen, falls es doch nicht passen sollte.

Umlaufmaß am Wohnwagen messen Je nachdem, ob du einen aerodynamischen Wohnwagen besitzt oder ein Modell, das vorne relativ gerade nach unten verläuft, musst du anders messen; die beiden Illustrationen zeigen dir, welche Linien ausschlaggebend sind.
In jedem Fall verwendest du am besten eine ausreichend lange, feste Schnur, die nicht dehnbar ist, z.B. Paketkordel oder Maurerschnur.

Und so geht's:

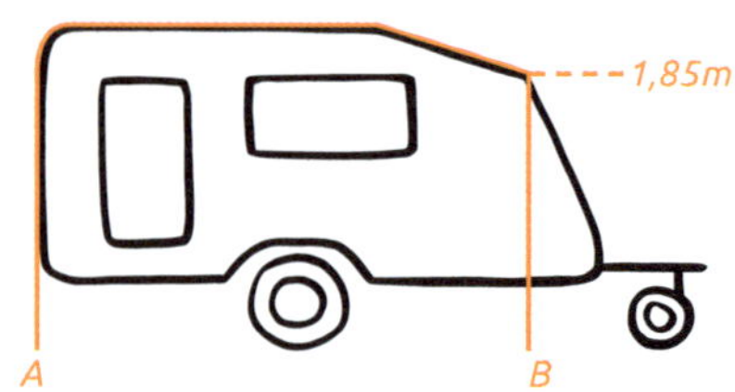

1. Stelle den Wohnwagen auf einem geraden, ebenen Untergrund ab, ohne die Stützen auszufahren. Achte darauf, wirklich am Boden mit dem Messen zu beginnen und auch erst am Boden wieder aufzuhören.

2. Beim aerodynamischen Wohnwagen (Illustration 1) misst du nun zuerst vorne am Bug die Höhe von 1,85 m ab und markierst diesen Punkt. Dann misst du vom Boden (A) über diesen Punkt in einer geraden Linie nach oben, entlang der Kante weiter bis zur Kederschiene, an der Schiene entlang und auf der anderen Seite wieder zurück bis auf den Boden (B).

3. Beim gerade geschnittenen Wohnwagen (Illustration 2) misst du vom Boden aus (A) vorne am Bug entlang des Wohnwagens bis zur Kederschiene, entlang der Schiene hinten wieder bis auf den Boden (B).

4. Die Länge der Schnur überträgst du auf einen Zollstock oder ein Maßband und kannst daran nun das Umlaufmaß ablesen.

Umlaufmaß am Wohnmobil oder Campervan messen Ist dein Wohnmobil oder dein Van schon mit einer Kederschiene ausgestattet? Wenn nicht, musst du diese zunächst nachrüsten, denn sie verbindet das Vorzelt mit dem Fahrzeug.

Dann gehst du im Prinzip genauso vor wie beim aerodynamischen Wohnwagen - nur dass du vor dem Führerhaus in gerader Linie vom Ende der Kederschiene bis auf den Boden misst.

Weniger ist mehr!

Ob Wohnmobil, Wohnwagen oder Campingbus – wenn du bei der Suche nach einem Vorzelt feststellst, dass du mit deinem Maß an der Grenze zwischen zwei Zeltgrößen gelandet bist, entscheide dich für das kleinere Zelt. Das empfehlen die Zelthersteller selbst so.

Klimaanlagen

Wenn du viel im Sommer reist und gerne in wärmeren Klimazonen unterwegs bist, lohnt es sich, über eine Klimaanlage nachzudenken. Denn auf Dauer wird ein Ventilator wahrscheinlich nicht ausreichen: Es ist entscheidend für ein angenehmes Raumklima, dass die Luft nicht nur gekühlt, sondern auch entfeuchtet wird. Das passende Zusammenspiel von Temperatur und Feuchtigkeit in einem Raum wirkt sich nämlich unmittelbar auf das Wohlbefinden des Menschen aus. Dafür gibt es eine Faustregel: Je höher die Raumtemperatur, desto niedriger sollte die Luftfeuchtigkeit sein. Das Wohlfühlspektrum liegt bei 18–24°C mit einer relativen Luftfeuchtigkeit von 40–70%. Generell hast du beim Thema Klimaanlagen die Wahl zwischen zwei Techniken – Kompressor- oder Verdunstertechnik – und verschiedenen Möglichkeiten der Anbringung am bzw. im Fahrzeug.

Auswahlkriterien für die Klimaanlage

- ✓ Größe des Wohnmobils oder Wohnwagens
- ✓ Zuladungsreserve
- ✓ Platzangebot und verfügbarer Stauraum
- ✓ Budget
- ✓ Haupt-Kühlungszeitraum: tagsüber oder nachts?

Kompressoranlagen

Funktionieren ähnlich wie der Kühlschrank zu Hause: In einem geschlossenen Kreislauf zirkuliert ein Kältemittel, das beim Durchfluss seinen Aggregatzustand ändert. Dabei wird Wärme aus dem Wohnraum aufgenommen, der warmen Luft wird Wärme und Feuchtigkeit entzogen und sie wird in gekühltem Zustand wieder an den Raum abgegeben, wo ein Ventilator sie verteilt. Kompressorgeräte (ca. 25–50 kg schwer) haben eine sehr hohe Kühlleistung und arbeiten unabhängig von der Temperatur und Luftfeuchtigkeit in der Umgebung. Verbaut werden können sie auf dem Dach oder im Staukasten. Sie laufen praktisch wartungsfrei, lediglich die Luftfilter müssen regelmäßig gereinigt und hin und wieder getauscht werden.

Experten-Tipp

Thomas Steil
Produktmanager
Klimasysteme
Truma
truma.de

Welche Klimaanlage passt am besten zu dir? Um dich bei der Auswahl zu unterstützen, legen wir dir diese drei Fragen ans Herz:

- Willst du den gesamten Innenraum kühlen oder z.B. nur den Schlafbereich? Je nachdem, wie groß der zu kühlende Raum ist, reicht eventuell auch ein Gerät mit weniger Kühlleistung.
- Bist du viel in Südeuropa unterwegs? Hier sind Campingplätze teilweise weniger gut abgesichert. Du solltest also darauf achten, dass deine Klimaanlage möglichst wenig Strom verbraucht.
- Willst du deine Klimaanlage bei Nacht betreiben? Dann ist es wichtig, dass das Gerät sehr leise läuft und z.B. einen Sleep-Modus hat. Dieser sorgt mit einer reduzierten Gebläsedrehzahl für ein geringes Geräuschlevel der Klimaanlage innen wie außen.

	KOMPRESSORANLAGEN	VERDUNSTERANLAGEN
PREIS-LEISTUNGS-VERHÄLTNIS	🟢	🟠
GEWICHT	🟠	🟡
KÜHLLEISTUNG	🟢	🟡
ENERGIEBEDARF	🟠	🟢
FLEXIBILITÄT DES STANDORTS	🟠/🟡	🟢
BETRIEBSGERÄUSCHE	🟠	🟢
WARTUNGSBEDARF	🟢	🟠

🟢 *= vergleichsweise beste Eigenschaften in diesem Bereich*
🟡 *= vergleichsweise mittelgute Eigenschaften in diesem Bereich*
🟠 *= vergleichsweise schlechteste Eigenschaften in diesem Bereich*

Dafür benötigen sie 230 V (die Versorgung erfolgt über Landstrom oder einen entsprechend dimensionierten Wechselrichter) und haben einen hohen Energiebedarf. Der Anlaufstrom kann für den Bruchteil einer Sekunde auf mehr als 20 A hochschnellen! Das halten nicht alle Stromsäulen aus. Zudem sind die Betriebsgeräusche in der Regel hörbar, sodass eine Entkopplung und Geräuschdämmung im Gehäuse der Klimaanlage sehr wichtig ist.

Verdunsteranlagen

Verdunsterklimaanlagen arbeiten ausschließlich mit Wasser (ohne Kältemittel). Die Geräte saugen Luft von außen an, die auf einen mit Wasser gefüllten Befeuchterbehälter im Inneren trifft. Das Wasser verdampft, nimmt der Luft die Wärme, kann ihr aber keine Feuchtigkeit entziehen. Das Wasser erhält das System aus einem eigenen Wasserbehälter der Klimaanlage, oder es wird mittels einer Pumpe aus dem Frischwassertank zugeführt.

Verdunstergeräte (ca. 25 kg schwer) haben eine geringere Kühlleistung als Kompressorgeräte und sind stark abhängig von der Temperatur und Luftfeuchtigkeit in der Umgebung (heiße, trockene Luft kühlt die Anlage schneller ab). Verbaut werden können sie auf dem Dach, es gibt sie aber auch kleiner als mobile Geräte (ca. 1,5 kg schwer). Der Verdunster im Gerät unterliegt einem gewissen Verschleiß, da Kalkrückstände die zur Kühlung nutzbare Oberfläche verringern. Er sollte daher etwa einmal jährlich getauscht werden. Dafür kann eine Verdunsteranlage auch zumindest zeitweise über die 12-V-Batterie betrieben werden und hat einen geringen Energiebedarf. Und es sind nur geringe Betriebsgeräusche hörbar, verursacht durch die Luftgebläse.

Bedienung und Anbringung

Ob Dachklimaanlage oder ein Staukastenmodell: Die Klimaanlagen im Wohnmobil oder Wohnwagen lassen sich üblicherweise direkt am Gerät oder über eine Fernbedienung steuern. Einige Produkte und Hersteller bieten zudem die Möglichkeit, die Steuerung in das zentrale Bedienpanel zu integrieren oder die kühle Luft per Smartphone zu steuern.

Im Staukasten Diese Variante, die eine Anbringung etwa in der Sitztruhe oder im Bettkasten ermöglicht, bieten nur Kompressoranlagen. Die Verteilung der kühlen Luft im Innenraum erfolgt über Luftschläuche, die im gesamten Campingwagen verlegt sind. Damit hast du auch die Möglichkeit, im Wohnraum unterschiedlich temperierte Bereiche zu schaffen, also z.B. tagsüber gezielt die Sitzgruppe zu kühlen und in der Nacht nur die Luftdüsen am Bett zu aktivieren. Bei gezielter Luftzuführung wird eine geringere Leistung nötig, die auch zur Geräuschminimierung führt, und das ist vor allem nachts von Vorteil. Das zusätzliche Gewicht im Fahrzeug führt zu einer Stabilisierung des Fahrverhaltens. Andererseits fällt dir natürlich Stauraum für eine anderweitige Nutzung weg, und die Luftschläuche minimieren möglicherweise auch das Volumen in den Schränken. Der Einbau ist zudem relativ aufwändig und es müssen Löcher in den Fahrzeugboden gebohrt werden für den Ablauf des Kondenswassers.

Auf dem Dach Sowohl Kompressor- als auch Verdunsteranlagen können auf dem Dach montiert werden, das ist verhältnismäßig unkompliziert und daher auch eine gute Nachrüstlösung: Außer einem Stromanschluss sind keine weiteren Schläuche und Kabel notwendig, da die kühle Luft direkt über die Ausströmer der Klimaanlage in den Innenraum gelangt. Man „opfert" dafür lediglich eine Dachluke, wobei es bereits Modelle gibt, die ein Fenster im Korpus der Klimaanlage haben – so ist der Wegfall des Fensters weniger spürbar. Eine gezielte Luftführung wie bei der Staukastenvariante ist nicht möglich, da nur die serienmäßigen Leitbleche und Düsen am Gerät selbst dafür zur Verfügung stehen. Du musst dich darum schon vor dem Einbau entscheiden, ob die Klimaanlage vorwiegend in Höhe des Wohnbereichs oder des Schlafzimmers kühlen soll. Und der nach oben verlagerte Schwerpunkt des Fahrzeugs sowie das zusätzliche Gewicht auf dem Dach können sich auf das Fahrverhalten auswirken.

Flexible Anbringung Mobile Anlagen eignen sich vor allem für gelegentliche Einsätze und aufgrund ihrer geringeren Kühlleistung nur für kleinere Räume. Dafür passen sie auf einen Tisch und benötigen vergleichsweise wenig Energie. In der Energiequelle variieren die Modelle vom obligatorischen 230-V-Anschluss über den möglichen Betrieb mit 12 V bis zur Versorgung über einen USB-Anschluss.

Fernsehen unterwegs

Auch auf Reisen musst du nicht auf die Nachrichten, deine Lieblingsserie oder gemütliche Fernsehabende mit der Familie verzichten, wenn du das nicht willst. Neben dem Streaming per Internet (s. S. 254) gibt es zwei Technologien, um unterwegs Fernsehen zu empfangen: per DVB-T oder per Satellit.

DVB-T

„Digital Video Broadcasting – Terrestrial" ist eine einfache und günstige Lösung für mobilen TV-Empfang, quasi der digitale Nachfolger des analogen Antennenfernsehens. DVB-T wird als Gleichwellennetz betrieben und die einzelnen Regionen werden von unterschiedlichen Senderstandorten ausgeleuchtet. Du kannst eine DVB-T-Antenne also aufstellen, ohne dir über die Ausrichtung Gedanken machen zu müssen.
Über den modernen DVB-T2-Standard werden rund 40 Fernsehprogramme ausgestrahlt: ca. 20 frei zu empfangende, öffentlich-rechtliche Programme (z.B. ARD, ZDF, KiKA, SWR, BR) und ca. 20 kostenpflichtige, private (z.B. SAT1, RTL, Pro 7). Für die privaten Programme kannst du zwischen zwei Bezahlmodellen wählen – jährlich und monatlich. Die Zahlung erfolgt an das Unternehmen Freenet-TV per Rechnung oder Lastschrift oder über Prepaid-Karten.
Für den Empfang von DVB-T benötigst du eigentlich nur eine Antenne aus dem Fachhandel und einen Fernseher, der DVB-T/-T2 dekodieren kann.

Im Ausland schwieriger
Ob öffentlich-rechtliche oder private Sender: DVB-T-Fernsehen kannst du in Deutschland bundesweit empfangen. Im Ausland dagegen musst du dich mit dem Programm in der jeweiligen Landesprache zufriedengeben – das ist in der Schweiz, Österreich und Südtirol trotz lokaler Dialekte sicherlich noch gut verständlich, in Spanien, Frankreich oder auf dem Balkan könnte es dagegen schwieriger werden.

Empfänger Die Empfänger der in Campingfahrzeugen integrierten Fernseher sind meist standardisiert und können alle gängigen Fernsehstandards anzeigen. Darunter fallen natürlich DVB-T/-T2 und für den Satellitenempfang DVB-S/S2. Ältere Geräte, die nur DVB-T empfangen können, benötigen einen zusätzlichen Receiver/eine Set-Top-Box, um den neuen Standard DVB-T2 dekodieren zu können.

Antennentypen Es gibt drei verschiedene Antennen für DVB-T-Empfang.

- **Dachantennen** werden auf dem Dach von Reisemobilen oder Caravans fest montiert. Damit es nicht zu Wasserschäden am Fahrzeug kommt, müssen Durchbrüche für Schrauben und Kabeldurchführungen entweder ab Werk vorgesehen sein oder vom Fachhändler nachträglich gebohrt und fachgerecht abgedichtet werden. Beides kostet einige hundert Euro Aufpreis, die Dichtigkeit wird nur für einige Jahre gewährleistet. Solche Antennen kombinieren meist mehrere Rundfunkdienste wie FM/UKW, DAB+ und DVB-T. Dabei können sich die einzelnen Dienste gegenseitig stören.
- **Zimmer- und Außenantennen** sind eigentlich für Wohnungen und Häuser gedacht. Sie sind einfach aufzustellen und werden ohne Montage am Fernseher angeschlossen. Es bedarf keiner Löcher in der Außenhaut des Reisemobils. Zimmerantennen müssen während

der Fahrt sicher verstaut werden, da sie lose sind und bei Bremsmanövern herumfliegen können. Außenantennen werden meist auf Masten oder an den Aufbauten des Reisemobils angebracht. Die Antennenkabel werden durch Luken oder Fenster nach innen geführt. In der Regel werden die Antennen während der Fahrt abgeschraubt und im Fahrzeug verstaut.

- **Folienantennen** werden auf der Innenseite der Außenhaut oder an einer unauffälligen Stelle im Innenraum des Fahrzeugs verklebt, z.B. in einem Staufach oder einem Schrank. Es sind keine Löcher oder Durchbrüche in der Außenhaut nötig und die Montage erfolgt werkzeuglos. Die integrierte Antenne wird über das Antennenkabel mit Spannung versorgt, nimmt keinen Platz weg, stört optisch nicht und ermöglicht das Fernsehen während der Fahrt.

Kosten Wenn du die DVB-T-Antenne direkt vom Hersteller einbauen lässt, bezahlst du mit Fernseher und Verkabelung ca. 1500–2500 Euro. Die Nachrüstlösung – ohne Fernseher – kommt auf bis zu 600 Euro.

Satellitenanlage

Im Unterschied zum DVB-T wird eine Satellitenanlage dazu genutzt, heimisches Fernsehen oder Radio (und selten auch Internet) in ganz Europa zu empfangen. Hier kannst du aus einem großen Angebot an Sendern aus aller Herren Länder wählen. Der Empfang hängt jedoch von vielen Faktoren ab. Prinzipiell gilt: je kleiner die Antenne, desto geringer Empfangsqualität und -reichweite. Aber auch das Wetter oder physische Hindernisse wie Baumkronen oder hohe Gebäude in unmittelbarer Nähe können das Signal beeinträchtigen.

Anlagentypen Man unterscheidet zwischen manuell einzustellenden und vollautomatischen Anlagen. Die Anlagen wiegen inklusive Montagematerial im Schnitt 11–18 kg. Dazu kommt noch das Gewicht des Fernsehers. Mit TV und Halterung sind das also 20 kg oder mehr, die du in deine Zuladung einrechnen musst.

- **Manuelle Anlagen** sind zwar meist sehr günstig, aber auch deutlich weniger komfortabel als vollautomatische Anlagen: Bei jeder Ankunft muss die „Schüssel" manuell neu auf- und eingestellt und ausgerichtet werden. Das kostet nicht nur Zeit, sondern manchmal auch Nerven. Und in der Regel kann man den Satelliten nicht ohne einen guten (zusätzlichen) Sat-Finder orten. Die Kosten liegen bei 300–1000 Euro, zzgl. Sat-Finder.
- **Vollautomatische Anlagen** erledigen Satellitensuche und Ausrichtung ganz komfortabel selbstständig. Oft sehen wir anreisende Nachbarn, bei denen sich sofort nach dem Einrangieren die Antenne auf dem Wohnmobil dreht – und nach wenigen Augenblicken ist alles eingerichtet. Toll! Mit 1000–2500 Euro ist man dabei.

Antennentypen Auch hier gibt es wieder verschiedene Möglichkeiten mit unterschiedlichen Eigenschaften und unterschiedlichem Platzbedarf. Letzterer muss beim Dachaufbau vorher ermittelt werden, von vielen Herstellern gibt es dafür spezielle Platzbedarfsskizzen.

- **Parabolantennen** sind der Klassiker unter den Satellitenantennen. Je nach Größe (ca. 65–85 cm Spiegeldurchmesser) und Hersteller kann damit selbst auf Fernreisen ein hervorragender Empfang erzielt werden. Allerdings hat diese Qualität natürlich ihren Preis.

- **Flachantennen** sind deutlich kleiner als Parabolantennen (ca. 50–55 cm Spiegeldurchmesser), erzielen aber eine ähnlich gute Empfangsqualität. Lediglich in den Randbereichen der Ausleuchtzonen der Satelliten müssen häufig kleinere Einschränkungen in Kauf genommen werden.
- **Kuppelantennen** (ca. 40 cm Spiegeldurchmesser) müssen nicht ausgerichtet werden, sondern liefern ganz von selbst an den unterschiedlichsten Standorten einen guten 360-Grad-Rundumempfang, zum Teil sogar während der Fahrt. Allerdings lassen sich Kuppelantennen nicht wegklappen oder einfahren, was bei niedrigeren Durchfahrten für Probleme mit der Fahrzeughöhe sorgen kann. Außerdem brauchst du immer freie Sicht Richtung Süden – vor allem während der Fahrt sind Unterbrechungen durch Tunnels oder Brücken daher vorprogrammiert. Die Reichweiten sind für gewöhnlich geringer als bei Parabolantennen.

Sat-Anlagen für Internet

Ein Sonderfall sind Anlagen für den mobilen Internetempfang. Solche Systeme sind jedoch mit über 3000 Euro zzgl. monatlicher Gebühren sehr teuer und lohnen sich selbst für Vielnutzer nur in Ausnahmefällen. Zudem sind die Übertragungsraten im Vergleich zu anderen Varianten geradezu schneckenartig und bei Standortwechseln müssen immer wieder neue Einstellungen vorgenommen werden. Spannend wird diese Technik aber dann, wenn man fernab der Zivilisation unbedingt auf Internet angewiesen ist.

- **Tragbare Antennen** gibt es im Set als „Sat-Koffer". Die kleinen mobilen Systeme sind platzsparend, leicht und günstig. Der Empfang ist nicht berauschend, aber sie bieten mehr Flexibilität als festverbaute Systeme, denn mit ihnen kannst du ganz einfach den Standort wechseln und damit das Signal verbessern.

Experten-Tipp

Babette Bittigkoffer
Marketingleitung
ten Haaft
ten-haaft.com

Um sich für die richtige Satellitenanlage zu entscheiden, muss ich zuerst klären, in welche Regionen ich reisen möchte. Als Faustregel gilt: Je weiter die Tour führt und je entlegener die Gegend ist, desto größer sollte der Antennenspiegel sein. Wenn ich häufiger den Standort wechsle oder viel fernsehen möchte, lohnt sich sicherlich ein vollautomatisches System. Bei langen Aufenthalten auf demselben Platz oder nur gelegentlichem TV-Konsum reicht unter Umständen eine manuelle Anlage oder sogar ein kleines Sat-Köfferchen aus. Darüber hinaus spielen natürlich Gewichts- und Platzreserven eine Rolle, vor allem bei Fahrzeugen und Gespannen bis 3,5 t. Für normale Urlaube in Deutschland und im europäischen Raum können z.B. kompakte Flach- oder Kuppelantennen eine ausgewogene Mischung aus Komfort, Reichweite, Empfangsqualität, Platz/Gewicht und Preis bieten.

Komponenten Im Allgemeinen besteht eine Satellitenanlage, ganz gleich ob automatisch oder manuell, aus

- einem Antennenspiegel als Empfänger des Satellitensignals
- einem Low Noise Block (LNB), dem sogenannten Empfangskopf
- einem Steuergerät und
- einem Fernseher mit integriertem Receiver, auf den das Signal übertragen wird.

Das Satellitensignal trifft auf den Spiegel, der es aufnimmt, bündelt und an das LNB leitet. Von hier wird es dann über ein Kabel an den Receiver weitergegeben. Dieser entschlüsselt das Signal und überträgt es auf den Fernseher, wo es dann in Form des Programms auf dem Bildschirm erscheint. Um ein Satellitensignal empfangen zu können, muss die Anlage (automatisch oder manuell) eingestellt und ausgerichtet werden. Dabei muss sich die Antenne zunächst in einem bestimmten Winkel aufrichten und dann so drehen, dass das Signal des entsprechenden Satelliten gefunden wird.

Empfangsgebiete Wenn du auch im Ausland deine von zu Hause gewohnten Sendungen sehen möchtest, benötigst du den Satelliten Astra 1.

Sat-Anlage und DVB-T in Kombination

Um die Vorteile beider Varianten zu nutzen, kannst du DVB-T und Satellit auch kombinieren. Bei modernen TV-Geräten für Camper ist das technisch problemlos möglich – beide Anschlüsse sind vorhanden.

Internet unterwegs

Ohne Internet geht heute so gut wie nichts mehr. Wer aus welchen Gründen auch immer auch unterwegs nicht darauf verzichten will oder kann, findet eine Vielzahl an Möglichkeiten. Von sehr günstig bis sehr teuer ist alles dabei – je nachdem, wie hoch der Datenverbrauch und die Ansprüche an eine schnelle, zuverlässige Verbindung sind.

WLAN auf dem Campingplatz

Die meisten Camping- und Stellplätze (und viele Cafés und Restaurants) bieten Wifi-Zugänge an. Preis, Qualität und Verfügbarkeit der Verbindungen schwanken aber erheblich. Während auf dem einen Platz für wenige Euro relativ guter Empfang zu bekommen ist, der teilweise sogar bis auf die eigene Parzelle reicht, bezahlt man auf einem anderen ein kleines Vermögen oder man sitzt frustriert vor der Rezeption – dem einzigen Ort, an dem wenigstens ein minimales Signal zu haben ist – und braucht gefühlt stundenlang, um eine E-Mail an die Familie zu verschicken.

Eigenes Netzwerk

Wenn du mehr Kontrolle, Stabilität und Unabhängigkeit möchtest (oder mit Teenagern unterwegs bist), solltest du besser in dein eigenes Netzwerk investieren. Auch dafür gibt es verschiedene Möglichkeiten.

Lesetipp
Mobiles Internet
camper.st/internet

Über das Smartphone Bist du im eigenen Land oder in der EU unterwegs und hast einen Mobilfunkvertrag oder Prepaid-Tarif mit Internet-Flat, kannst du über dein Smartphone einen WLAN-Hotspot einrichten. Andere Geräte, z.B. Tablet oder Laptop, lassen sich dann über diesen (passwortgeschützten) Hotspot mit dem Internet verbinden. Diese Option bieten fast alle moderneren Smartphones. Bei Nutzung der Funktion innerhalb der EU solltest du aber auf eventuelle Datenlimits und auf die Fair-Use-Klausel achten. Ein Blick in die Vertragsbedingungen gibt hierüber Aufschluss.

Stay local
Aufgrund der hohen Roaming-Preise ist diese Lösung im außereuropäischen Ausland ungeeignet. Hier bietet es sich an, sich eine internationale oder lokale SIM-Karte zu kaufen, um einen Hotspot zu nutzen.

Über einen Surf Stick Das ist die älteste Lösung für mobile Internetverbindungen: Seit Anbeginn der digitalen Revolution, als sich die Computer aus den stationären Büros verabschiedet haben und auf Reisen gegangen sind, gibt es sie für Laptops. Man setzt eine SIM-Karte in den Stick ein und erhält – ähnlich wie beim Smartphone – Internet via lokaler Handynetze. Durch den USB-Anschluss lässt sich der Surf Stick universell an verschiedenen Rechnern einsetzen. Zudem ist er schnell und einfach zu konfigurieren und relativ sicher. Ohne Laptop ist so ein Surf Stick aber natürlich nicht nutzbar, daher bist du auf Strom angewiesen, und unterwegs benötigte Informationen (z.B. zu Routen, Sehenswürdigkeiten oder Restaurants) müssen von dort erst aufs Smartphone oder Tablet übertragen werden.

Über das Tablet Viele Tablets können SIM-Karten aufnehmen, für die man ebenfalls ganz normal zwischen Prepaid und Vertrag wählen kann. Und auch hier ist es möglich, einen Hotspot zu schalten. Fürs bequeme Nachrichtenlesen, das Verfassen von kürzeren Texten oder auch Videostreaming bist du mit einem Tablet dank des großen Displays ohnehin gut beraten.

Über einen mobilen WiFi-Router („MiFi")
Ein kabelloser Router mit Daten-SIM-Karte stellt ebenfalls eine gute Lösung dar. Die Geräte sind klein und handlich, wiegen nur wenige Gramm und sind mit einem Preis ab ca. 50 Euro sehr erschwinglich. Sie lassen sich zudem einfach konfigurieren und sind (wie Smartphone oder Tablet) von mehreren Personen gleichzeitig nutzbar. Die Geschwindigkeit und die Stabilität der Verbindungen sind auch für den anspruchsvolleren User absolut ausreichend, sofern das Mobilfunknetz vor Ort gut ausgebaut ist – bei entsprechendem Datenvolumen lassen sich sogar Videos, Filme und Serien problemlos streamen. Auch die Akkudauer ist gut.
Wer sein MiFi im Rucksack mitnehmen möchte, kann damit unterwegs eine Verbindung zum Smartphone herstellen – ganz unabhängig von lokalen WLAN-Netzen! Und einige dieser Router kannst du sogar mit anderen WLAN-Netzen verbinden und diese darüber

im eigenen Camper „weiterverteilen". Über den Anschluss einer kleinen externen Antenne lassen sich zudem manche Geräte auch mit besseren Reichweiten ausstatten und schwache Handynetze oder WLAN-Signale verstärken.

Über eine WLAN-Verstärkerantenne Solche Antennen fangen vorhandene WLAN-Signale ein und verstärken diese, auch wenn der dazugehörige Router etwas weiter entfernt liegt. Die Antenne schickt die empfangene Information über ein Kabel an einen kleinen Router, den du an einer beliebigen Stelle im Camper aufstellen oder anbringen kannst. Dieser Router stellt ein internes WIFI-Netzwerk her, mit dem du dann deine Endgeräte verbinden kannst. Mit jedem internetfähigen Gerät lässt sich über die IP-Adresse der Antenne auf eines der vorhandenen WLAN-Netzwerke im näheren und weiteren Umfeld zugreifen – je nach Modell bis zu mehreren Kilometern. Dafür brauchst du natürlich das Passwort des Netzwerks. Die Antennen sind also nicht geeignet, um sich in fremde Netzwerke „einzuhacken".

Über eine LTE-Komplettlösung Daneben sind auch Komplettlösungen erhältlich, in denen bereits mehrere oder alle der genannten Komponenten enthalten sind. Diese sind in der Regel technisch sehr gut aufeinander abgestimmt und bieten dadurch einen guten und störungsfreien Empfang.

Über Satellit Für die allermeisten Nutzer in puncto Preis-Leistung ungeeignet, s. S. 253.

Caravan-Zusatzspiegel

Wohnwagen dürfen in Deutschland bis zu 2,55 m breit sein – da können die allermeisten Zugfahrzeuge nicht einmal annähernd mithalten! Aus diesem Grund kann beim Rangieren, Überholen oder Einscheren die Sicht zur Seite und vor allem nach hinten stark eingeschränkt sein. Der Gesetzgeber schreibt daher vor, dass in diesem Fall „Spiegel oder andere Einrichtungen für indirekte Sicht" eingesetzt werden müssen, mit Hilfe derer der Fahrzeugführer „alle für ihn wesentlichen Verkehrsvorgänge beobachten kann" (§ 56, Abs. 1 StVZO).
Das bedeutet im Klartext: Sobald der Caravan breiter ist als das Zugfahrzeug, müssen Zusatzspiegel montiert werden. Bei Verstößen drohen in Deutschland noch sehr moderate Bußgelder, im europäischen Ausland kann es schon in die hunderte und teilweise sogar über 1000 Euro gehen.

Befestigungsarten

Am günstigsten sind Zusatzspiegel mit **Gummispannbändern**. Du streifst sie einfach über den Fahrzeug-Originalspiegel und fixierst sie mit Haken in den Spiegelrahmen. Die Gummibänder auf der Rückseite des Spiegels sorgen für einen festen Halt. Ähnlich wie die Gummibandbefestigung funktioniert die Halterung mittels **Rastverschluss**. Hierbei werden verzahnte Kunststoffbänder mit Gummipuffern verwendet, die über eine kleine Ratsche das Verzurren des Spiegels ermöglichen.
Bei der **Schraubbandbefestigung** übernehmen Saugnäpfe auf einem Kunststoffband den festen Halt auf dem Spiegelgehäuse. Mit Stellschrauben wird das Kunststoffband schließlich festgezurrt, um den Zusatzspiegel vor einem Verrutschen zu bewahren.

Und schließlich gibt es noch **Klemmspiegel**, die mit einem mehrseitigen Befestigungssystem durch Stellschrauben am Rahmen der Fahrzeugspiegel montiert werden.

Auswahlkriterien für Zusatzspiegel

Sichtfeld Das wichtigste Kriterium bei der Spiegelwahl ist das Sichtfeld. Es sollte möglichst groß sein, damit der „tote Winkel", also der nicht einsehbare Bereich an der Heckkante des Caravans, möglichst klein ist.

Spiegelglas Das verwendete Glas kann flach, konvex oder asphärisch geformt sein. Flache Spiegelgläser haben den Vorteil, dass sie das Abbild korrekt und unverzerrt wiedergeben. Im Gegensatz zu den nach vorne gewölbten (konvexen) Weitwinkelgläsern ist das Sichtfeld jedoch deutlich kleiner. Da Weitwinkelspiegel dagegen die Distanzen optisch verringern, solltest du das beim Fahren mit deinem Gespann einkalkulieren.
Asphärische Spiegel bestehen aus einer zweigeteilten, teilweise konvexen Fläche, durch die der tote Winkel weitestgehend einsehbar wird. Allerdings kann das Bild in den gewölbten Bereichen verzerrt erscheinen.

Maße Hier ist darauf zu achten, dass die montierten Spiegel, an der Außenkante gemessen, mindestens 4–6 cm breiter sind als der Wohnwagen selbst. Denn für die freie Sicht nach hinten muss auf der linken Seite 10 m hinter dem Fahrer eine Breite von ca. 2,50 m eingesehen werden können; auf der rechten Seite sind es sogar 20 m auf einer Breite von mindestens 4 m. Dieses vorgeschriebene Sichtfeld ist nur mit gewölbten Spiegelgläsern zu sehen – plane Gläser können diese Sichtbreite nicht bieten.

Zwei Längen erhältlich

Viele Zusatzspiegel sind mit kürzerem und längerem Arm erhältlich. Die längeren Arme sind in der Regel erst bei Caravans mit einer Breite ab 2,40 m notwendig.

Handhabung und Qualität Zu guter Letzt solltest du darauf achten, dass die Spiegel schnell an- und abzumontieren sind und dass die Halterung sowie der Gelenkarm einen stabilen Eindruck machen. So vermeidest du, dass die Spiegel während der Fahrt vibrieren oder gar verloren gehen.

Universell oder fahrzeugspezifisch?

Universalspiegel für Gespanne sind im Campingfachhandel oder direkt beim Hersteller in unterschiedlichsten Formen und Befestigungsvarianten erhältlich. Auf den ersten Blick erscheinen Zusatzspiegel mit universeller Passform allein schon wegen der günstigen Preise verlockend. Außerdem können sie bei einem Fahrzeugwechsel problemlos mitgenommen werden. Doch die immer kapriziöseren Designs der Autohersteller mit aerodynamischen Spiegelformen, integrierten Blinkern oder anderem „Schnickschnack" vereiteln nicht selten den Versuch, diese Spiegel auch tatsächlich am eigenen Fahrzeug anzubringen. Und manchmal können die Spiegel zwar montiert werden, aber der Halt lässt zu wünschen übrig. Deshalb solltest du bei der Suche nach diesem Zubehör genau recherchieren und im Zweifel auch mal in der Community nach einschlägigen Erfahrungen fragen.

Mehr Verlässlichkeit bieten **fahrzeugspezifische Spiegel**, die passgenau auf das jeweilige Automodell zugeschnitten sind. Sie sitzen in der Regel bombenfest und vibrieren kaum. Und es gibt sie bereits für mehr als 190 verschiedene Fahrzeugtypen, mit hoher Wahrscheinlichkeit also auch für dein Modell. Manche dieser Spiegel können mithilfe eines Sicherheitsschlosses gegen Diebstahl gesichert werden – keine schlechte Idee, denn die fahrzeugspezifischen Varianten sind um einiges teurer als ihre universellen Pendants. Ein weiterer Nachteil: Bei einem Fahrzeugwechsel musst du dir wahrscheinlich wieder neue Spiegel zulegen.

Lesetipp
Übersicht Zusatzspiegel-Hersteller
camper.st/spiegel

Rangierantriebe für Wohnwagen

Immer mehr Caravans werden ab Werk oder nachträglich mit einem Rangierantrieb ausgestattet. Im Camper-Jargon werden diese Systeme auch „Mover" genannt, der Begriff ist jedoch der Modellname einer Herstellerfirma. Bei einer Rangierhilfe handelt es sich um kleine Motoren mit Walzensystemen, die in der Regel an den Rädern angebracht werden.
Durch diese Technologie kannst du den Wohnwagen mit einer Fernbedienung steuern und ohne körperliche Anstrengung millimetergenau auf der Parzelle oder dem Unterstellplatz einrangieren. Gerade für schwere Fahrzeuge oder für Alleinreisende wie auch für Menschen mit körperlichen Beeinträchtigungen ist das eine große Hilfe. Auch Steigungen, kleinere Hindernisse, unebenes Gelände und sogar Sand oder Split werden vor allem von den höherpreisigen Geräten problemlos gemeistert.

Rangierantriebe stehen in zwei Varianten zur Verfügung: halbautomatisch und vollautomatisch. Im Fachhandel sind verschiedene Modelle erhältlich, je nach Qualität, Ausführung und Leistungsfähigkeit für ca. 700–2200 Euro. 1,5–1,8 t können von den meisten Rangiersystemen problemlos bewegt werden. Bei Monoachsern reicht ein Einbauset, also zwei Motoren plus Walzen, aus. Für schwere Tandemachser sind meist zwei Einheiten, d. h. vier Motoren plus Walzen, nötig. Das zusätzliche Gewicht ist wie immer bei der Zuladung zu beachten! Für den Betrieb ist stets eine Bordbatterie nötig, da sich das System über Strom speist. Hierfür fallen weitere Kosten an, ebenso wie für den Einbau.

Wenig verbreitet, aber der Vollständigkeit halber hier erwähnt seien mobile Rangierhilfen fürs Stützrad, die bei Bedarf in eine Aufnahmevorrichtung eingesetzt werden. Sie sind weniger komfortabel und leistungsstark, dafür aber günstiger.

Typen von Rangierantrieben

Halbautomatische Systeme Bei den halbautomatischen Systemen wird die Antriebswalze von Hand „angeschwenkt", z.B. mit einem Hebel oder einer Kurbel. Hierfür ist häufig etwas Kraft nötig, denn die Walzen müssen wirklich richtig fest an den Rädern sitzen, damit der Anpressdruck ausreicht, um das Fahrzeug zu bewegen.

Vollautomatische Systeme Bei diesen Rangierhilfen erfolgt das Anschwenken per Knopfdruck, z.B. über ein Bedienpanel oder über die Fernbedienung. Hier ist der nötige Anpressdruck in aller Regel bereits von der Fachwerkstatt voreingestellt.

Auswahlkriterien für den eigenen Rangierantrieb

- Budget
- zulässiges Gesamtgewicht und Zuladungsreserven
- gewünschter Komfort
- Anbringungsmöglichkeiten am Chassis

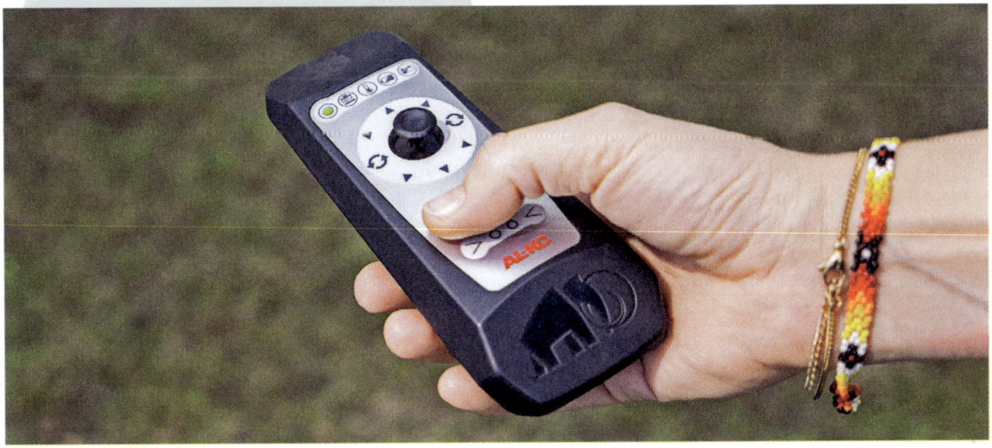

Dein Camping-Wörterbuch

13-poliger Stecker
Stecker bzw. Kabel, die den Anhänger mit dem Zugfahrzeug verbinden und ihn so mit Strom versorgen. War früher 7-polig. Mindestens die Pins für die Außenbeleuchtung des Anhängers (Brems- und Rücklichter, Blinker und Warnblinkanlage, Rückfahrleuchte, Begrenzungsleuchten) müssen belegt sein. Zur Versorgung von Verbrauchern im Innenraum (Innenbeleuchtung, Kühlschrank etc.) müssen → *Ladeleitung* und/oder -> Dauerplus häufig nachgerüstet werden.

Absorbertechnologie
Findet im Campingbereich bei sehr vielen serienmäßig verbauten Kühlschränken und Kühlboxen Anwendung. Günstiger, aber weniger temperaturstabil als → *Kompressorgeräte*, dafür sehr leise und sowohl mit Strom als auch mit Gas betreibbar.

Alugas(flasche)
Markenname für eine Gasflasche aus Aluminium. Ist deutlich leichter als eine gleich große Stahlflasche.

Anhänge(r)kupplung
Vorrichtung am Heck eines Fahrzeugs, durch die ein Anhänger (z.B. Wohnwagen) mit dem Zugfahrzeug verbunden werden kann – bei PKW und Reisemobilen meist in Form einer Kugelkopfkupplung. Unterschieden wird zwischen fest montierten („starren"), abnehmbaren und schwenkbaren Systemen. Für sehr leichte oder Elektrohybridfahrzeuge mit zu geringen Anhängelasten gibt es spezielle Fahrradträger-AHK zum Radtransport.

Aufbaubatterie
s. → *Bordbatterie*

Auffahrkeile
Stabile Kunststoffkeile, die unter die Räder des Campingmobils gelegt werden, um das Fahrzeug auszurichten und Unebenheiten oder Gefälle auszugleichen.

Bordbatterie
Batterie im Aufbau eines Campingfahrzeugs, die für die Versorgung der Stromverbraucher genutzt wird. Liefert 12 V, Strom kann über → *Wechselrichter* aber auch auf 230 V transformiert werden. Kopplung mit externen Stromerzeugern (z.B. Solarpanel) ist möglich und sinnvoll.

Butangas
Gehört wie → *Propangas* zur Familie der farblosen, brennbaren Kohlenwasserstoffe. Wird in Deutschland im Campingbereich hauptsächlich in Gaskartuschen verwendet und zu einem sehr geringen Anteil in den „großen" Pfand- und Eigentumsflaschen zugesetzt. Butan hat einen deutlich höheren Siedepunkt als → *Propan*, weshalb es für kältere Klimazonen oder Wintercamping nicht geeignet ist.

CEE-Stecker und -Adapter
Europaweit einheitliches Steckersystem zur Stromentnahme. Du erkennst CEE-Stecker auf den ersten Blick an ihrer dunkelblauen Farbe. Auf Campingplätzen im In- und Ausland heute meist, aber noch nicht flächendeckend Standard. Deshalb ist es u. U. ratsam, auch einen → *Schuko-Adapter* mitzuführen.

Dachlast
Das Gewicht, das maximal auf dem Fahrzeugdach transportiert werden darf. Hierbei müssen alle zu ladenden Komponenten (Dachträger, → *Dachzelt*, Dachbox, Fahrräder etc.) berücksichtigt werden. Im Stand aber können z.B. Personen problemlos in einem → *Dachzelt* schlafen, auch wenn die vom Hersteller vorgegebene Dachlast damit überschritten wird.

Dachmarkise
s. → *Kassettenmarkise*

Dauerplus
Alle Kontakte, die konstant mit der → *Starterbatterie* eines Fahrzeugs verbunden bleiben, sodass auch bei ausgeschalteter Zündung Strom fließt.

Duschzelt
Einfaches, kompaktes Zelt mit geringer Grundfläche, aber Stehhöhe. Geeignet zur Abschirmung bei der Körperpflege, als mobiles „Toilettenhäuschen" oder als zusätzlicher Stauraum.

Eigentumsflasche
Anders als der Name vermuten lässt, wird auch diese Gasflasche in den seltensten Fällen vor Ort wiederbefüllt, sondern vielmehr immer wieder getauscht. Bezahlen muss man jedoch jeweils nur die Füllung.

Entladeschlussspannung
Spannung, die beim Entladen einer Batterie nicht unterschritten werden darf, da sonst Tiefenentladung droht.

Erhaltungsspannung
Spannung, die das Ladegerät dauerhaft aufrechterhalten soll, um eine Selbstentladung der Batterie zu verhindern.

Euro-Set
Ein Set aus verschiedenen Gasadaptern, mit denen sich Flaschen aus dem Ausland an das Gassystem eines deutschen Fahrzeugs anschließen lassen.

Füllstutzen
s. → *Tankadapter*

Gaskartusche
Kleiner Gasbehälter, in der Regel mit → *Butangas* befüllt. Kann je nach Kartuschenmodell direkt an Gasgrill oder Kocher angeschraubt und/oder mit Schlauch und Druckminderer verwendet werden.

Gastank
Fest im Campingfahrzeug verbauter Gastank, der an LPG-Tankstellen befüllt werden kann.

Gastankflasche
Fest im Campingfahrzeug montierte Gasflasche, die an LPG-Tankstellen befüllt werden kann.

Heckgarage
Stauraum im hinteren Bereich von Reisemobilen. Wird beim Wohnwagen häufig umgangssprachlich für den Stauraum unter dem Bett oder andere Stauräume im Heck verwendet.

Kassettenmarkise
Fest mit dem Fahrzeugaufbau (Dach, Seitenwand) verbundene Markise, die bei Nicht-Benutzung in einem „Kasten" verschwindet.

Kederleiste
Auch Kederschiene oder einfach nur Keder genannt. Metallschiene, die entlang der Dachkante, an Seitenwänden und/oder umlaufend am Fahrzeug montiert ist. Dient zur Befestigung von → *Vorzelt*, → *Markise*, Sonnensegel oder auch losem Equipment.

Kompressortechnologie
Bietet sehr zuverlässige Kühlleistung, sowohl bei Kühlschränken/Kühlboxen als auch bei Klimaanlagen. Teurer, schwerer und lauter als → *Absorbergeräte*, arbeitet dafür aber konstant und ist kaum abhängig von der Außentemperatur. Betrieb nur über Strom möglich.

Ladebooster
Gerät, das während der Fahrt konstant hohen Strom von der Lichtmaschine zieht und diesen hoch genug transformiert, um die → *Aufbaubatterie(n)* zu laden.

Ladeleitung
Auch Zündungsplus oder Ladeplus genannt. Bezeichnet die Kontakte, an denen nicht permanent Spannung über die → *Starterbatterie* anliegt. Hier fließt nur bei eingeschalteter Zündung Strom.

Laderegler
Gerät, das die Batterieladung prüft und bei Bedarf Strom aus den Solarzellen nachlädt.

Ladeschlussspannung
Spannung, die während des Ladevorgangs bei einer Batterie nicht überschritten werden darf.

Landstrom
Strom aus der Steckdose, z.B. auf einem Camping- oder Wohnmobilstellplatz.

Markisenvorzelt
Markise mit Seiten- und Frontteilen, die ähnliche Vorteile bietet wie ein → *Vorzelt*, allerdings nicht ganz so geräumig und weniger winddicht ist.

Monokristalline Solarzellen
Dunkelblaue bis schwarze Solarmodule aus einzelnen Siliziumkristallen. Besitzen besseren Wirkungsgrad als → *polykristalline Zellen* und sind weniger empfindlich bei Teilabschattung.

Mover
s. → *Rangierhilfe*

Panzertape
Starkes Gewebeband, mit dem sich Zeltplanen, Jacken, Fahrzeugteile oder auch Schnittwunden notdürftig flicken lassen, bis anderweitig Abhilfe geschaffen werden kann.

Paracord
Engl. für Fallschirmleine. Sehr widerstandsfähiges, reißfestes Material, das sich für viele Einsatzbereiche eignet (kleine Reparaturen, Wäscheleine, Behelfshundeleine etc.).

Polykristalline Solarzellen
Hellblaue Solarmodule aus erhitztem und in Form gegossenem Silizium. Geringerer Wirkungsgrad als → *monokristalline Zellen.*

Propangas
Farbloses, brennbares Gas aus der Familie der Kohlenwasserstoffe. Wird in Deutschland meist zur Befüllung der Eigentums- und Pfandgasflaschen genutzt (mit sehr geringem → *Butan-Anteil*). Ist auch bei kalten Temperaturen einsetzbar.

Rangierantrieb
s. → *Rangierhilfe*

Rangierhilfe
System mit Elektromotor(en), mit dem sich ein Caravan ohne körperliche Unterstützung durch den Nutzer (z.B. durch Schieben) per Fernbedienung zentimetergenau steuern und einparken lässt. Auch Mover oder Rangierantrieb genannt. Vor allem für Tandemachser und andere schwerere Wohnwagen empfehlenswert, ebenso für Alleinreisende oder körperlich beeinträchtigte Menschen.

Ruhespannung
Spannung, die zwischen zwei Ladevorgängen einer Batterie gemessen werden kann.

Sackmarkise
Von Hand auf- und abzurollende, nicht fest installierte Markise, die für die Fahrt in einer an der → *Kederleiste* befestigten Tasche verstaut wird. Die Tasche kann während des Transports am Fahrzeug verbleiben.

Schuko-Adapter
Auch Schuko-Kupplung genannt. Wird z.B. benötigt, wenn ein Campingplatz seine Stromanschlüsse (noch) nicht auf → *CEE* umgerüstet hat. Achtung: Offiziell ist die Verwendung eines solchen Adapters nicht zulässig – die Alternative wäre jedoch, dass du vielleicht tagelang ohne Strom auskommen musst…

Solarkoffer
Tragbare Mini-Solaranlage in Kofferform, inkl. Regler und Batterieanschlusskabel.

Starterbatterie
Die Batterie, die zum Anlassen des Motors genutzt wird. Ist nicht zur Versorgung von Verbrauchern im Aufbau geeignet.

Sturmband
Nylongurt, meist mit Haken, Ösen und/oder Feder, der am → *Vorzelt* oder der Markise befestigt und im Boden verankert wird. Schützt den Vorbau vor Unwettern und Wind.

Tankadapter
Begriff, der im Handel für verschiedene Adaptertypen benutzt wird: Adapter zum Betanken von → *Gastanks* sowie Einfüllstutzen zum Wiederbefüllen von Gasflaschen. Bitte vor dem Kauf genau hinschauen und notfalls bei den Fachleuten nachfragen!

Umlaufmaß
Wichtiger Wert bei der Auswahl der passenden → *Vorzelt-Größe*. Wird bei waagerecht stehendem Fahrzeug vom Boden aus an der → *Kederleiste* des Fahrzeugs und wieder zurück zum Boden gemessen.

Versorgungsbatterie
s. → *Bordbatterie*

Vorzelt
Wetterschutz und Wohnraumerweiterung aus Zeltplane und Gestänge. Wird wie vor dem Campingfahrzeug aufgebaut, je nach Modell über die → *Kederleiste* fest mit ihm verbunden oder freistehend.

Vorzeltmarkise
s. → *Markisenvorzelt*

Wasserdieb
Universal-Adapter zum Anschluss des Gartenschlauchs an einen Wasserhahn ohne Gewinde.

Wechselrichter
Gerät, das zwischen Batterie und Verbraucher geschaltet wird und 12 V Gleichstrom in 230 V Wechselstrom transformiert.

Zurrschienen
In Boden oder Wänden fest montierte Schienen mit Befestigungssystem für schwere oder sperrige Ladung.

Zusatzspiegel
Flexible Spiegel zum Aufstecken oder Anklemmen an die Rückspiegel des Zugfahrzeugs, die bei Gespannfahrten mit Caravans oder anderen breiten Anhängern für bessere Sicht sorgen sollen.

Zweitbatterie
s. → *Bordbatterie*

Zyklenfestigkeit
Beschreibt die Anzahl der Zyklen, die eine Batterie durchlaufen kann, ohne Speicherkapazität einzubüßen – kurz: die Lebensdauer der Batterie.

FENDT
CARAVAN
FENDT
CARAVAN
#Entdecker

1

Die erste Reise planen

Vor der Reise

Das Reiseziel auswählen

Die Arten zu campen sind so vielfältig wie wir Camper selbst. Da gibt es die Puristen, die mit Rucksack, Zelt und Gaskocher in die Einsamkeit der Pyrenäen abtauchen, die Bulli-Nostalgiker, die es mit dem Surfbrett auf dem Dach an die rauen Küsten des Atlantiks zieht, die kilometerhungrigen Reisemobilisten, die mit ihren stattlichen Gefährten in wenigen Wochen den halben Kontinent umrunden, und die Familien, die ihren Jahresurlaub am liebsten im Wohnwagen auf dem Campingplatz verbringen – und noch ganz, ganz viel dazwischen. Überlege also gemeinsam mit deinen Mitreisenden, welche Reiseform allen Beteiligten Spaß macht und am besten ins Budget passt.

Bevor es an die konkrete Planung geht, solltest du grob ein Ziel ins Auge fassen. Dabei geht es nicht darum, sich schon auf den genauen Ort oder gar auf einen bestimmten Campingplatz festzulegen – es reicht zunächst, wenn du dich für ein Land und eine Region entscheidest. Dann kannst du auch besser abwägen, welche Ausrüstung du wirklich benötigst. Schließlich ist es ein Unterschied, ob du einen Strandurlaub in Spanien, Bergwandern in der Schweiz oder Fjordhopping in Norwegen planst.
Bei der Wahl des Reiseziels spielt nicht zuletzt die verfügbare Zeit eine wichtige Rolle: Um entspannt unterwegs zu sein, ist es vor allem mit Kindern wichtig, sich keine zu großen Etappen vorzunehmen. Mit dem Wohnmobil oder Wohnwagen in zwei Wochen nach Portugal und wieder zurück zu hetzen, wird für viele Familien eher stressig werden. Wenn es unbedingt ein weiter entferntes Reiseziel sein soll, beispielsweise für einen Strandurlaub unter südlicher Sonne, kannst du auch das Flugzeug nehmen und vor Ort einen Camper mieten. Ansonsten bieten Deutschland und die Nachbarländer ebenfalls tolle Ecken, die es sich zu erkunden lohnt.

Das Budget planen

Campingurlaub ist meist günstiger als der Aufenthalt in einem Hotel, hat aber längst das „Billigheimer-Image" abgelegt. Folgende Faktoren wirken sich auf die Kosten aus:

- **Unterkunft.** Viele Campingplätze bieten mittlerweile einen gehobenen Standard, teils mit umfangreicher Ausstattung und einem Freizeitprogramm für Kinder, Erwachsene und manchmal sogar für Hunde. Das schlägt sich natürlich auch in den Preisen nieder.
- **Nebenkosten.** Neben der eigentlichen Übernachtung werden häufig für Strom, Dusch- oder Warmwassermünzen, Pauschalen für Hunde oder für Müllentsorgung weitere Kosten erhoben.
- **Fahrtkosten.** Kraftstoff, Maut oder Fährüberfahrten schlagen bei Wohnmobilen und Wohnwagen meist deutlich höher zu Buche als bei einem normalen PKW. Keine verlässlichen Angaben, aber zumindest grobe Anhaltspunkte bieten hier Routenplaner wie z.B. Via Michelin, in denen du Daten zu deinem Fahrzeug und zur geplanten Strecke eingeben kannst.
- **Zwischenübernachtungen.** Aus Sicherheitsgründen pausierst du am besten stets auf Camping- oder Stellplätzen – bitte nicht an Raststätten, auch wenn das meist kostenlos ist (s. S. 342)!

Kostenfaktoren für die Reise

- Kraftstoff
- Maut/Vignetten
- Zwischenübernachtung(en)
- Art und Größe des Stellplatzes / der Parzelle
- Anzahl der Übernachtungen pro Erwachsenem
- Anzahl der Übernachtungen pro Kind
- Tagespauschalen für Hunde
- Strom (Anschlussgebühr und Pauschale oder Verbrauch)
- Dusch- oder Warmwassermünzen (mind. 1 pro Tag/Person)
- Kosten für Waschmaschinen- und Trocknernutzung
- Müllentsorgung
- Nutzungspauschalen für platzeigene Einrichtungen oder Freizeitprogramme
- Verpflegung, Restaurant- und Cafébesuche
- Eintritte und Kosten für sonstige Freizeitaktivitäten
- ggf. Kurtaxe

Um die Reisekasse zu schonen, empfehlen wir etwa folgende Maßnahmen, die sich relativ einfach umsetzen lassen:

In der Nebensaison reisen. Sowohl Mietfahrzeuge als auch Camping- und Stellplätze sind in der Nebensaison meist sehr viel günstiger als in den Hauptreisezeiten.

Leihen statt kaufen. Bestimmt sind unter deinen Bekannten auch einige Camper, die mit allem Pipapo ausgestattet sind und dir für deine erste Tour gerne einen Teil ihres Equipments ausleihen. So hast du anfangs nicht so hohe Ausgaben und kannst zugleich testen, was du unterwegs wirklich brauchst.

Kleine und/oder dezentrale Plätze auswählen. Kleinere Plätze, die etwas außerhalb der klassischen „Hotspots" liegen, bieten in der Regel preiswertere Tarife an.

Bei Privatleuten oder auf Bauernhöfen übernachten. Wenn du ohnehin eine Rundreise planst und nicht länger an einem Ort bleiben möchtest, kannst du in einigen Ländern auch auf Privatgrundstücken, Höfen oder Weingütern Station machen. Dafür bezahlst du eine kleine „Gebühr" oder du kaufst als Dankeschön im Hofladen ein (s. S. 289). Meist ist die Anzahl der Übernachtungen aber limitiert. Um diese Angebote zu finden, kannst du auf spezielle Führer oder Apps zurückgreifen.

Rabattkarten nutzen. Viele Campingplätze gewähren attraktive Vergünstigungen für Inhaber von Rabattkarten. Die Karten gibt es von unterschiedlichen Anbietern (s. S. 298).

Nach Langzeittarifen fragen. Weißt du bei der Buchung oder Anreise bereits, dass du mehrere Wochen auf demselben Platz bleiben möchtest, solltest du dich nach Langzeit- oder Dauercampertarifen erkundigen.

Rechne mal!
Auf manchen Plätzen lohnt sich die Monatspauschale im Vergleich zu den Tagespreisen schon ab einem zehn- bis vierzehntägigen Aufenthalt!

Mautfreie Routen wählen Falls in deinem Transit- oder Zielland Mautgebühren erhoben werden, kannst du statt der Schnellstraßen und Autobahnen auch über Land fahren. Das dauert zwar meist etwas länger, du wirst aber dafür mit oftmals wunderschönen Ausblicken belohnt – und natürlich mit mehr Reserven im Sparschweinchen!

Spritsparend fahren. Wenn du mit 80 km/h dahintuckerst, verbrauchst du wesentlich weniger Kraftstoff, als wenn du immer „am Anschlag" fährst. Erfahrungsgemäß macht das zeitlich keinen allzu großen Unterschied, du kommst jedoch viel entspannter an und tust gleichzeitig noch etwas für die Umwelt.

Clever tanken. Wenn du Kraftstoffpreise vergleichst und deine Tankfüllungen strategisch planst, kannst du hier ordentlich Kosten senken. Ist z.B. im Nachbarland der Sprit deutlich teurer, tanke ein Stück vor der Grenze nochmal richtig voll. Du kannst außerdem spezielle Apps nutzen, die dir ständig aktualisiert die günstigsten Tankstellen in der Nähe anzeigen.

Zugfahrzeug außerhalb des Campingplatzes parken. Bei Campingplatz-Aufenthalten mit dem Caravan bezahlst du vielerorts eine stattliche Gebühr für das Abstellen des Zugfahrzeugs auf der Parzelle. Häufig kommen hier 5–7 Euro pro Tag zusammen. Du kannst dir selbst ausrechnen, was dies bei einem zwei- oder dreiwöchigen Urlaub ausmacht! Überlege in diesem Fall, ob du deinen Wagen vor der Schranke parken kannst und möchtest.

Selbst kochen. Auch im Urlaub ist es günstiger, das Essen selbst zuzubereiten (s. S. 211), als im Restaurant zu speisen. Selbst ein einfacher Imbiss geht an manchen Touristenorten ganz schön ins Geld. Die meisten Campingfahrzeuge sind mit einer kleinen Küche ausgestattet, die fast keine Wünsche offen lässt und in der sich auch aufwändigere Gerichte zubereiten lassen. Alternativ kannst du einen Campinggrill mitnehmen (s. S. 219).

Vorräte einpacken. Je nach Reiseziel solltest du dir Gedanken machen, welche Vorräte du sinnvollerweise mitnimmst. In skandinavischen Ländern sind Lebens- und vor allem Genussmittel wie Zigaretten und Alkohol beispielsweise sehr viel teurer als bei uns, während du in Albanien oder Griechenland überaus günstig einkaufen kannst. Aber Achtung: Bitte immer die Zuladung im Blick behalten (s. S. 55)!

Auf Landstrom verzichten. Gehörst du zu den Glücklichen, die ein Campingfahrzeug mit Solaranlage ihr Eigen nennen (s. S. 201), solltest du deinen eigenen Strom nutzen und dich nur bei Bedarf tage- oder stundenweise an den Landstrom hängen. Insbesondere auf Plätzen, die nach Verbrauch abrechnen, kannst du hier eine Menge Geld sparen.

Wäsche von Hand waschen und lufttrocknen lassen. Eine Waschladung oder eine Trocknernutzung kostet auf Campingplätzen oder in Waschsalons meist zwischen 3 und 5 Euro. Wenn deine Wäsche also nicht stark verschmutzt ist und das Wetter mitspielt, kannst du deine Klamotten und Handtücher alternativ in einem Schaff oder Eimer waschen und zum Trocknen einfach aufhängen. Ansonsten gilt wie zuhause: Nicht wegen zwei, drei Teilen die Waschmaschine laufen lassen!

Lesetipps

- **Private Übernachtungsmöglichkeiten** *camper.st/privatstellplatz*
- **Benzinpreise im europäischen Ausland** *camper.st/adac-tanken-ausland*

Den Camping- oder Stellplatz auswählen

Wenn du nicht gerade deinen kompletten Urlaub wildcampend verbringst, wirst du früher oder später auf die Suche nach einem Campingplatz oder Stellplatz (s. S. 286) gehen müssen. Hierfür stehen dir verschiedene Online-Portale wie PiNCAMP oder camping.info zur Verfügung, auf denen du zahlreiche Plätze mit Detailinformationen, User-Bewertungen, Klassifizierungen und Fotos ansehen und vergleichen kannst.
Viele Plätze lassen sich über diese Portale sogar direkt buchen, andere bieten Reservierungsmöglichkeiten auf ihren eigenen Webseiten, etwa über ein Online-Formular. Doch es gibt auch noch die, bei denen du ganz „old school" zum Telefonhörer greifen musst. Fragst du per Mail an, fasse vorsichtshalber nach, falls du nach einigen Tagen noch nichts gehört hast. Manche Betreiber rufen ihr elektronisches Postfach nur sehr sporadisch ab…
Möchtest du ohne Reservierung unterwegs sein und einfach vor Ort schauen, wohin es dich verschlägt, findest du eine ganze Reihe toller Apps, die dabei helfen, spontan einen Camping- oder Stellplatz in deiner Nähe zu finden. Wir nutzen hierfür unter anderem den ADAC Camping- und Stellplatzführer, Campercontact oder Park4Night.

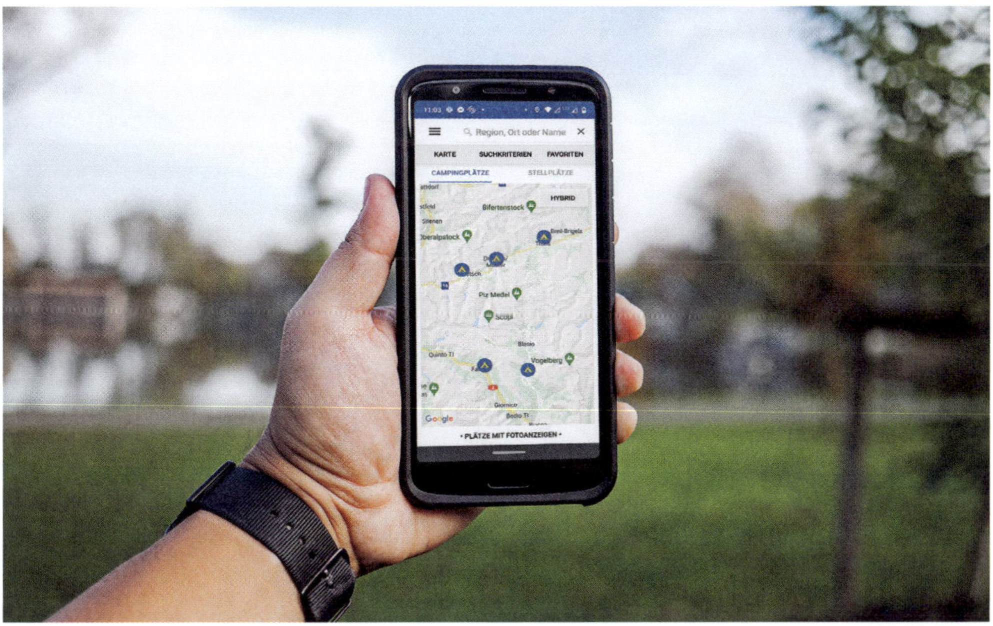

Sich treiben lassen kann schwierig werden…
Ein großer Reiz beim Camping liegt darin, einfach spontan das nächste Ziel auszuwählen. Doch wenn dir oder deinen Mitreisenden bestimmte Kriterien an einem Campingplatz besonders wichtig sind oder du wegen deiner Kinder an die Ferienzeiten, also die Hauptsaison, gebunden bist, kann eine Reise „auf gut Glück" ganz schön stressig werden: Viele Plätze sind z.B. in den Sommerferien proppenvoll und es passiert immer öfter, dass Reisende am Wunschziel abgewiesen werden müssen. Dann geht die Suche von vorne los und nicht selten landet man auf einem Ausweichplatz, der nicht unbedingt den eigenen Vorstellungen entspricht. Deshalb kann es durchaus Sinn machen, rechtzeitig zu buchen.

Wer etwas „in der Hand" haben möchte, kann auf die klassischen gedruckten Campingführer zurückgreifen, von denen die bekanntesten sicherlich die Exemplare von **ADAC** und **ACSI** sind (beide bieten auch Rabattkarten an). Weitere empfehlenswerte Campingführer:

- *BVCD-Campingführer: Campingplätze & Wohnmobilstellplätze in Deutschland* (mit Rabattsystem)
- *DCC-Campingführer* mit Partnerplätzen (mit Rabattsystem)
- *Landvergnügen. Der andere Stellplatzführer* (kostenlose Übernachtung gegen Einkauf im Hofladen)
- *Bordatlas Stellplatzführer* von Reisemobil International (mit Gutscheinbuch)
- *ECC EUROPA Camping- & Caravaning-Führer*

Mit etwas Zeit und Geduld findest du auch in einschlägigen Facebook-Gruppen immer wieder tolle Tipps, Inspirationen und Platzempfehlungen. Und sogar für spezielle Urlaubsvorlieben wie FKK oder Reisen mit Haustier gibt es eigene Gruppen, Portale, Campingführer oder Filtermöglichkeiten bei den genannten Anbietern.

Unterwegs mit Kindern oder Haustieren

Wenn du mit Kind oder Hund unterwegs bist (s. S. 300 und S. 306), solltest du zum einen klären, ob das Reiseziel und der ausgewählte Campingplatz auch für ihre Bedürfnisse geeignet sind. Zum anderen ist es besonders wichtig, ausreichend Pausen und Ruhephasen bei der Hin- und Rückfahrt einzuplanen, damit die Reise auch für die kleinen zwei- und vierbeinigen Camper zum Vergnügen wird. Falls Teenager mit an Bord sind, solltest du unbedingt dafür sorgen, dass auf dem Campingplatz immer eine Internetverbindung in erreichbarer Nähe ist!
Soll der Hund mit in den Urlaub fahren, informiere dich bereits im Vorfeld, ob Haustiere auf deinem Wunschcampingplatz erlaubt sind, ob es zusätzliche Angebote für sie gibt und welche Tagespauschale dafür erhoben wird.

Die Ausrüstung zusammenstellen

Sobald du dir den ersten eigenen Camper zugelegt hast, benötigst du zunächst einmal eine Grundausstattung (s. S. 182). Überlege dir aber bitte genau, was du wirklich brauchst, und fahre vor allem niemals ohne Einkaufsliste zu den großen Campingausstattern – denn dort tritt umgehend der

„IKEA-Effekt" ein: Man geht rein, um einen Klapptisch und vier Stühle zu kaufen, und kommt mit Geschirrständer, Wäschespinne, Antirutschmatten, Fußauflagen, Wachstischdecken, einem Vorzeltteppich, einem Eierköpfer und Kunststoff-Sekttulpen zurück. Wir selbst wurden zu Beginn auch vom Kaufrausch erfasst und haben ganz viele der teils teuren Gegenstände mittlerweile verschenkt oder weggeworfen, weil sie einfach nur Platz wegnahmen und wir sie im Alltag kaum genutzt haben.

Solltest du einen Camper mieten, sind vor allem bei Privatvermietungen in der Regel die wichtigsten Dinge schon an Bord. Dazu gehören

- Geschirr,
- Besteck,
- eine Kochgelegenheit (Küchenzeile oder Campingkocher/-grill),
- Campingmöbel für draußen.

In manchen sehr gut ausgestatteten Mietfahrzeugen findest du auch Geschirrtücher, Putzlappen, Spülutensilien sowie ein bis zwei Rollen Toiletten- und Küchenpapier vor. Bettwäsche und Handtücher dagegen musst du fast immer selbst mitbringen. Frag am besten vor der Übergabe beim Vermieter nach. Denk außerdem bitte daran, dass du bei gemieteten Campern die Endreinigung normalerweise selbst durchführen musst, und packe das entsprechende Putzzeug mit ein.

Häufig werden wir auch gefragt, welche Kleidung wir für einen Campingtrip empfehlen. Auch hier gibt es keine „ultimative Packliste" – denn für relaxte Tage am Strand benötigst du natürlich andere Klamotten als für eine Städtereise oder eine Bergtour. Ein paar Inspirationen liefert die Packliste auf S. 338.

Genießen und improvisieren!

Unser wichtigster Ratschlag für deine erste Reise (und alle weiteren) ist: Verplane dich nicht, sondern genieße es, in den Tag hinein zu leben! Mach dir keine Sorgen, wenn du wirklich mal etwas vergessen hast oder nicht alles rund läuft. Meistens trifft man unterwegs jede Menge hilfsbereiter Menschen – Einheimische wie auch andere Camper –, die gerne mit Rat, Tat und Equipment einspringen. Außerdem gehst du ja nicht auf Expedition in die Wüste, sondern wirst vor Ort immer eine Möglichkeit finden, wichtige Dinge nachzukaufen, deine Wäsche zu waschen oder eine kleinere Reparatur durchführen zu lassen. Und das eine oder andere Missgeschick sowie ein bisschen Improvisation gehören zum Campen einfach dazu!

Maut und Vignetten

Die Nutzung der meisten europäischen Autobahnen oder Schnellstraßen ist kostenpflichtig, darüber hinaus werden in manchen Ländern für einzelne Brücken, Tunnels, Streckenabschnitte oder Fährrouten Gebühren erhoben. Eine einheitliche EU-weite Regelung gibt es bislang nicht, weshalb du dich vor jeder Reise mit den Maut- und Vignettenbestimmungen in deinen Ziel- und Transitländer vertraut machen musst.
Die Höhe der Gebühren und die Erhebungsform (elektronisch oder an der Station) orientiert sich je nach Land und Autobahngesellschaft an ganz unterschiedlichen Faktoren, z.B.:

- Fahrzeugtyp
- Fahrzeug- bzw. Gespannmaße (Höhe, Länge)
- zulässiges Gesamtgewicht
- Schadstoffklasse
- Achsenzahl
- Streckenart
- Streckenlänge

Lesetipp

Maut und Vignetten in Europa
camper.st/maut

Da die Bestimmungen teilweise sehr komplex sind und sich die Gebühren darüber hinaus von Jahr zu Jahr bzw. mitunter auch pünktlich zur Reisesaison ändern, gehen wir in diesem Buch nicht auf einzelne Regelungen wie konkrete Preise oder Mautklassen ein. Regelmäßig aktualisierte Informationen findest du online (s. Lesetipp).

Im Folgenden geben wir dir aber zumindest eine Übersicht, in welchen Ländern es grundsätzlich eine Mautpflicht für Autobahnen oder Schnellstraßen gibt und wo auch punktuell Gebühren erhoben werden.

Maut- und Vignettenpflicht in europäischen Reiseländern

Stand: Januar 2021

LAND	ALLGEMEINE MAUT-/VIGNETTEN-PFLICHT AUF AUTOBAHNEN/SCHNELLSTRASSEN	PUNKTUELLE GEBÜHREN, Z.B. FÜR TUNNEL, FÄHRSTRECKEN, BESTIMMTE STRECKEN USW.
Albanien	–	●
Belgien	–	●
Bulgarien	●	●
Dänemark	–	●
Estland	–	–
Finnland	–	–
Frankreich	●	●
Griechenland	●	–
Großbritannien	–	●
Italien	●	●
Kroatien	●	●
Lettland	–	●
Litauen	–	●
Luxemburg	–	–
Mazedonien	●	●
Montenegro	–	●
Niederlande	–	●
Norwegen	–	●
Österreich	●	●
Polen	–	●
Portugal	●	●
Rumänien	●	●
Schweden	–	●
Schweiz	●	●
Slowakei	●	–
Slowenien	●	●
Spanien	●	●
Tschechien	●	–
Ungarn	●	–

Elektronische Mautsysteme

Wartezeiten an den Mautstellen und das Kramen nach Ticket, Bargeld oder Kreditkarte sind in manchen – aber natürlich nicht in allen – europäischen Ländern bereits passé, da die Mautgebühren elektronisch abgerechnet werden können. Von der EU-Kommission wurden 2017 erste Pläne zu einer Vereinheitlichung angestoßen, eine konkrete Umsetzung für PKW, Wohnwagengespanne und Reisemobile soll aber (voraussichtlich) erst ab 2027 erfolgen. Abgerechnet werden die Gebühren dann über das europaweite European Electronic Tolling System (EETS). Einige Beispiele beliebter europäischer Reiseziele mit digitaler Mauterfassung:

Digitale Vignette in Österreich Die digitale Variante des österreichischen „Pickerls" wird vom nationalen Straßenbetreiber ASFINAG vertrieben und ist in Deutschland unter anderem über den ADAC erhältlich oder im Online-Shop der ASFINAG bestellbar. Infos rund um die Digitale Vignette erhältst du auf *asfinag.at/maut-vignette*.

Bip&Go in Frankreich, Spanien, Italien und Portugal Mit dem Bip&Go-Transponder können Fahrzeuge der Klassen 1 und 2 bargeldlos die mautpflichtigen Autobahnen nutzen, also

- PKW mit einer maximalen Höhe von 2 m (inkl. eventuell montierter Dachbox) und einem Höchstgewicht bis zu 3,5 t (Klasse 1);
- Wohnwagengespanne mit einer Höhe bis 3 m und bis zu einem Höchstgewicht des Zugfahrzeugs von 3,5 t (Klasse 2).

Neben den Maut- und Parkgebühren und einer einmaligen Gebühr für den Transponder (zzgl. Versand) sind für dieses System pro Monat Gebühren von aktuell unter 2 Euro zu entrichten. Sobald der Transponder mon-

tiert ist (eine Halterung für die Frontscheibe wird mitgeliefert), kannst du an den Mautstationen die Portale mit dem orangen „t" ansteuern, das entspricht

- in Frankreich der *Télépéage* oder der Liber-t-Box;
- in Spanien der *Telepeaje* oder der Liber-t-Box;
- in Italien dem TELEPASS;
- in Portugal dem EASYToll- oder dem TollService-System.

Weitere Informationen und Bestellmöglichkeiten findest du unter *bipandgo.com*

VIACARD und TELEPASS in Italien Italien bietet zu Bip&Go gleich zwei Alternativen:

1. Mit der VIACARD können reservierte Ausfahrten, *uscite riservate VIACARD*, genutzt werden, an denen die Abfertigung automatisch erfolgt. Oder du nutzt die mit Personal besetzten Ausfahrten, an denen du dann mit der VIACARD bargeldlos bezahlen kannst.
2. Das System TELEPASS erleichtert das italienische Mautsystem, das durch die verschiedenen Autobahnbetreiber und ihre unterschiedlichen Gebühren sehr unübersichtlich ist. Besitzt du die Mautbox von TELEPASS, ist die Ein- und Ausfahrt auf eigenen Spuren und ohne lästige Wartezeit möglich.

In Deutschland sind VIACARD und TELEPASS unter anderem über einige Automobilclubs oder über *tolltickets.com* erhältlich.

Liber-t-Box und TIS-PL-Box in Frankreich Auch dieses Land bietet zu Bip&Go zwei Alternativen an:

1. Mit der Liber-t Box kannst du wie mit Bip&Go die Maut für die Klassen 1 und 2 bargeldlos bezahlen, außerdem die Gebühren für einige Parkhäuser.
2. Wohnmobile über 3,5 t und über 3 m Höhe sowie LKW benötigen zum gleichen Zweck die TIS-PL-Box.

Beide Boxen kannst du unter anderem über *tolltickets.com* oder *bipandgo.com* bestellen.

Electronic Toll Collect System (ETC) in Kroatien Der Transponder für das ETC ist über die kroatische Autobahngesellschaft HAC erhältlich.

eway, e-pass, FastPass und O-Pass in Griechenland In Griechenland gibt es mit eway, e-pass, FastPass und O-Pass vier verschiedene Transponder. Bis Herbst 2020 musste je nach Route ein bestimmter dieser Transponder benutzt werden. Dies führte dazu, dass man auf ausgedehnteren Touren durch das Land teilweise mehrere Transponder benötigte. Seit Kurzem jedoch können im Rahmen des einheitlichen System GRITS ab sofort alle Autobahnen mit allen verfügbaren Transpondern befahren werden.

Videomaut und AutoPASS-Chip in Norwegen Vor einer Reise nach Norwegen kannst du dein Fahrzeug beim Unternehmen Euro Parking Collection (EPCplc) unter *epcplc.com* registrieren lassen. Danach werden die Gebühren während der Reise automatisch über Videokameras an den mautpflichtigen Strecken erfasst und du erhältst anschließend eine Rechnung per Post. Für lange oder regelmäßige Aufenthalte in Norwegen gibt es außerdem optional die Box AutoPASS-Chip. Auch für diese ist eine Registrierung des Fahrzeugs bei EPC nötig. Hierfür musst du allerdings einen Vertrag abschließen.

ViaAuto in Polen Auf bestimmten Autobahnen ist die elektronische Bezahlung über ViaTOLL möglich. Mit dem Sendegerät ViaAuto, das an der Windschutzscheibe montiert wird, kann die Benutzung dieser Straßen elektronisch abgerechnet werden. Die Registrierung erfolgt direkt über ViaTOLL unter *viatoll.pl/de*.

FENDT

Mit der Fähre reisen

Griechenland, das Baltikum, Norwegen oder Großbritannien gehören zu den klassischen Zielen, zu denen viele Camper mit der Fähre anreisen. Der Weg über das Wasser ist oftmals nicht nur der kürzeste, sondern auch der schnellste und vor allem der bequemste. Und innerhalb einiger Länder wie Norwegen ist das Übersetzen mit Fähren so alltäglich wie andernorts das Busfahren. So kommst du ganz entspannt voran – auch mit Wohnwagen oder Wohnmobil.

Auswahl und Buchung

Wenn du den Seeweg wählst, weil er Vorteile gegenüber den möglichen Routen über Land bietet, stehen mitunter gleich mehrere Fährunternehmen zur Auswahl. Vergleichsportale wie z.B. *Aferry.com* oder *Directferries.de* zeigen dir alle Anbieter für deine Route an. Bist du in puncto Reisezeit flexibel, beziehe beim Preisvergleich immer auch ein paar Tage vor und nach dem geplanten Abreisetermin mit ein: Zum Teil bestehen hier große Preisunterschiede. Vergleiche in jedem Fall den hier angegebenen Preis noch einmal mit dem Preis auf der Website des Fährunternehmens.

Manchmal kann es sinnvoll sein, die Fährüberfahrt vorab zu buchen, abhängig von der Route, der Reisezeit und auch deiner Spontaneität. Kurze Überfahrten, etwa in Norwegen von einer Fjordseite zur anderen, brauchen generell nicht reserviert zu werden. Für längere, mehrstündige Trips gilt: Bist du an bestimmte Zeiträume gebunden und reist auf einer beliebten Route innerhalb der Saison, ist die Buchung vorab ratsam. Ebenso, wenn du auf dem Schiff eine Kabine nutzen möchtest, was dringend zu empfehlen ist. Zudem ist die Buchung vor Ort in der Regel teurer.

Falls du dich für die Vorabbuchung entscheidest, schließe diese so früh wie möglich ab, idealerweise Monate im Voraus – dann kannst du dich meist über Frühbucherangebote freuen.

Mit Hund auf die Fähre

Machst du dich mit deinem Hund auf den Weg in den Campingurlaub, so solltest du dich vorab genau informieren, wie die Bestimmungen des jeweiligen Fähranbieters für mitreisende Vierbeiner sind. Die meisten Fähranbieter erlauben zwar Hunde, jedoch muss das Tier bei einigen Anbietern während der Fahrt im Auto bleiben. Bei anderen musst du eine „Kabine mit Hund“ buchen, und bei wieder anderen darf sich der Hund nur im Außenbereich aufhalten. Auch das kann also ein Kriterium für die Anbieterwahl sein.

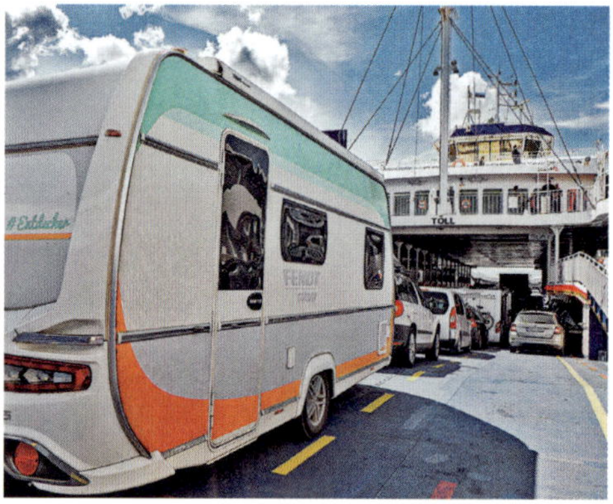

Ehrlich und gut versichert fährt am besten

Besondere Sorgfalt ist bei der Buchung des Fahrzeugs geboten: Da die Preise von den Fahrzeugmaße abhängen und sehr stark variieren können, musst du diese sowie das Kennzeichen bereithalten (wenn du Letzteres nachreichst, kann das extra kosten). Falls du mit einem Mietfahrzeug unterwegs bist, erkundige dich darum unbedingt vorab nach den exakten Maßen. Relevant sind:

- Fahrzeug- oder Gespannlänge
- Fahrzeug- oder Gespannhöhe

Mache keinesfalls falsche Angaben, um vermeintlich Geld zu sparen! Bereits wenige Zentimeter Abweichung können dafür sorgen, dass du nicht mitgenommen wirst, denn das Platzangebot ist sehr eng bemessen. Außerdem solltest du vorab einen Blick auf deinen Versicherungsschutz werfen: Deckt deine Kaskoversicherung auch Schäden durch den Transport auf einer Fähre ab sowie das Risiko einer Havarie (s. S. 110)?

Vorbereitung der Überfahrt

Unterlagen für den Check-In zusammenstellen Neben gültigen Ausweisdokumenten für alle Mitreisenden – auch für die Kinder – solltest du die Buchungsbestätigung für die Fährfahrt ausgedruckt oder wenigstens auf dem Handy dabeihaben.

Extratasche packen In der Regel darfst du das Fahrzeugdeck während der Überfahrt nicht betreten. Du hast also keine Möglichkeit, an dein Gepäck zu kommen. Packe darum noch vor Aufbruch zum Hafen eine gesonderte Tasche mit

- Geld und den genannten Unterlagen,
- allen Wertsachen, z.B. Handy, andere elektronische Geräte,
- regelmäßig einzunehmenden Medikamenten,
- ggf. Medikamenten gegen Reisekrankheit,
- ggf. Spielsachen für die Kinder.

Hast du eine Kabine gebucht, sollten außerdem in die Tasche:

- Kulturbeutel
- Wechselklamotten
- ggf. Snacks und Getränke
- ggf. Bücher oder Spiele

Den Kühlschrank vorbereiten Die meisten Kühlschränke in Campingfahrzeugen funktionieren nur mit Strom oder Gas. Das kann, vor allem bei sehr langen Überfahrten von acht oder mehr Stunden Dauer, Probleme bei der (Tief-)Kühlung deiner Vorräte verursachen: Auf den wenigsten Fähren stehen Stromanschlüsse für die beförderten Fahrzeuge zur Verfügung und die Gasflasche muss vor Auffahren auf die Fähre zwingend zugedreht werden.
Folgende Vorbereitungen solltest du daher treffen:

- Lege gefrorene Kühlakkus in den Kühlschrank – für kürzere Überfahrten kann das ausreichen, um die Temperatur im Inneren ausreichend niedrig zu halten. In diesem Fall die Kühlschranktür bitte möglichst durchgehend geschlossen halten!
- Brauche evtl. vorhandenes rohes Fleisch oder andere Lebensmittel, die auftauen und verderben könnten, rechtzeitig vor der Überfahrt auf.
- Versorge den Kühlschrank unmittelbar nach Ankunft und Verlassen der wieder mit Gas, sodass er schnell wieder seine Normaltemperatur erreicht.

Gas weg!
Selbst wenn du nicht explizit dazu aufgefordert wirst, ist es auf fast allen Fähren Pflicht, die Gasversorgung im Campingfahrzeug zu unterbrechen: Manchmal weisen Schilder darauf hin, immer aber ist diese Vorschrift in den Transportbedingungen zu finden. Unter Umständen wird zum Schutz aller Passagiere auf dem Schiff auch noch mal geprüft, ob das Gas abgedreht ist.

Check-in und Einschiffen

Beim Check-in am Hafen musst du die Buchungsbestätigung sowie die Ausweisedokumente von allen Mitreisenden vorlegen. Wann du einchecken kannst, steht auf deiner Buchungsbestätigung. Manchmal wird es dir auch vorher von der Reederei gesondert mitgeteilt.
Sind feste Zeitfenster für den Check-in vorgegeben, solltest du diese unbedingt einhalten. Sie richten sich meist nach der Länge der Fahrzeit: Bei längeren Fährüberfahrten sind 1–2 Std. vor Abfahrt üblich, bei kürzeren oftmals nur 30–45 Min. Bei ganz kurzen Überfahrten gibt es solche Vorgaben nicht: Du stellst dich mit dem Fahrzeug einfach an und wartest, bis du deine Unterlagen vorlegen kannst.

Dann geht es weiter zur Anlegestelle, wo du dich in die dir zugewiesene Warteschlange einreihst und die Gaszufuhr im Wohnwagen oder Wohnmobil zudrehst. Und wenn du noch etwas aus der Heckgarage oder den äußeren Staufächern benötigst, packe diese Dinge jetzt aus: Auf der Fähre kommst du wahrscheinlich nicht mehr dran.

Nun startet das Einschiffen. Langsam bewegt sich Fahrzeug für Fahrzeug auf die Fähre. Wahrscheinlich wirst du spätestens jetzt ein bisschen nervös, denn du musst dein großes Fahrzeug oder Gespann ziemlich punktgenau auf ein schwankendes, häufig vollbesetztes Schiff manövrieren. Doch kein Grund zur Sorge: Für die Mitarbeiter der Fährgesellschaften ist der Transport von Autos, Wohnmobilen, Wohnwagen und sogar LKWs an der Tagesordnung. Sie weisen dich souverän ein und achten darauf, dass die nötigen Abstände eingehalten werden. Wenn es sehr eng wird, musst du evtl. die Außenspiegel einklappen.

Hast du deine Parkposition erreicht, nimm den Gang heraus und ziehe die Handbremse an. Warte mit dem Aussteigen aber noch, bis die Fahrzeuge auf den benachbarten Plätzen ebenfalls in Parkposition stehen. So vermeidest du Unfälle.
Und dann konzentriere dich noch einmal: Damit du dein Gespann oder Wohnmobil auf größeren Fähren später wiederfindest, musst du dir die genaue Parkposition merken: Welches Parkdeck, welcher Eingang? Welche Fahrzeuge parken in deiner Nähe? Wie kommst du von hier nach oben?

Während der Überfahrt

Je nach Größe haben Fähren einiges zu bieten, üblicherweise zumindest ein Café oder Restaurant, einen Shop, einen Aufenthalts- bzw. Ruhebereich mit Sesseln sowie ein Aussichtsdeck. WLAN wird ebenfalls fast immer angeboten, bei manchen Reedereien allerdings kostenpflichtig. Auf den größeren Schiffen gibt es häufig zudem ein vielfältiges Unterhaltungsprogramm.
Falls du eine Kabine gebucht hast, kannst du direkt bei Ankunft an Bord an der Rezeption einchecken und dich unter Deck begeben.

Beliebte Fährstrecken in Europa

In Europa gibt es zahlreiche Fährverbindungen zwischen den verschiedenen Ländern oder auch innerhalb der Länder.
Große Anbieter wie Stena Line, DFDS, Color Line, Fjord Line, Scandlines, TT-Line, P&O Ferries oder Ok-Ferry verbinden z.B. Deutschland mit vielen anderen Ländern. Die beliebtesten deutschen Häfen sind Rostock, Kiel und Travemünde. Einige wenige Ziele lassen sich auch ab Lübeck, Sassnitz (Rügen), Puttgarden (Fehmarn), Liste (Sylt) und Freiburg erreichen. Je nach Reiseziel dauern die Überfahrten von unter 1 bis über 20 Std.
Ein paar Fahrtzeit-Beispiele aus ganz Europa:

- Puttgarden (Deutschland) – Rødby (Dänemark): ca. 45 Min.
- Kiel (Deutschland) – Göteborg (Schweden): ca. 15 Std.
- Kiel (Deutschland) – Oslo (Norwegen): ca. 20 Std.
- Kiel (Deutschland) – Klaipėda (Litauen): ca. 20 Std.
- Travemünde (Deutschland) – Liepāja (Lettland): ca. 27 Std.
- Amsterdam IJmuiden (Niederlande) – Newcastle (England): ca. 16,5 Std.
- Hirtshals (Dänemark) – Kristiansand (Norwegen): ca. 3,5 Std.
- Hirtshals (Dänemark) – Bergen (Norwegen): ca. 16,5 Std.
- Nizza (Frankreich) – Bastia (Korsika): ca. 5 Std.
- Otranto (Italien) – Korfu (Griechenland): ca. 2–3 Std.
- Genua (Italien) – Olbia (Sardinien): ca. 10–12 Std.

Übernachtungsmöglichkeiten

Bei der Urlaubsplanung wird sich früher oder später auch die Frage stellen: Campingplatz, Stellplatz oder Wildcamping? Dem Thema Wildcamping widmen wir ein eigenes Kapitel (s. S. 325), da bei dieser speziellen Form des Reisens einiges zu beachten ist. Klassischer sind Camping- und Stellplätze als Unterkünfte unterwegs.

Campingplatz

Campingplätze sind Aufenthaltsorte für sämtliche Arten von mobilen Camping-„Unterkünften", also Wohnmobile, Wohnwagen, Campingbusse, Mini-Camper oder Zelte, auf denen du gegen Gebühr urlauben kannst – bei Bedarf auch für längere Zeit. Üblicherweise musst du dich dafür an einer Rezeption anmelden, auf ganz wenigen Plätzen steht zusätzlich ein Automat mit Bezahlfunktion zur Selbstanmeldung zur Verfügung.

Auf Campingplätzen findest du eine umfangreiche **Infrastruktur** vor: Sanitäranlagen mit WC und Duschen, Geschirrspülbecken, Stromanschlüsse, Ver- und Entsorgungsstationen für Frischwasser, Grauwasser und Toilettenabwasser, häufig auch kleine Supermärkte, Waschmaschinen, Gemeinschaftsräume und -küchen, Kinderspielplätze, Bademöglichkeiten oder sogar eigene Trockenräume für nasse Sportkleidung.
Auf manchen Campingplätzen ist es möglich, sich ein Schlaffass, ein Mobilheim, einen feststehenden Wohnwagen oder ein bereits aufgestelltes Zelt zu mieten, die eine Grundausstattung aufweisen. Wie viel an Ausstattung vorhanden ist, lässt sich durch die Klassifizierung (s. S. 293) bzw. durch die Angaben auf der platzeigenen Webseite herausfinden.

Viele Campingplätze sind umzäunt und mit einer Schranke versehen, einige darüber hinaus auch im Innenbereich **parzelliert**. Das bedeutet, die Stellplätze werden durch Hecken oder andere Begrenzungen markiert. Oft kannst du zwischen unterschiedlich großen Parzellen wählen. Auf anderen, eher naturnahen Plätzen teilst du dir mit deinen Nachbarn eine größere Fläche, z.B. eine Wiese.

Auf den meisten Campingplätzen findest du eine bunte Mischung aus Dauercampern mit feststehenden Wohnwagen und sogenannten Tagestouristen, also Durchgangsreisenden oder Urlaubern. Eine weitere charakteristische Eigenschaft sind **festgelegte Öffnungszeiten** und häufig auch Ruhezeiten, die es schon bei der Reiseplanung zu beachten gilt. Die Rezeption ist oftmals nicht durchgehend besetzt, was zum Beispiel eine späte Anreise erschweren kann, und manche Campingplätze dürfen über Mittag oder in den späten Abendstunden nicht befahren werden.
In der Platzgebühr sind normalerweise enthalten:

- die Parzelle inkl. Fahrzeug und Frischwasser,
- häufig, aber nicht immer der Übernachtungspreis für zwei Personen. Weitere Mitreisende sowie Strom, Hunde, warmes Wasser für Duschen oder Geschirrspülbecken, Waschmaschinennutzung, Müllgebühren und andere Sonderleistungen können extra berechnet werden.

Campingplätze gibt es in verschiedensten **Kategorien**, die vergleichbar sind mit den Klassifizierungen im Hotelbereich. Neben den Preisen unterscheiden sie sich in ihrem Angebot – vom sehr naturnahen Platz ohne „Schnickschnack" bis hin zum Luxusresort mit Spa-Bereich, Swimmingpools, Animation, Kinderbetreuung, Minigolf oder Sportanlagen. Die Klassifizierung ist europaweit

nicht einheitlich geregelt und die Anzahl der Sterne sagt nicht immer etwas über das Angebot vor Ort aus. Und erst recht nicht über Faktoren wie Sauberkeit, Freundlichkeit oder das Umfeld des Platzes: Wir haben schon die gepflegtesten Plätze mit einem oder zwei Sternen kennengelernt, auf denen sich die Betreiber in reizender Weise um ihre Gäste bemühten und ein tolles Freizeitprogramm für Kinder auf die Beine gestellt hatten – ebenso wie Fünf-Sterne-Plätze mit gelangweiltem Rezeptionspersonal und fragwürdiger Hygiene in den Sanitäranlagen.
Hier hilft es oft, sich die User-Bewertungen in den einschlägigen Portalen durchzulesen und zu entscheiden, welche Faktoren für dich selbst wichtig sind (s. S. 294).

Vor- und Nachteile von Campingplätzen

+ Caravans und Zelte erlaubt
+ Mehr Raum für dich und deine Ausrüstung
+ Campingmöbel und Markise/Vorzelt erlaubt
+ Mehr Ausstattung/Grundkomfort
+ Mehr Platz für Kinder zum Spielen und Toben
+ Mehr Sicherheit – Befahren des Platzes nur nach Anmeldung
+ Zusätzliche Angebote direkt auf dem Platz (Kinderanimation, Spielplätze, Bademöglichkeiten, Supermärkte, Brötchenservice, Freizeitprogramme)

- Anreise meist nur zu den Öffnungszeiten
- Ein- und Auschecken bürokratischer
- Oft mehr oder weniger strikte Ruhezeiten
- Netz nicht flächendeckend
- In der Hauptsaison häufig ausgebucht
- Höherer Preis

Wohnmobilstellplatz

Ein Wohnmobilstellplatz ist eine von Privatunternehmern oder Gemeinden zur Verfügung gestellte **Fläche**, auf der ganz offiziell das Übernachten im Wohnmobil gestattet ist. Während Campingbusse oder Vans meist geduldet werden, sind Wohnwagengespanne nur in seltenen Fällen gern gesehen. Zelten darfst du hier überhaupt nicht.
Oft sind Stellplätze durch Schilder gekennzeichnet, auf denen ein Wohnmobil abgebildet ist. Während Campingplätze meist etwas außerhalb liegen, findest du Stellplätze auch in den Zentren und in direkter Nähe zu touristischen Hotspots – oder sehr schön gelegen mitten in der Natur.

Nicht zu gemütlich machen!
Auf vielen Stellplätzen ist sogenanntes Campingverhalten, also das Herausstellen von Campingmöbeln, der Aufbau von Vorzelt oder Markisen, das Grillen oder sogar die Verwendung von Auffahrkeilen bzw. das Herunterfahren von Stützen untersagt. Deshalb eignen sich Stellplätze eher für Kurzaufenthalte oder Zwischenübernachtungen, und häufig ist die Zahl der Übernachtungen ohnehin beschränkt. Es gibt jedoch auch Reisemobilisten, die sich über Wochen bis hin zu Monaten auf Stellplätzen tummeln.

Vorteile und Nachteile von Stellplätzen

+ Im Schnitt deutlich günstiger als Campingplätze
+ Flexible An- und Abreise zu jeder Tageszeit
+ Keine bürokratische Anmeldung
+ Riesiges, flächendeckendes Angebot
+ Auch in Städten und in unmittelbarer Nähe zu touristischen Hotspots zu finden

– Meist autarkes Fahrzeug nötig (mind. eigene Toilette und Dusche)
– Weniger Platz, Fahrzeuge häufig dicht gedrängt, „Parkplatzatmosphäre“
– Keine Nutzung von Campingmöbeln, Markisen oder Grills
– Wohnwagen meist nicht gestattet
– Wenig Raum für Kinder, Risiken durch ankommende und abfahrende Fahrzeuge
– Hohe Fluktuation, weniger Möglichkeiten, Urlaubsfreundschaften zu schließen
– Meist nicht gesichert

Die **Ausstattung** von Stellplätzen variiert sehr stark. Mal handelt es sich einfach nur um öffentliche Parkflächen, die für die Nutzung mit dem Wohnmobil freigegeben sind. Mal ist eine gewisse Ausstattung wie Ver- und Entsorgungsmöglichkeiten, Strom, Toiletten und/oder Duschen vorhanden. Je nach Betreiber, Lage und Ausstattung ist die Nutzung kostenlos oder mit einer kleinen Pauschale von 10–20 Euro verbunden – durch den anhaltenden Campingboom gibt es inzwischen aber durchaus Betreiber, die etwas mehr verlangen. Die genannten Zusatzleistungen können ebenfalls kostenpflichtig sein.
Im Unterschied zum Campingplatz ist es auf einem Stellplatz jederzeit möglich, an- oder abzureisen. Eine **Anmeldung** ist nicht erforderlich, die Bezahlung erfolgt in den meisten Fällen über einen Automaten, manchmal musst du aber auch in ein nahegelegenes Geschäft oder Tourismusbüro gehen. Oder es kommt Personal der Gemeinde oder des Betreibers morgens zum Kassieren vorbei.

Privater Stellplatz

Eine schöne Alternative, die quasi das „Beste aus beiden Welten" vereint, sind die sogenannten privaten Stellplätze. Hierbei handelt es sich um Flächen auf Privatgrundstücken, Bauernhöfen, Weingütern, Brauereien, Käsereien oder an Gaststätten, auf denen du für eine oder auch mehrere Nächte mit Wohnmobil, Campingbus oder Mini-Camper und oft auch mit Wohnwagen oder Zelt Station machen kannst – und das **kostenlos oder gegen ein geringes Entgelt**.
Diese Art des „sanften Tourismus" gewinnt immer mehr an Beliebtheit, aus gutem Grund: Die Anzahl der Stellflächen pro Grundstück ist begrenzt und meist sind die Plätze sehr ländlich gelegen – gerade für Ruhesuchende ein guter Kompromiss zwischen den häufig wuseligen Camping- oder Stellplätzen und dem oftmals verbotenen Freistehen.

Inzwischen findet man viele solcher Programme mit privaten Stellplätzen. Die Systematiken und Regeln unterscheiden sich von Land zu Land und von Programm zu Programm.
So gibt es z.B. gedruckte Führer mit einer Art „Vignette", die dir vor Ort als Ausweis für eine kostenlose Übernachtung dient, oder Webseiten und Apps, über die du direkt mit dem Gastgeber in Kontakt treten und deinen Platz buchen kannst. Bei wieder anderen Anbietern schließt du eine günstige Jahresmitgliedschaft ab und kannst dann auf eine Datenbank mit allen Gastgebern zugreifen.

Wie bei den Wohnmobil-Stellplätzen findest du auch hier ganz unterschiedliche **Ausstattung** – von einfachen Parkflächen auf dem Hof- oder Gartengelände bis zu wirklich schönen Standplätzen unter alten Obstbäumen. Manchmal kannst du gegen Aufpreis auch den Stromanschluss und (seltener) sogar Toilette und/oder Dusche nutzen. Bei den kostenlosen Angeboten ist meist erwünscht, dass du als Dankeschön im jeweiligen Hofladen etwas Reiseproviant einkaufst oder in die Gaststätte einkehrst. Aus eigener Erfahrung können wir sagen: Das lohnt sich absolut.
Gemeinsam haben alle Programme, dass du durch den direkten Kontakt zu den Gastgebern Land und Leute besser kennenlernst. So bekommst du z.B. Einblicke in den Alltag auf so einem Hof, entdeckst leckere Spezialitäten aus der Region oder erhältst aus erster Hand Insidertipps für schöne Ausflugsziele.

Lesetipp

Laufend aktualisierte Liste privater Übernachtungsmöglichkeiten für Camper
camper.st/privatstellplatz

Die Wahl des Campingplatzes

Wie beim Fahrzeugkauf ist auch bei der Entscheidung für einen Campingplatz wichtig, dass die Erwartungen aller Mitreisenden erfüllt werden.
Am einfachsten haben es sicherlich **Alleinreisende**. Wenn du solo unterwegs bist, suchst du dir den Platz nach persönlichem Geschmack aus: Luxus oder Minimalismus, Stadtnähe oder Abgeschiedenheit, Abschalten oder buntes Freizeitprogramm. Möchtest du im Urlaub gerne Kontakte knüpfen und Gleichgesinnte kennenlernen, wird dir das grundsätzlich auf jedem Platz gelingen – denn Camper sind an sich ein recht geselliges und aufgeschlossenes Völkchen. Verspürst du ein großes Bedürfnis nach Ruhe, sind kleinere, naturnahe Plätze sicherlich geeigneter, da die Gäste dort in der Regel stärker außerhalb aktiv sind, etwa beim Wandern, Radfahren oder Sightseeing.
Für **Paare** gilt Ähnliches wie für Singles: Wenn du mit deinem Partner oder deiner Partnerin gerne etwas Action und Trubel hast, sind größere Plätze mit vielen Angeboten die richtige Wahl. Braucht ihr Ruhe, um euch vom stressigen Arbeitsalltag zu erholen, solltet ihr nicht unbedingt einen als besonders kinderfreundlich oder „aktiv" ausgewiesenen Platz aussuchen.

Camper mit Handicap haben es etwas schwerer, denn leider hinkt der Campingsektor in puncto Barrierefreiheit hinterher (s. auch S. 314). Häufig stimmen die Beschreibungen der Platzbetreiber zur Barrierefreiheit bestenfalls mäßig mit der Realität vor Ort überein. Falls du also mit Rollstuhl, Gehhilfe oder anderen Einschränkungen unterwegs bist, solltest du dich unbedingt vorab mit gezielten Nachfragen über die genauen Bedingungen vor Ort – Sanitäranlagen, Zufahrtswege, Zugang zur Rezeption, Parzellenbeschaffenheit – erkundigen. So kannst du selbst entscheiden, ob der von dir

Experten-Tipp

Uwe Frers
CEO
ADAC Camping GmbH/
PiNCAMP
pincamp.de

Bei der Suche nach dem richtigen Campingplatz, ganz gleich ob von zu Hause oder von unterwegs aus, helfen Online-Campingplatzportale schnell weiter. Dank praktischer Filterfunktionen kannst du die Suche ganz nach deinen Wünschen eingrenzen.
Zunächst solltest du dir Gedanken machen, was du von deinem Reiseziel erwartest. Suchst du nach einem Platz direkt am Meer, ist dir eine ruhige Umgebung wichtig oder weißt du schon konkret, in welches Land es gehen soll? Dann kommt es ganz individuell auf deine Vorlieben an: Legst du Wert auf einen Pool oder einen Wellnessbereich? Verreist du mit Hund oder Kind? Oder liebst du das Wintercamping? Auch nach diesen Kriterien kannst du ganz einfach die Angebote auf den Onlineportalen filtern.
Wer lieber in einem Buch blättert, findet einige Reiseführer mit den verschiedensten Campingplätzen in Europa. Hier sind die Campingplätze sämtlicher Regionen Europas jeweils mit den Details zu Ausstattung, Freizeitangebot, Klassifikation und Preisen gelistet.

ausgewählte Platz für deine individuellen Einschränkungen passend ist.
Bislang existieren unseres Wissens nach keine umfassenderen Webseiten oder Campingführer, die sich auf barrierefreie Plätze im In- und Ausland spezialisiert hätten oder die Angebote für Gäste mit Handicap näher erläutern würden. Zwar kannst du auf den bekannten Online-Campingplatzportalen nach Kriterien wie „Behindertengerecht" oder „Sanitärkabine für Rollstuhlfahrer" filtern, das war es dann aber auch schon mit der Information. Aus den Beschreibungen ist meist nicht ersichtlich, was genau eine solche Sanitärkabine an Ausstattung bietet und welche sonstigen Einrichtungen es für Menschen mit (Geh-)Behinderung gibt. Andere Formen der Behinderung werden ohnehin meist komplett ausgeklammert.
Ein aus unserer Sicht vorbildliches Beispiel stellt das Portal *reisen-fuer-alle.de* des Deutschen Seminars für Tourismus (DSFT) Berlin e. V. dar. Hier kannst du nach Bundesländern, Regionen oder speziellen Suchbegriffen filtern. In den Ergebnissen sind dann z.B. Beschreibungen zur Länge und Neigung von Wegen, Türbreiten, unterfahrbaren Tischen und Waschbecken, blendfreier Beleuchtung, Sitzecken mit geringer Lärmentwicklung, kontrastreiche Schrift bei Beschilderungen und Speisekarten oder Informationen in leichter Sprache enthalten. Die Webseite listet nur Angebote in Deutschland, ist aber ein wertvoller Ansatz.
Außerdem haben wir kürzlich zwei weitere (kleine) Portale zum Thema Camping mit Handicap gefunden. Diese sind zwar noch etwas mager bestückt, wir hoffen aber, dass sie sich künftig weiterentwickeln und ausbauen lassen: *barrierefreie-campingplaetze.de* und *barrierefreie-urlaubswelt.de/unterkuenfte/campingplatz*

Wenn du **mit der Familie** verreist, solltest du einen kinderfreundlichen Platz auswählen (s. S. 303). Vielerorts gibt es tolle Angebote für die Kleinen, vom Streichelzoo bis zum Indianercamp, vom Spielplatz bis zum Freizeit-

bad, von kindgerechten Wanderungen bis zu abendlichen Fackelzügen. Manchmal finden sich sogar eigene Sanitärräume für Kinder mit „tiefergelegten" Waschbecken und Toiletten, Wickelräumen und Familienduschkabinen. Doch auch auf einfacheren Plätzen, die keine solchen speziellen Angebote vorhalten, muss keine Langeweile aufkommen. Denn meist finden die Kleinen schnell neue Freunde, mit denen sie tagsüber den Platz unsicher machen können. Und schließlich gibt es auch auf dem Campingplatz und in der Natur jede Menge zu entdecken!
Für Menschen, die absolute Ruhe wünschen, stehen dagegen Campingplätze **nur für Erwachsene** zur Verfügung. Zwar wird dieses Thema kontrovers diskutiert, in unseren Augen hat aber jeder das Recht, seinen Urlaub so zu verbringen, wie er möchte. Warum jemand kinderfrei campen möchte, kann schließlich verschiedene Gründe haben.

Ähnlich verhält es sich beim Thema **Reisen mit Haustieren**. Hunde und manchmal auch Katzen gehören für viele Camper zur Familie und sollen natürlich auch im Urlaub dabei sein (s. S. 306). Auf den meisten Plätzen sind Hunde erlaubt. An den Preisen kannst du bereits ein wenig ablesen, ob die Betreiber wirklich hundefreundlich sind oder die Vierbeiner nur geduldet werden. Manche Plätze halten zusätzliche Angebote vor, von Kotbeutelspendern über eingezäunte Freilaufwiesen bis hin zu Agility-Parcours, Hundetrainings oder regelmäßigen Tierarztvisiten. Auf den Seiten *hundefreundliche-camping-plaetze.de* und *rudelurlaub.de* findest du entsprechende Plätze in ganz Deutschland. Auf anderen Camping-Onlineportalen kannst du die Angebote in Deutschland und Europa ganz gezielt nach Hundefreundlichkeit filtern.
Im Gegensatz dazu gibt es natürlich auch **hundefreie Plätze**, zu empfehlen bei Angst vor Hunden, einer Allergie oder vielleicht einfach nur, wenn du keine Lust auf mögliche

Lesetipps

- **Familienfreundliche Campingplätze** *camper.st/kinderfreundlich*
- **Camping mit Hund** *camper.st/camping-mit-hund*
- **Camping mit Katze** *camper.st/camping-mit-katze*
- **Kinderfreie Campingplätze** *camper.st/kinderfrei*
- **Hundefreie Campingplätze** *camper.st/hundefrei*

Ruhestörung durch Gebell hast. Alternativ bieten einige Plätze getrennte Bereiche für Gäste mit vierbeiniger Begleitung an. Hier solltest du aber bei der Reservierung oder spätestens beim Check-in explizit nach einer Parzelle abseits des Hundebereichs fragen.

Und schließlich gibt es auch noch die sogenannten FKK-Plätze für alle Freunde der **Freikörperkultur** (s. S. 319). Plätze, die sich für einen FKK-Urlaub eignen, lassen sich auf verschiedenen Wegen recherchieren. Zum einen weisen die einschlägigen großen Campingplatzportale eigene Suchfilter dafür auf. Zum anderen gibt es spezielle Webseiten, Führer, Foren und Facebook-Gruppen, in denen sich Naturisten austauschen. Unter anderem hier könntest du fündig werden:

- *reisefuehrer-fkk.de*
- *fkk-campingplatz.com*
- *nacktbaden.de* (über den Suchbegriff „Camping")
- *campingo.de/fkk-camping*
- *pincamp.de/campingthemen/fkk*
- *Camping.info* (über Suchbegriff „FKK")
- *Facebook-Gruppe „FKK Camping"*
- im *FKK Reiseführer Europa*

Lesetipp

FKK-Camping – Platzempfehlungen und Erfahrungsberichte
camper.st/fkk

Klassifizierungen und Bewertungen

Wenn du dich im Internet, in Apps oder in gedruckten Führern auf die Suche nach einem Campingplatz machst, wirst du früher oder später auf Bewertungssysteme stoßen, die dir die Auswahl erleichtern sollen. Doch was sagen diese wirklich aus?

Offizielle Klassifizierung durch Verbände und Behörden. Aus dem Hotelgewerbe kennt fast jeder das „Sterne-System", anhand dessen Ausstattung, Serviceangebote und Exklusivität der jeweiligen Unterkünfte abgelesen werden können. Auch auf Campingplätzen gibt es eine solche Klassifizierung. Die Vergabe der Sterne ist von Land zu Land unterschiedlich, teils erfolgt sie durch Campingplatz- oder Tourismusverbände, teils durch Ministerien oder andere Behörden. In Deutschland ist dafür z.B. der Bundesverband der Campingwirtschaft (BVCD) in Kooperation mit dem Deutschen Tourismusverband (DTV) zuständig. Die Teilnahme ist freiwillig und kostenpflichtig. Auch Campingplätze, die nicht im Verband organisiert sind, können sich klassifizieren lassen. Nach der ersten Prüfung folgt alle drei Jahre eine erneute Inspektion.

In Dänemark kümmert sich ebenfalls ein Campingplatzverband um die Beurteilungen, in anderen Ländern übernehmen diese Aufgabe z.B. das Tourismusministerium (Kroatien), die staatliche Tourismuszentrale (Frankreich), die einzelnen Provinzen (Italien) oder ein „Klassifizierungsrat" (Schweden).

Die Kriterien und Inspektionsintervalle unterscheiden sich ebenfalls national, teilweise sogar regional. Unserer Erfahrung nach wird – ähnlich wie in der Hotellerie – meist der „landestypische Standard" zugrunde gelegt. Das bedeutet: Auf einem 4-Sterne-Platz in Litauen oder Mazedonien kannst du nicht zwangsläufig die gleiche Ausstattung erwarten wie auf einem gleichklassifizierten Platz in Deutschland oder Skandinavien.

Klassifizierung durch Anbieter von Campingführern oder -Portalen. Viele solcher Anbieter (z.B. ADAC, ACSI) haben ihr eigenes System implementiert, das ebenfalls einer Vielzahl von Kriterien folgt. Die Verfahren hierzu sind standardisiert und die Bewertungen werden von Testern vor Ort nach einem vorgegebenen Kriterienkatalog vorgenommen. Konkret werden unter anderem folgende Punkte bewertet:

- Anzahl und Mindestgröße der Parzellen
- Größe, Gestaltung, Ausstattung und Öffnungszeiten der Rezeption
- Gestaltung und Sauberkeit der Anlage insgesamt
- Anzahl, Größe, Ausstattung und Modernität der Sanitäranlagen
- Nähe von Versorgungs- und Entsorgungsstationen zu den Parzellen
- Ausstattung der Standplätze mit jeweils eigenem Strom- und Wasseranschluss
- Umfang und Qualität der gastronomischen Angebote
- Einkaufs- und Freizeitangebote auf dem Platz (Kiosk, Supermarkt, Schwimmbecken, Kinderspielplatz, Sporteinrichtungen, Fitness- und Wellnessräume etc.)
- Vorhandensein und Reichweite eines WLAN-Signals
- Zustand der Hauptzufahrtswege und Erreichbarkeit auch für große Gespanne
- Parkmöglichkeiten für Gäste und Tagesbesucher
- Zugang zu einem natürlichen Gewässer

Angaben von Gästen (User-Bewertungen). Die Gäste selbst legen bei ihren Rezensionen häufig andere Maßstäbe an. Hier stehen neben Lage und Sauberkeit häufig die Freundlichkeit der Betreiber und die Freizeitmöglichkeiten im näheren Umfeld im Fokus. Am besten fährst du, wenn du die Kommentare genau unter die Lupe nimmst und auch „Extrembewertungen", also sehr gute und sehr schlechte, direkt vergleichst. So kannst du herausfinden, welche Kriterien für dich besonders wichtig sind und welche du nicht weiter beachten musst.
Ein paar Beispiele:

- Loben viele Gäste die wunderbare Ruhe, du möchtest aber mit deinen Kindern verreisen und diesen auch ein bisschen Action bieten, bist du wahrscheinlich auf diesem Platz nicht richtig.
- Ärgert sich eine Familie darüber, dass ein Platz nicht kinderfreundlich ist, du bist aber ohnehin alleine unterwegs und möchtest dich einfach nur erholen, könnte das ein passendes Angebot für dich sein.
- Wird bemängelt, dass die Sanitäranlagen nicht dem neuesten Standard entsprechen, kein Supermarkt oder Waschraum vorhanden ist oder die Parzellen etwas uneben sind, ist das für dich vielleicht unerheblich – zumindest wenn du gerne einen minimalistischen, möglichst naturnahen Urlaub verbringen möchtest.
- Beschreiben die User das Personal als unfreundlich, die Lage aber als großartig, kannst du womöglich darüber hinwegsehen, wenn du dafür mit dem Fahrrad zu deinem Städtetrip aufbrechen kannst oder der Platz unmittelbar an einem wunderschönen Sandstrand liegt. Und immer daran denken, dass es manchmal auch an den Gästen selbst liegt, wenn der Ton etwas rauer wird.

Insgesamt bedeutet eine geringere Klassifizierung oder eine weniger enthusiastische User-Bewertung also nicht, dass ein Platz „schlechter" sein muss. Offizielle Inspektoren halten sich bei ihrer Beurteilung an einen vorgegebenen, objektiven Kriterienkatalog. Ein subjektives „Wohlfühlen", das persönliche Faible für die umliegende Bergwelt oder für die nette Bedienung im Restaurant spielen dabei keine Rolle. Andere Camper dagegen haben vielleicht komplett andere Prioritäten als du oder wurden in ihren hoch gesteckten Erwartungen und Wünschen enttäuscht.
Wir haben jedenfalls schon die tollsten Aufenthalte auf kleinen, unscheinbaren und niedrig klassifizierten Plätzen verlebt – in sehr familiärer Atmosphäre mit großartigen Nachbarn und reizenden Betreibern. Deshalb raten wir immer dazu, sich ein eigenes Bild vor Ort zu machen, solange die Klassifizierungen und Gästebewertungen nicht durchweg katastrophal sind.

Faktoren für die Wahl der Parzelle

Größe Viele Campingplätze bieten unterschiedliche Parzellengrößen an. Hier kommt es nicht nur auf die Abmessungen deines Fahrzeugs oder Gespanns an, sondern auch darauf, was du sonst noch so aufbauen möchtest. Brauchst du z.B. eine Markise oder ein Vorzelt als Wetterschutz oder zur Erweiterung des Wohnraums? Wird ein größerer Campingtisch benötigt, etwa bei einer Familie mit mehr als vier Personen? Möchtest du dein Zugfahrzeug direkt neben dem Wohnwagen auf der Parzelle parken?

Lage der Sanitäranlagen Wer die eigene Nasszelle im Fahrzeug nicht oder nicht regelmäßig nutzen möchte, wünscht sich häufig eine Parzelle in der Nähe der Sanitäranlagen. Das ist nicht nur für nächtliche Toilettengänge bequemer, sondern auch wenn du nicht so gut zu Fuß bist oder es dir ein besseres Gefühl gibt, um die Kinder auch mal alleine loszuschicken.

Lage der Wasserversorgung und Abwasserentsorgung Besonders komfortabel für Reisende mit kleinen Tanks sind Parzellen, an denen eine Wasserentnahmestelle oder sogar ein Abfluss fürs Grauwasser angegliedert sind. Häufig findet man solche Parzellen auf den etwas teureren Plätzen, aber auch der eine oder andere kleine Platz bietet diese zusätzliche Ausstattung.

Lage der Stromkästen Auch das kann wichtig sein, denn die Kabel für das Campingfahrzeug dürfen aus Sicherheitsgründen nicht beliebig verlängert werden (s. S. 193). Wenn dein Fahrzeug also nicht autark ist, solltest du auch hierauf ein Auge haben.

Nähe zum Ausgang Gerade für Reisende mit Hund sind Parzellen nahe der Ausgänge hilfreich, um zum Gassigehen schnell vom Platz zu kommen und „Unfälle" und Disharmonie auf der Anlage zu vermeiden. Wenn du mit Hund anreist, solltest du dies daher am besten bei der Reservierung oder spätestens beim Check-in angeben.

Privatbad Vor allem Campingplätze im höherpreisigen Segment bieten manchmal Privatbäder an – oft sind diese dann sogar unmittelbar an der Parzelle. Für solche Bäder bekommst du einen Schlüssel und nur du bzw. deine Mitreisenden können sie nutzen. Das kann nicht nur für besonders komfortbewusste Camper interessant sein, sondern auch für Familien mit Kindern oder Menschen, die sich etwa aufgrund einer gesundheitlichen Beeinträchtigung mehr Privatsphäre wünschen. Außerdem hören wir immer wieder von Paaren, bei denen ein Teil noch nicht so richtig warm geworden ist mit dieser Form des Urlaubs. Hier ist ein eigenes Bad vielleicht eine gute Kompromisslösung und ein „sanfter Einstieg" ins Camperleben.

Besondere Angebote und Services auf Plätzen

Rahmenprogramm und Animation Für Kinder, aber auch für Erwachsene wird auf vielen Campingplätzen ein mehr oder weniger umfangreiches Rahmenprogramm geboten, von offenen Grillabenden über Fußball-Public-Viewings, Musikveranstaltungen und kleinere Unternehmungen für Kinder bis zu ausgeklügelten und anspruchsvollen Animationsprogrammen für Groß und Klein. Hier solltest du im Vorfeld entscheiden, ob solche Aktivitäten für dich und deine Familie attraktiv sind. Wenn nicht, suche dir lieber einen anderen Platz aus – denn zum einen bezahlst du sonst die nicht genutzten Angebote mit, zum anderen kann es natürlich auf solchen Plätzen bisweilen auch mal etwas lauter zugehen.

WLAN Wer auch im Urlaub seine Mails checken, mit der Familie, Freunden oder Mitarbeitern in Kontakt bleiben oder seine Lieblingsserien streamen möchte, wird auf WLAN am Platz kaum verzichten wollen. Da es hier keinen einheitlichen „Standard" gibt, solltest du vorher überlegen, was du brauchst, und das dann gezielt anfragen:

- Wo ist WLAN verfügbar – nur um die Rezeption herum oder auf dem ganzen Platz?
- Wie schnell sind die Upload- und Download-Raten?
- Wie viel kostet das WLAN pro Woche, Tag, Stunde?
- Wie viele Geräte lassen sich mit einem Zugangscode verbinden?
- Ist die Verbindung offen oder gesichert?

Wir haben die Erfahrung gemacht, dass die Preise kaum etwas über Empfangsqualität, Reichweite und Geschwindigkeit aussagen. Von kostenlos und rasend schnell bis völlig überteuert und dabei praktisch unbrauchbar hatten wir schon alles. Wenn guter Internetempfang für dich wichtig ist, besteht auch die Möglichkeit, dir über einen Router oder ein Smartphone mit einer (lokalen) SIM-Karte einen eigenen Hotspot für mehrere Endgeräte einzurichten (s. S. 254).

Schwimmbad, Spa, Wellness So mancher Campingplatz kann mit seinem Angebot durchaus mit teuren Hotels mithalten. Da gibt es Kinderrutschen, Erlebnisbäder und Planschbecken für die Kleinen, Dampfbäder, Massagen oder ganze Saunalandschaften für die Großen – häufig verpackt in wunderschönen Innen- und Außenanlagen. Das hat natürlich alles seinen Preis, aber gerade im Herbst und Winter kann man sich herrlich verwöhnen lassen. Auch hier gilt: Wenn du nicht vorhast, diese Angebote zu nutzen, solltest du dir überlegen, ob sich das Ganze preislich für dich lohnt.

Kiosk, Supermarkt, Restaurant Für die Grundversorgung mit Lebensmitteln, Hygieneartikeln und manchmal sogar mit Campingzubehör wartet eine ganze Reihe Campingplätze mit kleinen Kiosks oder Supermärkten auf. Die Preise sind natürlich etwas höher als im örtlichen Supermarkt, aber wer nicht ständig vom Platz rollen möchte, findet dort alles, was man im Alltag so braucht – von Eis bis Baguette, von Salz bis Butter und von Toilettenpapier bis Deo.
Sehr positive Überraschungen haben wir auch schon in campingplatzeigenen Restaurants erlebt. Anders als man vielleicht denken könnte, stehen nämlich häufig nicht nur Currywurst mit Pommes oder Schnitzel auf der Karte, sondern oftmals wirklich hochwertige regionale und internationale Speisen.

Brötchenservice Wenn du morgens gerne frische knusprige Brötchen, Croissants oder andere Leckereien auf dem Teller hast, kommt dieser Service auf vielen Plätzen genau richtig. Üblicherweise bestellt man am Vortag bis zu einer bestimmten Uhrzeit und gegen Vorkasse das gewünschte Gebäck im Kiosk oder an der Rezeption und kann das Frühstück am nächsten Morgen abholen. Vereinzelt haben wir sogar schon erlebt, dass die duftende Tüte bis an die Wohnwagentür geliefert wird!

Erweiterte Check-in- und Check-out-Zeiten Auf den allermeisten Campingplätzen musst du zu festen Öffnungszeiten an- und abreisen. Unserer Erfahrung nach öffnen die Rezeptionen meist zwischen 7:30 und 9 Uhr und schließen zwischen 18 und 22 Uhr, manchmal unterbrochen durch eine mehr oder weniger

Dos & Don'ts auf dem Campingplatz

+ Mitcamper freundlich grüßen, bei Bedarf auch mehrmals täglich
+ Helfen, wenn Hilfe gebraucht wird
+ Nachbarn zum Grillen oder auf ein Bier einladen
+ Mitcamper duzen
+ Unnötigen Lärm vermeiden
+ Ruhezeiten einhalten
+ Auf dem Platz Schrittgeschwindigkeit fahren

– Sanitäranlagen schmutzig hinterlassen
– Den Nachbarn mit dem eigenen Fahrzeug oder dem Vorbau auf die Pelle rücken
– Über fremde Parzellen marschieren
– Wäsche am Geschirrspülbecken waschen
– Toilettenkassette an der Frischwasserstation reinigen
– Kastenwagentüren nachts geräuschvoll öffnen und schließen
– Hunde auf dem Platz Gassi führen

lange Mittagsruhe. Außerhalb dieser Zeiten und während der Mittagsruhe bleiben die Schranken (sofern vorhanden) geschlossen und man kommt entweder nicht oder nur mit einem Zugangscode, einem Schlüssel oder einer Karte auf den Platz bzw. wieder runter. Einige Plätze haben jedoch länger oder sogar durchgehend geöffnet oder man zeigt sich, gerade bei familiengeführten Betrieben, kulant und lässt die Gäste später anreisen. Wenn du also absehen kannst, dass du z.B. aufgrund eines langen Staus oder anderer unvorhergesehener Ereignisse erst nach Rezeptionsschluss ankommen wirst, rufe möglichst frühzeitig bei der Rezeption an und frage nach, ob man dich trotzdem noch auf den Platz lässt. Bitte achte dann aber sehr darauf, die anderen vielleicht schon schlafenden Gäste nicht durch ewiges Laufenlassen des Motors, Rangieren oder Türenschlagen zu stören.
Check-Out ist normalerweise um die Mittagszeit herum – auf manchem Plätzen um 11 Uhr, auf anderen erst um 12 oder 13 Uhr. Möchtest du ein bisschen trödeln und dich gemütlich auf den Weg machen, ist dies in den meisten Fällen kein Problem, sofern deine Parzelle nicht schon für die nächsten Gäste reserviert ist. Dies solltest du rechtzeitig mit den Betreibern absprechen. Manche Plätze stellen einen ganzen Tagessatz in Rechnung, wenn man länger bleibt als vorgesehen, andere wiederum setzen spezielle Pauschalen an.

Freizeitaktivitäten in der Umgebung Wenn du deine Freizeit nicht nur auf dem Campingplatz selbst verbringen möchtest, achte bei der Auswahl deines Platzes auf Angebote für Freizeitaktivitäten und Erkundungen in der näheren Umgebung.

Camping-Rabattkarten

Planst du, mehrmals im Jahr auf Tour zu gehen, kann sich die Anschaffung einer Rabattkarte für dich lohnen. Je nach Karte erhältst du ganz unterschiedliche Vergünstigungen und Zusatzleistungen, z.B. Preisnachlässe auf Übernachtungen oder Freizeitaktivitäten in der Umgebung. Manche Karten dienen zusätzlich als Identitätsnachweis oder beinhalten eine Urlaubs-Haftpflichtversicherung. Wir nutzen solche Karten selbst und haben damit vor allem in der Nebensaison schon Einsparungen von über 40% erzielt. Es sind etliche solcher Systeme im In- und Ausland zu finden, die jeweils ihren eigenen Regeln folgen. Wir beschränken uns in diesem Kapitel auf die bekanntesten in Deutschland erhältlichen Rabattkarten, die auch in den Nachbarländern genutzt werden können. Es lohnt sich aber immer zu recherchieren, ob es für dein Reiseland oder deine Campingplatzkette spezielle lokale Angebote gibt.

Beliebte Rabattkarten für Deutschland und seine Nachbarländer

ADAC CampCard Sie gewährt dir an mindestens 50 Tagen im Jahr Sonderkonditionen auf rund 16.000 Camping- und Stellplätzen in fast 40 Ländern. Höhe, Art und Anwendbarkeit der Rabatte werden von den Betreibern selbst festgelegt, immer aber bekommst du mindestens 10% Rabatt auf den Übernachtungspreis und eventuelle Personengebühren. Darüber hinaus sind Preisnachlässe für Kinder oder Hunde möglich.
Die Rabattkarte ist als Beilage in den *ADAC Camping- und Stellplatzführern* enthalten, oder du erwirbst sie in digitaler Form über die gleichnamige App. Sie erscheint in

der Regel zusammen mit den gedruckten Campingführern und ist dann jeweils bis zum 31. Januar des Folgejahres gültig.

ACSI Card Der niederländische „Auto Camper Service International" (ACSI) ist wahrscheinlich vor allem erfahreneren Campern ein Begriff. Die Karte, die der Verbund anbietet, hat es ebenfalls in sich: Bis zu 60% Übernachtungskosten lassen sich damit einsparen – in über 20 europäischen Ländern! Allerdings nur in der Nebensaison, also von ca. Mitte Januar bis Mitte Juni und von ca. Mitte September bis Mitte Dezember. Das macht diese Karte vor allem für Alleinreisende, Paare oder Familien mit kleinen, noch nicht schulpflichtigen Kindern interessant. In welchem Zeitraum innerhalb dieser Monate welche Preisnachlässe gewährt werden, entscheiden auch hier die Betreiber selbst. Die ACSI Card ist im zugehörigen Campingführer enthalten und kann nach dessen Erwerb auch digital über die dazugehörige App genutzt werden. Sie gilt für jeweils ein Kalenderjahr.

Camping Card International (CCI) Mit dieser international gültigen Karte bekommst du nicht nur bis zu 40% Preisnachlass in der Haupt- und Nebensaison, sondern auch noch eine Haftpflichtversicherung für Aufenthalte auf dem Campingplatz, in Mietunterkünften oder im Hotel in Händen. Zudem dient sie als Identitätsnachweis (statt Ausweisdokument). Für das Antragsverfahren musst du deshalb deine Personalien angeben.
Erhältlich ist die CCI über eine Mitgliedschaft bei diversen Clubs, z.B. Auto Club Europa (ACE), Automobilclub von Deutschland (AvD), Auto- und Reiseclub Deutschland (ARCD), Verkehrsclub Deutschland (VCD) oder Deutscher Camping Club (DCC). Wenn du kein Clubmitglied bist, bekommst du sie meist auch, bezahlst aber in der Regel dann etwas mehr. Sie ist ab Ausstellung ein Jahr lang für dich und bis zu 10 Mitreisende gültig.

Camping Key Europe (CKE) Die CKE-Karte kann als Ausweisersatz verwendet werden und enthält auch noch ein ganzes Versicherungspaket mit Haftpflicht-, Unfall- und Rechtsschutzversicherung für dich und alle im selben Auto angereisten Personen! Daneben gewährt sie natürlich Preisnachlässe für Übernachtungen auf rund 2.500 Camping- und Stellplätzen sowie in Mietunterkünften in ganz Europa, außerdem für Fährtickets oder Camping-Equipment. Rabatthöhen und -zeiträume variieren je nach Betreiber und werden manchmal auch in der Hauptsaison gewährt. Es sind Einsparungen von bis zu 20% möglich.
Erwerben kannst du die CKE-Karte als ADAC-Mitglied direkt beim Club, über den Bundesverband der Campingwirtschaft in Deutschland (BVCD) oder auf offiziellen skandinavischen Campingportalen wie *camping.no*, *camping.se* oder *camping.fi*.

Lesetipps

Die Rabattkarten im Detail

- **ADAC CampCard** *camper.st/adac-cc*
- **ACSI Card** *camper.st/acsi*
- **Camping Card International** *camper.st/cci*
- **Camping Key Europe** *camper.st/cke*
- **Mitgliedskarte DCC** *camper.st/dcc*

Mitgliedskarte Deutscher Camping Club (DCC) Die Rabattkarte für zahlende Mitglieder des DCC, des größten deutschen Campingvereins. Der Verein hat sich der Förderung der deutschen und europäischen Campingbewegung verschrieben und bietet neben Rabatten auf Partnerplätzen und einer Haftpflichtversicherung auch Events, Beratung und Informationen rund um das Thema Camping an. Die Preisnachlässe der teilnehmenden Campingplätze sind gestaffelt: Auf „Vorteilsplätzen" erhältst du in den Aktionszeiträumen entweder 10% Rabatt auf die Personengebühr oder einen günstigen Pauschalpreis. Auf „Vorteilsplätzen PLUS" bezahlst du mit einer Familienmitgliedschaft sogar nur geringe, von der Saison abhängige Fixpreise pro Nacht für dich und deine Familie (Partner plus Kinder oder Enkelkinder).

Zeig, was du hast!
Lege deine Rabattkarte stets bereits bei der Anmeldung vor, damit das Rezeptionspersonal die Daten sofort eingeben und den Preisnachlass berücksichtigen kann. Zwar sind einige Betreiber großzügig und wenden die Rabatte notfalls auch noch nachträglich beim Check-out an, dafür gibt es aber keine Garantie.
Sollte es trotz gültiger Karte und innerhalb des Aktionszeitraums Probleme mit der Akzeptanz geben, solltest du dich umgehend mit dem Anbieter in Verbindung setzen.

Camping mit Kind

Auch oder gerade mit Kindern ist Camping eine sehr geeignete Reiseform. Der Nachwuchs genießt viele Freiheiten und es besteht die Möglichkeit, naturnah zu übernachten, sich auf das Wesentliche zu konzentrieren und viel Zeit mit der Familie zu verbringen. Neue Freundschaften lassen sich auf dem Campingplatz ebenfalls schnell schließen – bisweilen bilden sich richtige kleine „Banden" von Mini-Campern, die den ganzen Urlaub spielend, tobend und entdeckend miteinander verbringen.
Zudem kannst du die Reiseroute flexibel bestimmen, an schönen Orten und in der Natur übernachten und jeden Tag aufs Neue entscheiden, ob du lieber minimalistisch oder komfortabel urlauben möchtest. Die Kleinen bleiben in ihrem gewohnten mobilen Zuhause und du hast zumindest bei Wohnwagen und Reisemobilen alles an Bord - von Kühlschrank und Kochstelle bis zum Bad mit Waschmöglichkeiten und oftmals eigener Toilette. Ihr braucht nicht aus dem Koffer zu leben und es gibt Stauraum, in dem sich Kinderwagen, Spielzeug und sonstiges Equipment wunderbar verstauen lassen. Die Kinder schlafen immer im selben Bett und auch wenn das Wetter mal schlecht ist, können sie zumindest eine Weile drinnen beschäftigt werden. Außerdem gibt es beim Camping weniger Regeln als etwa in einem Hotel.

Als Familie bestimmt ihr euren Tagesablauf selbst, es müssen keine Essenszeiten und keine Kleiderordnung eingehalten werden. Die Kleinen dürfen nach Herzenslust spielen und auch mal laut lachen, können ihren Bewegungsdrang ausleben und in einem relativ sicheren Umfeld ihren eigenen Interessen nachgehen.

Selbstverständlich gibt es, wie überall im Leben, auch Nachteile. Du musst dir bewusst sein, dass ihr die gesamte Reisezeit auf wenigen Quadratmetern verbringt. Wenn es mehrere Tage am Stück regnet, kann einem schnell die Decke auf den Kopf fallen. Für diesen Fall solltest du unbedingt wasserfeste Outdoorkleidung für alle im Gepäck haben und schon mal nach ein paar Alternativen wie Museen, Indoorspielplätzen oder Schwimmbädern am Urlaubsort Ausschau halten.

Unterwegs

Camping im Wohnwagen oder Wohnmobil ist eine relativ komfortable Lösung. Aus diesem Grund gibt es auch kein Mindestalter, ab dem ein Baby zum Camping mitgenommen werden kann. In den ersten Monaten braucht ein Säugling nicht viel mehr als ausreichend zu trinken und Ruhe zum Schlafen.
Wenn du eine Rundreise planst oder häufig den Standort wechseln möchtest, sollte ein Baby jedoch möglichst nicht allzu lange am Stück in der Babyschale sitzen. Regelmäßige Pausen, Spiel- und Strampelmöglichkeiten müssen auf jeder Reise mit Baby eingeplant werden. Hier kann das Bett im Camper während einer Rast wunderbar als temporäre Spielwiese genutzt werden.

Erkundige dich vor der Reise, wie die Babyschale – oder bei größeren Kindern der Kindersitz – im Wohnmobil befestigt werden kann und welche Vorgaben gelten. Je nach Land können die Richtlinien ganz unterschiedlich ausfallen, und während Isofix-Halterungen im normalen PKW heutzutage zum Standard gehören, so ist das im Wohnmobil leider noch nicht der Fall. Eventuell musst du hier eine sichere Alternative finden.
Besonders Babys sind noch sehr empfindlich, was den Magen-Darm-Trakt angeht. Deshalb solltest du darauf achten, dass für das Baby ausschließlich keimfreies Trinkwasser genutzt wird. Leitungswasser ist in vielen Regionen nicht für den Verzehr geeignet, auch nicht für Erwachsene. Für die Milch, den Tee oder auch zum Anrühren von Brei solltest du darum je nach Reiseziel immer ein paar Flaschen mit stillem Wasser oder sogar Babywasser als Reserve an Bord haben – falls die nächste Einkaufsmöglichkeit mal auf sich warten lässt.

Sicherheitsaspekte

Beim Reisen mit Kindern macht man sich vermutlich noch mehr Gedanken um die Sicherheit, als wenn es „nur" um das eigene Wohl geht. Grundsätzlich lässt sich sagen, dass Camping insgesamt eine sehr sichere Reiseform ist (s. S. 341). Auf dem Campingplatz können Kinder sich fast immer recht frei bewegen, sobald sie gelernt haben, mit potenziellen Gefahrenquellen wie fahrenden Autos, Badeseen oder auch unbekannten Menschen umzugehen und von den Eltern gesetzte Regeln zu akzeptieren. Campingplätze sind meist geschützte Bereiche, zu denen Fremde nur schwer Zugang bekommen. Gerade auf kleineren Plätzen kennt man sich untereinander und hat auch den Nachwuchs der Nachbarn ein wenig mit im Blick.
Doch neben den „klassischen" Risiken solltest du bei Familienreisen besonders die folgenden Punkte im Auge behalten.

Allgemeine Sicherheitslage vor Ort Zunächst solltest du dich darüber informieren, wie es generell um die Sicherheitslage und die Infrastruktur an deinem Reiseziel bestellt ist: Gibt es ein ausreichendes Netz an Camping- und Stellplätzen? Besteht die Gefahr, beim Freistehen ungebetenen Besuch zu erhalten? Sind die Straßen- und Verkehrsverhältnisse so, dass ich mich mit Kind(ern) an Bord wohlfühle? Ist die Gesundheitsversorgung im Fall von Unfällen oder Krankheiten gewährleistet?

Beladung und Zusatzspiegel Für die Fahrt selbst gehört neben der korrekten Anbringung des Kindersitzes bzw. der Babyschale auch das sichere Verstauen der Utensilien im Wohnwagen oder Wohnmobil dazu. Hier solltest du darauf achten, dass in den Staufächern über dem Kindersitz keine schweren Gegenstände untergebracht werden. Generell schließen diese Fächer gut, jedoch gibt es keine Garantie, dass nicht doch mal eines während der Fahrt aufspringt und etwas herausfällt. Mit einem speziellen Spiegel kannst du auch während der Fahrt immer mal wieder ein Auge auf den Nachwuchs werfen, ohne dich umdrehen zu müssen.

Aufenthalte allein im Fahrzeug vermeiden Auf Park- oder Rastplätzen sollte dein Kind niemals alleine im Fahrzeug bleiben – nicht nur wegen der Gefahr, dass jemand deinen Camper aufbricht oder gar stiehlt, sondern auch, weil Sonneneinstrahlung oder Kälte häufig unterschätzt werden. Gerade Wohnwagen und Wohnmobile sind oftmals schlecht isoliert und heizen schnell auf bzw. kühlen innerhalb kürzester Zeit sehr stark ab. Das gilt übrigens auch für die Fahrt selbst und den Aufenthalt auf dem Camping- oder Stellplatz. Bei Dachluken und großen Seitenfenstern können Sonnentücher, -blenden oder -rollos dein Kind vor starker Hitze und Sonneneinstrahlung bewahren. Schau aber trotzdem gerade bei Babys und Kleinkindern, die sich noch nicht selbst äußern können, regelmäßig nach ihrem Befinden. Im Sommer oder in südlichen Reisegebieten ist es sinnvoll, Kinder, die sich viel im Freien aufhalten oder direkt hinter der Fahrzeugscheibe sitzen, mit Sonnencreme und/oder Hüten zu schützen.

Gefahrenquellen sichern Sobald du mit deinem Nachwuchscamper gut angekommen bist, gilt es, das Campingfahrzeug kindersicher zu machen, denn vor allem Kleinkinder lieben ja bekanntlich verbotene Dinge. Deshalb muss alles, was nicht in neugierige Kinderhände gehört, sicher verwahrt werden – ähnlich wie zu Hause. Potenzielle Gefahren sind beim Camping vor allem Dinge wie Sanitärzusätze, Medikamente aus der Reiseapotheke, Werkzeuge, Zeltheringe und alles, was mit Strom oder Gas zu tun hat.
Auch Fenstergriffe üben auf kleine Camper eine große Faszination aus. Falls keine stabilen Fliegengitter verbaut sind, die zunächst entfernt werden müssen, um das Fenster zu öffnen, solltest du das Kind besonders auf dem Bett stets im Blick behalten. Das Spielen am Fenstergriff kann schnell zum Sturz führen. Auch das Fliegengitter vor einem geöffnetem Fenster bietet keinen sicheren Schutz vor Herausfallen. Wenn dein Kind groß genug ist, um sich eigenständig an der Tür zu schaffen zu machen, musst du zudem aufpassen, dass es nicht heimlich zu Entdeckungstouren aufbricht.

Von Hunden fernhalten Viele Camper reisen mit Hunden. Meist sind die Tiere draußen angebunden und es gibt keine Zäune oder andere physische Barrieren. Die Verlockung ist für Kinder daher groß, ein paar Streicheleinheiten zu verteilen. Doch nicht jeder Vierbeiner eignet sich als Spielgefährte oder Kuscheltier. Bei manchen Hunden ist das Revierverhalten stark ausgeprägt, sodass sie bei einem Eindringen in ihr Territorium aggressiv werden. Andere Tiere haben Angst vor Menschen oder reagieren auf rennende Kinder mit einem starken Jagdtrieb. Halte deine Kinder also dringend an, sich niemals fremden Hunden zu nähern, ohne die Besitzer vorher um Erlaubnis gefragt zu haben. Sei am besten mindestens bei der ersten Begegnung dabei und achte darauf, dass dein Kind keine plötzlichen Bewegungen macht und sehr langsam und behutsam mit dem Hund umgeht.

Familienfreundliche Campingplätze

Die Suche nach dem perfekten Campingplatz für den Familienurlaub kann auf der ersten Reise schnell zu Überforderung führen, denn die Auswahl ist riesig. Je nach Alter solltest du deine Kinder in die Reiseplanung einbeziehen, damit die Wünsche und Bedürfnisse der Kleinen ausreichend berücksichtigt werden. So fühlt sich jeder wertgeschätzt. Folgende Angebote zeichnen familienfreundliche Campingplätze aus:

- günstige Preise für mitreisende Kinder, Babys und Kleinkinder übernachten häufig sogar gratis
- Spielplatz
- Sanitäranlagen mit Wickel- und/oder Bademöglichkeiten für Babys und Kleinkinder
- Familienduschen
- Schwimmbad, häufig mit Rutsche und Kleinkindbereich
- geeignete Sport- und Spielgeräte, z.B. Billard-/Kickertisch
- Infomaterial für familienfreundliche Ausflüge und Unternehmungen in der Umgebung
- je nach Größe des Platzes Animationsprogramm, Kinderbetreuung , Streichelzoo etc.

Zwischen den Zeilen lesen
Achte auch auf die „versteckten" Informationen zur Einrichtung: Wird beispielsweise betont, wie ruhig der Campingplatz ist, oder gelten strenge Ruhezeiten, ist das für Eltern mit lebhaftem Nachwuchs vielleicht nicht der geeignete Rahmen. Dasselbe kann der Fall sein, wenn für Kinder viele Einschränkungen gemacht werden, z.B. „Kinder unter 10 Jahren dürfen die Sanitäranlagen nur in Begleitung eines Erwachsenen aufsuchen."

Falls du einen Campingplatz spontan anfährst, solltest du ein besonderes Augenmerk auf die Sauberkeit und den allgemeinen Zustand legen. Fällt direkt ins Auge, dass der Betreiber vieles schleifen lässt, so kann sich das unter Umständen auch auf die Wartung von Spielgeräten oder allgemeine Sicherheitsmaßnahmen auswirken. Hiervon solltest du im Zweifel besser Abstand nehmen – oder während des Aufenthalts einen ganz besonders achtsamen Blick auf dein Kind haben.

Gegenseitige Rücksichtnahme

Ein wichtiger Punkt, der die Urlaubsfreuden bisweilen etwas trübt, sind Konflikte mit den Campingnachbarn. Leider sind Campingfahrzeuge deutlich schlechter gedämmt als eine Wohnung, wodurch laute Geräusche,

vor allem in den frühen Morgenstunden und nachts, den einen oder anderen um den Schlaf und die Erholung bringen. Deshalb sind gegenseitige Rücksichtnahme und Toleranz gefordert, denn auch deine Mitcamper sind ja im Urlaub.
Ein paar Tipps, die fürs Zusammenleben förderlich sind:

- Grundsätzlich ist es gut, sich den Nachbarn **kurz vorzustellen** und einen kleinen Plausch zu halten. Dann kennt man sich schon mal und neigt weniger dazu, sich über den anderen zu ärgern, als bei fremden Personen. Wenn die neuen Bekannten selbst Kinder haben, entsteht so vielleicht sogar eine Urlaubsfreundschaft.
- Bist du mit einem Baby unterwegs, das viel und lange schreit, hilft es meist, deine Mitcamper **um Verständnis zu bitten**. Jeder weiß eigentlich, dass ein weinender Säugling meist nur schwer zu beruhigen ist und frisch gebackene Eltern deshalb wahnsinnig unter Stress stehen. Aber die Tatsache, dass du Interesse an den Befindlichkeiten anderer zeigst, nimmt diesen oft schon den Wind aus den Segeln.
- Erkläre deinen (größeren) Kindern, dass das Rennen über die Parzellen der anderen Urlauber zu Unmut führen kann und sie sich lieber **auf den Gemeinschaftsflächen oder dem Spielplatz austoben** sollen. Gleiches gilt für unnötigen Lärm durch Spielzeug oder die Nutzung des Nachbarwohnwagens als Fußballtor.

Beschäftigungsmöglichkeiten

Nicht jeder mag große Campingplätze und nicht jede Familie steht auf Animationsprogramm oder organisierte Rundum-Bespaßung. Je nach Alter der Kinder gibt es viele alternative Beschäftigungsmöglichkeiten, etwa Brett- und Gesellschaftsspiele oder Spiele, für die es kein Zubehör braucht, z.B. Galgenmännchen, „Ich sehe was, was du nicht siehst" oder „Ich packe meinen Koffer". Auch Outdoorspiele wie Verstecken, Frisbee, Federball oder Gummitwist sind direkt auf der Parzelle möglich. Für Fußball oder Volleyball eignen sich dagegen die Gemeinschaftswiesen oder Spielflächen besser, damit die Nachbarn nicht beeinträchtigt werden. Erkundige dich außerdem nach Ausflugszielen in der Umgebung, die für Kinder spannend sind. Das müssen nicht immer Freizeitparks oder Erlebnisbäder sein – auch die Natur bietet wunderbare Möglichkeiten für gemeinsame Entdeckungstouren. Hier könnt ihr Blumen, Bäume oder Vögel bestimmen, beim Geocaching auf Schatzsuche gehen, Blätter und Blüten für kreative Kunstwerke sammeln, eine Fotosafari veranstalten oder nach Steinen und Muscheln Ausschau halten.

Lesetipp

Beschäftigung für Kinder beim Camping
camper.st/spiele

Packliste und Reiseapotheke für Kinder

Wichtig zu wissen ist, dass sehr viele Campingplätze Waschmaschinen und Trockner zur Nutzung gegen Gebühr anbieten. Deshalb packe nicht zu viel Kleidung ein: Auch bei längeren Touren reicht eine Ausstattung für eine Woche oder zehn Tage völlig aus. Neben den Dingen, die auf der allgemeinen Packliste zu finden sind (s. S. 338), benötigst du speziell für Kinder Folgendes:

- ✓ Kinderreisepass, wenn nötig
- ✓ Kuscheltiere
- ✓ Stifte und Block (ggf. Anspitzer)
- ✓ Lieblings-Spielzeuge und Bücher
- ✓ Kindermusik
- ✓ wasserabweisende Camping-/Picknickdecke
- ✓ Badesachen und Schwimmhilfen
- ✓ Badeschuhe (für Schwimmbäder, aber auch für Sanitäranlagen auf dem Campingplatz)
- ✓ Sonnenhut, Sonnencreme und Sonnenbrille
- ✓ Regenkleidung
- ✓ Waschmittel in der Tube (für die schlimmsten Flecken zwischendurch)
- ✓ Wäscheleine mit Klammern
- ✓ Nachtlicht
- ✓ Schlafsack
- ✓ Windeln, tragbare Wickelunterlage (wiederverwendbar), ggf. Feuchttücher
- ✓ Wickeltasche
- ✓ Waschlappen und Handtücher
- ✓ Lätzchen und Spucktücher
- ✓ Flaschen, Trinkflaschen, Snackdosen und Kinderlöffel
- ✓ Kinderwagen/Buggy und Babytrage
- ✓ Sonnenschutz für die Fenster

Darüber hinaus sollte natürlich an die Gesundheit gedacht werden. Je nach Reiseziel kann es entweder an der Versorgung mit Medikamenten hapern oder Verständigungsschwierigkeiten geben, deshalb empfehlen wir dir, ein paar wichtige Dinge einzupacken:

- ✓ Fieberzäpfchen oder -saft
- ✓ Kochsalzlösung (0,9%) in Ampullen
- ✓ Schnupfenspray für Babys
- ✓ Elektrolyte
- ✓ Präparat zur Linderung von Blähungen, am besten flüssig
- ✓ Wund- und Hautpflegecreme
- ✓ Verstopfungszäpfchen
- ✓ Heilsalbe gegen Pilzerkrankungen
- ✓ Zahnungsgel
- ✓ (Kühl-)Salbe gegen Insektenstiche
- ✓ Kühlkompresse oder Kühlgel
- ✓ Fieberthermometer
- ✓ Präparat zum Mücken-/Zeckenschutz
- ✓ Sonnencreme mit LSF50

Je nach Klima ist auf die Lagerungstemperatur zu achten, besonders Salben und Zäpfchen sind sehr wärmeempfindlich. Eine Kühltasche ist für heiße Tage darum empfehlenswert.

Ärztlichen Rat einholen!
Achte stets darauf, dass die Präparate für Kinder im jeweiligen Alter geeignet bzw. speziell für diese gedacht sind. Die folgende Liste versteht sich lediglich als Leitfaden, keinesfalls als medizinischer Ratgeber. Säuglinge und Kinder sollten ohne Absprache mit dem Kinder- oder Facharzt keine Medikamente einnehmen. Besprich dich deshalb bitte vor Reiseantritt mit dem behandelnden Arzt ab, lass dich zur Dosierung und zu eventuellen Allergien beraten und speichere die Kontaktdaten für Rückfragen während der Reise.

Camping mit Hund

Auch für Hunde ist Camping ein großes Abenteuer. Sie dürfen den ganzen Tag mit ihren Menschen zusammen sein, Streifzüge in der Natur unternehmen, neue Hundebekanntschaften schließen und abends in der vertrauten Kuschelhöhle schlafen.
Damit der gemeinsame Urlaub zum Erfolg wird, sind einige Vorbereitungen zu treffen: Das Tier muss ans Autofahren gewöhnt und während der Fahrt sicher transportiert werden. Bei Reisen ins Ausland ebenso wie auf Campingplätzen sind häufig spezielle Regelungen für Hunde zu beachten, auf die man sich einstellen muss. Besonders ängstliche oder territoriale Vierbeiner benötigen oftmals zusätzliche Unterstützung in einer neuen Umgebung. Und natürlich sollen sich auch die anderen Camper in der Gesellschaft deines „Rudels" wohlfühlen.

Hundefreundliche Campingplätze

Ob Hunde generell auf einem Campingplatz erlaubt sind, kannst du – sofern es auf der Webseite nicht erwähnt wird – direkt beim Betreiber erfragen oder über einen Blick in die Preisliste herausfinden, in der die Sätze für Hunde üblicherweise getrennt ausgewiesen werden. Doch selbst wenn Haustiere nicht verboten sind, heißt es noch lange nicht, dass sie auch als willkommene Gäste behandelt werden. Ist dir das jedoch wichtig, wähle am besten von vorneherein einen ausgewiesen hundefreundlichen Campingplatz. Die Maßstäbe hierfür definiert jeder Hundehalter ein wenig anders: Mehrhundebesitzer werden Wert darauf legen, mit allen Rudelmitgliedern verreisen zu können. Andere Tierhalter möchten für ihren Hund vielleicht möglichst wenig Platzgebühr bezahlen, und wieder andere wünschen sich, dass sich der Hund überall auf dem Gelände bewegen und beispielsweise auch mit ins Restaurant genommen werden darf.

Hier gibt es auf den Plätzen große Unterschiede: Während einige Betreiber schon das Aufstellen von Stationen mit Kotbeuteln und Mülleimern als sehr hundefreundlich empfinden, bieten andere ein komplettes Freizeitprogramm und eigene kleine Sanitäranlagen für die Vierbeiner an. Deshalb ist es schwierig, allgemeine Standards festzulegen. Unserer Erfahrung nach sprechen jedoch unter anderem folgende Kriterien dafür, dass Hunde auf einem Platz willkommen sind:

- ✓ Auf der Webseite steht explizit, dass es sich um einen hundefreundlichen Platz handelt.
- ✓ Es gibt keine Listen mit vielen Verboten und Vorschriften.
- ✓ Pro Parzelle sind mehrere Hunde erlaubt.
- ✓ Auf dem Gelände stehen Kotbeutelstationen mit Mülltonnen zur Verfügung.
- ✓ Der Betreiber bietet Auslaufflächen oder eine Hundewiese auf dem Platz an oder Informationen zu solchen Angeboten außerhalb.
- ✓ Es gibt eine Hundedusche und vielleicht sogar einen eigenen Bereich fürs Geschäft.
- ✓ Der Vierbeiner darf die Badestelle nutzen oder es gibt einen Hundestrand.
- ✓ Die Parzellen sind eingezäunt oder das Aufstellen eines Zaunes ist erlaubt.
- ✓ Es können Zäune oder anderes Hunde-Equipment geliehen werden.
- ✓ Hunde sind auch in den Mietobjekten gestattet.
- ✓ Der Betreiber organisiert „Freizeitaktivitäten" wie Hundetrainings, Agility, gemeinsame Spaziergänge etc.
- ✓ Es werden Betreuungsmöglichkeiten für Hunde angeboten.
- ✓ Ein Tierarzt und/oder ein Hundefriseur kommen regelmäßig vorbei.

Hundefreundlichkeit heißt somit nicht, dass Hunde unbedingt kostenfrei oder sehr günstig übernachten dürfen. Wird im Gegenzug eine entsprechende Leistung geboten, ist eine Gebühr vollkommen gerechtfertigt. Kostet jedoch der Hund mehr als ein Kind und du musst dich dafür auch noch durch mehrseitige Regelwerke wühlen, solltest du dich eher nach einem anderen Platz umsehen.
Wenn du unsicher bist, lies dir am besten auch die Bewertungen anderer Besucher durch oder nimm im Vorfeld Kontakt zum Betreiber auf. Letzteres empfiehlt sich vor allem, wenn du mit einem „Listenhund" oder einem Mischling gelisteter Rassen unterwegs bist. Diese sind vor allem im Ausland auf Campingplätzen häufig nicht gestattet – unabhängig davon, ob ein Platz ansonsten hundefreundlich ist oder nicht.
Darüber hinaus solltest du auch auf das Umfeld achten:

- Gibt es Gassiwege oder Hundestrände in der Nähe?
- Sind im Land oder in der Zielregion besondere Vorschriften zu beachten (Rasselisten, Maulkorbzwang)?
- Darf der Hund mit in Restaurants oder müsste er womöglich bei 30 °C im Schatten alleine im Camper ausharren?

Vorbereitungen

In den verschiedenen Ländern gelten jeweils unterschiedliche Bestimmungen für Einreise und Aufenthalte mit Hunden. Innerhalb der EU benötigt dein Tier für den Grenzübertritt in der Regel

- einen Mikrochip bzw. eine Tätowierung,
- den EU-Heimtierausweis,
- eine gültige Tollwutimpfung.

Für Reisen außerhalb sowie zur Wiedereinreise in die EU müssen meist vorgelegt werden:

- ein (amts-)tierärztliches Gesundheitszeugnis,
- eine Tollwutantikörper-Bestimmung („Tollwut-Titer") durch ein von der EU anerkanntes Labor,
- eine tierärztliche Bestätigung über eine äußerliche und innerliche Parasitenbehandlung.

Da diese Dokumente teilweise nur wenige Tage gültig sind, ist also sowohl vor der Abfahrt als auch vor der Rückkehr etwas Organisation und Planung erforderlich.

Außerdem sind sogenannte **Listenhunde** in manchen Ländern verboten, d.h. sie dürfen nicht einreisen oder lediglich zügig durchreisen, oder ihr Mitführen unterliegt zumindest strengen Regelungen wie Leinen- und Maulkorbzwang bzw. einem Verbot auf Campingplätzen oder an Hundestränden.
Informiere dich daher mehrere Wochen im Voraus bei den zuständigen Konsulaten oder Botschaften – auch denen der Transitländer – über die jeweiligen Vorschriften und sprich mit deinem Tierarzt über nötige Impfungen und Prophylaxen.
Folgende Übersicht soll dir helfen, alles rechtzeitig zu organisieren:

4 bis 6 Wochen vor Urlaubsantritt zu erledigen

- ✓ Einreisebestimmungen für das Reiseland/die Reiseländer prüfen
- ✓ Beim Tierarzt zu Reiseapotheke und erforderlichen Impfungen beraten lassen, ggf. Impfungen auffrischen
- ✓ Bei Reisen außerhalb der EU: Tollwutantikörper-Bestimmung veranlassen (Einsendung einer Blutprobe in ein anerkanntes Labor erforderlich)
- ✓ Heimtierausweis ausstellen lassen bzw. überprüfen
- ✓ Tierhalterhaftpflichtversicherung überprüfen
- ✓ Hund bei mindestens einem Heimtierportal, z.B. Tasso, registrieren lassen
- ✓ falls erforderlich: Einfuhrpapiere besorgen

bis ca. 1 Woche vor Urlaubsantritt zu erledigen (je nach Bestimmungen des Reiselandes)

- ✓ Prophylaxen verabreichen, z.B. gegen Bandwurm, Ektoparasiten
- ✓ ggf. Termin beim Amtstierarzt für die Ausstellung des Gesundheitszeugnisses vereinbaren

Packliste und Reiseapotheke für Hunde

- ✓ EU-Heimtierausweis
- ✓ Kopie der Hundehalterhaftpflichtversicherung
- ✓ Gesundheitszeugnis, Zertifikat der Tollwutantikörper-Bestimmung (falls vom Reiseland gefordert)
- ✓ Leine und Halsband/Geschirr mit Heimatadresse, Urlaubsadresse und Handynummer
- ✓ Reisebett, Körbchen oder Decke
- ✓ Näpfe
- ✓ Transportkorb/-kiste

- Leinenbefestigung für Reisemobil oder Stellplatz
- Maulkorb (falls im Reiseland erforderlich)
- Handtücher, alte Bettlaken
- Spielzeug
- Leckerchen, Kauknochen
- Kotbeutel
- Sonnenschutz
- Futtervorrat, ggf. Dosenöffner
- regelmäßig zu verabreichende Medikamente
- Bürste/Trimmkamm und weitere Pflegeutensilien
- kleine Schere zum Entfernen lästiger Haare (z.B. an den Augen)
- Zeckenhaken
- Wasser für die Fahrt
- ggf. Mäntelchen
- bei längeren Touren: Öl zur Ohrenpflege, Krallenschere

Und natürlich darf auch hier eine Reiseapotheke nicht fehlen:

- Helfer gegen Reiseübelkeit, z.B. Beruhigungssnack
- Zeckenschutz
- Flohmittel
- Entwurmungsmittel
- Durchfallmedikament
- Kohletabletten bei Vergiftungen und Durchfall
- Augentropfen/-salbe
- Desinfektionsspray
- Präparat gegen Juckreiz, z.B. nach Insektenstichen
- Verbandsmaterial
- Beruhigungsmittel
- Schmerzmittel

Lesetipp
Erste Hilfe für Vierbeiner auf Reisen
camper.st/erste-hilfe-tier

Für Welpen, die sehr verspielt und noch nicht 100%ig stubenrein sind, empfehlen wir zusätzlich eine „Babytasche" für Ausflüge. Praktischerweise enthält diese:

- Küchenrolle
- Desinfektionsspray
- Handtuch
- Fleecedecke – zum Drauflegen oder zum Einwickeln nach Spaziergängen über nasse Wiesen
- Leckerchen, Kaustangen
- das Lieblingsspielzeug
- Futterration(en) und Reisenapf zum Füttern unterwegs
- kleine Wasserflasche

Autofahren mit Hund

Während einige Hunde gerne im Auto mitfahren und interessiert aus dem Fenster schauen oder sich gemütlich einrollen, reagieren andere mit Angst, Überforderung oder Übelkeit bzw. Erbrechen. Damit nicht schon die Anreise für alle Beteiligten in Stress ausartet, sollte das Autofahren rechtzeitig trainiert werden. Vernachlässigt man dies oder zwingt man das Tier dazu, können sich die Probleme verfestigen und verschlimmern. Deshalb solltest du schon Wochen vor der Tour möglichst kleinschrittig mit dem Üben beginnen und deinen Vierbeiner langsam an die neue Situation und das für ihn vielleicht noch ungewohnte Fahrzeug heranführen.
Belohne oder lobe das Tier überschwänglich, wenn es sich dem Auto oder Campingmobil nähert und schließlich – bestenfalls aus freien Stücken – einsteigt. Ideal ist es, wenn sich der Hund seinen Platz im Wohnmobil oder Wohnwagen selbst aussuchen kann, weil er dann dorthin geht, wo er sich geborgen fühlt. Wichtig ist, dass der Vierbeiner bequem sitzen oder liegen und für den Transport gesichert werden kann (s. S. 310).

Sobald der Hund das Fahrzeug mit etwas Positivem verbindet, solltest du bei schreckhaften Tieren zunächst ein paar Mal den Motor anlassen und dann wieder ausschalten. Mit robusteren Exemplaren kannst du sofort erste, aber kurze und langsame Fahrten unternehmen, etwa auf dem Grundstück oder um den Block. Achte darauf, dass währenddessen und danach immer etwas Tolles für den Hund herausspringt: Leckerchen, Streicheleinheiten, Schnüffel- oder Zerrspiele – was er eben so mag! Dehne dann die Dauer der Fahrten schrittweise aus, aber überfordere deinen Hund nicht. Belohne ihn nach jeder Runde und gönne ihm danach Ruhe, damit er die neuen Eindrücke und Erlebnisse verarbeiten kann.

Beim Transport des Hundes steht natürlich Sicherheit an erster Stelle. Je nach Größe des Tieres und Platzangebot gibt es verschiedene Möglichkeiten:

- tragbare Boxen aus Kunststoff oder Aluminium
- fest eingebaute Boxen
- Spezialgeschirre mit Sicherheitsgurt
- Hundeanhänger, wie sie häufig von Mehrhundehaltern oder im Hundesport eingesetzt werden

Für Vierbeiner, die zu Reisekrankheit oder Ängstlichkeit neigen, kann der Transport in einer Box die beste Lösung sein, damit die vorbeiziehenden Landschaften und Fahrzeuge keine Übelkeit oder Stresssymptome auslösen. Andere Tiere fühlen sich dagegen am wohlsten, wenn sie neben ihren Menschen auf dem Sitz angeschnallt mitfahren und dabei die Außenwelt beobachten dürfen.

Lesetipp

Hundetransport im Fahrzeug

camper.st/hundetransport

Achtung, Unfallgefahr!

Manche (Miet-)Wohnmobile bieten auch spezielle Ausbauten für Hunde, z.B. in der Heckgarage. Allerdings können vor allem kleinere Tiere in dem relativ großen Raum leicht „umhergeschleudert“ und verletzt werden. In Anhängern haben die Tiere derweil schon bei einem leichten Auffahrunfall eher schlechte Karten.
Der Transport im fahrenden Wohnwagen, wie er für Menschen untersagt ist, wäre zwar rechtlich gesehen für Tiere möglich, ist jedoch absolut nicht zu empfehlen: Zum einen hast du dort keine Kontrolle über deinen vierbeinigen Freund und merkst nicht, wenn er unter Stress gerät, sich lösen muss oder der Innenraum zu heiß bzw. zu kalt wird. Zum anderen können Wohnwagen schlingern und im schlimmsten Fall kippen, und dann bleibt oft nicht mehr viel vom Aufbau übrig. Ganz zu schweigen davon, was das für deinen Hund bedeuten würde...

Regeln auf dem Platz

Auf den meisten Campingplätzen sind Hunde zum Glück (noch) erlaubt. Damit dies so bleibt, gilt es, auch auf die Bedürfnisse der anderen Camper und des Platzbetreibers Rücksicht zu nehmen. Manche Menschen haben Allergien, Angst vor Hunden oder mögen sie einfach nicht, manche Hunde reagieren mit übertriebenem Spieltrieb oder Aggression auf rennende Kinder oder Artgenossen. Und natürlich will auch niemand in Hundehaufen treten oder die Markierungsspuren übereifriger Rüden von den Campingmöbeln wischen.
Viele Plätze stellen daher verbindliche Regeln auf, die auf der Webseite oder an der Rezeption einzusehen sind. Die Nicht-Einhaltung kann nicht nur zu Ärger, sondern auch zu einem Platzverweis und damit einem vorzeitigen Urlaubsabbruch führen. Doch selbst wenn es solche „Hunde-Hausordnungen" nicht gibt, solltest du folgende Verhaltensregeln beachten:

- Halte deinen Vierbeiner stets **an der Leine** und sorge dafür, dass er keine Menschen oder Artgenossen bedrängt. Ist er auf deiner Parzelle oder am Fahrzeug angeleint, bestimme seinen Bewegungsradius so, dass er nicht mal eben beim Nachbarn vorbeischauen und die Grillwurst klauen kann.
- Lass deinen Hund **nicht zu anderen Hunden**, vor allem, wenn diese ebenfalls angeleint sind. Dies kann vor allem bei ängstlichen oder territorialen Artgenossen schnell zu Beißereien führen.
- Verhindere, dass dein Vierbeiner sein Geschäft auf dem Platz verrichtet – nach Möglichkeit weder das große noch das kleine. Falls doch einmal ein Malheur passiert, **räume die Hinterlassenschaften sofort weg**. Entsorge Kotbeutel entweder in den dafür vorgesehenen Mülleimern oder an Stellen, an denen keine Geruchsbelästigung für deine Mitcamper zu befürchten ist. Die Abfalleimer in den Sanitäranlagen oder direkt an fremden Parzellen sind dafür nicht geeignet.
- Das Markieren anderer Campingfahrzeuge oder fremden Equipments ist ebenfalls zu unterbinden. Sollte es trotzdem passieren, entschuldige dich und **entferne den Urin** umgehend mit klarem Wasser.
- Lass den Hund nicht über längere Zeit alleine auf dem Platz und versuche, **Bellen oder Kläffen zügig zu unterbinden**.
- Informiere Kinder oder ihre Eltern darüber, ob der Hund gestreichelt werden darf oder ob die Kleinen lieber auf Abstand gehen sollen. **Halte dein Tier von rennenden und spielenden Kindern fern**, da dies einen Jagd- oder Spieltrieb auslösen und zu beängstigenden oder sogar gefährlichen Situationen für die Kinder führen kann.

Rücksichtsvolles Miteinander

Rücksicht zu nehmen bedeutet nicht, dass du dich und deinen Hund unsichtbar machen musst. Selbstverständlich kann es mal vorkommen, dass dein Hund bellt oder sich auf dem Platz erleichtert. Schließlich bist du nur ein Mensch und dein Hund ist nur ein Tier, keine Maschine. Setze dich nicht unter Druck, den perfekten Campinghund haben zu wollen, sondern geh die Sache möglichst entspannt an. Entschuldige dich im Bedarfsfall, damit deine Mitcamper wahrnehmen, dass du dich bemühst – und zeige dich im Gegenzug auch selbst tolerant, wenn die Nachbarskinder mal laut sind oder die Party nebenan etwas länger dauert.

Geeignete Liegeplätze

Im Fahrzeug Im Campingmobil sollte der Hund einen eigenen, gemütlichen und störungsfreien Rückzugsort bekommen: Er muss auf so einer Reise viele Eindrücke verarbeiten und benötigt eventuell mehr Ruhe als zu Hause. Und auch für dich und deine Mitreisenden ist es entspannter, in den beengten Raumverhältnissen nicht immer über das Tier steigen zu müssen. Wer nicht möchte, dass der Hund auf den Sitzbänken oder im Bett liegt, kann z.B. den Platz unter dem Tisch für ihn einrichten. Ansonsten helfen alte Bettlaken oder eine waschbare Decke, um Polster und Matratzen vor Hundehaaren und Schmutz zu schützen.
Für besonders heiße Tage kannst du dem Hund eine Kühldecke bereitlegen. Er sollte jedoch immer die Möglichkeit haben, sich woanders hinzulegen, wenn es ihm zu frisch wird. Prüfe bei Reisen in kühlere Klimazonen, dass sich der Platz deines Vierbeiners nicht an einer Wärmebrücke (auch Kältebrücke genannt) befindet: Auch Hunde können Schnupfen, Husten oder Blasenentzündungen bekommen.

Lesetipps

Hitze und Sonne – Gefahr für Hunde
camper.st/hitze-hund

Mangelnde Isolation – Kälte als Gesundheitsrisiko für Hunde
camper.st/kaelte-hund

Auf der Parzelle Hält sich dein Hund nicht gerne im Innenraum auf oder will er bei schönem Wetter einfach lieber draußen liegen und dir Gesellschaft leisten, sollte er die Wahl zwischen sonnigen und schattigen Zonen haben. Damit er bei kühlem oder feuchtem Wetter nicht friert, biete ihm ein Reisebett oder eine wasserdichte, isolierende Decke an.
Die Leine sollte stets gut gesichert und nicht zu lang sein, damit der Hund keine Nachbarn oder Artgenossen gefährden kann. Zur Befestigung kannst du je nach Gewicht des Tieres einen Erdhaken verwenden, eine stabile Stelle am Reisemobil oder eine Metallplatte mit Öse, die unter den Fahrzeugreifen gelegt wird. Der Hund sollte dabei ein Brustgeschirr tragen, damit er sich bei plötzlichem Aufspringen und Losrennen nicht verletzen kann.
Wenn sich dein Vierbeiner in seiner Transportbox wohlfühlt, lässt sich diese natürlich ebenfalls auf der Parzelle nutzen – idealerweise in einem schattigen Bereich. Damit hat der Hund seine vertraute „Höhle" und gleichzeitig etwas Sichtschutz, der verhindert, dass zu viele Reize auf ihn einprasseln. Ist er kein Fan von Boxen, stellen kleine Sonnensegel eine gute Alternative dar, um ihn etwas abzuschirmen.
Eine weitere Alternative für den Aufenthalt deines Vierbeiners im Freien ist ein mobiler Zaun – sofern dein Hund ihn nicht umrennt oder einfach darüberspringt. Vor allem bei Mehrhundehaltern und Besitzern von aktiveren Tieren ist das eine beliebte Variante, um ein ständiges Leinenverwirren zu verhindern. Zäune sind jedoch auf Campingplätzen häufig nicht erlaubt und auch manche Nachbarn stören sich daran. Frage deshalb am besten schon vor der Anreise, wie das auf deinem Wunschplatz gehandhabt wird und ob der Untergrund überhaupt ein Befestigen von Pfosten ermöglicht.

Bellen unterbinden

Falls du wie wir einen eher „mitteilungsfreudigen" Hund hast, solltest du dir schon im Vorfeld Gedanken darüber machen, wie du häufiges oder dauerhaftes Kläffen unterbinden kannst. Dafür musst du zunächst verstehen, wann und warum dein Vierbeiner bellt: Will er sein Revier gegen „Eindringlinge" (andere Menschen oder Artgenossen) verteidigen? Hat er Angst? Ist er reizüberflutet oder gestresst? Ist ihm langweilig oder verlangt er nach Aufmerksamkeit? Kommt er mit der neuen Umgebung nicht klar? Ist einer der Nachbarshunde sein neuer Erzfeind? Sobald die Ursache feststeht, kannst du mit viel Geduld und Konsequenz an die Problemlösung gehen. Vorab sei gesagt, dass wir persönlich ausschließlich mit gewaltfreien Mitteln arbeiten, und darauf begründen sich auch die folgenden Tipps:

- Gegen **Langeweile** helfen ausgedehnte Spaziergänge und geistige Auslastung, z.B. Futtersuchspiele, das Erlernen neuer Kommandos oder andere kleine Aufgaben.
- Ist dein Tier **reizüberflutet**, solltest du es an seinen Rückzugsort bringen und ihm viel Ruhe gönnen. Auch ein ungewohnter Tagesablauf kann einige Hunde aus der Bahn werfen. Achte in diesem Fall darauf, möglichst viele der üblichen Rituale beizubehalten, von der Fütterungszeit bis zu den Kuscheleinheiten.
- Reagiert der Vierbeiner **ängstlich oder aggressiv** auf Menschen oder andere Hunde, hilft es nicht, das Bellen mit Zwang zu unterdrücken. Hier sind ein Sichtschutz und/oder ein Rückzugsort im Fahrzeug sinnvoller.
- Buhlt der Hund um deine **Aufmerksamkeit**, ignoriere ihn oder bringe ihn ruhig und ohne großes Aufsehen ins Fahrzeug, sobald er zu bellen beginnt. So kann er sich beruhigen und er wird mit der Zeit lernen, dass ihn dieses Verhalten nicht zum Ziel bringt.

Ruhe wird belohnt!

Belohne deinen Hund möglichst oft dafür, wenn er ruhig bleibt und auch bei äußeren Reizen nicht zu bellen beginnt. Um ihm beim Entspannen zu unterstützen, kannst du ihm sein Lieblingsspielzeug oder Kaugegenstände anbieten.

Camping mit Handicap

Camping bedeutet Freiheit, Unabhängigkeit, Abenteuer. Zumindest für die meisten von uns, die jung, körperlich fit und in sämtlichen Belangen des täglichen Lebens komplett eigenständig sind. Für Menschen mit Behinderung sieht der Alltag oftmals ganz anders aus. Doch auch sie wollen schöne, unbeschwerte und vor allem selbstbestimmte Urlaube im Camper genießen. Dieses Kapitel richtet sich daher nicht ausschließlich an Betroffene, sondern soll auch ein Bewusstsein dafür schaffen, mit welchen Hürden viele unserer Mitmenschen zu kämpfen haben.

Der Begriff der Barrierefreiheit

Wenn wir über Barrierefreiheit sprechen, haben die meisten von uns zunächst das Bild eines Menschen im Rollstuhl im Kopf. Das ist jedoch nur ein Aspekt, der sich hinter diesem Wort verbirgt. Die Bandbreite an Behinderungen ist groß und die konkreten Einschränkungen sind sehr individuell. Allgemein lassen sich unter anderem folgende Gruppen unterscheiden:

- Auf Mobilitätshilfen wie Rollatoren, Krücken oder Rollstühle angewiesene Menschen
- Menschen mit anderweitigen motorischen Einschränkungen
- Menschen mit Seh- oder Hörbehinderungen
- Menschen mit kognitiven Einschränkungen
- Menschen mit chronischen körperlichen Beschwerden (Hüft-, Knie-, Rückenleiden etc.)
- Stark groß- oder kleinwüchsige Menschen

In Deutschland trat am 1. Mai 2002 das Gesetz zur Gleichstellung von Menschen mit Behinderungen (BGG) in Kraft. In §4 wird Barrierefreiheit wie folgt definiert: „Barrierefrei sind bauliche und sonstige Anlagen, Verkehrsmittel, technische Gebrauchsgegenstände, Systeme der Informationsverarbeitung, akustische und visuelle Informationsquellen und Kommunikationseinrichtungen sowie andere gestaltete Lebensbereiche, wenn sie für Menschen mit Behinderungen in der allgemein üblichen Weise, ohne besondere Erschwernis und grundsätzlich ohne fremde Hilfe auffindbar, zugänglich und nutzbar sind. Hierbei ist die Nutzung behinderungsbedingt notwendiger Hilfsmittel zulässig."

Die Betonung liegt hierbei auf „ohne fremde Hilfe". Denn auch Menschen mit Behinderung möchten natürlich nicht ständig auf andere angewiesen sein, sondern ihren Alltag selbstbestimmt und selbstbewusst gestalten.
Übrigens: Von Barrierefreiheit profitieren neben unseren Mitmenschen mit Handicap auch Senioren, Kinder, Eltern mit Kinderwagen, Menschen mit vorübergehenden Beeinträchtigungen (z.B. Knochenbruch, Rekonvaleszenz nach Operationen, akuter Bandscheibenvorfall etc.) oder jeder nicht-behinderte Mensch, der sich z.B. mit schwerem Gepäck am Bahnhof herumquält. Es sollte also unser aller Anliegen sein, auf eine möglichst barrierefreie Infrastruktur in sämtlichen Alltagsbereichen hinzuarbeiten. Dabei können oft schon kleine Maßnahmen und Hilfestellungen Großes bewegen.

Barrierefreie Campingplätze

In puncto Barrierefreiheit auf Stell- und Campingplätzen besteht hierzulande noch ganz erheblicher Nachholbedarf. Kroatien, Spanien und die Niederlande beispielsweise sind hier schon deutlich besser aufgestellt als Deutschland. Die Suche nach einem passenden Campingplatz gestaltet sich darum bisweilen etwas schwierig.

Um einen Platz wirklich für sämtliche Behinderungsformen barrierefrei zu gestalten, wären umfassende Umbau- und Umstrukturierungsarbeiten nötig. Hierfür gibt es zwar eine Reihe an Fördermöglichkeiten, es muss aber nicht immer die ganz große Lösung sein. Häufig hilft schon ein kleiner Perspektivwechsel, um sich in die Lage der Gäste mit Handicap zu versetzen und entsprechende moderate Anpassungen vorzunehmen: Einen Tag mit Rollstuhl, geräuschdämpfenden Ohrenschützern oder Milchglasbrille den eigenen Campingplatz zu erkunden, zeigt bereits die wichtigsten Schwachstellen auf. Von der fehlenden Rampe an der Rezeption bis zur Höhe der Empfangstheke, von der Funzelbeleuchtung auf den Wegen bis zur verschnörkelten Mini-Schrift auf dem Informationsflyer und von den Schachtelsätzen in der Platzordnung bis zur mangelhaften Beschilderung der Zufahrten – es gibt tausend Kleinigkeiten, die einem behinderten Gast den Aufenthalt unnötig erschweren und relativ einfach angepasst werden könnten.

Außerdem ist es hilfreich, sich als Platzbetreiber mit Betroffenen auszutauschen und sie um Feedback zu bitten. Umgekehrt sollten Camper mit Handicap auch selbst freundlich und konstruktiv auf eventuelle Barrieren hinweisen. Die meisten Platzbetreiber sind dankbar für Informationen aus erster Hand und viele versuchen, solche Vorschläge im Rahmen ihrer Möglichkeiten umzusetzen.

Der Preis ist bei der Suche nach einem barrierefreien oder behindertengerechten Platz übrigens kein verlässlicher Indikator. Einige kleine, preiswerte Plätze sind erfreulich gut auf Menschen mit Behinderung eingestellt, wohingegen so mancher teure Platz rein gar nichts für Gäste mit Handicap bietet und einen Aufenthalt durch kleine und große Hindernisse unmöglich macht.
Folgende wichtige Punkte solltest du als Camper mit Mobilitätseinschränkung vorab prüfen:

Angaben der Platzbetreiber Nicht jeder Camping- oder Stellplatz, der sich als „behindertengerecht“ oder „barrierefrei“ bezeichnet, ist dies auch. Aus Unwissenheit werden hier oft falsche Aussagen getroffen, die vor Ort dann zu unangenehmen Überraschungen führen können. Frage hier bitte genau nach und lass dir konkret beschreiben, wie Zufahrt, Rezeption und Wege und Parzellen beschaffen sind. Versuche bei dieser Gelegenheit auch herauszufinden, welche Bereiche für deine spezielle Einschränkung NICHT erreichbar oder nutzbar sind.

Beschaffenheit der Sanitäranlagen Viele Betreiber bemühen sich und legen beispielsweise Rampen für Rollstühle an oder statten Türen mit elektrischen Öffnungsmechanismen aus. Doch diese Maßnahmen nützen wenig, wenn Waschbecken, Duscharmaturen und Ablagen dann auf Höhe eines „Fußgängers“ angebracht, die Türen zu schmal oder die Duschkabinen zu klein sind. Oft fehlen auch Handläufe und Sitzgelegenheiten. Ein weiteres Problem kann auftreten, wenn die Sanitäranlagen nicht ausreichend beheizt sind. Menschen mit Handicap benötigen zudem häufig länger zum Abtrocknen und Anziehen und können auskühlen – das kann im schlimmsten Fall bis zur Spastik führen. Wenn du hiervon betroffen bist, erkundige dich nach der Situation in den Sanitäranlagen und nimm ggf. einen tragbaren Heizlüfter mit.

Euro-Schlüssel Ganz wichtig ist vielen Campern mit Handicap, dass eigens für sie eingerichtete Bereiche wie Toiletten oder Duschen nur mit einem Schlüssel zugänglich sind. Eine Lösung ist ein Schließzylinder, für den es einen europaweit einheitlichen Schlüssel gibt. Diesen sogenannten Euro-Schlüssel erhalten nur berechtigte Behinderte, und er vereinfacht das Ganze nicht nur für die Betroffenen, sondern auch für die Mitarbeiter des Campingplatzes. Denn die Tür kann in diesem Fall unabhängig vom Personal aufgeschlossen warden, e muss keine Kaution hinterlegt und auch kein Mitarbeiter „behelligt" werden. Wenn du im Besitz eines solchen Schlüssels bist, frag auf deinem Wunschplatz nach, ob die Sanitäranlagen damit zu öffnen sind.

Barrierefreiheit auf dem Gelände Auch auf vielen sogenannten „behindertengerechten" Plätzen stellen schon die Beschilderung der Wege, die Zugänge zur Rezeption und die Anmeldung für Menschen mit Handicap unüberwindbare Hindernisse dar. Mit Rollstuhl und Rollator kommt man gar nicht erst hinein, eine Gegensprechanlage ist nicht vorhanden, und danach warten geschotterte Wege und Parzellen auf buckligem Grund. Camper mit Seh- oder kognitiver Behinderung kommen mit Preislisten, Beschilderung, Beleuchtung und langen, unübersichtlichen Wegen häufig nicht klar. Hörbehinderte brauchen spezielle Ansprache und eventuell eine Möglichkeit, sich in geräuscharme Räume oder Ecken zurückzuziehen.
Bitte den Platzbetreiber schon bei der Reservierung um eine Parzelle, die dir das Leben erleichtert – etwa weil sie in der Nähe der Sanitäranlagen liegt, sich in einem leicht überschaubaren Bereich befindet oder über Installationen wie Wasseranschluss oder Privatbad verfügt.

Nutzung von Zusatzangeboten Selbst wenn ein Platz in den zentralen Bereichen der Barrierefreiheit schon gut aufgestellt ist, sind Zusatzangebote wie Schwimmbäder,

Wellness-Bereiche, Badestellen an zugehörigen Naturgewässern oder Fitnessräume für Gäste mit Handicap häufig nicht oder nur mit fremder Hilfe nutzbar. Um Enttäuschungen vor Ort zu vermeiden, löchere die Rezeptionsmitarbeiter vor der Buchung und bitte sie um detaillierte Informationen.

Der Wohnmobil-Führerschein für umgebaute Fahrzeuge

Wenn du aufgrund deines Handicaps Probleme beim Fahren deines Campers hast, kann er entsprechend deiner Bedürfnisse umgebaut werden, zum Beispiel auf Handgas-Betrieb. Um den umgebauten Camper fahren zu dürfen, brauchst du dann einen speziellen Führerschein bzw., wenn deine Behinderung erst später eingetreten ist, eine entsprechende Eintragung in deinen vorhandenen Führerschein.

Voraussetzung für diesen Führerschein oder die nachtragliche Eintragung ist eine behordliche Prüfung deiner „Eignung zum Führen eines Kraftfahrzeugs“. Diese muss unter Umständen durch ein ärztliches, medizinisch-psychologisches oder technisches Gutachten belegt werden.

Lesetipps

Bundesvereinigung der Fahrlehrerverbände e.V.
camper.st/handicap-fahrschulen

Übersicht der Landesverbände
camper.st/fl-landesverbaende

Inzwischen gibt es eine große Anzahl an Fahrschulen, die Führerscheine für Menschen mit Handicap anbieten. Eine Übersicht findest du auf der Seite der Bundesvereinigung der Fahrlehrerverbände e.V. oder bei den jeweiligen Fahrlehrer-Landesverbänden. Die Landesverbände in den einzelnen Bundesländern besitzen jeweils sehr gute Netzwerke und wissen, welche Fahrschule genau für deine Behinderung Angebote vorhält, sowohl für Lernbehinderungen als auch für körperliche Handicaps. Für den einfachen B-Führerschein sieht die Auswahl noch recht gut aus, bei BE oder den C-Klassen wird die Luft dagegen schon etwas dünner.

Über den genauen Preis des Handicap-Führerscheins und der Umbauten lässt sich pauschal leider wenig sagen, denn die Preise hängen sehr stark von der Art der Behinderung ab. Generell kann man aber festhalten, dass beides leider sehr teuer ist. Ein Beispiel: Der Umbau auf „Handgas-Betrieb“ für Menschen, die Gas- und Bremspedal nicht mit den Füßen bedienen können, kostet zwischen 30.000 und 40.000 €, der entsprechende Führerschein noch mal 1000–2000 €.

Im 9. Sozialgesetzbuch ist der Grundsatz verankert, dass Menschen mit Behinderung besondere Leistungen erhalten, um Benachteiligungen bei der Teilhabe am Leben in der Gesellschaft abzubauen. Ob hierzu auch Zuschüsse für den behindertengerechten Umbau des Campers gehören, lässt sich leider nirgendwo abschließend entnehmen. Erkundige dich daher an den einschlägigen Stellen, ob und unter welchen Bedingungen du Chancen auf einen Zuschuss hast. Mögliche sogenannte Kostenträger sind z.B. Sozialämter, die Deutsche Rentenversicherung oder Krankenkassen.

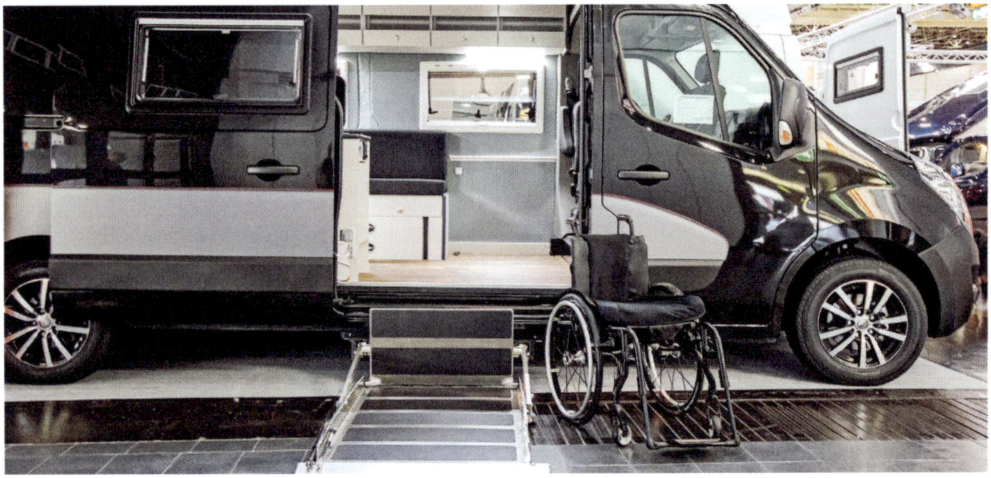

Barrierefreie Ausbauten für Wohnwagen und Wohnmobile

Auch im Innenraum deines Fahrzeugs können, je nach Handicap, Umbauten nötig sein, z.B. wenn du auf einen Rollstuhl angewiesen bist. Ähnlich wie bei den Campingplätzen ist auch das Angebot an barrierefreien oder -armen Campingfahrzeugen bislang leider recht mager. Zwar wird deutlich, dass einige Ausbauer das Potenzial von Kunden mit Behinderungen erkannt haben und darauf reagieren, und es gab auch schon vereinzelt erste Versuche größerer Hersteller, ab Werk barrierefreie Reisemobile anzubieten. Leider wurde die Produktion häufig jedoch „mangels Nachfrage“ wieder eingestellt.
Bis zu einer zufriedenstellenden Auswahl, die man sich als Normalverdiener leisten kann, ist es noch ein weiter Weg. Denn aktuell werden geeignete Fahrzeuge nur individuell und auf Bestellung (aus-)gebaut, was in den meisten Fällen sehr aufwändig und damit teuer ist. Unter anderem folgende Unternehmen sind uns bekannt, die solche Um- oder Aufbauten im Reisemobilsektor anbieten:

- *hrz-reisemobile.de*
- *wanner-caravaning.de*
- *behl-mobile.de*
- *schaffer-mobil.de*
- *woelcke.de*

Denkt doch mal um!
Die hohen Kosten für ein barrierefreies Fahrzeug (zumeist mindestens 20–40% höher als der Preis für herkömmliche Fahrzeuge) sind für viele Betroffene nicht zu stemmen, da es an finanzieller Unterstützung fehlt. Dabei würde hier vielleicht auch schon ein simples Umdenken helfen: Die Voraussetzung für einen kostengünstigen Ausbau ist ein Fahrzeug, in dem serienmäßig wenig oder gar keine (tragenden) Möbel vorhanden sind. Auf einer solchen Basis wären Anpassungen deutlich weniger arbeitsintensiv und damit auch nicht so teuer. Leider ist die Zahl der geeigneten Modelle auf dem aktuellen Markt sehr überschaubar.

FKK-Camping

Wenn du beim Campen das Freiheitsgefühl auf die Spitze treiben möchtest oder vielleicht sogar schon Fan des hüllenlosen Urlaubens bist, solltest du unbedingt mal einen FKK-Campingplatz ausprobieren. Das mag für „Unerfahrene" zunächst etwas gewöhnungsbedürftig sein, nach kürzester Zeit stellt sich aber bei den meisten eine ganz besondere Art der Entspannung ein – denn beim FKK stehen drei Faktoren im Mittelpunkt: Natürlichkeit, Akzeptanz, Gleichheit.

Die Freikörperkultur entstand als Gegenbewegung zum bürgerlich-städtischen Leben Anfang des 20. Jahrhunderts: Sport, Wandern, gegenseitiger Respekt und Nähe zur Natur wurden auf einmal mit Nacktheit verknüpft. Diese die Hüllen fallen lassende Kultur steht somit für Selbstachtung, Gemeinschaftlichkeit und gesunde Lebensentwürfe. Sexualität spielt dabei keine Rolle, vielmehr geht es um die Normalität des nackten Körpers. Ursprünglich waren mit dieser Lebenseinstellung höhere Ziele wie ökologisches Engagement, Toleranz und gegenseitige Rücksichtnahme verknüpft. Heute geht es im FKK-Urlaub meist aber einfach nur um die Erfahrung des gemeinsamen Nacktseins.

Das Kürzel „FKK" wird in deutschsprachigen Ländern noch häufig verwendet. Im englischsprachigen Raum ist der Ausdruck „free body culture" gebräuchlich, und ein Anhänger dieser Kultur wird als „naturist" bezeichnet (dieses Wort gibt es übrigens auch im Deutschen, bei gleicher Bedeutung). Im niederländischen Sprachgebrauch wird das Wörtchen „Naaktrecreatie" für alle Arten der kleidungslosen Erholung verwendet. Europaweit werden jedoch am häufigsten die Begriffe „Nudismus" bzw. „Naturismus" in den jeweils landessprachlichen Abwandlungen genutzt. Auch hierzulande bevorzugen viele Freunde der Freikörperkultur mittlerweile das Wort „Naturist", da der Begriff „FKK" leider immer wieder durch zweifelhafte Etablissements (Bordelle, Sauna-Clubs etc.) zweckentfremdet wird.

FKK-Campingplätze

Innerhalb und außerhalb Europas, selbst in konservativeren Ländern, lassen sich neben FKK-Vereinen, -Resorts und -Badezonen auch FKK-Campingplätze finden. Unter anderem in Frankreich, Kroatien und Deutschland tummelt sich an den entsprechenden Stellen eine recht rege Naturisten-Community. Die Zahl der „echten", also komplett textilfreien Campingplätze nimmt zwar ab, aber noch gibt es einige, und alternativ haben etliche Plätze in Europa zumindest FKK-Zonen auf dem Gelände oder an den angrenzenden Stränden oder Seen eingerichtet.

Spielregeln einhalten – auch nackt
Wichtig ist, dass auch beim Nackt-Urlauben die nationalen, regionalen und lokalen Gesetze und Gepflogenheiten respektiert werden und die Kleidung wirklich nur in den ausgewiesenen Bereichen abgelegt wird. Sonst kann es zu Konflikten mit der einheimischen Bevölkerung, anderen Gästen oder sogar der Polizei kommen.

Ablauf eines textilfreien Camping-Urlaubs

Je nach Campingplatz sind entweder einzelne Bereiche oder das komplette Gelände textilfrei. Ob und wo man nackt sein „muss", hängt dabei von der Platzordnung ab. Auf den meisten Plätzen ist aber generell erwünscht oder sogar vorgeschrieben, dass in

den FKK-Zonen auf Kleidung verzichtet wird, sofern die Wetterverhältnisse es zulassen. Das ist auch sinnvoll, denn das Gefühl von Natürlichkeit geht unter Umständen verloren, wenn die Hälfte der Gäste bekleidet, die andere Hälfte unverhüllt auf dem Platz unterwegs ist. Ausnahmen gelten häufig für Jugendliche in der Pubertät und für Bereiche wie Rezeption, Bar und Restaurant oder den campingplatzeigenen Supermarkt.
Welche sonstigen Verhaltensregeln und Verbote es auf den einzelnen Campingplätzen gibt, ist ganz unterschiedlich. Einige sehr puristische Plätze legen z.B. Wert darauf, dass die Gäste nicht tätowiert oder gepierct sind. Andere Betreiber verbieten nur sichtbare Intimpiercings oder Accessoires mit sexueller Konnotation. Auch Hunde werden auf vielen Plätzen nicht akzeptiert. Wenn du sichergehen willst, überprüfe am besten vorab anhand der Platzordnung gezielt, ob du irgendwo „aus dem Raster fällst".

Ansonsten werden praktisch alle täglichen Abläufe nackt verrichtet, vom Plausch mit den Nachbarn über das Abspülen bis hin zum Entsorgen der Toilette. Ein Punkt, der bei FKK-Einsteigern für Verwunderung sorgen könnte: Die Sanitäranlagen sind nicht überall nach Männlein und Weiblein getrennt, wie man das von „normalen" Campingplätzen kennt. Manchmal gibt es sogar Gemeinschaftsduschen, die höchstens mit schmalen Sichtschutzwänden versehen sind. Und das ist ja auch irgendwie logisch, denn wenn man sich eh den ganzen Tag im Adams- bzw. Evakostüm sieht, was soll man dann bei der Körperpflege noch Neues entdecken?
Anfangs kann das alles etwas merkwürdig sein, und sicher kommt es vor, dass man sich im Gespräch mit anderen Campern in den ersten Tagen krampfhaft darauf konzentriert, dem Gegenüber möglichst durchgehend in die Augen zu schauen – und auch nur dorthin. Doch weil alle anderen so entspannt und selbstverständlich mit dem eigenen Körper und der Nacktheit der Mitcamper umgehen, legt man seine Zurückhaltung schnell ab und lernt dieses neue Lebensgefühl zu schätzen. Zum einen ist es gerade bei sommerlichen Temperaturen äußerst angenehm, keine durchschwitzte Kleidung am Leib kleben zu haben. Zum anderen spielen Schönheitsideale und „Problemzonen" keine Rolle. Echte Naturisten achten schlichtweg nicht darauf, weder bei sich selbst, noch bei anderen.

Nicht immer jugendfrei

Auch wenn FKK und insbesondere FKK-Camping vom Grundgedanken her nichts mit Sexualität zu tun hat, finden sich doch ein paar wenige Campingplätze, die sich eher der „Erwachsenenunterhaltung" verschrieben haben oder an ebensolche Zonen (z.B. Strände) grenzen. Hier kann es dann auch passieren, dass Fetische und Intimschmuck relativ offen zur Schau gestellt werden oder zu mehr oder weniger später Stunde die Swingerszene aktiv wird.
Wer also ebenfalls freizügiger unterwegs ist und Urlaubskontakte für Abenteuer dieser Art sucht, sollte dies bitte nicht auf einem klassischen FKK-Platz tun, sondern einen solchen speziellen Swingerplatz oder -strand auswählen. Meist sind diese an der Altersbegrenzung, „ab 18" oder höher, erkennbar. Um ganz sicherzugehen, dass dein Wunschplatz für solche Aktivitäten geeignet ist – oder eben nicht –, wirfst du am besten vor der Buchung einen genaueren Blick in die Userbewertungen und führst eine Internetsuche zu den ausgewählten Örtlichkeiten in Kombination mit dem Stichwort „Swinger" aus.

FKK-Camping mit Kindern und Jugendlichen

Familien mit Kindern sind auf FKK-Campingplätzen meist gut aufgehoben – viele Plätze sind explizit familienfreundlich und die Betreiber freuen sich über Nachwuchs in der Naturisten-Szene. Oftmals gibt es für Kinder und Jugendliche spezielle Freizeitangebote, und auch Familienduschen oder ähnliche Einrichtungen sind gang und gäbe.
Sexuelle Übergriffe, vor allem auf Kinder und Jugendliche, sind aufgrund der allgemeinen Haltung zum Thema Nacktsein im FKK-Urlaub nicht mehr zu befürchten als im „normalen" Alltag, vielleicht sogar weniger. Allerdings kann es natürlich auch hier bedauerliche Ausnahmen geben – darüber sollten Eltern mit ihrem Nachwuchs ganz offen sprechen und schon bei den allerersten Frühwarnzeichen sofort den Platzbetreiber informieren.
Möchtest du mit pubertierenden Jungcampern einen FKK-Urlaub verbringen, solltest du vorher abklären, ob sie sich damit wohlfühlen: Auch wenn die Teenager in der Vergangenheit keine Probleme mit ihrer Nacktheit hatten, kann sich das Verhältnis zum eigenen Körper in dieser sensiblen Phase ändern. Sollten die Jugendlichen also Scham oder Ängste verspüren, sollte ein Platz ausgewählt werden, auf dem es textile und textilfreie Zonen gibt oder die Vorschriften zur Textilfreiheit nicht so streng sind.
Weitere Informationen zum Thema FKK für Jugendliche gibt es z.B. beim Bund junger Naturisten e.V., *bund-junger-naturisten.de*, einem Träger der freien Jugendhilfe.

Wintercamping

Stell dir vor, du sitzt mitten in den Bergen in einer malerischen Zuckergusslandschaft. Gerade bist du etwas ausgekühlt vom Skifahren oder einem langen Winterspaziergang zurückgekommen, doch jetzt bullert im Camper die Gasheizung vor sich hin, auf dem Herd pfeift der Teekessel und eine Kerze sorgt für stimmungsvolle Atmosphäre. Du blickst auf eine eingeschneite Gipfelkette im Sonnenuntergang und genießt die Ruhe auf dem nur spärlich besetzten Campingplatz. Klingt gemütlich? Ist es auch!
Dem Campen im Winter wohnt ein ganz besonderer Zauber inne, der selbst „Südländer" wie uns begeistert. Und auch wenn du kein explizit winterfestes oder wintertaugliches Fahrzeug besitzt, kannst du mit ein paar Vorbereitungen und Tricks wunderbare Tage im Schnee verbringen!

Winterfeste Fahrzeuge Ist dein Fahrzeug als „winterfest" ausgewiesen, wurde bereits vom Hersteller über ein vierstufiges Prüfverfahren nach DIN-Norm nachgewiesen, dass sich der Innenraum durch die Bordheizung innerhalb von vier Stunden von -15 °C auf +20 °C aufwärmen lässt und die Wasseranlage nach einer weiteren einstündigen „Stabilisierungsphase" uneingeschränkt funktionstüchtig ist. Diese Fahrzeuge sind in der Regel schon ab Werk besser isoliert und viele weisen darüber hinaus einen doppelten Boden und/oder eine Warmwasserheizung auf.

Wintertaugliche Fahrzeuge „Wintertauglich" bedeutet hingegen lediglich, dass das Reisemobil oder der Caravan nach einer mindestens zehnstündigen Kühlungsphase auf 0 °C innerhalb von zwei Stunden auf eine Raumtemperatur von 20 °C gebracht werden kann. Die Raumtemperatur wird dabei an einem zentralen Punkt im Fahrzeug gemessen, die Temperaturdifferenz an fünf weiteren Messstellen im Innenraum darf jedoch nicht mehr als 7 °C betragen. Die Kriterien sind also weniger streng als bei der Winterfestigkeit, dennoch kannst du ein solches Mobil mit etwas Zusatzausrüstung problemlos auch in den kalten Monaten nutzen.

Vorbereitungen

Egal welche Art von Fahrzeug du besitzt, solltest du den Ausflug ins kalte Vergnügen gut vorbereiten.

Vor der Reise

- ✓ HU- und Gasplakette kontrollieren
- ✓ Karosserie des Campingfahrzeugs auf Rost oder Schäden überprüfen
- ✓ Vorschriften zu Winterreifen und Schneeketten für das Reiseland abklären, ggf. Schneeketten und weiteres Winterzubehör besorgen (s. S. 323)
- ✓ Profiltiefe der Reifen messen
- ✓ Wischerblätter überprüfen
- ✓ Lichtanlage und Glühkerzen kontrollieren
- ✓ Dichtungsgummis pflegen
- ✓ Funktion von Heizung und Gebläse überprüfen
- ✓ Batterie(n) überprüfen und bei Bedarf vollständig laden, Pole reinigen
- ✓ Starthilfekabel und Abschleppseil besorgen
- ✓ Türschlossenteiser einpacken
- ✓ Öl und Bremsflüssigkeit sowie Frostschutz in der Scheibenwaschanlage und im Kühler prüfen
- ✓ Eiskratzer und Handbesen griffbereit im Fahrzeug verstauen
- ✓ Ersatzbirnen für die Fahrzeugbeleuchtung und Ersatzwischerblätter besorgen
- ✓ Nicht-isolierte Wassertanks mit Frostwächter oder Heizspiralen ausstatten
- ✓ Stützen und Scharniere fetten
- ✓ Toilette und Abwassertank mit speziell dafür geeignetem Frostschutzmittel versehen
- ✓ Gasvorrat anlegen. Im Winter benötigst du deutlich(!) mehr Gas zum Kochen und Heizen als in den anderen Jahreszeiten. Gerade in weniger gut isolierten Fahrzeugen kannst du bei kalten Außentemperaturen damit rechnen, alle 2 bis 3 Tage deine 11-kg-Gasflasche tauschen zu müssen. Wähle dafür Gas mit einem möglichst hohen Propan-Anteil (s. S. 186).

Moderat heizen – Gas sparen!

Wir haben gute Erfahrungen damit gemacht, bei kürzeren Abwesenheiten die Gasheizung auf niedriger Stufe weiterlaufen zu lassen. So wird eine komplette Abkühlung vermieden und man braucht weniger Gas zum Wiederaufheizen.

Während des Aufenthalts

- Stromkabel so verlegen, dass es nicht anfrieren kann
- Außenliegende Tanks kontrollieren
- Gasfüllstand im Auge behalten
- Schnee und Eis von Dach und Vorzelt entfernen
- Mehrmals täglich stoßlüften (beugt Feuchtigkeit und muffigem Geruch vor). Achtung: Auch wenn manchmal vielleicht kühle Luft eindringt – die Zwangsbelüftungen müssen aus Sicherheitsgründen immer offen bleiben!
- Im aufgeheizten Fahrzeug alle paar Tage die Staufächer öffnen und Wärme hineinlassen

Zusätzliche Ausrüstung

Reifen und Schneeketten Zunächst einmal solltest du dich um die richtige Bereifung deines Campers kümmern. Ob du wirklich ausgewiesene Winterreifen benötigst oder auch Allwetterreifen mit entsprechender Kennzeichnung oder gar Sommerreifen ausreichen, wird von Land zu Land unterschiedlich gehandhabt – ebenso wie die Vorschriften zur Profiltiefe der Reifen und die Frage, ob die speziellen Reifen an allen vier oder nur an zwei Rädern aufgezogen werden müssen.

Mancherorts kann zudem eine temporäre Schneekettenpflicht angeordnet werden. Doch ob diese nun Pflicht sind oder nicht: Die Anschaffung von Schneeketten ist für Wintercamper auf jeden Fall keine verlorene Investition. Denn im Zweifel helfen sie dir auch über matschige oder vereiste Stellen auf einer Wiese oder einer Zufahrt hinweg.

Teste das Anlegen der Schneeketten am besten schon zu Hause. Denn in der Praxis muss es dann manchmal ganz schnell gehen – und du willst sicher auch nicht ewig in Matsch und Kälte festhängen, bis die störrischen Dinger aufgezogen sind. Nimm dir eine alte Isomatte oder eine wasserfeste Decke zum Unterlegen mit, das ist auch für einen Reifenwechsel oder bei einer Panne nützlich!

Das Vorschriften-Wirrwarr durchschauen

Nicht nur innerhalb Europas bestehen keine einheitlichen Regelungen in puncto Winterreifen- und Schneekettenpflicht, sondern teilweise sogar innerhalb ein- und desselben Landes – z.B. in Italien, wo jede Provinz diesbezüglich ihr eigenes Süppchen kocht. Es ist also unbedingt erforderlich, dass du dich vor der Abreise über die entsprechenden Vorschriften im Zielland wie auch in den Transitländern informierst.

Isolierung am und im Fahrzeug In vielen Fahrzeugen gibt es im Fußbodenbereich Wärmebrücken (auch Kältebrücken genannt) die mit der Zeit sehr unangenehm werden können. Dagegen sowie gegen eisig kalte Böden helfen Teppiche oder Iso- bzw. Heizmatten. Die sorgen übrigens auch dafür, dass dein mitreisender Hund es nachts gemütlich hat!

Um Wärmebrücken an Fenstern und Türen auszutricksen, kannst du Thermomatten oder -folien an den Scheiben befestigen, damit die eisige Luft nicht so schnell in dein Fahrzeug eindringt. Ein weiterer Bereich, der gerne schnell auskühlt, ist das Fahrerhaus des Wohnmobils. Hier lässt sich die Kälte durch einen Thermovorhang zwischen Fahrer- und Wohnbereich aussperren, ergänzend kannst du eine Fußraumisolierung verlegen. Bei Kastenwagen leistet eine Hecktürisolierung wertvolle Dienste.

Frostsicheres Stromkabel Im Winter bist du mit einem frostsicheren Gummikabel (Ø 2,5 cm) auf der sicheren Seite. Dieses sollte auf dem Platz so verlegt werden, dass es nicht anfrieren kann.

Zusätzliche Wärmequellen Für den Innenraum deines Wohnwagens oder Wohnmobils ist es ratsam, einen elektrischen Heizlüfter einzupacken als Reserve, falls das Gas doch mal ausgeht oder das System nicht richtig funktioniert. Aber Achtung: Heizlüfter sind wahre Stromfresser und sollten nur im Ausnahmefall benutzt werden! Im Vorzelt kann eine Katalyt- oder Infrarotheizung für behagliche Wärme an kalten Winterabenden sorgen. Diese Geräte werden mit Gas betrieben und sind daher nur draußen oder in gut belüfteten Räumen zugelassen.

Stützplatten oder Unterlegbretter Um zu verhindern, dass Räder und Stützen im Schnee oder Matsch versinken, solltest du direkt bei der Ankunft Holzbretter, Stützplatten oder stabile Kunststoffmatten unterlegen – je breiter, desto besser. So kommst du auch bei Tauwetter wieder von der Wiese runter.

Vorzelt und Zeltteppich Ein robustes Vorzelt (idealerweise ein spezielles Wintervorzelt) dient in den kalten Monaten nicht nur als Erweiterung des Wohn- und Stauraums, z.B. für nasse Kleidung, Sportausrüstung oder Schuhe, sondern bildet auch einen praktischen „Puffer" gegen Kälte und Zugluft. Als Ergänzung bietet ein wasserfester Zeltteppich oder – beim Dauercamping oder längeren Aufenthalten – ein Vorzeltboden aus Kunststoff zusätzlichen Schutz vor Bodenkälte und Nässe. Bodenschürzen (auch Kederschürzen genannt) halten die Zugluft fern, die unter dem Fahrzeugboden ins Vorzelt wehen möchte.

Warme Bettdecken und Ersatzjacken Dicke Bettdecken und gegebenenfalls zusätzlich Fleece- oder Wolldecken für besonders kalte Tage gehören ebenso mit in die Wintercamping-Ausrüstung wie eine Ersatzjacke für jeden Mitreisenden. Denn auch mit guter Heizung oder einem platzeigenen Trockenraum kann es sein, dass die Kleidung am nächsten Tag noch feucht ist. Und es wäre doch schade, wenn der geplante Ausflug wegen nasser Klamotten ins Wasser fällt!

Schnelltrocknende Mikrofasermatten Gegen Pfützen oder Matsch auf dem Teppichboden oder generell im Innenraum helfen schnelltrocknende Mikrofasermatten. Alternativ kannst du dir einen robusten Teppichboden zulegen, der isoliert zusätzlich und sorgt für eine gemütliche Atmosphäre.

Eimer oder Wanne für das Grauwasser
Bei sehr kalten Temperaturen ist es ratsam, den Ablassschieber am Wohnmobil offen zu lassen und einen großen Eimer oder eine Wanne für das Grauwasser zu nutzen – vor allem, wenn der Tank nicht isoliert oder beheizt ist. Auch Wohnwagenbesitzer sind mit dieser Lösung gut beraten, denn in den „Abwassertaxis" bilden sich häufig regelrechte Eisklumpen, und die passen nicht durch die kleine Öffnung der Behälter.

Kaminverlängerung Für Dachkamine solltest du eine Kaminverlängerung anbringen, damit die Abluft auch bei höherer Schneedecke entweichen kann und die Flamme nicht ausgeht.

Heizelemente für Tanks und Leitungen Falls die Tanks und Leitungen an deinem Fahrzeug nicht gut isoliert sind, kannst du mit Heizbändern, Frostwächtern und Tankheizungen aus dem Fachhandel nachhelfen. Diese sorgen auch bei Minusgraden für fließendes Wasser und beugen Frostschäden vor.

Weiteres praktisches Zubehör

- Thermohaube für den Gaskasten
- Winterabdeckung für das Lüftungsgitter am Kühlschrank
- Fön als „Enteiser" für den Notfall
- Schneeschaufel oder Klappspaten, Leiter und Besen
- Fußabtreter für den Außenbereich
- Stirnlampen für Arbeiten in Dämmerlicht und Dunkelheit
- gefütterte Arbeitshandschuhe

Lesetipp
Wintercamping – ja oder nein?
camper.st/wintercamping

Wildcamping

Wer sich zum ersten Mal mit dem Thema (Wild-)Camping beschäftigt, hat vermutlich sofort romantische Bilder von alten Bullis an einsamen Sandstränden, von Lagerfeuern in grünen Wäldern und von unendlicher Freiheit im Kopf. Und ja, solche Erlebnisse im Einklang mit der Natur sind möglich. Durch den anhaltenden Campingboom und die daraus resultierende „Reisemobilwelle" an vielen Destinationen jedoch werden die wirklich unberührten Fleckchen immer weniger und die Zahl der Verbotsschilder immer mehr.

Folgende Begrifflichkeiten werden bei diesem Thema häufig durcheinandergeworfen, obwohl sie sich inhaltlich doch unterscheiden.

Übernachtung zur Wiederherstellung der Fahrtüchtigkeit Wenn du mit Wohnmobil oder Wohnwagen unterwegs bist und dich die Müdigkeit übermannt, darfst du in Deutschland eine Nacht im öffentlichen Raum auf einem ausgewiesenen Parkplatz verbringen, um dich für die Weiterfahrt auszuschlafen. Erlaubt ist damit ein Aufenthalt von maximal ca. 10 Stunden.
Hierbei gelten die üblichen Verkehrsregeln nach StVO (s. S. 68):

- Es darf kein explizites Verbotsschild vorhanden sein.
- Dein Fahrzeug muss in die vorgegebenen Parkmarkierungen passen.
- Du darfst niemanden gefährden oder behindern.
- Mobile über 2,8 t dürfen nicht auf dem Gehweg parken.
- Caravans müssen angekuppelt bleiben.
- Und natürlich sind Campingmöbel, ausgefahrene Markisen, Grills & Co. vor dem Fahrzeug tabu, ebenso wie eine spontane „Verlängerung" deines Aufenthalts!

Schlafen häufig verboten!
Nicht in allen Reiseländern gibt es diese Regelung zur Fahrtüchtigkeit. Bitte mach dich vor der Fahrt schlau, ob das einmalige Übernachten im jeweiligen Land erlaubt ist. Andernfalls solltest du deine Etappenziele so planen, dass du den nächsten Camping- oder Stellplatz unter allen Umständen erreichst, bevor es zu spät wird.

Übernachten am Straßenrand Hier ist das Stehen auch z.B. auf Parkplätzen gemeint, die keine ausgewiesenen Wohnmobilstellplätze sind, sich aber in aller Regel innerhalb oder in der Nähe geschlossener Ortschaften befinden. Da dies über die reine Wiederherstellung der Fahrtüchtigkeit hinausgeht, gilt ein solches Übernachten in Deutschland als „Sondernutzung", und die muss genehmigt werden. Wenn du also über mehrere Tage an derselben Stelle in deinem Camper schlafen möchtest, brauchst du eine offizielle Genehmigung – ansonsten begehst du eine Ordnungswidrigkeit.
Auch auf privaten Grundstücken ist das Übernachten übrigens nur dann erlaubt, wenn dir der Eigentümer eine Erlaubnis erteilt hat. Ein gemütliches Schläfchen auf Tankstellen-, Sporthallen- oder Gaststättenparkplätzen fällt somit also leider ebenfalls aus.

Freistehen und Wildcamping Das Wort Freistehen wird häufig gleichbedeutend mit Wildcamping verwendet, wir nutzen es aber für das Stehen auf Stell- und Parkflächen, die sich nicht mitten in der Natur, aber doch außerhalb geschlossener Ortschaften befinden. Unter Wildcamping verstehen wir hingegen das Übernachten in Zelt oder Campingfahrzeug in freier Natur.
In vielen Ländern Europas sind beide Formen mittlerweile verboten, Ausnahmen gibt es bisweilen aber fürs Zelten oder Biwakieren. Besonders genau wird etwa in Naturschutzgebieten, an touristischen Hotspots oder in Küstenbereichen kontrolliert. Dort passiert es immer häufiger, dass auch Strafzettel verteilt werden, teils mit empfindlichen Bußgeldern.

Wohnwagen sind (fast immer) ausgeschlossen
Wenn überhaupt, ist sowohl Freistehen als auch Wildcamping in der Regel nur mit motorisierten Campingfahrzeugen bzw. Zelt gestattet oder geduldet. Wohnwagen müssen in fast allen Ländern auf Campingplätze ausweichen, obwohl viele in puncto Autarkie mittlerweile besser ausgerüstet sind als so mancher Van.

Wildcamping – ja oder nein?

Dieser Frage stehen wir selbst etwas gespalten gegenüber. Natürlich genießen auch wir das Freiheitsgefühl und die Nähe zur Natur, die man beim Wildcampen wie sonst kaum einmal verspürt. Auf der anderen Seite sind wir uns der Problematik bewusst, die durch die immer größer werdende Anzahl an Touristen in den entsprechenden Gebieten ausgelöst wird.
Damit das wilde Campen in Zukunft überhaupt noch irgendwo erlaubt oder toleriert wird, ist es an jedem von uns, die Geduld von Anwohnern und Behörden nicht überzustrapazieren. Dazu gehört insbesondere, sich an folgende Regeln zu halten. Dann besteht eine Chance, auch weiterhin wenigstens für ein paar Tage dieses kleine Wildnis-Abenteuer erleben zu können.

Regeln fürs Wildcamping

1. Wähle deinen Übernachtungsplatz noch bei Tageslicht aus, um die nähere Umgebung in Augenschein nehmen zu können.
2. Höre auf dein Bauchgefühl. Wenn du dich nicht wohlfühlst, fahr lieber weiter.
3. Verhalte dich ruhig und respektvoll gegenüber der Natur, den Wildtieren und den Einheimischen.
4. Halte deinen Platz während deines gesamten Aufenthalts sauber und nimm deinen Abfall mit, auch den kompostierbaren.
5. Nutze deine Bordtoilette und ggf. Kotbeutel.
6. Entsorge Grauwasser und Toilette nur an ausgewiesenen Stationen, niemals in der Natur oder an anderen öffentlichen Stellen.
7. Entzünde kein offenes Feuer und nutze keine Holzkohlegeräte. Passe auch beim Handling von Gaskochern oder -grills besonders auf.

Nicht zum Brandstifter werden!
In den Sommermonaten herrscht vor allem in südlichen Ländern massive Waldbrandgefahr! Bitte sei hier äußerst vorsichtig – selbst eine achtlos weggeworfene Zigarettenkippe kann eine absolute Katastrophe auslösen!

8. Beachte Verbotsschilder (Privatgrundstück, Naturschutzgebiet etc).
9. Vermeide Ansammlungen von anderen Wildcampern.
10. Baue keine Ausrüstung wie Campingtisch, Stühle, Markise oder gar Vorzelt auf.
11. Sei stets abfahrbereit und leiste umgehend Folge, wenn du aufgefordert wirst, den Platz zu verlassen.
12. Vermeide Social-Media-Tagging, um den Spot zu schützen.

Lesetipp
Wildcamping – eine kritische Betrachtung
camper.st/wildcamping-kritik

Wildcamping in Europa

Im Folgenden geben wir dir einen kurzen Überblick, was in puncto Wildcamping in den verschiedenen europäischen Ländern erlaubt ist und was nicht. Auch wenn man immer wieder hört, dass andere Camper völlig unbehelligt auch in Ländern oder Bereichen mit strikten Verboten wild campen, ist man rechtlich damit nicht auf der sicheren Seite. Darum möchten wir dir hier ein paar Informationen zur offiziellen Rechtslage an die Hand geben – so kannst du selbst entscheiden.

In Deutschland und Österreich Wildcamping ist in Deutschland, egal ob im Zelt oder im Fahrzeug, verboten und kann als Ordnungswidrigkeit mit Geldbußen in bis zu fünfstelliger Höhe geahndet werden. Das reine Biwakieren, also das Übernachten unter freiem Himmel ohne Zelt, ist dagegen in Einzelfällen möglich. Österreich geht ähnlich streng vor: Abseits von Camping- oder Stellplätzen ist das Übernachten im Fahrzeug streng verboten und kann theoretisch mit bis zu 14.500 Euro Bußgeld belegt werden. Das Zelten hingegen ist in einigen Bundesländern unter bestimmten Bedingungen möglich, z.B. in Oberösterreich im alpinen Ödland, oberhalb der Baumgrenze.

In Skandinavien In Schweden, Norwegen und Finnland gilt das sogenannte Jedermannsrecht: Jede Person hat Zutritt zu Natur und Wildnis und darf diese für Freizeitaktivitäten wie Wandern, Schwimmen, Radfahren, Segeln, Reiten und eben auch zum Campieren nutzen. Man ist relativ frei in der Platzwahl, ausgenommen sind aber

- Bereiche in der Nähe von Häusern,
- Äcker und Weideland,
- Nationalparks und Naturschutzgebiete,
- Grundstücke in Privatbesitz.

Allerdings sind damit eigentlich Übernachtungen im Zelt gemeint, Campingfahrzeuge fallen nicht unter diese Regelung. Bislang wurde das Wildcampen mit dem Reisemobil trotzdem meist toleriert, doch wie man hört, werden die Vorschriften auch hier langsam strenger.
Dänemark geht schon immer einen Sonderweg, hier gibt es das Jedermannsrecht nicht. Für Zelter besteht dennoch in vielen Wäldern die Möglichkeit, auf sogenannten Naturlagerplätzen zu übernachten – das fühlt sich fast an wie beim „echten" Wildcamping!
Mit Wohnwagen oder Reisemobil hingegen müssen offizielle Camping- oder Stellplätze aufgesucht werden.

Im Baltikum Litauen, Lettland und Estland gehören zu den Ländern, in denen man als Wildcamper noch schöne Ecken findet. Zwar sollte man in Nationalparks, Naturschutzgebieten, Privatgrundstücken oder in größeren Städten und deren Umgebung vom Wildcampen absehen. Außerhalb dieser Zonen gibt es aber so viel unbesiedelte Natur, dass man genügend Plätzchen entdeckt, an denen man – sofern man sich an die Regeln (s. S. 327) hält und stets umsichtig unterwegs ist – keine Sanktionen zu befürchten hat. In einigen Regionen haben die Behörden sogar kleine Wildcampingplätze mit Feuerstelle, Feuerholz und Sitzgelegenheiten eingerichtet.

In Italien, Frankreich, Spanien und Portugal
In Italien, Frankreich und Spanien bist du als Wildcamper nicht gerne gesehen. Biwakieren ist teilweise noch erlaubt, Wildcampen – auch mit Zelt – dagegen offiziell verboten. Vor allem in Küstenregionen, Natur- oder Wasserschutzgebieten und Touristenzentren werden die Vorschriften sehr streng durchgesetzt und hohe Bußgelder verhängt.
Portugal war früher entspannter im Umgang mit Wildcampern, in den letzten Jahren wurden aufgrund zunehmender Konflikte die Kontrollen aber auch hier deutlich angezogen, vor allem an der völlig überlaufenen Algarve und rund um die Hauptstadt Lissabon.

Auf dem Balkan Hier wird das Thema völlig unterschiedlich gehandhabt. In Albanien wird das wilde Campen auch mit Fahrzeug außerhalb von Nationalparks und Privatgrundstücken fast überall (noch) toleriert und von einigen offiziellen Stellen sogar als „Teil des Reiseabenteuers" betrachtet. In Montenegro und Slowenien gibt es zwar Verbote, allerdings bleibt man bislang ebenfalls noch relativ gelassen.
Im Gegensatz dazu steht Kroatien, wo ähnlich wie in Italien, Frankreich oder Spanien vor allem die Küsten, Naturschutzgebiete und touristischen Hotspots regelmäßig kontrolliert und Bußgelder verhängt werden. Selbst das Zelten auf Privatgrundstücken ist hier offiziell verboten.
Überall auf dem Balkan gilt, dass man sich möglichst nicht in der Nähe von staatlichen Gebäuden häuslich einrichten sollte. Außerdem besteht in einigen Regionen immer noch Gefahr durch Landminen aus dem Krieg. Bitte also besonders gut aufpassen, vor allem in den ehemaligen Frontregionen oder den Grenzgebieten.

In Griechenland Im dünn besiedelten Griechenland herrscht offiziell ebenfalls ein Wildcamping-Verbot, das außerhalb der Ballungsräume und touristischen Sehenswürdigkeiten jedoch kaum durchgesetzt wird. Solange du dich in etwas abgelegenen Gegenden aufhältst und unauffällig und rücksichtsvoll bleibst, dürftest du keine Probleme mit den überaus gastfreundlichen Griechen bekommen. Beim Zelten solltest du aber beachten, dass es im Norden des Landes noch freilebende Wölfe und Bären gibt. Normalerweise leben diese Tiere zurückgezogen, du solltest sie aber nicht unbedingt durch herumliegende Nahrungsmittel anlocken.

Dein Camping-Wörterbuch

ACSI (Auto Camper Service International)
Niederländischer Camperverbund, gibt Campingführer sowie → *Rabattkarten* heraus und betreibt ein Online-Campingplatzportal.

ADAC (Allgemeiner Deutscher Automobil-Club e.V.)
Dürfte wohl fast jedem Autofahrer bekannt sein. Bietet auch jede Menge Infos für Camper (eigenes Campingplatzportal, Campingführer, → *Rabattkarten* etc.).

Barrierefreiheit
Vereinfacht gesagt die Gestaltung der Umwelt in einer Weise, dass auch Menschen mit Behinderungen und Beeinträchtigungen sie ohne die Hilfe anderer wahrnehmen und nutzen können. Wird auf Campingplätzen bisher leider kaum umgesetzt.

BVCD (Bundesverband der Campingwirtschaft in Deutschland e.V.)
Dachverband und Interessenvertretung der Camping- und Wohnmobilstellplatzunternehmer, gibt einen eigenen Campingplatzführer heraus und bietet auf der Webseite eine Campingplatzsuche an. Vertreibt außerdem die → *Camping Key Europe.*

Camping Card International
→ *Rabattkarte* für europäische Länder, inkl. Haftpflichtversicherung.

Camping Key Europe
→ *Rabattkarte* für europäische Länder, inkl. Versicherungspaket.

Campingplatz
Kostenpflichtige Übernachtungsmöglichkeit für Reisende mit sämtlichen Camping-„Unterkünften" (Zelt, Wohnwagen, Wohnmobil, Kastenwagen, Campingbus, Minicamper, oft auch normales Auto). Falls kein eigenes Zelt oder Fahrzeug vorhanden ist, stehen auf vielen Plätzen Mietunterkünfte zur Verfügung. Basis-Infrastruktur wie Toiletten, Duschen, Spülbecken etc. sind immer, Zusatzausstattung wie Waschmaschinen, Gemeinschaftsräume, platzeigene Einkaufsmöglichkeiten etc. häufig vorhanden. Im Unterschied zum → *Wohnmobilstellplatz* ist → *Campingverhalten* hier erlaubt, in der Regel sogar erwünscht. Gelände ist meist umfriedet und in irgendeiner Form angelegt (Grünflächen, Bäume, Hecken, → *Parzellen* o. Ä.). Häufig gibt es diverse Freizeitangebote für Kinder und sogar für Erwachsene.

Campingverhalten
Das „Wohnlichmachen" eines Standplatzes, z.B. durch Herausstellen von Stühlen, Ausfahren der Markise, Aufbauen eines Vorzelts, Grillen etc. Auf → *Wohnmobilstellplätzen* meist nicht gestattet.

Dauercampertarif
Auf einigen Campingplätzen kann man diese Monatspauschale auch als „Tagesgast" buchen. Je nach Preisstruktur des Platzes kann das bereits ab relativ kurzen Aufenthaltsdauern (unter zwei Wochen) rentabel sein.

DCC (Deutscher Camping Club e.V.)
Verein für Camper und Camping-Interessierte. Mitglieder erhalten Rabatte auf vielen Partnerplätzen und eine Haftpflichtversicherung für ihren Aufenthalt, außerdem organisiert der Verein Events und Rallyes, bietet Beratung und informiert rund um das Thema Camping.

Freistehen
Übernachten in einem Campingfahrzeug außerhalb von Campingplätzen und offiziell ausgewiesenen Wohnmobilstellplätzen. Wird häufig synonym zu → *Wildcamping* verwendet.

Gasprüfplakette
Auch wenn eine nicht durchgeführte Gasprüfung vorübergehend (Stand 2021) kein Grund mehr für ein Durchfallen bei der → *HU* ist, solltest du zu deiner eigenen Sicherheit unbedingt darauf achten, dass für dein Mietfahrzeug eine solche Prüfung durchgeführt wurde. Zu erkennen an einer kleinen Plakette, die außen am Fahrzeug angebracht ist. Die letzte Prüfung sollte nicht länger als 2 Jahre zurückliegen.

Havarie
Kurzform für *Havarie grosse*: Kapitän eines Schiffs (z.B. Fähre) „opfert" Ladung (z.B. Fahrzeuge), um Schiff und/oder Passagiere zu retten oder eine Bergung zu ermöglichen. Die hierdurch entstandenen Schäden sind von den Beteiligten selbst zu tragen, weshalb für Fährüberfahrten eine entsprechende Versicherung sinnvoll ist.

HU
Hauptuntersuchung, umgangssprachlich auch TÜV genannt. Muss wie beim Auto auch bei Campingmobilen regelmäßig durchgeführt werden. Ausnahme: Feststehende Wohnwagen benötigen keine HU-Plakette (dürfen dann aber auch nicht bewegt werden!).

Mautbox
Elektronisches System zur Mauterfassung. In einigen Ländern für Reisemobile und LKW über 3,5 t verpflichtend.

Parzelle
Markierter, durch Pfosten/Stangen begrenzter oder mit einer Hecke umsäumter Standplatz auf einem Campingplatz.

Privatstellplatz
Kostenpflichtige oder kostenfreie Übernachtungsmöglichkeit für Reisende mit Wohnmobil, Kastenwagen und Campingbus auf den Grundstücken von Privatpersonen, Gaststätten, landwirtschaftlichen Betrieben etc. Häufig auch Wohnwagen, Mini-Camper oder Zelt erlaubt. Manchmal räumen Gastgeber die Möglichkeit ein, Stromanschluss und/oder Toilette und Dusche vor Ort zu nutzen. Aufenthalt wird üblicherweise über kleines Entgelt oder den Einkauf im hauseigenen Laden abgegolten. → *Campingverhalten* ist normalerweise erlaubt.

Rabattkarten
Werden gegen geringes Entgelt oder über eine Mitgliedschaft von verschiedenen Verbänden/Vereinen, Firmen und Campingplatzketten angeboten. Mit diesen Karten können auf dazugehörigen Partnerplätzen erhebliche Preisnachlässe erzielt werden. Aber Achtung: Gültigkeitszeiträume, Konditionen und Anzahl der angeschlossenen Plätze unterscheiden sich teils drastisch – bitte genau vergleichen!

Ruhezeit
Hier verstehen einige Platzbetreiber keinen Spaß: Ist z.B. eine Mittagsruhe von 12 bis 15 Uhr angesetzt, kann es sein, dass du in dieser Zeit den Platz tatsächlich nicht befahren darfst – und mit dem Fahrzeug auch nicht mehr herauskommst.

Stellplatz
s. → *Wohnmobilstellplatz*

Textilfreier Bereich
Neben reinen FKK-Campingplätzen gibt es auch solche, in denen unter diesem Namen spezielle Zonen für das „nackte Urlauben" eingerichtet sind.

Ver- und Entsorgungsstation
Öffentliche Einrichtung, an der du Frischwasser auffüllen und Grauwasser bzw. Fäkalien ablassen kannst. Auf → *Wohnmobilstellplätzen* häufig in Form einer Säule mit Wasserhähnen und Ausguss (mit oder ohne Bezahlfunktion), auf Campingplätzen in ganz unterschiedlichen Varianten zu finde: vom einfachen Wasserhahn und Loch im Boden bis zu eigenen Anschlüssen und Becken auf jeder → *Parzelle.*

Wiederherstellung der Fahrtüchtigkeit
Einmaliges Übernachten im öffentlichen Raum (außerhalb von Camping- und Stellplätzen), um sich für die Weiterfahrt auszuruhen. Die übrigen Verkehrsregeln müssen dabei stets eingehalten werden. Achtung: Diese Regelung findet in Deutschland Anwendung, aber nicht zwangsläufig in anderen Ländern!

Wildcamping
Übernachten in einem Zelt oder Campingfahrzeug außerhalb von Campingplätzen und offiziell ausgewiesenen Zelt- oder → *Wohnmobilstellplätzen.* Wird häufig synonym zu → *Freistehen* verwendet, meint vor allem aber das Campieren in freier Natur.

Winterfestes Fahrzeug
Campingmobil, das einem mehrstufigen Prüfverfahren unterzogen wurde und erwiesenermaßen auch für längere Aufenthalten in der Kälte geeignet ist. Meist zusätzlich isoliert und häufig mit doppeltem Boden ausgestattet.

Wintertaugliches Fahrzeug
Campingmobil, das ebenfalls ein Prüfverfahren durchlaufen hat (weniger streng als das zur → *Winterfestigkeit*) und mit ein paar Vorkehrungen bzw. etwas Zusatzausrüstung problemlos für Ausflüge in den Schnee genutzt werden kann.

Wohnmobilstellplatz
Mitunter kostenpflichtige Übernachtungsmöglichkeit für Reisende mit Wohnmobil und Kastenwagen. Campingbusse und Mini-Camper werden häufig geduldet, Wohnwagen dürfen in der Regel nicht auf Stellplätzen Station machen. Keine bis wenig Infrastruktur. Meist → *Ver- und Entsorgungsstation* vorhanden, Duschen und Toiletten selten. Gelände besteht im Normalfall aus großen Parkflächen, in einzelnen Fällen landschaftsgärtnerisch etwas gestaltet, üblicherweise jedoch eher einfach gehalten. Zufahrt oftmals durch Schranke und Bezahlautomat gesteuert. In den meisten Fällen kein → *Campingverhalten* gestattet.

FENDT
CARAVAN
FENDT
CARAVAN
Camper Style

FENDT
CARAVAN
100
Entdecker
435

8

Sicher und entspannt unterwegs

Die Abfahrt vorbereiten

Bevor es losgehen kann, müssen Klamotten und Equipment eingepackt und das Fahrzeug reisefertig gemacht werden. Gerade am Anfang ist es sinnvoll, sich für beides eine Checkliste anzulegen, die dann von Reise zu Reise an die individuellen Erfahrungen und Bedürfnisse angepasst werden kann.

Persönliche Ausrüstung

Um einen stressfreien Urlaub zu verbringen, solltest du dich auf ein paar Eventualitäten einstellen, etwa auf unerwartet kühles Klima, notwendig werdende Reparaturen oder Wäschen, einen Stromausfall oder eine ungeplante Irrfahrt durch kleine Bergdörfer – solche Dinge gehören ebenso zum Campingalltag wie abends gemütlich bei Kerzenschein im Vorzelt zu sitzen, mit Freunden und Familie zuhause zu chatten oder deine schönsten Erinnerungen im Bild festzuhalten.

Was du als Erstausstattung für das Camping-Abenteuer benötigst, weißt du ja schon (s. S. 182). Nun geht es um deine persönliche Ausrüstung. Bei der Auswahl ist es ratsam, sich auf das Nötigste zu beschränken: In fast allen Städten und Orten und sogar auf den meisten Campingplätzen werden Waschsalons oder zumindest Becken zur Handwäsche vorgehalten. Außerdem wirst du wahrscheinlich auf deinen ersten Touren nicht komplett abseits der Zivilisation unterwegs sein, sodass du im Notfall vergessene Dinge kaufen kannst.

Camping-Packliste

Dokumente und Finanzen

- ✓ Personalausweis/Reisepass
- ✓ Bargeld
- ✓ Kreditkarte/EC-Karte
- ✓ Notfall-Ausweis
- ✓ Buchungsbestätigungen, z.B. für Campingplatz, Mietfahrzeug
- ✓ Grüne Karte der Versicherung
- ✓ Krankenversicherungskarte
- ✓ Nachweis für die Auslandskrankenversicherung
- ✓ Tickets, z.B. für Fähre, Zug, Flugzeug
- ✓ Einreisedokumente
- ✓ Vignetten/Maut-Tickets
- ✓ für Hunde/Katzen: EU-Heimtierausweis (s. S. 308)

Kleidung

- ✓ Unterwäsche und Socken
- ✓ ärmellose Shirts, Unterhemden
- ✓ T-Shirts
- ✓ Sweatshirts/Pullover
- ✓ warme Jacke
- ✓ Regenjacke oder -poncho
- ✓ lange Hosen/Jeans
- ✓ Multifunktionstuch oder leichter Schal
- ✓ Alltagsschuhe: Badesandalen, Sneakers/Ballerinas, Sandalen
- ✓ Wander-/Laufschuhe
- ✓ Sonnenbrille

Speziell für warme Reiseziele

- ✓ Badebekleidung
- ✓ Mütze oder Sonnenhut
- ✓ Shorts, Kleider
- ✓ zusätzliche T-Shirts, Tops

Speziell für kühlere Reiseziele

- ✓ lange Unterwäsche
- ✓ Schal(s) und Handschuhe
- ✓ dicke Socken
- ✓ Mütze

Körperpflege

- ✓ Kulturbeutel
- ✓ Zahnbürste, Zahnpasta, Zahnseide
- ✓ Handtücher
- ✓ Seife
- ✓ Deo
- ✓ Shampoo
- ✓ Rasierer
- ✓ Nagelfeile und Nagelclipper
- ✓ Toilettenpapier
- ✓ Wattestäbchen
- ✓ Sonnenschutz

Navigation und Unterhaltung

- ✓ Navigationsgerät/Kartenmaterial
- ✓ Handy, Tablet
- ✓ Kamera und Speicherkarten
- ✓ Laptop
- ✓ Ladegeräte für alle mitgeführten elektronischen Geräte

Sonstiges

- ✓ Decken und Schlafsäcke
- ✓ Kissen
- ✓ Taschenlampe
- ✓ Batterien
- ✓ Reiseapotheke und Erste-Hilfe-Set
- ✓ Wäscheleine und Wäscheklammern
- ✓ Campingstühle/-tisch
- ✓ Multitool oder Werkzeug-Grundausstattung
- ✓ Wasserflaschen/-kanister
- ✓ Küchenrolle
- ✓ Waschmittel
- ✓ Wäschesack
- ✓ Abfalltüten
- ✓ Kerzen, Teelichter
- ✓ Regenschirm

Das Campingfahrzeug reisefertig machen

Bei der Vorbereitung des Fahrzeugs müssen beispielsweise die Lichter und Blinker auf einwandfreie Funktion überprüft werden. Natürlich müssen auch alle Fenster und Dachluken geschlossen werden. Wir können nicht mehr zählen, wie oft wir schon Camperkollegen mit flatternden Dachluken auf der Autobahn gesehen haben. Und manch einer soll sogar schon mit ausgefahrener Markise oder heruntergekurbelten Stützen losgebrettert sein.

Wenn dein Wohnwagen oder Wohnmobil über längere Zeit abgestellt war, z.B. im Winterquartier, empfiehlt sich zunächst das Abarbeiten der Checkliste „Campingfahrzeug auswintern" (s. S. 385).
Direkt vor der Abfahrt solltest du dann die folgenden Schritte vornehmen.

Checkliste für das Campingfahrzeug

Bei Zugfahrzeug & Wohnmobil

- ✓ TÜV-Plakette kontrollieren
- ✓ Reifendruck und Ölfüllstand prüfen
- ✓ Reifen auf sichtbare Beschädigungen prüfen
- ✓ Beleuchtung kontrollieren: Scheinwerfer vorne und hinten, Blinker, Warnblinkanlage, Rückwärtsgang, Bremslichter
- ✓ mit Wohnwagen: Zusatzspiegel am Zugfahrzeug anbringen
- ✓ abnehmbare Anhängekupplung sorgfältig einrasten

Bei Wohnwagen & Wohnmobil

- ✓ Markise einfahren
- ✓ Trittstufe einpacken bzw. einfahren
- ✓ Rollos sichern
- ✓ Schubladen, Schranktüren, Dachluken und Fenster schließen und verriegeln
- ✓ schwere und lose Gegenstände verstauen bzw. festzurren (s. S. 54)
- ✓ Antennen einfahren
- ✓ Raumteiler befestigen
- ✓ Staufächer schließen und sichern
- ✓ Behälter mit Flüssigkeiten in den Schränken sicher verschließen und verstauen
- ✓ Toilettenschieber schließen (!)
- ✓ Abwasserbehälter leeren und sicher verstauen
- ✓ Frischwasser auffüllen
- ✓ Kühlschrank auf Autobatterie umstellen
- ✓ Gas aus den Leitungen entweichen lassen und die Ventile abdrehen (an der Gasflasche und im Camper)!
- ✓ Licht ausschalten
- ✓ Wohnwagen ankuppeln
- ✓ Abreißseil anlegen
- ✓ Deichselrad/Stützen hochfahren und sichern
- ✓ 13-poligen Stecker verbinden
- ✓ Auffahrkeile entfernen
- ✓ Handbremse lösen
- ✓ Beleuchtung kontrollieren: Blinker, Warnblinkanlage, Rückwärtsgang, Bremslichter, Begrenzungsleuchten
- ✓ Aufbautüren und Ladeklappen/ Deichselkasten verschließen
- ✓ Stellplatz checken: Wurde etwas vergessen?

Hörtipp

An- und Abreise auf dem Campingplatz (Podcast)

camper.st/ankunft

Einbruch- und Diebstahlschutz

Über das Thema Einbruch- und Diebstahlschutz ließe sich wahrscheinlich eine wissenschaftliche Abhandlung verfassen. Es gibt unwahrscheinlich viel Zubehör zu kaufen, doch die Wirksamkeit ist in der Camper-Community und unter Fachleuten häufig umstritten. Die einen halten Schutzmaßnahmen für unverzichtbar, die anderen für überflüssig, und wieder andere befürchten noch größere Schäden, wenn ein Einbrecher sich mit schwerem Gerät am Objekt der Begierde zu schaffen macht, um solche Sicherungen zu knacken.
Klar ist: Wenn Langfinger irgendwo reinwollen, kommen sie rein. Und wenn sie dein Fahrzeug mitnehmen wollen, werden sie einen Weg finden. Immer wieder werden sogar ganz gezielt bestimmte Marken und Modelle von umzäunten Grundstücken oder aus geschlossenen Hallen gestohlen – trotz diverser Sicherungsmaßnahmen. Oder fertig gepackte Fahrzeugen werden vor der Haustür entwendet. Und auch Berichte über Gasüberfälle auf Rastplätzen halten sich hartnäckig.

Spätestens, seit eine Reihe solcher Fälle durch die Medien und Facebook-Gruppen gingen, machen sich Wohnwagen- und Wohnmobilbesitzer verständlicherweise Sorgen. Neben dem schmerzhaften Verlust des Campers oder der Wertsachen sitzt häufig auch der Schock über das Eindringen fremder Personen in das zweite Zuhause tief.
Vorweg sei jedoch gesagt: Camping zählt immer noch zu den sehr sicheren Reisearten und die Zahl der Diebstähle, Einbrüche oder Überfälle sind die absolute Ausnahme, gemessen an den hunderttausenden Freizeitfahrzeugen, die jedes Jahr über Europas Straßen rollen. Statistisch betrachtet ist die Gefahr eines Verkehrsunfalls – ob mit dem Camper oder mit einem „normalen" Auto – sicherlich höher, als beim Camping Opfer von Dieben oder Räubern zu werden. Und das bestätigt auch unsere persönliche Erfahrung: Wir waren bisher in knapp 30 Ländern unterwegs und haben die Nächte häufig auch außerhalb von Camping- und Stellplätzen verbracht, ohne dass jemals etwas passiert wäre.

Mit den folgenden Tipps möchten wir daher ausdrücklich keine Ängste schüren, sondern dir lediglich die vielfältigen Möglichkeiten aufzeigen, wie du Kriminellen die „Arbeit" etwas erschweren oder ihre Taten vielleicht sogar vereiteln kannst.

Sicherheitstechnische Schwachstellen

Hier steigen Diebe gerne ein:

- Fenster
- Aufbautür
- Heckgarage
- Stauklappen
- Dachluken
- beim Wohnmobil: Fahrerkabine

Große Fenster werden z.B. mit Hilfe eines Stemmeisens oder Schraubenziehers aufgehebelt, Schließzylinder von Türen lassen sich mit einem Dietrich relativ einfach öffnen.

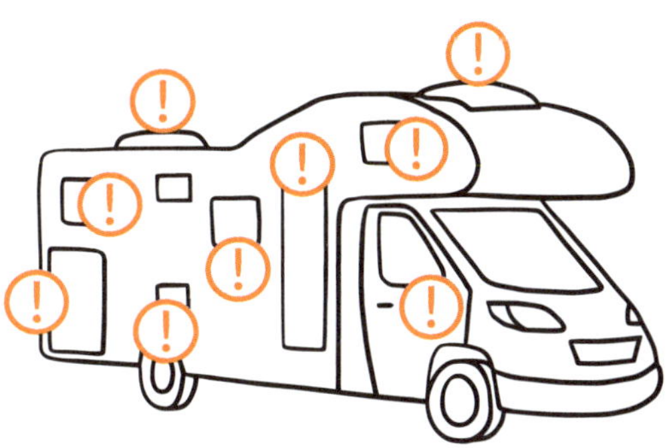

Teilweise wird von den Langfingern auch **digitale Technik** eingesetzt, mit der sie beispielsweise das Funksignal des Wohnmobil-Fahrzeugschlüssels abfangen und mittels Sender an den Funkempfänger des Fahrzeugs wiedergegeben – schon ist die Tür auf. Diese Methode wird Replay Attacke genannt und betrifft alle Iveco-Daily- und Fiat-Ducato-Modelle von 2006 bis einschließlich 2018.

Nicht abschleppen lassen!
Nicht oder ungenügend gesicherte Caravans werden von findigen Dieben häufig auch einfach an ein mitgebrachtes Zugfahrzeug angehängt und weggeschleppt – oftmals voll bepackt, weil die Besitzer am nächsten Morgen ganz früh in den Urlaub fahren wollten. Deshalb bitte bei allem Reisefieber auch im Wohngebiet auf gute Sicherung achten!

Auf das eigene Bauchgefühl hören Solltest du dich irgendwo unwohl fühlen, fahr weiter! Die innere Stimme lässt sich mit objektiven Kriterien nicht immer erklären, behält aber häufig Recht. Unser Unterbewusstsein kann Dinge wahrnehmen, die dem Verstand verborgen bleiben. In einem solchen Fall ist es also ratsam, ohne große Diskussion mit sich selbst oder den Mitreisenden den Standort zu wechseln – lieber einmal zu viel!

Fahrzeug stets abschließen Auch bei kurzer Abwesenheit und erst recht in der Nacht – inklusive aller Fenster, Außenstauklappen und Dachluken!

Wachsam rund um die Uhr
Gerade in Touristenzentren, an Sehenswürdigkeiten oder auf unbewachten Parkplätzen schlagen Diebe auch gerne tagsüber zu.

Allgemeine Sicherheitstipps

Nicht auf Rastplätzen übernachten Wie bereits eingangs erwähnt, ist die Zahl nächtlicher Überfälle auf Reisemobilisten im Vergleich zur Anzahl der Reisenden verschwindend gering. Wenn man aber doch einmal etwas über solche Vorfälle liest oder hört, wurden die Taten fast immer auf Rastplätzen oder Autobahnparkplätzen begangen. Denn die Ganoven wollen nach ihrer Tat natürlich schnellstmöglich und unerkannt verschwinden können.
Die Polizei rät daher dringend davon ab, diese Orte als Schlafplätze zu nutzen. Stattdessen solltest du offizielle Campingplätze oder Wohnmobilstellplätze aufsuchen.

Wertsachen mitnehmen oder verstauen
Offen herumliegende Kameras, Kreditkarten oder Reisedokumente können Einbrecher in Versuchung führen. Wertsachen sollten daher so verstaut werden, dass sie nicht sofort durchs Fenster zu sehen sind. Verstaue sie in einem gut verankerten Safe oder nimm sie mit auf deinen Ausflug.

Fahrzeug abfahrbereit halten Um auf heikle Situationen zügig reagieren zu können, empfiehlt die Polizei, das Campingfahrzeug bei freien Übernachtungen so abzustellen, dass eine schnelle Abfahrt möglich ist. Dazu gehört beispielsweise, die Stützen auf unbewachten Parkplätzen nicht herunterzufahren und die Fahrzeugschlüssel immer griffbereit aufzubewahren.

Nicht den Helden spielen Sollte wirklich einmal ein Einbrecher am bewohnten Fahrzeug herumhantieren oder gar hineingelangen, versuche bitte nicht, die Person anzugreifen. Im Zweifel ziehst du dabei den Kürzeren, und das ist keine Kreditkarte der Welt wert. Bleibe daher besonnen und präge dir unbedingt das Kennzeichen und eine Täterbeschreibung ein – um den Rest muss sich die Polizei kümmern.

Vor Trickdieben in Acht nehmen Beliebt und quasi ein Dauerbrenner ist es, dass Kriminelle eine Panne vortäuschen, um hilfsbereite Reisende zu bestehlen. Dies kann ein „liegengebliebenes" Auto am Straßenrand sein, oder dein eigenes Fahrzeug wird gezielt manipuliert, etwa wenn der Reifen nach einer Rast plötzlich platt ist. Behalte also in einem solchen Fall die Umgebung genau im Auge, lass die Türen verschlossen und verstaue alle Wertsachen und dein Geld so, dass sie nicht „mit einem Griff" verschwinden können.

Die winken doch nur freundlich...

Mehrere Reisende haben uns berichtet, dass Fremde sie auf mautfreien Strecken (in diesem Fall in Spanien) durch wildes Winken während der Fahrt auf einen angeblichen oder vorher absichtlich verursachten Schaden am Fahrzeug „aufmerksam machten". Als sie dann anhielten und ihr Fahrzeug in Augenschein nahmen, versuchte jemand, in den Innenraum einzudringen.
Kommt dir also ein solcher „Warnversuch" nicht ganz koscher vor, stoppe besser nicht sofort, sondern fahre bis zur nächsten Polizeidienststelle oder Tankstelle und überprüfe dein Fahrzeug erst dort. Dennoch muss fairerweise gesagt werden, dass es natürlich ebenso Menschen gibt, die wirklich nur helfen wollen – ganz gleich in welchem Land!

Notrufnummern und Anlaufstellen

Falls doch mal etwas passiert, sind folgende Anlaufstellen hilfreich:

Euro-Notruf 112 europaweit einheitliche Notrufnummer für Polizei, Feuerwehr und Rettungsdienste.

Sperrhotline im Inland 116 116, im Ausland +49 116 116, *sperr-notruf.de*; für Kredit- und Bankkarten, e-Zertifikate etc.

Sperrmöglichkeiten prüfen
Nicht alle Banken und Anbieter sind an die genannte Sperrhotline angeschlossen - bitte vor der Reise informieren!

Konsulate, Botschaften & andere diplomatische Vertretungen Deutsche Staatsangehörige werden bei Problemen im Ausland von ihren diplomatischen Vertretungen unterstützt: *auswaertiges-amt.de*

Mechanische und elektronische Sicherungssysteme

Um zu verhindern, dass ungebetene Besucher in den Camper eindringen, bietet der Fachhandel eine breite Auswahl an mechanischen und elektronischen Sicherheitssystemen an. Einfache Lösungen wie Kontaktschalter, Schließbleche und Sicherheitsprofile kosten fast nichts und können ganz leicht selbst montiert werden. Diese günstigen Produkte können schon eine erste Abschreckung bewirken, es sollten aber auf jeden Fall mehrere Maßnahmen kombiniert werden.

Fest ein- und angebaute Einbruchsicherungen sind natürlich effizienter und etwas teurer, und die Montage sollte unbedingt von einer Fachwerkstatt durchgeführt werden. Hierfür fallen zwar zusätzliche Kosten an, aber bei amateurhaften Montagen außerhalb des Fahrzeugs kann es durch unsachgemäße Installation oder unzureichende Abdichtung der Bohrlöcher zu Wasserschäden kommen. Leider werden diese Defekte meist erst bemerkt, wenn bereits ein Sachschaden entstanden ist. Man sollte also nicht am falschen Ende sparen!

Alarmanlagen Die Auswahl für Reisefahrzeuge reicht von einfachen Kontaktschaltern bis zu speziellen und hoch komplexen Funkalarmsystemen.
Die Kontaktschalter für Fenster und Türen werden mit Knopfzellen betrieben und sind mit einem über 100 dB lauten Signalton ausgestattet. Hochwertige Funkalarmsysteme bieten jedoch deutlich zuverlässigeren Schutz. Sie sind in der Regel mit Sensoren an Fenstern, Türen und Dachluken sowie häufig auch mit Bewegungsmeldern ausgestattet. Neben einem ohrenbetäubenden Sirenen- oder Hupton werden bei manchen Geräten auch noch die Blinker deines Fahrzeugs aktiviert.
Einige Systeme sind darüber hinaus modular aufgebaut und können z.B. durch Gaswarner und Ortungssysteme erweitert werden. Optimal ist es, eine Alarmanlage zu wählen, bei der du dich auch im eingeschalteten Zustand im Innenraum noch bewegen kannst. Das minimiert nicht zuletzt auch das Risiko von Fehlalarmen.

Gaswarner Gaswarner wie Propan-/Butan-Sensoren, Kohlenmonoxid-Sensoren oder Kombisensoren für diese Gasarten sind generell ein sicherheitsrelevantes Zubehör. Als Einbruchschutz gibt es spezielle Narkosegas-Sensoren, die mögliche Überfälle mit K.-o.-Gasen verhindern sollen. Ob es diese Überfälle wirklich gibt, ist umstritten.
Gaswarner an sich finden wir jedoch absolut sinnvoll, denn Gase stellen in einem (fast) geschlossenen Raum immer ein gewisses Risiko dar. Gerade das geruchlose Kohlenmonoxid kann zur tödlichen Gefahr werden. Bitte achte beim Kauf eines Gaswarners darauf, dass der Ton laut genug ist, um dich im Zweifelsfall zu wecken. Neben Modellen, die an das Bordnetz bzw. die Bordbatterie deines Fahrzeugs angeschlossen werden, gibt es auch welche mit eigener Batterie. Beim Einbau unbedingt die Bedienungsanleitung konsultieren, da der empfohlene Montageort je nach Gas- und Gerätetyp variieren kann!

Rauchmelder In vielen Neufahrzeugen bereits ab Werk installiert, warnen Rauchmelder bei einem Brand mit Rauchentwicklung durch einem lauten Piepton. Leider schlagen sie oft auch bei etwas exzessiveren Kochsessions Alarm.

Fenstersicherungen Einen guten Einbruchschutz für die anfälligen Ausstellfenster bieten **verstärkte Fensterprofile**, die das Aufhebeln der Scheiben erschweren. Das Profil wird von unten auf die untere Fensterkante gesteckt und innen mit dem Rahmen verbunden. Die Sicherung des Fensters lässt

sich aus dem Innenraum leicht öffnen. Erhältlich sind bohr- und schraublose Varianten in unterschiedlichen Längen. Für Schiebefenster gibt es **Klemmstangen**, die ein Öffnen verhindern.
Durch das Aufbringen spezieller **Sicherheits-Fensterklebefolien** wird das Zerschlagen herkömmlicher Scheiben erheblich erschwert. Diese Klebefolien sind allerdings nur für Glasscheiben verfügbar, und du solltest unbedingt auf die Zulassung achten. Am besten lässt du die Folie von einer Fachwerkstatt anbringen.

Türsicherungen Zur Sicherung der Türen bieten sich zusätzliche Sicherheitsschlösser an, die entweder außen oder innen angebracht werden und die Aufbautüren durch ein zweites System verriegeln. Damit diese sicher montiert werden können, müssen entsprechende Bohrungen am Fahrzeug vorgenommen werden.
Weitere Mechanismen, die sehr leicht anzubringen, preisgünstig und wirkungsvoll sind:

- **Schließbleche**, verstärken die Bolzen der Aufbautüren.
- **Türbügel** (Handläufe), dienen im eingeklappten Zustand der Verriegelung. Mit ihren Zylinderschlössern erschweren sie einen Einbruch an der Aufbautür. Ausgeklappt erleichtern sie dir auch noch den Ein- und Ausstieg.
- **Gestänge** zur Sicherung der Fahrzeugtüren. Hiermit werden Fahrer- und Beifahrertür durch eine Art „Kralle" im Innenraum des Fahrzeugs miteinander verbunden. Die Türen sind dadurch von außen nicht mehr zu öffnen. Die Systeme erfordern keine Montage oder Bohrungen. Wenn du es einfach und kostengünstig möchtest, erzielst du mit handelsüblichen Spanngurten einen ähnlichen Effekt.

Tresor für Wertsachen

Tresore, die fest im Fahrzeug verbaut sind, schützen wichtige Dokumente, Geld, Kreditkarten oder technisches Equipment vor schnellem Zugriff. Es gibt verschiedenste Ausführungen, von kleinen Wertkassetten mit Halterung für Schmuck, Geld oder Pässe bis zu großen Tresoren, die sogar ein Notebook aufnehmen. Einige Modelle können wahlweise liegend oder stehend installiert werden, andere sind beispielsweise für die Montage unter dem Fahrer-/Beifahrersitz oder in der Tür vorgesehen. Darüber hinaus stehen auch „mobile" Tresore zur Verfügung, die in ihre Halterung geschoben und versperrt werden. So können sie ganz einfach aus dem Fahrzeug entfernt werden, wenn du sie nicht benötigst. Manche Tresore sind auch mit elektronischer Verriegelung bestellbar – sehr praktisch, denn so können die Schlüssel nicht verloren gehen. Je nach Montageart müssen für einen Tresor Bohrungen oder vollflächige Verklebungen vorgenommen werden.

Zusatzsicherungen

Deichsel- und Stützenschlösser Mit einem **Deichselschloss** lässt sich der Handgriff der Wohnwagenkupplung sperren, bei manchen Modellen zusätzlich der Kupplungskopf und/oder das Kupplungsmaul. So wird ein schnelles unbefugtes An- oder Abkuppeln verhindert. Die meisten Systeme können auch während der Fahrt montiert bleiben. Weiterer Pluspunkt dieser Schlösser: Während der Fahrt wird ein selbstständiges Herausspringen des Kupplungskopfs aus dem Kupplungsmaul verhindert!
Daneben besteht die Möglichkeit, **Stützenschlösser** anzubringen. Diese verhindern ein Hochkurbeln der Stützen im Stand, sodass der Anhänger durch ein gewaltsames Wegschleppen stark beschädigt und ein Wiederverkauf damit fast unmöglich würde.

Krallen und Sperren Krallen gibt es für verschiedene Elemente am Fahrzeug. **Radkrallen** decken das Rad oder auch die Felge ab, wodurch das Wegfahren oder Wegschleppen erheblich erschwert wird. Bei massiveren, qualitativ hochwertigen Ausführungen müssen Langfinger schon mit Spezialwerkzeug anrücken, um die Kralle zu „knacken". Oft genügt schon der Anblick zur Abschreckung. Beim Kauf auf das verwendete Material und eine einigermaßen einfache Montage achten! Bei motorisierten Fahrzeugen kann darüber hinaus eine **Lenkradkralle** sinnvoll sein. Etwas unauffälliger, aber ebenfalls sehr günstig und wirksam ist eine **Gangschaltungssperre**. Hier wird mit einem Bolzen oder Schloss der Schalthebel blockiert. Alternativ kannst du dir von einer Werkstatt einen versteckten Schalter einbauen lassen, der die Benzinzufuhr oder den Anlasserstrom unterbricht. Unbefugte Personen, die diesen Mechanismus nicht kennen, können das Fahrzeug also gar nicht erst starten.

Markierung einzelner sichtbarer Komponenten Markierungen, z.B. in Form einer Gravur an den Fenstern, erschweren den Weiterverkauf im Falle eines Diebstahls oder machen diesen gar unmöglich. Diese Art der Absicherung, die auch von Automobilclubs empfohlen wird, sollte aber mit anderen Maßnahmen kombiniert werden.

Sicherung loser Teile Für mobile Gegenstände, z.B. Fahrräder oder Campingmöbel, die am Camper gesichert werden sollen, bietet sich eine **Funk-Kabelschleife** an. Diese kann evtl. an ein bestehendes Alarmsystem angeschlossen werden.

Ortungssysteme Die Signale für eine Ortung werden etwa über Satelliten (GPS), das Mobilfunknetz (GSM) oder WLAN übertragen und empfangen. Im Fahrzeugbereich kommen in erster Linie GPS und GSM zum Einsatz. Die Angebote für Ortungssysteme reichen von kleinen Modulen mit einem einfachen Peilsender bis zu überaus komplexen Anlagen, die eine Vielzahl weiterer Funktionen bieten. Einige Systeme können z.B. mit einer Alarmanlage verbunden werden, die Zündung des Fahrzeugs beim Verlassen eines definierten Sektors außer Betrieb setzen oder ganze Fahrtstrecken punktgenau nachverfolgen (Tracking). Und auch die Preise variieren stark: Von unter 50 bis zu mehreren hundert Euro ist alles dabei.

Störungen möglich

Das Problem vieler GPS-Tracker: Professionelle Diebe sind oft darauf vorbereitet und arbeiten mit Störsendern, auch (engl.) *Jammer* genannt. Diese stören das Mobilfunknetz um das Auto herum und verhindern damit das Absetzen eines Alarmsignals. So können die Diebe das Fahrzeug vorab in Ruhe nach Ortungstechnik absuchen. Deshalb sollte ein Ortungs- oder Alarmsystem möglichst so ausgestattet sein, dass sie das Störungsrisiko minimieren oder umgehen, z.B. durch eine spezielle Anti-Jamming-Funktion.

Neben der Ortung kommt es bei GPS-Trackern auf die Alarmfunktionen an. Sehr effektiv ist beispielweise **Geofencing**. Hier wird beim Verlassen eines vorher virtuell abgesteckten Sektors (z.B. des Unterstellgeländes) ein Alarm aktiviert. Desweiteren ist es hilfreich, folgende Funktionen mit dem Gerät überwachen zu können: Bordspannung, Akkuladung, GPS-Signalstärke, Zündung oder Geschwindigkeit. Wir empfehlen eine zusätzliche gute Alarmanlage.

Fachgerechter Einbau von Sicherungssystemen

Installationen, die über ein einfaches Anklemmen oder eine bohrungsfreie Montage hinausgehen, sollten von Fachleuten vorgenommen werden. Andernfalls können Fehlfunktionen und Schäden an deinem Fahrzeug sowie Garantie- oder Gewährleistungsverlust drohen, und Probleme durch unsachgemäße Montage sind häufig nicht oder nur mit hohem finanziellen Aufwand wieder zu beseitigen. Bohrungen z.B. können, wenn sie nicht richtig abgedichtet werden, zu Undichtigkeiten führen. Oft resultieren daraus Wasserschäden, die nicht nur unschön anzusehen sind, sondern auch gesundheitsschädliche Schimmelbildung fördern und sogar das Verfaulen ganzer Aufbauteile nach sich ziehen können. Die Reparatur eines Feuchtigkeitsschadens ist meist recht umfangreich und oft wird das tatsächliche Ausmaß des Schadens erst bei der Reparatur sichtbar.
Außerdem kann es passieren, dass du versehentlich verdeckt verbaute Leitungen oder Rohre anbohrst und es ebenfalls zu Feuchtigkeit im Aufbau, zu Störungen in der Bordelektronik oder zu Ausfällen deiner Diebstahlschutzanlage kommt.

Bei der Verlegung von Kabeln ist darauf zu achten, dass diese sauber sowie spannungs- und scheuerfrei liegen und vor allem richtig angeschlossen sind. Ansonsten können Kurzschlüsse oder Kabelbrände entstehen, die das ganze Fahrzeug lahmlegen oder in Brand setzen können. Fachwerkstätten verfügen über hersteller- und modellspezifische Anleitungen, Kabel- und Leitungspläne, an die du als Laie nur schwer herankommst.

Diebstahl – was nun?

Auch wenn du dein Fahrzeug immer gewissenhaft sicherst – einen hundertprozentigen Schutz wirst du leider nie erreichen. Statistisch gesehen ist, wie auch bei Einbruch und Überfall, die Wahrscheinlichkeit sehr gering, dass ausgerechnet du Opfer von Langfingern wirst. Dennoch schadet es nicht, für den Fall der Fälle ein paar Tipps und Informationen im Hinterkopf zu haben.

Kaskoversicherung abschließen Nur mit einer Voll- oder Teilkasko hast du bei einem Diebstahl Anspruch auf Entschädigung. Die einfache Haftpflichtversicherung reicht dafür nicht aus (s. S. 106).

Zusatzausstattung melden Du hast deinen Camper mit Vorzelt, Satellitenanlage, Solarmodul und Rangierantrieb ausgestattet? Dann solltest du das bei Abschluss der Versicherung unbedingt angeben, am besten in Form einer Inventarliste mit Kaufbelegen und Bildern. Baust du das Zubehör erst später ein, kannst und solltest du die Informationen jeweils umgehend nachreichen. So sind diese Gegenstände bei Diebstahl, aber auch bei Sturm- oder Hagelschäden mitversichert.

Schlüsselverlust sofort anzeigen Jedem kann es passieren, dass sich irgendwann mal ein Fahrzeugschlüssel „in Luft auflöst". Aber deine Versicherung muss das wissen, denn bei der Regulierung eines Diebstahlschadens kann ein fehlender oder nachgemachter Schlüssel schnell zum Fallstrick werden.

Bei Diebstahl sofort informieren Ist dein Fahrzeug entwendet worden, müssen umgehend Versicherer bzw. Versicherungsmakler, Polizei und ggf. die Finanzierungs- oder Leasingbank benachrichtigt werden.

1. Die Schadenmeldung beim Versicherer muss schriftlich, also per Post oder E-Mail erfolgen, am besten als Einschreiben oder E-Mail mit Lesebestätigung.

Frag nach!
Falls du innerhalb weniger Tage keine Eingangsbestätigung der Diebstahlsmeldung erhältst, bitte unbedingt nochmal nachhaken.

2. Für die Meldung werden folgende Dokumente und Dinge benötigt:
   - Tag, Uhrzeit und Ort des Diebstahls
   - Daten zum Fahrzeug: Hersteller, Modell, Kfz-Kennzeichen
   - Versicherungspolice mit Vertragsnummer
   - Fahrzeugbrief
   - Fahrzeugschein
   - alle vorhandenen Schlüssel
   - eine Übersicht über die Gegenstände, die mit oder aus dem Fahrzeug entwendet wurden

Achtung: Wenn Listen der entwendeten Gegenstände bei Polizei und Versicherung eingereicht werden, müssen diese sehr akribisch abgeglichen werden. Sollten sie nicht 1:1 übereinstimmen, kann es bei der Entschädigung Probleme geben.

Abwarten und entscheiden Nach der Schadenmeldung wird in der Regel ein Gutachter mit der Schätzung des Fahrzeugwerts beauftragt. Gleichzeitig beginnt eine Wartefrist von einem Monat: Falls das Fahrzeug innerhalb dieser Zeit wieder auftaucht, musst du es zurücknehmen. Wird das Fahrzeug beschädigt aufgefunden, so werden über die Teilkasko nur der reine Aufbruchschaden am Fahrzeug sowie die direkt damit zusammenhängenden Schäden wie Glasbruch getragen. Mutwilliger Vandalismus oder Unfallschäden sind, sofern vorhanden, über die Vollkaskoversicherung abgedeckt.
Ist die Frist von einem Monat verstrichen und das Fahrzeug bleibt verschwunden, wird üblicherweise die Entschädigung ausgezahlt. Voraussetzung hierfür ist allerdings, dass alle nötigen Unterlagen und Schlüssel im Vorfeld eingereicht wurden und die Staatsanwaltschaft die Ermittlungen abgeschlossen oder eingestellt hat.

Die Schadenabwicklung im Überblick

Jeder Versicherungsfall ist sehr individuell und hängt sowohl von den Vertragskonditionen als auch von den Rahmenbedingungen ab. Im Allgemeinen läuft die Schadenabwicklung aber etwa wie folgt ab:

1. Du als Geschädigter meldest den Diebstahl an Versicherer bzw. Versicherungsmakler, Polizei und ggf. die Finanzierungs- oder Leasingbank.
2. Du legst, sofern noch vorhanden, die Kaufrechnung vor. Ein Sachverständiger ermittelt auf dieser Basis und anhand weiterer individueller Daten wie Kilometerleistung, Vorschäden, nachgerüsteter Zusatzausstattung, Wartungsnachweisen etc., wie das Fahrzeug aktuell gehandelt wird.
3. Bei einem Diebstahl des kompletten Fahrzeugs können je nach Vertrag unterschiedliche Werte erstattet werden:
   Bei einer Versicherung zum **Zeitwert** bekommst du den Wiederbeschaffungswert ersetzt. Das heißt, du hast Anspruch darauf, dir erneut ein Fahrzeug gleicher Art und Güte sowie gleichen Zustands wie zum Schadenzeitpunkt zu kaufen. Wenn alle fest mit dem Fahrzeug verbundenen Ausstattungsgegenstände der Versicherung zum Vertragsabschluss oder direkt nach dem Einbau gemeldet wurden, gilt diese Regelung auch hierfür.
   Besteht hingegen eine Versicherung zum **Neuwert**, werden statt des Wiederbeschaffungswerts die Kosten für ein gleichwertiges Neufahrzeug zum Schadenzeitpunkt übernommen.
   In beiden Fällen werden die aktuellen Fahrzeugpreise für das entsprechende Modell (gebraucht oder neu) in der jeweiligen Ausstattung ermittelt. Ist das entwendete Fahrzeugmodell auf dem Markt nicht mehr erhältlich, besteht häufig Anspruch auf das Nachfolgemodell – selbst wenn dieses mehr kosten sollte.
4. Du entscheidest nach Ablauf der Wartefrist, ob du dir ein neues Fahrzeug zulegen oder das Geld ausgezahlt bekommen möchtest. Im Falle einer Wiederbeschaffung erhältst du die komplette vom Gutachter ermittelte Summe. Bei einer Auszahlung wird von dieser Summe die Mehrwertsteuer abgezogen.

FENDT
CARAVAN

Vorbereitungen treffen für den Ernstfall

Vor Vertragsabschluss

- ✓ Versicherungsart wählen: neben Haftpflicht auch Teilkasko, Vollkasko und/oder Inhaltsversicherung (s. S. 106)?
- ✓ Klären, bei welchen Fahrzeugtypen Anspruch auf Neuwertentschädigung besteht und wie lange dieser Anspruch gilt
- ✓ Klären, ob für Neupreis-Erstattung ein Zusatzpaket gebucht werden muss; ggf. weitere Angebote einholen
- ✓ Erfragen, ob zwischen Wohnwagen und Wohnmobil unterschieden wird

Bei Vertragsabschluss

- ✓ Alle fest verbundenen Einbauteile und zusätzliche Ausstattung (Vorzelt, Markise, etc.) fotografieren, Rechnungen, Kaufbelege, Fotos zusammenstellen
- ✓ Vollständige Inventarliste bei der Versicherung mit einreichen

Unterjährig

- ✓ Bei Neuanschaffungen Inventarliste aktualisieren, Rechnungen ablegen, Fotos anfertigen
- ✓ Nachträgliche Einbauten und Zusatzausstattung beim Versicherer angeben
- ✓ Schlüsselverlust sofort melden

Im Fall eines Diebstahls

- ✓ Polizei, Versicherer/Versicherungsmakler und ggf. Leasing- oder Finanzierungsbank unverzüglich informieren
- ✓ Erforderliche Dokumente und Gegenstände an Versicherer senden
- ✓ Nach Ablauf der Wartefrist: entscheiden, ob Wiederanschaffung oder Barauszahlung gewünscht ist

FENDT
CARAVAN
100
Entdecker
BIANCO
435

Antischlingersysteme

Für Wohnwagengespanne sind verschiedene Systeme erhältlich, die – in Kombination mit einer vernünftigen Fahrweise – ein Aufschaukeln des Caravans verhindern oder zumindest das Risiko dafür verringern können. Die meisten modernen Wohnwagen sind ab Werk mindestens mit einer Antischlingerkupplung ausgestattet, ein elektronisches System kann meist optional bestellt oder nachgerüstet werden.

Antischlingerkupplung

Eine Antischlingerkupplung, im Fachjargon auch als „Zugkugelkupplung mit Stabilisierungshilfe" bezeichnet, ist eine Kupplung, die um eine Art Bremsbeläge erweitert wurde: Am Kugelkopf liegen sogenannte Reibbeläge an, die mit einer Feder gespannt werden und so die Bewegung dämpfen. Das sorgt für ein stabileres Fahrverhalten. Auch für die 100er-Zulassung (s. S. 48) kann eine Antischlingerkupplung notwendig sein.
Befestigt ist die Vorrichtung an der Deichsel des Caravans, über dem herkömmlichen Kupplungsgriff. Durch ein kräftiges Herunterdrücken beim Ankuppeln schließt sich der Mechanismus – anfangs kann es durchaus passieren, dass du hier deine Muskeln etwas spielen lassen musst!

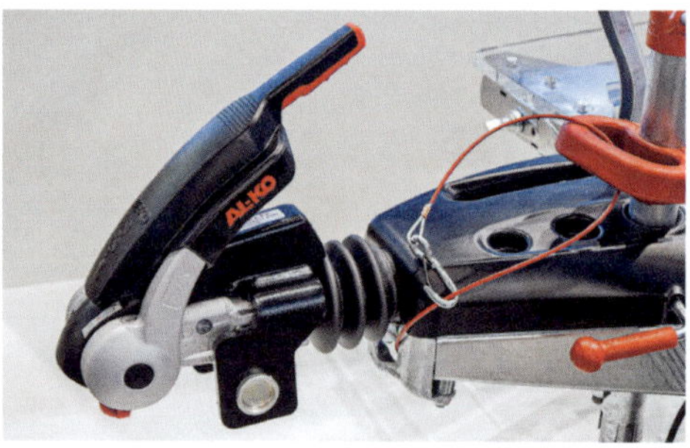

Gründlich reinigen, niemals fetten!
Vor dem ersten Einsatz einer Antischlingerkupplung muss die Anhängekupplung des Zugfahrzeugs komplett von Lack, Rost und Schmutz befreit werden Sonst können die Reibbeläge beschädigt werden. Am besten schmirgelst du sie mit feinem Sandpapier ab.
Fett ist dagegen bei Verwendung einer Antischlingerkupplung – anders als bei „normalen" Anhängekupplungen – absolut tabu bzw. muss vor dem Ankuppeln penibel entfernt werden. Sonst können die Reibbeläge nicht mehr richtig greifen und gefährliche Situationen entstehen!

Nachrüstung Das ist meist auch für ältere Wohnwagenmodelle möglich. Die Montage kannst du mit etwas Geschick selbst durchführen, sofern du dich penibel an die Anleitung des Herstellers hältst. Achte besonders darauf, den Stoßdämpfer in der Deichsel vor der Demontage zu fixieren. Außerdem benötigst du eventuell einen Montageadapter. Wenn du jedoch unsicher oder handwerklich nicht so bewandert bist, solltest du eine Fachwerkstatt aufsuchen. Denn es geht ja um deine Sicherheit.

Störungen und „knarrende Geräusche"
Manchmal passiert es, dass der Caravan während der Fahrt oder beim Rangieren plötzlich Geräusche wie eine alte Höllenmaschine von sich gibt, die mit der Zeit immer schlimmer werden. Das ist ein sicheres Anzeichen dafür, dass mit den Reibbelägen der Antischlingerkupplung etwas im Argen liegt. Entweder haben sich Verschmutzungen darauf abgesetzt, oder die Beläge sind verschlissen und müssen ausgetauscht werden. In beiden Fällen solltest du zügig handeln.

Im ersten Fall raust du den Kupplungskopf des Zugfahrzeugs mit Sandpapier auf und reinigst ihn und die Reibbeläge anschließend mit Bremsenreiniger oder einem anderen fettfreien (!) Reinigungsmittel. Am besten machst du das vor jeder Fahrt, wenn es dir nötig erscheint. Ersatz für verschlissene Beläge kannst du im Fachhandel kaufen und selbst einbauen oder in der Werkstatt austauschen lassen.

Elektronisches Anti-Schleuder-System

Bei einem elektronischen Anti-Schleuder-System handelt es sich genauer gesagt um eine elektromechanische Komponente, die an der Achse angebracht und mit den Radbremsen verbunden wird. Angeschlossen und mit Strom versorgt wird das Anti-Schleuder-System über die Verteilerdose des Wohnwagens.

Im Grunde funktioniert dieses System wie das ESP (Electronic Stability Program) beim Auto. Während der Montage werden im System die maximal zulässigen Querbewegungen für den Wohnwagen hinterlegt. Ein sogenannter Querbeschleunigungssensor misst diese während der Fahrt konstant. Sobald die vorgegebenen Grenzwerte überschritten werden, aktiviert das System automatisch die Bowdenzüge und damit die Radbremsen. Durch diese kontrollierten, leichten Bremsungen beruhigt sich das schlingernde Gespann und läuft wieder normal in der Spur. Das Eingreifen erfolgt übrigens viel früher als bei einem Anhänger-ESP, das im Zugfahrzeug vorhanden ist.

Wartung Ist das System einmal eingebaut, ist es in der Regel wartungsfrei. Du musst lediglich vor jeder Fahrt kontrollieren, ob es selbsttätig den automatischen Funktionscheck durchführt.

Allerdings sollten die Radbremsen regelmäßig gewartet werden, denn die Technologie funktioniert natürlich nur, wenn die Bremsen auch greifen.

Grenzen des Systems Bei aller Begeisterung für den technischen Fortschritt – auch ein elektronischer Helfer kann natürlich nicht zaubern. Denn wenn du völlig überladen oder mit 20 km/h zu viel auf dem Tacho unterwegs bist, kann es trotzdem passieren, dass du deinen schlingernden Wohnwagen nicht mehr „eingefangen“ bekommst.
Deshalb an dieser Stelle nochmal unser dringender Appell an dich: Setze nicht all dein Vertrauen in die moderne Technik, sondern halte dich unbedingt an die für dein Gespann vorgegebenen Geschwindigkeits- und Gewichtsbegrenzungen. Das Anti-Schlinger-System ist und bleibt eine helfende Hand für den Notfall und sollte keinesfalls als Freifahrschein für wilde Rennen mit dem Wohnwagen gesehen werden!

Den Wohnwagen ankuppeln

Das Ankuppeln ist eigentlich ganz einfach – wenn man weiß, wie! Mit dieser Anleitung hast du es aber ganz schnell drauf.

1. Evtl. vorhandene Diebstahlsicherung(en) am Wohnwagen entfernen.

2. Stützen am Caravan einfahren.

3. Stützrad am Caravan etwas weiter ausfahren, damit die Kupplung des Zugfahrzeugs unter dem Kupplungsmaul des Wohnwagens Platz hat.

4. Zugfahrzeug so an den Wohnwagen heranfahren, dass das Kupplungsmaul des Wohnwagens möglichst direkt über der Anhängekupplung des Zugfahrzeugs schwebt. Bei Bedarf einweisen lassen!

5. Handbremsen beider Fahrzeuge anziehen.

6. Griff der Antischlingerkupplung und Handgriff der Wohnwagenkupplung nach oben ziehen und das Kupplungsmaul freigeben. Der Handgriff sollte automatisch einrasten.

7. Stützrad langsam hochkurbeln (einfahren), bis das Kupplungsmaul die Anhängekupplung des Zugfahrzeugs „geschluckt" hat. Es muss ein deutliches Einrasten zu hören sein und der Handgriff sollte sich automatisch schließen.

8. Stützrad zur Kontrolle nochmals herunterkurbeln (ausfahren), bis sich das Zugfahrzeug am Heck leicht anhebt. So überprüfst du, ob der Wohnwagen richtig angekuppelt ist. (Sollte das nicht der Fall sein, bitte die Verbindung lösen und die Punkte 6 bis 8 wiederholen.)

9. Griff der Antischlingerkupplung herunterdrücken, um sie fest zu schließen. Bei Neufahrzeugen ist diese Komponente meist etwas schwergängig, bitte ohne Scheu weitermachen – es kann eigentlich nichts kaputtgehen.

10. Stützrad bis zum Anschlag hochkurbeln.

11. Knebelfeststeller lösen und Stützrad komplett nach oben ziehen. Bei Bedarf nach hinten schwenken, sodass es möglichst weit oben unter der Deichsel versenkt werden kann.

12. Knebelfeststeller stramm, aber mit Gefühl anziehen. Bitte nicht überdrehen, sonst kann sich das Teil verbiegen.

13. 13-poligen Stecker mit dem Zugfahrzeug verbinden: einsetzen und vorsichtig drehen, bis er einrastet. Die entsprechende Steckdose findet sich meist direkt neben der Kupplung. Das Kabel sollte dabei über die Kupplung geführt werden, damit es während der Fahrt nicht am Boden schleift.

14. Abreißseil mit der Kupplung oder einer dafür vorgesehenen Öse („Hollandöse", Langöse etc.) verbinden (s. S. 357).

15. Beleuchtung am Wohnwagen überprüfen: Blinker, Warnblinkanlage, Bremslichter, Rückfahrlicht, Begrenzungsleuchten.

16. Handbremse lösen und losfahren.

17. Einen letzten Blick auf den Stellplatz werfen, ob auch nichts vergessen wurde, etwa Auffahrkeile, Fußmatten oder Stützenkurbeln.

Das Abreißseil befestigen

Wohnwagen und größere Nutzanhänger sind in der Regel mit einem sogenannten Abreißseil versehen. Das meist mit Kunststoff ummantelte Stahlseil ist an der Wohnwagendeichsel befestigt und dient als Sicherheitsvorrichtung, falls die Wohnwagenkupplung während der Fahrt vom Kugelkopf der Anhängekupplung springen sollte. Es ist mit der Bremse des Caravans verbunden und bringt ihn bei Bedarf mit einem „Ruck" schnell zum Stehen.

Wie genau das Abreißseil befestigt werden muss, ist derweil selten klar geregelt. Dennoch solltest du diesen Punkt unbedingt sorgfältig prüfen, bevor du losfährst, weil in manchen Ländern bei nicht korrekter Befestigung saftige Bußgelder drohen. Die gesetzlichen Regelungen für Deutschland und ein paar als Reiseziele beliebte Nachbarländer (sowie unsere Interpretation und den in der Praxis bewährten Umgang damit) findest du im Folgenden.

Regelungen in Deutschland

In Deutschland ist das Abreißseil **für alle Anhänger mit Auflaufbremse und einem zulässigen Gesamtgewicht von über 750 kg** Pflicht. Allerdings ist uns kein Gesetz bekannt, das regelt, wie die Sicherung des Wohnwagens durch das Abreißseil korrekt durchzuführen ist. In der entsprechenden EU-Richtlinie 71/320/EWG, M7 heißt es nur: „Die Bremsanlagen müssen so beschaffen sein, dass beim Abreißen der Verbindungseinrichtung während der Fahrt der Anhänger

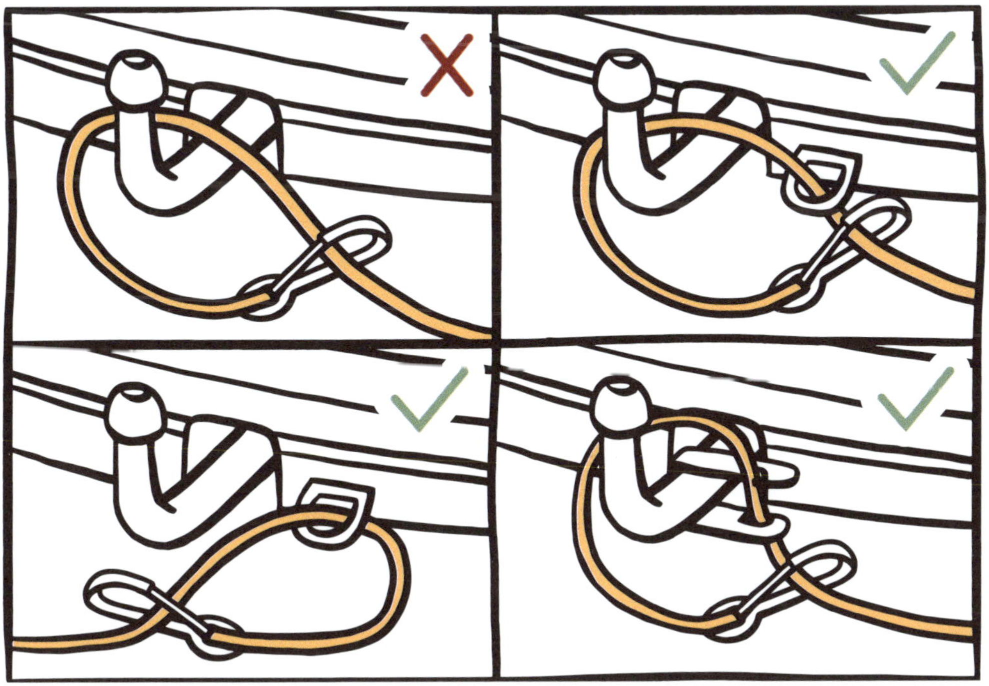

selbsttätig gebremst wird. Diese Vorschrift gilt jedoch nicht für einachsige Anhänger, deren Gesamtmasse 1,5 t nicht übersteigt, vorausgesetzt, dass diese Anhänger außer der Verbindungseinrichtung eine Sicherungsverbindung aufweisen (Kette, Seil usw.), die bei Bruch der Verbindungseinrichtung verhindert, dass die Anhängerdeichsel den Boden berührt, und die dem Anhänger noch eine gewisse Führung gibt."

Legst du das Abreißseil, wie es viele Camper machen, einfach über die Anhängekupplung, verstößt du also nicht direkt gegen ein Gesetz. Bei einem Unfall ist es aber nicht auszuschließen, dass dir eine „Gefährdung der Verkehrssicherheit" aufgrund „mangelhafter Verbindung von Anhänger und Zugfahrzeug" zur Last gelegt wird. Sicherer ist es daher, das Abreißseil durch eine Öse, Bohrung oder Schelle an der Anhängekupplung oder der Karosserie zu fädeln und die so entstandene Schlaufe mit dem Federhaken oder Karabiner zu schließen. Bei den meisten Anhängekupplungen sind solche Befestigungsmöglichkeiten vorhanden, oder sie können nachgerüstet werden.

Nicht einfach den Haken einhängen

Ein direktes Einhängen des serienmäßig verbauten Federhakens in die Öse oder Schelle ist übrigens meist nicht gestattet: Hier besteht das Risiko, dass sich dieser unter Last bereits vor dem vollständigen Auslösen der Bremse aufbiegt und der Wohnwagen nicht zum Halten kommt. Wenn deine Öse nicht groß genug zum Durchfädeln des Hakens ist, kannst du entweder eine ausreichend große Schelle nachrüsten oder das Abreißseil mit einem Feuerwehrhaken versehen. Dieser darf dann auch in die Haltevorrichtung eingeklinkt werden.

Regelungen in Österreich

In Österreich ist ebenfalls lediglich das Vorhandensein einer „Sicherungsverbindung" Pflicht, allerdings gilt diese Bestimmung, anders als in Deutschland, **für gebremste wie auch für ungebremste Anhänger**. Das Fehlen einer solchen Vorrichtung kann mit einem Bußgeld geahndet werden. Wie genau die Verbindung anzubringen ist und ob sie fest mit dem Zugfahrzeug verbunden sein muss, wird im Kraftfahrtgesetz, KFG, § 13 aber auch nicht eindeutig geregelt. Hier steht lediglich: „Sind Fahrzeuge zum Ziehen von Anhängern (…) bestimmt (…), so müssen diese Fahrzeuge eine Vorrichtung aufweisen, an die die Sicherungsverbindung des Anhängers (Abs. 5) angeschlossen werden kann. Die Sicherungsverbindung muss so anschließbar sein, dass die Radspur des Anhängers auf gerader, waagrechter Fahrbahn von der Richtung der Radspur des Zugfahrzeuges nur geringfügig abweichen und die Anhängerdeichsel nur geringfügig abfallen kann, wenn der Anhänger ohne den Willen des Lenkers nicht mehr durch die Anhängevorrichtung mit dem Zugfahrzeug verbunden ist."

Wir empfehlen, das Abreißseil auch hier durch eine Öse oder Schelle zu fädeln und mit dem Federhaken zu einer Schlaufe zu schließen. Damit dürftest du auf der sicheren Seite sein.

Mitgefangen, mitgehangen

Die Besonderheit in Österreich ist: Fehlt die Sicherungsverbindung, drohen nach KFG, § 103 bzw. § 104 sowohl dem Fahrer als auch dem Zulassungsbesitzer Strafen. Denn dann wurde ein „offensichtlich nicht verkehrs- und betriebssicheres" Fahrzeug überlassen.

Regelungen in der Schweiz

In der Schweiz ist, wie in Österreich, **für gebremste und für ungebremste Anhänger** ein Abreißseil vorgeschrieben. In der Verordnung über die technischen Anforderungen an Strassenfahrzeuge heißt es in Art. 189: „Die Bremse muss selbsttätig wirken, wenn sich der Anhänger unbeabsichtigt vom Zugfahrzeug löst. Ausgenommen davon sind Anhänger, deren Gesamtgewicht 1,5 t nicht übersteigt und die mit einer zusätzlichen Sicherheitsverbindung nach Absatz 5 ausgerüstet sind. (…) Bei Anhängern ohne Betriebsbremsanlage ist eine zusätzliche Sicherheitsverbindung (Seil, Kette) mit dem Zugfahrzeug erforderlich."
Die Praxis ist hier jedoch eine andere als in Deutschland: Ein Überwerfen der Abreißleine über die Anhängekupplung ist in der Schweiz nicht gestattet, das Seil muss auf jeden Fall über eine feste Öse mit dem Zugfahrzeug verbunden werden.
Laut Straßenverkehrsamt ASTRA wurden die Bedingungen für Touristen inzwischen allerdings ein wenig gelockert:

- Bei abnehmbaren Anhängekupplungen mit integrierter Öse darf das Sicherungsseil an der Öse befestigt werden.
- Gibt es an der abnehmbaren AHK keine integrierte Öse und wäre eine Nachrüstung „nicht zumutbar", ist es ausnahmsweise erlaubt, das Seil an einer „Hollandöse" zu befestigen.

Dass jemand für den Urlaub eine Öse anschweißen lässt oder in den Stoßfänger ein Loch bohrt, um ein Drahtseil um den Holm der Anhängevorrichtung zu führen, wird also nun nicht mehr verlangt.

Regelungen in den Niederlanden

In den Niederlanden ist die Gesetzeslage deutlich klarer und strenger: **Für ungebremste Anhänger** ist eine Sicherungsverbindung vorgeschrieben, **für gebremste Anhänger** (also Wohnwagen und größere Nutzanhänger) eine sogenannte Reißbremsvorkehrung, die im Bedarfsfall die Bremse auslöst. Das ist in Art. 5.18.34-2 der Anordnung zur Durchführung des Straßenverkehrsgesetzes geregelt. Das Abreißseil oder eine Kette müssen hierbei über einen Bügel oder eine Öse fest mit dem Zugfahrzeug bzw. der Kupplung verbunden sein. Ein Überwerfen über die Kupplung ist nicht gestattet. Das direkte Einhaken des Federhakens in eine vorhandene Öse wird laut ANWB in den Niederlanden geduldet, hiervon raten wir aus den genannten Gründen jedoch dringend ab.
Die korrekten Anbringungsversionen des Abreißseils sehen laut den niederländischen Vorschriften also wie folgt aus:

- Den Federhaken durch die Öse oder Schelle sowie um die Anhängekupplung führen und am Abreißseil einhaken.
- Alternativ einen Karabinerhaken aus Stahl (mind. 6 mm stark) in die Öse einhaken. Dann den Federhaken durch den Karabiner sowie um die AHK führen und am Abreißseil einhaken.

Ist an der Anhängekupplung oder am Fahrzeug keine geeignete Öse vorhanden, kann eine spezielle Schelle nachgerüstet werden. Diese „Hollandöse" ist auch für abnehmbare Anhängekupplungen zugelassen.

Lesetipp

Befestigung des Abreißseils in den Niederlanden
camper.st/abreissseil-anwb

Das Camping-fahrzeug abstützen und ausrichten

Bist du erst einmal auf dem Camping- oder Stellplatz angekommen, stellst du dein Fahrzeug ab und gehst dann an die „Feinjustierung". Beim Wohnwagen brauchst du Stützen, um ihn abgekuppelt im Gleichgewicht zu halten. Denn sonst wird es im Inneren wackelig oder das ganze Heck kippt nach unten, wenn du den Caravan betrittst. Wohnmobile besitzen ja bereits mindestens vier Räder und stehen damit meist recht stabil. Aber auch hier sorgt ein Stützensystem für die Extraportion Komfort und Standsicherheit, gerade bei etwas unebenen Untergründen.
Außerdem solltest du dein Fahrzeug ausrichten („nivellieren"), damit du es gemütlich hast und alle Komponenten einwandfrei funktionieren. Sei beim Wohnwagen dabei besonders vorsichtig: Wenn du diesen mit den Stützen anhebst, wirken ungeahnte Kräfte auf Boden und Chassis ein. Im schlimmsten Fall, vor allem bei häufigerem Einsatz, kann sich das Fahrgestell verziehen und es entstehen Schäden am Aufbau.

Die verschiedenen Stützensysteme

Mechanische Stützen Caravans sind standardmäßig mit vier mechanischen Stützen („Steckstützen") ausgestattet, die an den Ecken des Fahrzeugs sitzen und von Hand hoch- und heruntergekurbelt werden. Diese Stützensysteme sind in unterschiedlichen Varianten und Belastungsgraden für alle Wohnwagen-Chassis erhältlich und können meist problemlos ausgetauscht bzw. nachgerüstet werden. Bei Wohnmobilen sind mechanische Stützen ebenfalls als nachrüstbare Ausstattung erhältlich. Zum Aus- und Einfahren benutzt du eine Kurbel, die ähnlich wie eine Markisenkurbel gebaut ist und genauso eingesetzt wird.

Elektrische Stützen Deutlich komfortabler läuft das Ganze bei Stützensystemen mit Elektromotor ab. Hier fahren die Stützen auf Knopfdruck aus – für Menschen mit eingeschränkter Mobilität oder Rückenproblemen wie auch für Camper, die häufig den Standort wechseln, ein unschätzbarer Vorteil!
Ein weiteres Plus dieser Variante: Fahrzeuge mit elektrischen Stützen können näher an Hecken oder anderen Parzellenbegrenzungen geparkt werden, da du keinen Platz mehr fürs Kurbeln einplanen musst.

Hydraulische Stützen Die Königsklasse unter den Stützensystemen und bei Caravans noch relativ neu. Das System besteht aus zwei Hauptstützen an der Achse und vier Eckstützen, die per Bedienpanel, kabellosem Touchscreen oder Smartphone gesteuert werden. Die Stützen fahren per Knopfdruck aus und der Caravan wird innerhalb kürzester Zeit perfekt aufgestellt und nivelliert.
Bei Wohnmobilen findest du ein etwas breiteres Angebot. Auch diese Systeme bieten in der Regel eine automatische Nivellierungsfunktion, teilweise gibt es weitere Features wie eine integrierte Waage für die Kontrolle der Gewichtsgrenzen und der optimalen Ladungsverteilung.

Das Fahrzeug ausrichten

Wohnwagen Beim Ausrichten des Caravans passieren die häufigsten Fehler, denn noch immer denken viele Camper, dass die Stützen auch zum Nivellieren verwendet werden dürfen. Das ist (außer bei einem einzigen hydraulischen Modell) nicht der Fall und kann das Fahrzeug nachhaltig beschädigen! Gehe also stets wie folgt vor:

1. Wohnwagen auf der Parzelle abstellen.
2. Ausrichtung mit einer im Fahrzeuginneren (möglichst in Achsnähe) aufgelegten kleinen Wasserwaage oder einer App prüfen.
3. Eine eventuelle Schräglage in der Querachse („Hängen" auf einer Seite) über einen Auffahrkeil unter dem betroffenen Rad ausgleichen.
4. Mit dem Stützrad den Wohnwagen in der Längsachse ausrichten.
5. Bei stärker abfallendem Gelände kann eine Nivellierung über einen zweiten Auffahrkeil am anderen Caravan-Rad nötig werden; deshalb die Keile am besten gleich im Doppelpack kaufen.
6. Stand erneut über die Wasserwage prüfen.
7. Bei Bedarf die Position des Wohnwagens auf den Auffahrkeilen korrigieren und am Stützrad nachjustieren.
8. Sobald alles passt, die Stützen herunterkurbeln, bis sie festen Bodenkontakt haben.
9. Die Stützen keinesfalls so weit ausfahren, dass sich der Wohnwagen anhebt!

Wohnmobil Beim Wohnmobil geht das Ausrichten schneller und unkomplizierter. Durch ihre zwei, manchmal sogar drei Achsen besitzen die Fahrzeuge im Stand schon eine Grundstabilität und halten sich meist von Haus aus einigermaßen gerade. Deshalb genügt es bei leichtem Gefälle oder kleineren Unebenheiten, mit Auffahrkeilen zu arbeiten – und quasi im Handumdrehen ist das Fahrzeug „bewohnbar".
Wenn du es ganz stabil möchtest und/oder ein Wohnmobil mit langem Überhang besitzt, kannst du durch Stützen am Heck nachhelfen – das macht bei Fahrzeugen in Durchschnittsgröße aber kaum jemand. Für das absolute Plus an Komfort sorgen die bereits erwähnten hydraulischen Stützensysteme, die dein Fahrzeug innerhalb kürzester Zeit wie von Zauberhand in die Waage bringen, während du dich schon mal entspannen und zurücklehnen kannst.

Vorzelt und Markise sichern

Du hast dich bereits entschieden, welcher Wetterschutz der richtige für dich ist? Vielleicht stehst du sogar schon in den Startlöchern für deinen ersten Campingtrip? Dann haben wir eine gute und eine schlechte Nachricht für dich. Die schlechte zuerst: Es ist nur eine Frage der Zeit, bis dich unterwegs ein Unwetter erwischt. Und die gute: Es gibt effektive Möglichkeiten, dein Vorzelt oder deine Markise so zu sichern, dass der Vorbau nicht gleich beim ersten Lüftchen davonsegelt.

Ausrüstung

Heringe, Erdnägel oder Schraubhaken
Für die Befestigung im Boden gibt es viele Optionen, vom einfachen Zelthering mit oder ohne Profil bzw. Haken über stabile Erdnägel bis hin zu ausgeklügelten Schraubsystemen aus Metall oder bruchsicherem Kunststoff. Wir selbst schwören auf letztere Variante. Sie bietet zuverlässigen Halt in der Erde, auch bei verschiedenen Untergründen (dann ggf. mit Vorbohren), und die Haken lassen sich mit einem kleinen Akkuschrauber ganz einfach und schnell anbringen. Zudem verursachen sie beim versehentlichen Drauftreten, selbst barfuß, keine Verletzungen.

Ankerplatten Für zusätzliche Stabilität sorgen sogenannte Anker- oder Bodenplatten, mit denen die Füße der Markise oder das Gestänge des Vorzelts fixiert werden.

Sturmbänder Diese Bänder, auch Sturmverspannung, Sturmabspannung oder *Tie Down* genannt, sind fast immer im Set mit weiterem Zubehör wie Heringen und Spannfedern erhältlich. Sie bestehen in der Regel aus breiten Nylongurten mit Längenverstellung und

Verschlüssen oder Haken. Eine Sturmband-Variante sind Gurte, die über das Vorzelt gespannt werden. Hier solltest du allerdings durch einen zusätzlichen Scheuerschutz dafür sorgen, dass durch die natürlichen Bewegungen im Wind keine Schäden an der Plane entstehen.
Achtung: Bitte nicht verwechseln mit den normalen Abspannseilen oder -gurten, die serienmäßig bei Markisen und Vorzelten mitgeliefert werden. Diese sind nicht für die Sturmsicherung geeignet!

Markierungen Die meisten Sturmbänder und Abspannleinen sind schwarz – was sie in der Dämmerung oder Dunkelheit zu fiesen Stolperfallen machen kann. Bitte statte daher sämtliche Bänder z.B. mit bunten Stofffetzen, Reflektoren, Glow-in-the-Dark-Bändern oder ähnlichen Markierungen aus, damit es nicht zu Unfällen kommt.

Panzertape/Flickzeug Sollte wirklich mal ein Malheur passieren und deine Plane einreißen, ist es empfehlenswert, sie mit Panzertape oder Flickzeug möglichst schnell (zumindest kurzfristig) wieder abzudichten. Sonst kann sich der Riss bei weiterer Wind- oder Regeneinwirkung stetig vergrößern.

Gummi- oder Zimmermannshammer Bei härteren Böden können Heringe und Erdnägel oftmals nicht von Hand versenkt werden. Deshalb solltest du auf jeden Fall einen Hammer an Bord haben. Der Klassiker ist sicherlich der Gummihammer. Noch praktischer finden wir einen Zimmermannshammer, denn damit kannst du die Heringe beim Abbau auch wieder herausziehen.

Akkuschrauber oder Ratsche Um Schraubheringe bequem einzudrehen, bietet sich ein passender Akkuschrauber an, alternativ eine Ratsche mit Nuss.

Tritt oder Leiter Nicht nur für kleinere Menschen sind diese Hilfsmittel beim Aufbau von Vorzelten und insbesondere Sackmarkisen empfehlenswert. Nicht nur ist es einfach komfortabler, wenn man sich nicht ständig strecken muss, sondern man kann dieses Helferlein auch prima nutzen, um die Planen von oben zu reinigen und von Schnee oder Wasser zu befreien.

Das Schicksal nicht herausfordern
Die genannten Maßnahmen werden allgemein unter dem Begriff „Sturmsicherung" geführt. Gemeint ist aber in erster Linie der Schutz vor „normalen" Unwettern. Sollten für deine Region echte Stürme, Orkanböen, heftige Gewitter oder Starkregen vorhergesagt werden, baue dein Vorzelt oder deine Markise bitte rechtzeitig(!) ab. Ganzjahres- oder Winterzelte sind etwas strapazierfähiger und überleben auch mal kräftigere Windstöße, bei Markisen oder Sommervorzelten sieht das etwas anders aus. In der Regel sind bei Standardmodellen weder die Planen noch die Gestänge für extreme Wetterereignisse konzipiert. Und einfache Sonnensegel oder -vordächer sollten aufgrund ihrer instabilen Konstruktionsweise immer auch vor kleineren Unwettern demontiert werden.

Neben der Gefahr für andere, die durch umherfliegende Teile verursacht wird, können auch an deiner eigenen Ausrüstung oder am Fahrzeug schwere Schäden entstehen – z.B. wenn die Dachmarkise mit aller Wucht nach oben gerissen wird. War das Unwetter vorhersehbar, kann die Versicherung die Regulierung eines solchen Schadens ablehnen.

Gute Vorarbeit ist die halbe Miete

Egal ob Vorzelt oder Markise: Bei allen Varianten müssen die Gestänge gut ausgespannt und die Planen gestrafft sein. Nur so läuft das Wasser optimal ab und der Wind hat weniger Angriffsfläche. Bei Markisen ist es zudem ratsam, sie etwas „schief" aufzubauen, also auf einer Seite höher als auf der anderen, damit sich keine Wassertaschen bilden.
Für Vorzelte gibt es als optionales Zubehör sogenannte Orkangestänge, die aus strapazierfähigerem Material und mit größerem Durchmesser gefertigt sind. Falls du ganzjährig oder auch mal in stürmischeren Phasen unterwegs sein möchtest, ist dies sicherlich eine lohnenswerte Anschaffung.

Aufbauen und Abspannen

Der richtige Aufbau ist der erste Schritt zu einer gewissen Grundstabilität bei Vorzelten und Markisen.

1. Achte zunächst darauf, dass dein „Vorbau" nicht direkt zur Wetterseite zeigt.

2. Danach gehst du Schritt für Schritt nach der Herstelleranleitung vor.

3. Sobald alles soweit sitzt, geht es an die Befestigung: Zunächst fixierst du die Markisenfüße, Planen und Reißverschlussenden an den entsprechenden Ösen mit Heringen oder Schraubhaken. Besonders gut halten Zelt- und Markisenfüße mit Ankerplatten, die ebenfalls im Boden befestigt werden.

4. Dann bringst du die normalen Abspannseile an, um die Planen abschließend

glattzuziehen und die Gestänge zusätzlich zu stabilisieren.

5. Nun kommen die Sturmbänder zum Einsatz: Je nach System werden diese eingehakt oder per Klickverschluss mit allen vorgesehenen Ankerpunkten verbunden und ebenfalls mit Heringen o.Ä. sowie der Spannfeder am Boden fixiert– idealerweise nach vorne und zur Seite hin.

6. Zu guter Letzt die Gurte anziehen und arretieren. **Achtung:** Bitte halte dich bei der Anbringung der Sturmbänder genau an die Angaben deines Zelt- oder Markisenherstellers, da sich die Empfehlungen teilweise unterscheiden. Die einen raten, die Gurte stramm zu spannen, bei den anderen sollen sie nicht komplett „auf Zug" sein, sondern nur ein Abheben des Vorbaus verhindern.

7. Beim Vorzelt sowie bei Markisen mit Seitenteilen solltest du bei kräftigerem Wind zudem alle Öffnungen (Fenster, Eingang) gut verschließen, damit keine Böe in den Innenraum fegt und das Zelt abheben lässt.

Auf Qualität achten

Wie bei vielen anderen Ausrüstungsgegenständen gilt auch hier: Wer gute Qualität kauft, hat länger Freude daran. Achte daher auf hochwertige Materialien. Diese haben zwar ihren (Anschaffungs-)Preis, zahlen sich aber langfristig vielfach aus.

FENDT
CARAVAN
FENDT
CARAVAN
Entdecker
BIANCO
435

Bei Gewitter

Sind Wohnmobile und Wohnwagen vor Blitzeinschlägen geschützt? Diese Frage stellen sich viele Camper – und sie ist mit einem klaren „Jein" zu beantworten. In erster Linie kommt es nämlich darauf an, aus welchen Materialien dein Fahrzeug besteht, wo genau du dich aufhältst und welche Vorkehrungen du insgesamt getroffen hast. Nur sehr wenige Blitze schlagen tatsächlich ein, und uns sind bislang auch keine Fälle bekannt, in denen Camper im Innenraum ihrer Mobile dabei zu Schaden gekommen wären. Dennoch ist es wichtig, bei Gewittern einige Verhaltensregeln zu beachten.

Die 30/30-Regel

Um abzuschätzen, wie weit ein Gewitter entfernt ist (und damit die Blitze), zähle die Sekunden, die zwischen der visuellen Wahrnehmung des Blitzes und dem hörbaren Donnergrollen vergehen: Wenn es etwa 30 Sek. sind, spielt sich das Gewitter in ca. 10 km Entfernung ab. Ab diesem Moment solltest du einen sicheren Ort aufsuchen und diesen bis 30 Min. nach dem letzten wahrgenommenen Donner nicht mehr verlassen. Denn erst dann ist das Gewitter wirklich vorbei.

Wahl des Standorts Blitze suchen sich meist freistehende, hohe Objekte, z.B. Bäume. Während die Gefahr eines Einschlags in einem dichten, gleichmäßig bewachsenen Wald eher gering ist, stellen also einzelne Bäume ein hohes Risiko dar. Generell ist es jedoch nicht ratsam, bei Unwettern direkt unter Bäumen zu stehen: Durch Starkregen oder Windböen können Äste brechen und auf dein Fahrzeug herunterfallen. Hügel sowie große freie Flächen oder Küstenstreifen solltest du ebenfalls meiden.

Aufenthalt im Fahrzeug – ja oder nein? Ob du im Inneren deines Campingmobils sicher bist, hängt davon ab, ob der Aufbau aus Glasfaserkunststoff (GFK, s. S. 133) oder aus Metall ist.
Kastenwagen und Campingbusse sind durch ihre Metallkarosserie sehr sicher, ebenso Wohnwagen und Wohnmobile mit Aluminium-Aufbau. Hier bildet die Außenhülle, wie beim PKW, einen sogenannten Faradaykäfig. Bei diesem physikalischen Phänomen wird durch eine elektrisch-leitfähige Hülle um ein hohles Objekt herum ein elektromagnetisches Feld erzeugt, das stärker ist als das im Innenraum. Das elektromagnetische Feld fängt die elektrische Ladung eines einschlagenden Blitzes ab, führt sie an der Hülle entlang und gibt sie an den Boden ab, in diesem Fall über die Felgen. Die nicht leitfähigen Reifen werden durch die geringe Distanz zwischen Felge und Boden überbrückt. So bleibt das Innere des „Käfigs" von der eintreffenden Energie verschont.
Besitzt das Fahrzeug eine Kunststoffbeplankung, die jedoch auf einem „Metallgerippe"

angebracht ist, greift ebenfalls das Prinzip des Faradaykäfigs.
In Freizeitmobilen mit GFK-Aufbau hingegen könnte dich der Blitz theoretisch durch den Aufbau hindurch als „Zwischenstation" auf dem Weg zum Boden nutzen, da GFK nicht elektrisch leitfähig ist.
Bei Wohnmobilen ist es daher empfehlenswert, dich während eines Gewitters in die Fahrerkabine zurückzuziehen (diese besteht ja in der Regel aus Metall), beim Wohnwagen solltest du das Zugfahrzeug nutzen.

Vorsicht ist besser als Nachsicht
Wenn ein Gewitter naht, gehst du am besten wie folgt vor:

1. Ist dein Camper aus reinem GFK, suche Gemeinschaftsräume, Sanitäranlagen oder einen sicheren Unterstand auf. Andernfalls begib dich zügig in dein Fahrzeug.
2. Halte dich nicht im Vorzelt oder unter der Markise auf, und falls du diese nicht rechtzeitig abbauen konntest (s. S. 363), gehe jetzt kein Risiko mehr ein.
3. Schalte deine Elektrogeräte aus und fahre die Sat-Schüssel oder andere Antennen ein.
4. Schließe Türen, Fenster, Hub- oder Klappdächer.
5. Trenne die 230-V-Stromversorgung, damit es nicht zu Überspannungen kommt, und lege das Kabel etwas entfernt vom Fahrzeug ab.
6. Verzichte auf Duschen oder Abwaschen.
7. Halte deinen Kopf vom Dachbereich fern, ganz gleich ob sitzend, liegend oder stehend.
8. Berühre keine metallischen Gegenstände, die mit der Karosserie verbunden sind.

Unwetter- und Hagelschäden – was nun?

Sowohl auf Reisen als auch bei längeren Standzeiten sind Campingfahrzeuge immer wieder mitunter heftigen Wettereinflüssen ausgesetzt. Während Stürme das ganze Jahr über möglich sind, haben Hitzegewitter und Hagelunwetter von April bis September Hauptsaison. Dabei können Wohnwagen und Wohnmobil ganz schön in Mitleidenschaft gezogen werden.
Im Versicherungsbereich spricht man hierbei von Elementarschäden und meint im Allgemeinen Schäden durch

- Sturm
- Hagel
- Blitzschlag
- Erdbeben
- Lawinen, Muren (Schlammlawinen), Dachlawinen
- Überschwemmungen
- Vulkanausbrüche

Solche Schäden werden durch die Teilkaskoversicherung abgedeckt. Da Elementar- und speziell Hagelschäden die häufigsten Schäden an Wohnmobilen und Wohnwagen sind, lohnt es sich, über den Abschluss einer solchen nachzudenken (s. S. 106).

Vorher informieren, sonst schaust du in die Röhre

„Anbauten" wie Markise oder Vorzelt müssen dem Versicherungsanbieter vorab als Zubehör angezeigt worden und im Neuwert des Fahrzeugs berücksichtigt sein. Zudem muss die Markise oder das Vorzelt zum Zeitpunkt des Schadens fest mit dem Wohnwagen oder dem Wohnmobil verbunden, sprich: aufgebaut gewesen sein. Befand sich das Objekt nur lose im Fahrzeug, würde lediglich eine Inhaltsversicherung greifen (s. S. 107).

Achtung: Starkregen wird versicherungsrechtlich anders betrachtet als z.B. eine Überschwemmung und ist daher meist keine in der Teilkasko versicherte Gefahr! Ist es beispielsweise durch heftige Regenfälle am Dach des Vorzeltes oder der Markise zu einer Wassersackbildung gekommen und die Ausstattung ist dadurch beschädigt worden, benötigst du für die Schadenregulierung in der Regel eine Vollkaskoversicherung.

Regulierung von Elementarschäden

1. Falls es dein Fahrzeug „erwischt" hat, melde die Schäden möglichst zeitnah der Versicherung. Außerdem ist es – wie bei einem Unfall (s. S. 371) – immer empfehlenswert, alles genau zu dokumentieren. Lege dir also Notizen über Zeitpunkt, Ort und Art der Vorgänge an und halte möglichst viel in Skizzen oder Fotos fest.
2. Sobald der Schaden der Versicherung gemeldet ist, informiert diese dich über das weitere Vorgehen. Vor allem bei größeren Schäden wird ein Gutachter geschickt, der beurteilt, welche Kosten für eine Reparatur angemessen sind.
3. Innerhalb der vom Gutachter ermittelten Summe bekommst du als Versicherungsnehmer die Reparatur erstattet.

Keine finanziellen Nachteile durch die Regulierung

Bei der Teilkaskoversicherung gibt es, anders als bei Haftpflicht- und Vollkaskoversicherung, keine Schadenfreiheitsklassen, sodass sich dein Versicherungsbeitrag bei der Abrechnung eines Teilkaskoschadens nicht erhöht.

Fiktive Abrechnung bei Hagelschäden

Campingfahrzeuge sind aufgrund ihrer Bauweise besonders anfällig für Hagelschäden. Manche Versicherungen legen darum für diese Art von Schäden eine gesonderte Selbstbeteiligungsgrenze fest. Hier solltest du also bereits bei Versicherungsabschluss genau aufpassen. Auch ein Blick auf die Höchstentschädigungsgrenzen lohnt sich! Andererseits gibt es bei vielen Versicherern Rabatte, wenn dein Fahrzeug ein widerstandsfähiges GFK-Dach besitzt, weil es dadurch weniger anfällig für Hagelschäden ist. Frage auch hier am besten gezielt nach.

Bei Hagelschäden hast du die Möglichkeit einer sogenannten fiktiven Abrechnung. Das bedeutet: Bis zu einer von einem Gutachter festgelegten Höchstentschädigungsgrenze erhältst du auch dann Geld von der Versicherung, wenn du den Schaden nicht, nicht vollständig oder nicht fachgerecht reparieren lässt. Voraussetzung ist, dass der Schaden rein optischer Natur ist (also nicht z.B. eine Dachluke durchschlagen wurde) und sich nicht auf die Fahrsicherheit auswirkt.

Überlege dir genau, ob eine fiktive Abrechnung für deinen Schaden wirklich geeignet ist: Neben den unschönen Dellen, die das Mobil dabei natürlich zurückbehält, wird der Versicherungsfall in einer zentralen Datenbank hinterlegt. Du kannst dann für dieses Fahrzeug nicht noch einmal einen Hagelschaden abrechnen – auch nicht, wenn du die Versicherung wechselst.
Der Grund dafür ist, dass der eigentliche Sinn und das Interesse der Versicherung natürlich im Erhalt bzw. in der Wiederherstellung eines intakten Fahrzeugs liegt. Sie möchte also nicht wiederholt Kosten erstatten, wenn das Geld nicht dem versicherten Fahrzeug zugutekommt. Zum anderen ist bei einem weiteren Hagelschaden schwer festzustellen, welche Beschädigungen tatsächlich neu dazugekommen und welche bereits vorhanden waren – oder ob bestehende Schäden die neuen Schäden vielleicht sogar begünstigt haben. Die Versicherung kann also nicht mehr beurteilen, welche Erstattung angemessen ist und ob sie nicht am Ende „doppelt" für den ersten, nicht reparierten, aber erstatteten Hagelschaden zahlt.

Nicht immer lohnend

Eine fiktive Abrechnung ist grundsätzlich auch bei anderen Arten von Schäden möglich, jedoch bietet sie sich hier meist nicht an. Denn es muss sich in einem solchen Fall ja um reine „Schönheitsreparaturen" handeln, welche die Fahrtüchtigkeit nicht beeinträchtigen, aber trotzdem so hohe Reparaturkosten verursachen, dass sich eine Abrechnung über die Versicherung lohnt.

FENDT
CARAVAN
100
Entdecker
435

Unfall – was nun?

Natürlich hoffen wir alle, dass der *worst case* niemals eintritt und du immer sicher und gemütlich mit deinem Fahrzeug unterwegs bist. Dennoch solltest du dich mit den wichtigsten Verhaltensregeln bei einem Unfall auseinandergesetzt haben, bevor du ins erste Camper-Abenteuer startest. Am besten archivierst du die entsprechenden Informationen so, dass du sie im Fall des Falles schnell zur Hand hast.
Mit der nachfolgenden Checkliste wollen wir dir helfen, auch in stressigen Situationen den Überblick zu behalten– denn schon ein kleines Versäumnis, z.B. bei der Unfallaufnahme, kann sich nachträglich negativ für dich auswirken.

Kühlen Kopf bewahren
Als Unfallverursacher solltest du am Unfallort keinesfalls ein vorschnelles Schuldanerkenntnis abgeben. Ziehe zur Klärung der Schuldfrage besser die Polizei hinzu und lasse den Unfall korrekt aufnehmen.
Außerdem musst du den Schaden schnellstmöglich deiner Versicherung melden. Am besten kontaktierst du sie noch am selben Tag, spätestens aber am Folgetag telefonisch – dann erhältst du auch Infos zur weiteren Vorgehensweise.
Mit der eigentlichen Arbeit beginnt dein Versicherer jedoch erst, wenn du den Schaden auch schriftlich gemeldet hast. Dann werden der Unfallhergang und der dabei entstandene Schaden genauestens unter die Lupe genommen. Eventuell ist es auch ratsam, einen Anwalt für Verkehrsrecht hinzuzuziehen.

Lesetipp

Weitere Infos und Checkliste zum Herunterladen
camper.st/unfall-checkliste

Unfall-Checkliste

- Unfallstelle sichern
- bei Bagatellschaden: Fahrzeuge aus der Gefahrenzone entfernen
- bei Unfall mit Verletzten: Notruf wählen (Euro-Notruf: 112)
- ggf. Erste Hilfe leisten
- Polizei informieren
- nach Unfallaufnahme Kopie des Unfallberichts aushändigen lassen
- darauf achten, dass sich keiner der Beteiligten vom Unfallort entfernt
- Daten des Unfallgegners aufnehmen: Name, Adresse, Kfz-Kennzeichen, Haftpflichtversicherung
- Kontaktdaten von Zeugen erfassen: Name, Adresse, Telefon/E-Mail
- Persönliche Daten abgeben: Name, Adresse, Kfz-Kennzeichen, Haftpflichtversicherung, Versicherungsnummer
- Unfallhergang genau dokumentieren: Uhrzeit und Unfallort, entstandener Schaden, Fotos oder Skizzen anfertigen (wichtig!)
- Transport des Fahrzeugs zur Werkstatt o. Ä. organisieren – idealerweise hast du dafür einen Schutzbrief (s. S. 106)
- Versicherung informieren
- Bank oder Leasinggeber informieren
- Arzt aufsuchen und Attest ausstellen lassen, auch bei nicht sofort erkennbaren oder vordergründig nur „leichten" Verletzungen – dies kann für spätere Schadenforderungen wichtig sein.

Dein Camping-Wörterbuch

Abreißseil
Stahlseil mit Kunststoffummantelung an der Deichsel des Wohnwagens. Wird als Sicherungsvorrichtung am Zugfahrzeug angebracht und sorgt dafür, dass die Bremse des Anhängers betätigt wird, falls dieser sich versehentlich vom Zugfahrzeug löst.

Abspannen
Vorgang des Straffziehens, Befestigens und Sicherns von Zelten, Vorzelten, Sonnensegeln oder Markisen. Planenecken und -kanten werden über Seile oder Gurte an verschiedenen Stellen mit Hilfe von Heringen mit dem Boden verbunden und fest verankert.

Antischleudersystem (elektronisch)
Quasi das ESP für den Wohnwagen. Kontrolliert mit Hilfe von Sensoren die Bewegungen des Wohnwagens und greift automatisch durch sanftes Bremsen ein, wenn es zu Schlinger- oder Pendelbewegungen kommt. Sinnvolle Ergänzung zur → *Antischlingerkupplung.*

Antischlingerkupplung
Sicherheitsvorrichtung an der Deichsel des Wohnwagens, die das Gespann durch mechanische Einwirkungen während der Fahrt stabilisiert. In Form eines großen „Hebels" über der Originalkupplung des Wohnwagens verbaut. Im Inneren sitzen sogenannte → *Reibbeläge*, die ähnlich wie kleine Bremsbeläge arbeiten.

Antischlingersystem (elektronisch)
s. → *Antischleudersystem*

Auflaufbremse
Vor allem bei Anhängern bis 3,5 t zu finden, die keine eigene hydraulische Bremsanlage besitzen, z.B. Wohnwagen. Bremst das Zugfahrzeug, wird durch den „auflaufenden" Anhänger mechanischer Druck auf das Bremsgestänge ausgeübt, das wiederum mit den Trommelbremsen verbunden ist und die Bewegungsenergie so in Bremskraft umwandelt.

Deichselschloss
Sicherung für Wohnwagen in Form eines massiven Metall-„Kastens" oder -Aufsatzes, der die Originalkupplung des Caravans umschließt. Hilft gegen schnelles unbefugtes Ankuppeln, kommt jedoch in der Regel gegen Diebe mit schwerem Gerät nicht an und sollte deshalb mit anderen Sicherungsmaßnahmen kombiniert werden.

Elementarschäden
Versicherungsjargon für Schäden, die durch die Natur verursacht werden, z.B. Sturm, Erdbeben, Unwetter, Lawinen, Vulkanausbruch etc. Bei Campingfahrzeugen sind vor allem → *Hagelschäden* weit verbreitet.

Faradaykäfig
Bezeichnet eine rundum geschlossene Hülle aus elektrisch leitfähigem Material (z.B. Metall). Der „Käfig" fängt die elektrische Ladung bei einem Blitzeinschlag ab und leitet sie an der Hülle entlang nach unten in den Boden ab. Personen im Inneren sind dadurch geschützt. Auch Autos bilden einen solchen Faradaykäfig, Wohnmobile und Wohnwagen je nach Material des Aufbaus.

Fiktive Abrechnung
Schaden (z.B. Hagelschaden) wird nach Erstellung eines Gutachtens von der Versicherung ausbezahlt, es findet jedoch keine Reparatur statt. Ist nur erlaubt, wenn es sich um „Schönheitsfehler" handelt. Vorteil: Das Geld bleibt in bar beim Versicherungsnehmer. Nachteil: Es können in der Regel für dieses Fahrzeug keine weiteren Schäden dieser Art geltend gemacht werden.

Gaswarner
Kleines Gerät, das bei austretendem Gas Alarm schlägt. Für verschiedene Gasarten (Propan, Butan, Kohlenmonoxid, Narkosegase) oder als Kombi-Geräte erhältlich.

GFK
Abkürzung für „glasfaserverstärkter Kunststoff", beschreibt einen Faser-Kunststoff-Verbund auf Basis von duroplastischen oder thermoplastischen Kunststoffen. Wird sehr viel im Wohnwagen- und Wohnmobilbau eingesetzt.

Hollandöse
Camperjargon für eine Schelle, die an der Anhängekupplung nachgerüstet werden kann, um das → *Abreißseil* korrekt am Zugfahrzeug zu befestigen. Unsere niederländischen Nachbarn waren die ersten, die hierzu konkrete gesetzliche Regelungen erlassen haben – und damit mussten natürlich entsprechende bauliche Lösungen gefunden werden: Die „Hollandöse" war geboren.

Inhaltsversicherung
Greift bei Beschädigung, Zerstörung oder Verlust von losen Teilen, die im Campingfahrzeug transportiert werden (z.B. Elektronik, Reisegepäck, Sportausrüstung, Fahrräder), durch Brand, Explosion, Diebstahl, Raub, Unwetter etc. Achtung: Bargeld, Geldkarten, Wertpapiere und Schmuck sind grundsätzlich ausgenommen und die genannten Gegenstände sind nur innerhalb des Fahrzeugs versichert!

Panzertape
Starkes Gewebeband, mit dem sich Zeltplanen, Jacken, Fahrzeugteile oder auch Schnittwunden notdürftig flicken lassen, bis anderweitig Abhilfe geschaffen werden kann.

Radkralle
Sicherung für Anhänger und motorisierte Fahrzeuge, die an einem oder mehreren Rädern angebracht wird und diese blockiert. Wie das → *Deichselschloss* in erster Linie als Schutz gegen schnellen Zugriff geeignet.

Reibbeläge
Kleine Kunststoffscheiben, die in der → *Antischlingerkupplung* wie eine Art Bremsbeläge wirken. Müssen bei häufiger Wohnwagennutzung ab und an gereinigt oder ausgetauscht werden (als Ersatzteile im Fachhandel erhältlich).

Steckstützen
Manuell zu bedienendes, in der Regel serienmäßig verbautes Stützensystem für Wohnwagen. An allen vier Ecken des Fahrzeugs angebracht. Werden mit einer Kurbel hoch- und heruntergedreht. Daher auch Drehstützen, Ausdrehstützen oder Kurbelstützen genannt.

Sturmband
Nylongurt, meist mit Haken, Ösen und/oder Feder, der am Vorzelt oder der Markise befestigt und im Boden verankert wird. Schützt den Vorbau vor Unwettern und Wind.

Stützenschloss
Sicherung, die an Wohnwagenstützen angebracht wird und das unbefugte Hochkurbeln der Stützen (und damit ein Wegschleppen des Gefährts) verhindern soll.

AL-KO

AL-KO ATC

9

Nach der Saison

Das Campingfahrzeug einwintern

Falls du nach der „warmen" Saison nicht sofort wieder zum Wintercamping (s. S. 321) aufbrechen willst, solltest du dein Fahrzeug vor dem ersten Frost auf die kalten Tage und die lange Standzeit vorbereiten. Eine Grundreinigung gehört hier ebenso zum Programm wie das Ausräumen der Vorräte und vor allem das sorgfältige Ablassen aller Wasserreste. Es ist wichtig, Feuchtigkeits- und Schimmelbildung vorzubeugen, damit in der nächsten Saison keine unangenehme Überraschung auf dich wartet.
Am besten gehst du hier nach einer festen Routine vor, um keinen essenziellen Schritt zu vergessen.

Im Innenraum

- ✓ Alle Lebensmittelvorräte ausräumen – so finden Mäuse und Insekten keine Nahrung und Flüssigkeiten können nicht einfrieren!
- ✓ Kühlschrank ausräumen, abtauen und putzen, evtl. Winterabdeckung für die Lüftung anbringen
- ✓ Kühlschranktür und Gefrierfachklappe mit Handtuch oder trockenem Lappen offen halten
- ✓ Kochnische und Herd säubern
- ✓ Möbel schonend reinigen, z.B. mit einer milden Seifenlauge
- ✓ Polster aufstellen oder etwas unterlegen, damit die Luft darunter besser zirkulieren kann und sich kein Schimmel bildet
- ✓ bei einem Festbett: Bettkasten öffnen oder Matratze aufstellen
- ✓ Schränke ausräumen, Schranktüren und Fächer möglichst offenstehen lassen
- ✓ Heizung oder Heizungskasten säubern
- ✓ Feuchtigkeit ziehende Materialien herausräumen: Teppiche, Kleidung, Bettwäsche, Handtücher, Papier, Toilettenpapier etc.
- ✓ Bad gründlich putzen
- ✓ falls vorhanden: Bordbatterie abklemmen und frostsicher sowie trocken einlagern; alternativ die Batterie vor dem Winter vollständig aufladen und ggf. zwischendurch immer mal wieder nachladen
- ✓ Schlösser und Scharniere ölen/fetten
- ✓ Dichtungen mit Pflegemittel behandeln
- ✓ Wasseranlage winterfest machen: Alle Tanks mit Spezialflüssigkeiten reinigen und entleeren, dabei Warmwasserboiler, Duschkopf und Pumpen nicht vergessen, denn hier ist meist noch Restwasser vorhanden! Wasserleitungen mit Luftballon „ausblasen".
- ✓ 12-V-Bordnetz ausschalten, dann Wasserhähne und Ablassventile an Boiler oder Therme öffnen und offenstehen lassen
- ✓ Gas-Absperrhähne schließen

Von außen

- ✓ Außenwände gründlich reinigen (Radkästen nicht vergessen!) und ggf. konservieren
- ✓ Schäden am Aufbau ausbessern
- ✓ falls möglich: Unterbodenwäsche durchführen
- ✓ Fenster und Dachhauben sanft mit einem Schwamm oder einem weichen Tuch und speziellen schonenden Acrylglas-Reinigern säubern

Hörtipp

Fahrzeug einwintern (Podcast)
camper.st/podcast-einwintern

- Ventil an der Gasflasche zudrehen, Gas aus den Leitungen entweichen lassen, Schläuche entfernen
- falls möglich: Gasflaschen ausbauen und trocken lagern
- Markise/Vorzelt reinigen und trocknen
- bei fest installierter Markise: Gelenke fetten
- Antennen und Satelliten-Anlage von Schmutz befreien
- Fahrzeug gerade aufstellen, Unebenheiten mit Auffahrkeilen oder Unterlegbrettchen ausgleichen
- Reifendruck erhöhen; empfohlen werden bis zu 0,5 bar über dem üblichen Wert
- Fahrzeug mit „Böckchen" leicht anheben, um Räder und Achse zu entlasten und einem Standplatten vorzubeugen (Achtung: Räder sollen nicht „freidrehen"!)
- Diebstahlschutz anbringen

Speziell für Wohnwagen

- Handbremse, Kurbelstützen und Stützrad fetten
- Schutzhaube auf die Deichsel setzen
- evtl. Schutzhaube am Deichselkasten anbringen

Speziell für Wohnmobile

- Fahrzeugbatterie(n) vollständig aufladen
- Volltanken – wenn du das Wohnmobil auch während der Winterpause ab und zu nutzen möchtest, am besten mit Winterdiesel
- Bremsen „trocken laufen" lassen, dazu langsam ein Stück fahren und dabei vorsichtig bremsen
- Fahrzeug mit Keilen sichern, Unebenheiten ausgleichen und Handbremse lösen
- Frostschutz für Motor und Scheibenwaschanlage einfüllen
- Scheibenwischer nach vorne klappen: Die Gummilippen sollten nicht an der Scheibe anliegen.

Wiederkehrende To-dos

- Regelmäßig stoßlüften
- Fahrzeug zwischendurch bewegen, um Standschäden an Reifen und Achse zu vermeiden
- Batterie nachladen, z.B. mit mobilem Ladegerät
- kontrollieren, ob sich irgendwo Feuchtigkeit oder Schimmel bildet

Mit Bedacht zudecken

Falls du eine Abdeckplane nutzen möchtest, achte darauf, dass sie nicht direkt auf dem Fahrzeug aufliegt: Sonst kann die Luft nicht zirkulieren und es können sich Feuchtigkeit oder sogar Schimmel bilden!

Am besten wählst du atmungsaktives Material und legst kleine Klötzchen o. Ä. als Abstandhalter unter. Und auch hier über den Winter immer mal wieder nachsehen, ob sich unter der Plane etwas „ansammelt".

Das Campingfahrzeug temporär abmelden

Soll dein Wohnmobil nur von Frühjahr bis Herbst genutzt werden, gibt es zwei Möglichkeiten, um dabei Versicherungskosten und Steuern zu sparen: eine vorübergehende Abmeldung mit Ruheversicherung oder ein Saisonkennzeichen.

Ruheversicherung

Du kannst dein Wohnmobil zum Überwintern oder für eine längere Pause recht unbürokratisch abmelden und es später wieder zulassen. In diesem Fall endet die Versicherung nicht zwangsläufig automatisch, sondern geht bei vielen Anbietern in eine beitragsfreie Ruheversicherung über.
Die Ruheversicherung umfasst in der Regel eine Haftpflicht- und eine Umweltschadenversicherung. War dein Fahrzeug vorher kaskoversichert, laufen Teil- und Vollkasko ebenfalls weiter. Diebstahl ist über die Teilkasko mit abgesichert, die Vollkasko schützt dich zusätzlich vor „mut- oder böswilligen Handlungen Dritter", also z.B. Vandalismus. Die Ruheversicherung an sich ist beitragsfrei, es fallen jedoch Gebühren für die An- und Abmeldung des Fahrzeugs an (meist zwischen 20 und 40 Euro je Vorgang).

Üblicherweise muss die Ruheversicherung nicht extra beantragt werden: Die Zulassungsstelle meldet dem Versicherer automatisch die An- und Abmeldung, sodass du als Kunde in der Regel gar nicht direkt mit der Versicherung in Kontakt treten musst. Sobald du das Fahrzeug erneut anmeldest, wird der bestehende beitragspflichtige Versicherungsvertrag wieder aufgenommen.

Zur Wiederanmeldung brauchst du dann nur eine neue elektronische Versicherungsbestätigung (eVB) bei der Versicherung anzufordern. Einfach kurz anrufen, die Nummer wird häufig sofort durchgegeben.

Oft nicht bedingungslos

Nicht bei jedem Anbieter ist für alle Fahrzeugtypen der Abschluss einer Ruheversicherung möglich, und es kann Bedingungen geben, die für die Ruheversicherung erfüllt sein müssen: Bei manchen Anbietern ist das Fahrzeug beispielsweise während der gesamten abgemeldeten Zeit in einem Raum (Garage, Halle o. Ä.) oder auf einem umfriedeten Grundstück (Hof o. Ä.) unterzubringen. Vor der ersten Abmeldung solltest du daher unbedingt bei deinem Versicherer anfragen und diese Punkte abklären.

Bleibt ein Fahrzeug über einen längeren Zeitraum abgemeldet, endet die Versicherung – sowohl die Ruheversicherung als auch der normale Versicherungsvertrag – meist irgendwann automatisch. Dieser Zeitraum liegt häufig zwischen 12 und 18 Monaten.

Achtung: Die Abmeldung des Fahrzeugs ist kein „inoffizieller" Weg, um aus dem Versicherungsvertrag auszusteigen! Wird ein abgemeldetes Fahrzeug mit einer Versicherungsbestätigung eines anderen Versicherers nach Ablauf der Ruheversicherung wieder angemeldet, hat die alte Versicherung das Recht, den ursprünglichen Vertrag fortzusetzen. In diesem Fall müsstest du dann doppelt zahlen. Um eine ordentliche und fristgerechte Kündigung kommst du also nicht herum.

Sonderfall Neufahrzeug

Falls du dir ein Campingmobil zulegst, das vorher noch nicht zugelassen war und das du erstmal nicht nutzen möchtest, kannst du eine beitragspflichtige Ruheversicherung abschließen. Wirklich sinnvoll ist dieser Versicherungstyp jedoch nur, wenn du das Fahrzeug z.B. vor einer längeren Winterpause kaufst und die Zeit bis zur Zulassung überbrücken musst. Am besten lässt du dich in einem solchen Sonderfall ausführlich beraten, denn die Versicherungsbedingungen können sehr unterschiedlich ausfallen.

Saisonkennzeichen

Mit einem Saisonkennzeichen meldest du dein Fahrzeug nur für bestimmte Monate bei der Versicherung an – in der Regel von Frühjahr bis Herbst. Für die restlichen Monate bezahlst du nichts.
Die Kosten für ein Saisonkennzeichen richten sich ganz konkret nach der Anzahl der Nutzungsmonate. Wählst du beispielsweise März bis Oktober, wird die Versicherungssumme des ganzen Jahres auf genau diese Monate anteilig heruntergerechnet.

Der Zeitraum erstreckt sich dabei immer vom ersten Tag des gewählten „Startmonats" bis zum letzten Tag des „Endmonats" – in unserem Beispiel liefe das Saisonkennzeichen also vom 1. März bis zum 30. Oktober. Ein abweichendes Datum, z.B. die Monatsmitte, kann nicht gewählt werden.
Eine Änderung dieser Zeiträume ist prinzipiell möglich, hat aber ihre Nachteile. Wenn du die Monate des Saisonkennzeichens anpasst, muss das Fahrzeug z.B. bei der Zulassungsstelle umgemeldet werden, und das ist wieder mit Aufwand und Kosten (ca. 50–60 Euro pro Änderung) verbunden.

Übrigens: Auch mit Saisonkennzeichen kann in den Pausenmonaten die Ruheversicherung greifen – frag nach!

Nicht immer verfügbar
Wie die Ruheversicherung ist auch die Option des Saisonkennzeichens nicht bei jedem Anbieter für jede Fahrzeugart verfügbar. Vor allem als Wohnwagenbesitzer solltest du vorher abklären, ob diese Möglichkeit überhaupt besteht.

Das eigene Fahrzeug vermieten

Ein eigenes Campingfahrzeug ist kein ganz billiger Spaß, das weißt du längst. Und dabei stehen viele Freizeitfahrzeuge das meiste Jahr über ungenutzt herum – denn die wenigsten haben wie wir die Möglichkeit, immer mehrere Monate am Stück zu reisen. Anstatt deinen Camper also einzuwintern oder abzumelden, kannst du ihn nach der Saison oder natürlich auch im Frühjahr und Sommer zwischen deinen eigenen Reisen privat vermieten. Immer mehr Menschen gehen diesen Weg, um zumindest einen Teil der Kosten wieder einzuspielen.

Wie du persönlich dazu stehst, dein geliebtes Fahrzeug in fremde Hände zu geben, musst du mit deinem eigenen Bauchgefühl vereinbaren. Wir kennen beide Extreme: von den „Frauen und Wohnmobile verleiht man nicht"-Kollegen bis zu den Leuten, denen die Vermietung so viel Freude macht, dass im Laufe der Zeit sogar ein kleines Gewerbe mit mehreren Fahrzeugen daraus entstanden ist. Für beide Varianten gibt es jede Menge gute Argumente. Wenn du dir das private „Campersharing" vorstellen kannst, erfährst du hier, was dabei zu beachten ist.

Die Kalkulation

Im Gegensatz zum kostenlosen Verleihen eines Wohnmobils an Freunde oder Familie (s. S. 79) bekommst du für das Vermieten Geld. Du musst also zunächst einmal eine kleine Kalkulation erstellen, um deine Ausgaben und die möglichen Einnahmen zu errechnen.

1. Ungenutzte Tage zählen. Prüfe im ersten Schritt, wie viele Tage bzw. Wochen im Jahr das Mobil bislang ungenutzt auf seinem Abstellplatz stand und wie viele „Stehtage" es nach deinen aktuellen Planungen im kommenden Jahr werden.

2. Kosten ermitteln. Erfasse in einer Tabelle alle aktuellen Kosten rund um das Fahrzeug, also z.B.

- Anschaffungspreis
- Steuer
- Versicherung
- Wartung
- Reparaturen
- Reifenwechsel
- Stellplatz
- Inspektionen
- Dichtigkeitsprüfungen
- Gasprüfungen

Überlege dir, wie viel davon du gerne durch die Vermietung refinanzieren würdest.

3. Erhöhte Kosten schätzen. Für das Vermieten solltest du bei den laufenden Kosten einen prozentual erhöhten Aufwand einplanen. Denn die häufigere Nutzung wird natürlich auch einen höheren Verschleiß der Reifen, Bremsen etc. nach sich ziehen, und vermutlich wird auch der eine oder andere Schaden nicht ausbleiben. Die zusätzlichen Kosten richten sich zum einen nach den geplanten Vermietungstagen pro Jahr, zum anderen aber auch nach dem Fahrzeug selbst. Bei einem sehr teuren oder gar exotischen Fahrzeug werden mit ziemlicher Sicherheit auch die Ersatzteile hochpreisig sein. Bei einem älteren Schätzchen fallen dafür vielleicht mehr Reparaturen an.

4. Vermittlungsgebühren einplanen. Nun solltest du entscheiden, ob du komplett auf eigene Rechnung agieren oder lieber eine Vermietplattform nutzen möchtest. Bei letzterer Variante fallen Provisionen an, die meist bei 15–25% des Vermietpreises liegen. Dafür musst du dich nicht selbst um Dinge wie Versicherung, Marketing, Kalendereinrichtung etc. kümmern.

5. Den Vermietpreis kalkulieren. Zu guter Letzt errechnest du den Tagesmietpreis. Berücksichtige dafür aber nicht nur deine Ausgaben-Tabelle und deine persönlichen Wunschvorstellungen, sondern orientiere dich auch an den marktüblichen Preisen für deinen Fahrzeugtyp.

Stets alles versichern!

Die „normale" PKW- oder Reisemobil-Versicherung deckt eine Fahrzeugvermietung in aller Regel nicht ab. Um deinen Versicherungsschutz nicht zu verlieren, brauchst du darum eine Zusatzversicherung. Hier kommt es nun darauf an, wie du vermieten möchtest. Einschlägige Vermietplattformen nämlich bieten unterschiedliche Versicherungslösungen an, die Leistungen wie Voll- und Teilkasko, Kfz-Haftpflicht und europaweite Pannenschutzbriefe enthalten. In einzelnen Fällen lässt sich sogar noch eine Innenraumversicherungen (s. S. 107) abschließen. Meist sind diese Zusatzversicherungen nur für Fahrzeuge bis 3,5 t buchbar, selten bis 7,5 t. Bezahlt wird die Zusatzversicherung fast immer nur anteilig für die vermieteten Zeiträume. Wenn du ohne eine solche Plattform vermieten möchtest, musst du eine sogenannte Selbstfahrervermietversicherung abschließen. Viele Versicherungen bieten diese jedoch nicht bzw. nur zu einem sehr hohen Preis an, und die Police muss – anders als bei den genannten Zusatzversicherungen – auch immer für das komplette Jahr bezahlt werden muss.
Darüber hinaus kann eine Veruntreuungsversicherung sinnvoll sein. Denn die üblichen Versicherungen springen nur ein, wenn das Fahrzeug durch Fremde entwendet wird. Macht sich der Mieter selbst damit aus dem Staub, guckst du hingegen in die Röhre.

Ein Kalkulationsbeispiel

Um die laufenden Kosten durch private Vermietung deines Campingfahrzeugs zu refinanzieren, kannst du beispielsweise wie folgt kalkulieren:

- ✓ Versicherung: 600 Euro
- ✓ Steuern: 400 Euro
- ✓ Wartung und Reparaturen: 3000 Euro

Gesamtsumme pro Jahr: 4000 Euro
Bei einem Tagespreis von 90 Euro müsste das Fahrzeug rund 45 Tage (ca. 6,5 Wochen) pro Jahr vermietet werden, um diese Ausgaben komplett zu decken. Kommen Anschaffungspreis bzw. Raten für ein Neufahrzeug oder Provisionen für eine Vermietplattform dazu, musst du das Fahrzeug entsprechend länger vermieten und/oder den Tagespreis etwas anheben, um noch kostendeckend zu arbeiten.

Abwicklung von privaten Vermietungen

Mieteinnahmen versteuern. Jede Form von Einnahmen muss beim Finanzamt angezeigt werden. Ob du zusätzlich einen Gewerbeschein brauchst, variiert von Region zu Region; eine verbindliche Aussage dazu kann dir das Finanzamt geben. Je nachdem, wie viel du über die Vermietung einnehmen möchtest, kannst du eventuell einen Teil der Ausgaben steuerlich geltend machen. Da die Regelungen hier sehr komplex sind, besprich deinen konkreten Fall am besten vorab mit einem Steuerberater.

Das Fahrzeug ausstatten. Um deinen Camper für möglichst viele Nutzer attraktiv zu machen, bekommt er idealerweise das „Rundum-Sorglos-Paket" als Ausstattung. Denn viel wichtiger als das Baujahr oder der Fahrzeugtyp ist, dass man damit direkt in den Urlaub starten kann, ohne sich vorher Campingmöbel beschaffen oder an das Spülmittel für unterwegs denken zu müssen. Halte also eine komplette Campingausstattung vor (s. S. 182): Stühle, Tisch, Geschirr, Besteck, Kocher, Putzzeug, vielleicht sogar Spiele oder Deko. Je mehr Ausrüstung dabei ist, desto besser für deine Kunden – das unterscheidet dich auch von vielen der kommerziellen Vermieter, bei denen die Mieter für jede Gabel extra bezahlen müssen.

Mieter finden. Hast du alles Organisatorische geklärt und das Fahrzeug vorbereitet, kannst du es natürlich einfach in Zeitungen, Zeitschriften, den Sozialen Netzwerken, auf einer Kleinanzeigen-Plattform oder über eine eigene Webseite zur Vermietung anbieten. Allerdings empfehlen wir vor allem für den Einstieg, eher über eine offizielle Vermietplattform (z.B. PaulCamper, Yescapa, Campanda) zu gehen: Es gibt beim Thema Vermieten sehr viele Stolpersteine – von der bereits genannten notwendigen Versicherung über einen wasserdichten Mietvertrag bis zum korrekten Übergabeprotokoll. Außerdem ist meist mehr Organisation dafür notwendig, als zunächst vielleicht angenommen. Aufgrund der Provisionen ist zwar die eigene Gewinnspanne etwas kleiner, dafür bekommst du aber Hilfestellung und Unterstützung bei Bürokratie und Logistik.

Das Campingfahrzeug auswintern

Endlich: Der lange, campingfreie Winter ist vorbei, das Fahrzeug kann für die anstehende Saison fit gemacht werden! Wenn du die Einwinterungsaufgaben (s. S. 378) einigermaßen gewissenhaft erledigt hast, sollten dich eigentlich keine größeren Probleme erwarten. Dennoch ist es wichtig, den Camper vor der ersten Ausfahrt gründlich unter die Lupe zu nehmen und ihm ein wenig Zuwendung zu schenken.

Reinigung und Pflege

- Außen- und Innenreinigung durchführen
- Auf sichtbare Feuchtigkeitsschäden, Schimmel etc. überprüfen
- Fälligkeit von Hauptuntersuchung und Gasprüfung checken
- Alter, Profil, Zustand und Luftdruck der Reifen kontrollieren
- Schlösser, Schließzylinder und Scharniere mit harz- und säurefreiem Spezial-Öl-Spray einsprühen
- Gummidichtungen (auch die der Toilettenkassette!) mit geeigneten Pflegemitteln behandeln
- Kurbelstützen mit wasserabweisendem, vor Rost schützendem Sprühfett behandeln
- beim Reisemobil: Füllstände von Motoröl, Kühlwasser, Scheibenwischwasser prüfen
- Bremsen überprüfen und warten
- Wasseranlage spülen und reinigen/desinfizieren

Funktionscheck

Folgende Komponenten sollten auf ihre Funktionstüchtigkeit geprüft werden:

- Beleuchtung am Fahrzeug: Rücklichter, Bremslichter, Blinker, Warnblinkanlage, Begrenzungsleuchten, Rückwärtsgang etc.
- Innenbeleuchtung
- Wasserpumpen
- Wasserhähne
- Toilettenspülung
- Therme oder Boiler
- Heizung
- Gasherd
- Kühlschrank
- Bordbatterie (Ladezustand) und Bordelektronik (EBL/Ladegerät)
- TV, Satellitenanlage
- Solaranlage, Wechselrichter etc.
- Rangierhilfe

Zeit zum Ausmisten

Wir nutzen das Auswintern immer, um uns auch gleich von unnötiger Beladung zu trennen: Alles, was wir ein Jahr lang nicht verwendet haben, muss raus. Ausgenommen hiervon ist z.B. spezielles Werkzeug, das man naturgemäß nur sehr selten, dann aber ganz dringend benötigt. Das Aufräumen ist zudem eine gute Gelegenheit, die Grundausstattung auf Vollständigkeit zu prüfen (s. S. 182). Danach ist das Fahrzeug bereit für die Saison und kann auch mal ganz spontan für eine kleine Tour genutzt werden – ohne lange Vorbereitungszeit!

Schaden im Winterquartier

Du hast ein gut gesichertes Gelände oder eine schöne, trockene Halle für dein „Baby" gefunden und kannst nun eigentlich ganz beruhigt sein. Doch was, wenn im Winterquartier oder auf dem Abstellplatz doch einmal etwas passiert? Wenn hier ein Brand, eine Überschwemmung oder ein Unwetter das Wohnmobil oder den Wohnwagen beschädigen, zahlt dann die Versicherung? Die Antwort lautet: Grundsätzlich ja. Doch natürlich kommt es in der Praxis wie immer auf die Details an.

Fahrzeug angemeldet oder abgemeldet
Ein angemeldetes Campingfahrzeug genießt auch im Winterquartier den vollen Versicherungsschutz, alle Versicherungen (Vollkasko, Teilkasko, Haftpflicht) greifen. Der Vorteil: Selbst wenn das Fahrzeug im Winterquartier Vandalismusschäden erleidet, ist es (sofern vorhanden) über die Vollkasko abgesichert. Bei abgemeldeten Mobilen mit Ruheversicherung oder Saisonkennzeichen (s. S. 380) kann es dagegen Einschränkungen geben. In der Regel haften dann nämlich nur Teilkasko und Haftpflicht. Das heißt, Diebstahl und Elementarschäden (Hagel, Sturm etc.) sind gedeckt, andere Schäden wie Vandalismus jedoch nicht. Bevor du also auf Ruheversicherung oder Saisonkennzeichen umstellst, solltest du diese Risiken genau abwägen. Falls du eine Inhaltsversicherung hast, gilt die Unterscheidung nicht – die Versicherung läuft unabhängig von Saisonkennzeichen oder temporärer Abmeldung das ganze Jahr durch.

Platz umfriedet oder nicht umfriedet Auch was das Winterquartier betrifft, kann der Versicherer Bedingungen stellen: Manchmal wird eine Leistung im Schadenfall davon abhängig gemacht, ob das abgemeldete Campingmobil auf einem umfriedeten Platz abgestellt ist.
Ein umfriedeter Abstellplatz ist der Definition nach ein geschlossener Hofraum oder ein umzäunter freier Platz – im Gegensatz zu einem Gelände, das von der öffentlichen Straße her ohne Weiteres zugänglich ist. Der Bereich muss erkennbar mit einem physischen Hindernis gegen eine „Wegnahme" des Fahrzeugs eingehegt sein, z.B. mit Mauer, Zaun, Hecke oder Graben. Auch wenn die Umfriedung nicht zwangsläufig lückenlos sein muss, ist doch stets darauf zu achten, dass sie insgesamt den „Charakter einer einheitlichen Sperrvorrichtung gegen das Betreten durch Unbefugte" besitzt. Sprich: Sie sollte mehr oder weniger geschlossen wirken.

Zeitpunkt der Schadenmeldung Es gibt keine feste Regel, wie schnell ein Schaden gemeldet werden muss. Allerdings solltest du auch in der Winterpause regelmäßig nach deinem Fahrzeug sehen (s. S. 379) und die Versicherung unverzüglich informieren, sobald du etwas festgestellt hast. Falls dein Fahrzeug nicht an deinem Wohnort untergestellt ist, vereinbare mit dem Vermieter des Platzes oder der Halle, dass er dich bei lokalen Hagelereignissen, Sturm oder Unwetter anruft, damit du zeitnah prüfen kannst, ob dein Wohnwagen oder Wohnmobil in Mitleidenschaft gezogen wurde. Das ist nicht nur für die Meldung bei der Versicherung wichtig, sondern auch, um mögliche Folgeschäden zu verhindern. Haben z.B. Hagel oder herabfallende Äste Löcher oder Risse an Dachluken oder in der Außenhaut verursacht, kann es beim nächsten Regen zu Wasserschäden und Schimmelbildung kommen. Deshalb sollten solche Schäden unverzüglich repariert werden.

Dein Camping-Wörterbuch

Auffahrkeile
Stabile Kunststoffkeile, die unter die Räder des Campingmobils gelegt werden, um das Fahrzeug auszurichten und Unebenheiten oder Gefälle auszugleichen.

Elementarschäden
Versicherungsjargon für Schäden, die durch die Natur verursacht werden, z.B. Sturm, Erdbeben, Unwetter, Lawinen, Vulkanausbruch etc. Bei Campingfahrzeugen sind vor allem → *Hagelschäden* weit verbreitet.

Flottenversicherung
Versicherungslösung bei großen Vermietfirmen oder Plattformen für → *privates Campersharing*. Hier bist du in der Regel gut geschützt, während es bei Privatvermietungen über Kleinanzeigen(portale) in diesem Bereich oftmals hapert. Achte bei der Auswahl deines Mietfahrzeugs darauf, dass mindestens eine → *Selbstfahrervermietversicherung* vorhanden ist.

Hagelschaden
Überdurchschnittlich häufig auftretender → *Elementarschaden* bei Freizeitfahrzeugen. Erkennbar an vielen kleinen Dellen auf dem Dach oder an den Seitenwänden. Wichtiger Punkt beim Gebrauchtfahrzeugkauf, da ein über die Versicherung regulierter, aber nicht reparierter Schaden (über eine sogenannte Fiktive Abrechnung) dazu führen kann, dass keine weiteren Hagelschäden durch die Versicherungen reguliert werden.

Inhaltsversicherung
Greift bei Beschädigung, Zerstörung oder Verlust von losen Teilen, die im Campingfahrzeug transportiert werden (z.B. Elektronik, Reisegepäck, Sportausrüstung, Fahrräder), durch Brand, Explosion, Diebstahl, Raub, Unwetter etc. Achtung: Bargeld, Geldkarten, Wertpapiere und Schmuck sind grundsätzlich ausgenommen und die genannten Gegenstände sind nur innerhalb des Fahrzeugs versichert!

Innenraumversicherung
s. → *Inhaltsversicherung*

Privates Campersharing
Das Vermieten von Campingfahrzeugen durch Privatpersonen an andere Privatpersonen. Kann über Plattformen oder in Eigenregie erfolgen. Es muss jedoch eine ausreichende Versicherung abgeschlossen werden, z.B. eine → *Selbstfahrervermietversicherung*.

Ruheversicherung
Eintritt in einen beitragsfreien Versicherungstarif durch vorübergehende Abmeldung des Fahrzeugs, z.B. während einer längeren Winterpause. Versicherungsprämie und Steuern für die Nutzungsmonate werden anteilig berechnet. Achtung: Nicht jede Versicherung bietet diese Leistung an, bitte vor Abmeldung nachfragen!

Saisonkennzeichen
Zulassung des Fahrzeugs nur für bestimmte Monate, z.B. April bis Oktober. Versicherungsprämie und Steuern für die Nutzungsmonate werden anteilig berechnet. Achtung: Für Wohnwagen gibt es diese Möglichkeit nicht bei jedem Versicherer.

Schutzbrief
Beinhaltet üblicherweise klassische Pannen- und Unfallhilfe, Abschleppdienst, Bergung und meist auch Leistungen wie Mietwagen bei Fahrzeugausfall, Übernahme von pannenbedingten Übernachtungskosten und von Kosten für den Fahrzeug- oder Krankenrücktransport. Bei manchen Anbietern sind Zusatzleistungen inkludiert (Auslandsschadenschutz, Krankheit von Mitreisenden, Schlüsselnotdienst für das Campingfahrzeug o. Ä.).

Selbstfahrervermietversicherung
Versicherung für private Mietfahrzeuge, die für den Vermieter häufig mit sehr hohen Prämien und einer hohen Selbstbeteiligung einhergeht, den Mieter aber umfassend schützt.

Standschaden
Auch Standplatten genannt. Kann entstehen, wenn ein Fahrzeug über einen längeren Zeitraum nicht bewegt wird. Ursache ist das Gewicht des Fahrzeugs, das über Wochen oder Monate einseitig auf die Reifen drückt. Standplatten machen sich meist nur vorübergehend durch „Ruckeln" oder Vibrationen während der ersten Fahrten bemerkbar und lassen sich durch die erneute Bewegung beheben. Im ungünstigen Fall können sie aber auch hartnäckiger sein, dann solltest du einen Fachmann zu Rate ziehen.

Teilkaskoversicherung
Deckt verschiedene Schadenarten am eigenen Fahrzeug, die nicht durch selbst verursachte Unfälle (s. → *Vollkaskoversicherung*) entstanden sind, z.B. → *Elementarschäden*, Diebstahl, Einbruch, Raub, Brand, Explosion, Kurzschluss, Glasbruch etc.

Übergabeprotokoll
Dokument, in dem der Zustand eines Objekts (in diesem Fall des Mietfahrzeugs) bei der Übergabe dokumentiert wird (u. a. Kilometerstand, Ausstattung, frühere Schäden etc.).

Veruntreuungsversicherung
Springt (im Unterschied zur → *Teilkaskoversicherung*) ein, wenn sich nicht ein fremder Langfinger, sondern der Mieter selbst mit dem gemieteten Fahrzeug aus dem Staub macht.

Vollkaskoversicherung
Der „Rundum-Versicherungsschutz" für Fahrzeuge. Neben allen Leistungen aus der → *Teilkaskoversicherung* sind in der Vollkaskoversicherung u. a. auch Vandalismus, Fährtransporte oder Schäden am eigenen Fahrzeug durch selbstverursachte Unfälle gedeckt.

Winterdiesel
Dieselkraftstoff mit speziellen Zusätzen, die bei kalten Temperaturen ein Ausflocken der Mineralöle (Paraffine) verringern. So wird das Risiko reduziert, dass sich in Kraftstofffiltern und -leitungen Ablagerungen oder Verstopfungen bilden.

FENDT
CARAVAN

FENDT
CARAVAN
BIANCO
435

Nachwort

Nach der Lektüre dieses Buches fühlst du dich hoffentlich gut gerüstet für dein Camperleben – und kannst es nun so richtig genießen!

Ganz gleich, für welche Art des Campings und für welches Freizeitfahrzeug du dich entschieden hast, mit wie viel oder wenig Equipment du unterwegs bist und wie intensiv du dich vorbereitet hast – es wird immer wieder Momente geben, in denen nicht alles klappt, etwas kaputtgeht oder du improvisieren musst. Lass dich dadurch nicht entmutigen, das passiert selbst uns alten Hasen noch regelmäßig. Ob es nun der nicht richtig verschlossene Kühlschrank ist, der in der ersten Kurve Sahne und Eier im Innenraum verteilt, die offene Dachluke, die auf der Autobahn munter im Fahrtwind flattert, oder das noch angesteckte Stromkabel, das sich beim Umsetzen des Wohnmobils verabschiedet: Solche Fehler lassen sich nie ganz vermeiden, auch mit jahrelanger Erfahrung nicht. Betrachte solche Situationen einfach als Teil deines Camping-Abenteuers und nimm sie mit Humor. Am Ende sind das die besten Geschichten, über die du nach dem ersten Schrecken und Ärger mit deinen Campingplatznachbarn, Kindern und Freunden lachen kannst.

Um dir zu zeigen, dass du mit diesen kleinen und großen Missgeschicken nicht alleine bist, geben wir dir in unserem Podcast ein paar kleine Anekdoten mit auf den Weg, die unser Leben on Tour „bereichert“ haben.

Hörtipp
Podcast Anfängerfehler
camper.st/fehler

Und zu guter Letzt möchten wir noch einen dringenden Appell an dich richten, weil wir in Gruppen und unserer eigenen Community häufig mit der Frage konfrontiert werden, wie weit man es mit Wohnwagen oder Wohnmobil denn maximal an einem Tag „schaffen“ könne: **Bitte nimm dir Zeit!**

Und beherzige stets die folgenden Tipps:

- Mache dein Fahrzeug ohne Stress abfahrbereit und arbeite dich Schritt für Schritt durch die noch ungewohnten Abläufe.
- Versuche gerade am Anfang nicht, tausende Kilometer in ein, zwei Tagesetappen zu packen, sondern gehe deine Route mit der nötigen Ruhe und Gelassenheit an.
- Genieße die Ausblicke, die du bei einer Anreise z.B. mit dem Flugzeug niemals erleben könntest.
- Halte Rast in schönen Gegenden, bereite dir in deiner eigenen Küche einen kleinen Snack zu, lege dich hin, wenn du müde bist.
- Wähle stets eine Fahrgeschwindigkeit, mit der du dich gut und sicher fühlst.

So bringst du dich selbst nicht in Gefahr und kommst trotz unvorhergesehener Ereignisse wie langen Staus oder Umleitungen entspannt an deinem Urlaubsziel an. Es macht am Ende meist keinen großen Unterschied, ob du ein paar Stundenkilometer schneller oder langsamer unterwegs bist.

In diesem Sinne: Auf eine tolle Campingsaison mit vielen unvergesslichen Erlebnissen!

Nele Jalil Sebastian

Nele, Jalil, Sebastian
und das ganze CamperStyle-Team!

Tabelle: Strombedarf im Camper ermitteln

VERBRAUCHER	LEISTUNG IN WATT (W)	SPANNUNG IN VOLT (V)	STROM-STÄRKE IN AMPERE (A = W/V)	LAUFZEIT PRO TAG IN STD. (H)	STROMVER-BRAUCH IN AMPERE-STUNDEN (AH = A X H)
Innenbeleuchtung					
Wohnraum					
Küche					
Schlafbereich					
Bad					
Elektrogeräte an Bord					
Kühlschrank					
Therme/Boiler					
Wasserpumpen					
Klimaanlage					
Satellitenanlage					
TV					
Radio					
Rangierantrieb (Wohnwagen)					
Ruhestrom für USB-Steckdosen					
Küchengeräte					
Kaffeemaschine					
Wasserkocher					
Backofen					
Mikrowelle					
Pürierstab/Mixer					
E-Grill					
Induktionsplatte					
Persönliches Equipment					
Laptop					
Tablet					
Smartphone(s)					
Kamera-Ladegerät					
Haarfön					
Rasierer					
Heizlüfter					
Ventilator					
Summe					

VERBRAUCHER	LEISTUNG IN WATT (W)	SPANNUNG IN VOLT (V)	STROM-STÄRKE IN AMPERE (A = W/V)	LAUFZEIT PRO TAG IN STD. (H)	STROMVER-BRAUCH IN AMPERE-STUNDEN (AH = A X H)
Weitere Verbraucher					
Summe					

Tabelle: Hersteller

MARKE	WOHNWAGEN	REISEMOBILE	CAMPER-VANS	FALT- UND KLAPPCARAVANS	FIRMENNAME	WEBSEITE
3DOG Camping				×	CAMPWERK e.K.	campwerk.de
Adria	×	×	×		Adria Mobil, d.o.o.	de.adria-mobil.com
Ahorn		×	×		Ahorn Wohnmobile Frankfurt GmbH	ahorn-wohnmobile.de
Alpenkreuzer				×	Alpenkreuzer	alpenkreuzer.com
beauer				×	BeauEr SAS	beauer.fr
bimobil	×	×	×		bimobil – von Liebe GmbH	bimobil.com
Bürstner	×	×	×		Bürstner GmbH & Co. KG	buerstner.com/de
Cabanon				×	"Manufacture des Tentes Cabanon (MTC) SA TF-Freizeitfahrzeuge"	tf-freizeitfahrzeuge.de/cabanon
Camp-let				×	Isabella Vorzelte Deutschland	isabella.net/de/camp-let
CAMPWERK				×	CAMPWERK e.K.	campwerk.de
Carado		×	×		Carado GmbH	carado.de
Caravelair	×				Trigano VDL	caravelair-wohnwagen.de
Carthago		×	×		Carthago Reisemobilbau GmbH	carthago.com
Challenger/Chausson		×	×		Trigano VDL	reisemobile-challenger.de/ chausson-reisemobile.de
CI International Riviera		×	×		Trigano S.p.A.	caravansinternational.at
Comanche				×	COMPAÑIA INDUSTRIAL REMOLQUES COMANCHE SL	rcomanche.com
COMBI-CAMP				×	COMBI-CAMP	combi-camp.com
Concorde		×			Concorde Reisemobile GmbH	concorde.eu
Cultmobil				×	Cultmobil	cultmobil.de
Dethleffs	×	×	×		Dethleffs GmbH & Co. KG	dethleffs.de
Easy Caravanning				×	Easy Caravanning	easycaravanning.com
Elektro Frosch				×	Elektrofrosch Elektrofahrzeuge Berlin	elektrofrosch-berlin.de/ elektrofrosch-modell-camping/
EuraMobil		×			Eura Mobil GmbH	euramobil.de
Falterladen				×	Faltlerladen	falterladen.de
Farfalla Camper				×	farfalla camper concept UG	farfalla-camper.eu
Fendt-Caravan	×				Fendt-Caravan GmbH	fendt-caravan.de
Forster		×	×		Forster Reisemobile	forster-reisemobile.de
Frankia		×			Frankia-GP GmbH	frankia.com
Giottiline		×	×		Giottiline	giottiline.com/de
Gordigear				×	Gordigear Europe	gordigear.com
Hobby	×	×	×		Hobby-Wohnwagenwerk	hobby-caravan.de
Holtkamper				×	Holtkamper Vouwwagens	holtkamper.de

MARKE	WOHNWAGEN	REISEMOBILE	CAMPER-VANS	FALT- UND KLAPPCARAVANS	FIRMENNAME	WEBSEITE
Hymer	×	×	×		Hymer GmbH & Co. KG	hymer.de
KABE	×	×			KABE Group – DACHBENELUX & UK	kabe.se/de
Karmann			×		Eura Mobil GmbH	karmann-mobil.de
Knaus	×	×	×		Knaus Tabbert AG	knaus.com/de-de
La Strada			×		La Strada Fahrzeugbau GmbH	lastrada-mobile.de
Laika	×		×		Laika Caravans S.p.A.	laika.it/de
LMC	×	×	×		LMC Caravan GmbH & Co. KG	lmc-caravan.de
McLouis		×	×		Trigano S.p.A.	mclouis.com
MGO – Montegrosso Outdoor				×	MGO FreeBird-Campingtrailer	campingtrailer.de
Mobilvetta		×			Avanti Büsgen Autorent GmbH	mobilvetta-reisemobile.com
Morelo		×			Morelo Reisemobile GmbH	morelo-reisemobile.de
NB Outdoor				×	NB outdoor	nb-outdoor.de
Niesmann + Bischoff		×	×		Niesmann+Bischoff GmbH	riesmann-bischoff.com
OPUS CAMPER				×	OPUS Camper	opuscamper.de
Orangecamp		×	×		Brinkmann Caravan und Reisemobil-Tischlerei GmbH	orangecamp.de
PENNINE OUTDOOR LEISURE					Pennine Outdoor Leisure (Großbritannien) Ltd.	pennineoutdoorleisure.co.uk
Phoenix		×			Schell Fahrzeugbau GmbH	phoenix-reisemobile.de
Pilote		×	×		Groupe Pilote	wohnmobil-pilote.de
Pössl			×		Pössl Freizeit und Sport GmbH	poessl-mobile.de
Rettenmaier Offroad				×	Fahrzeugbau Rettenmaier	offroad-anhaenger.de
Rimor		×	×		LUANO CAMP S.r.l	rimor.it/int/de
Rollerteam Granduca		×	×		Trigano S.p.A.	rollerteam.de
SK Camping				×	Rainer Nobialek/SK Camping	sk-camping.de
Sterckeman	×				Trigano VDL	sterckeman-wohnwagen.de
Sun Living		×	×		Reimo Reisemobilcenter GmbH/ Adria Mobil Deutschland	de.sun-living.com
Sunlight		×	×		Sunlight GmbH	sunlight.de
Tabbert	×				Knaus Tabbert AG	tabbert.com/de-de
Tipoon				×		tipoonthetravelmachine.com
TRIGANO				×	Kreppel Freizeitmobile	trigano-faltcaravan.de
TRIGANO Trailer Tents				×	TRIGANO MDC	trigano-camping.com
Weinsberg	×	×	×		Knaus Tabbert AG	weinsberg.com
Westfalia			×		Westfalen Mobil GmbH	westfalia-mobil.net
Wochner		×			Wochner Reisemobil GmbH	wochnermobil.de
XGO		×	×		LUANO CAMP S.r.l.	xgomove.it

Über die Autoren

Nele Landero Flores

Ist Diplom-Journalistin und war vor der Gründung von CamperStyle.de knapp 11 Jahre als Pressesprecherin und Leiterin der Öffentlichkeitsarbeit einer Stadt im Ruhrgebiet tätig. Schon in ihrer Kindheit packte Nele das Reisefieber, sie träumte von fernen Ländern, fremden Kulturen, exotischen Sprachen, Farben, Speisen und Klängen – und von abenteuerlichen Road Trips im Caravan. Vermutlich liegt das in den Genen, denn auch ihre Eltern zog es immer wieder in die weite Welt, neben Europa unter anderem nach Afrika und in die Karibik. Mit ihrem Vater baute sie im Teenageralter einen VW T3 Syncro aus, der die Familie über ungesicherte korsische Gebirgsstraßen, durch pittoreske italienische Bergdörfer und an die wilde bretonische Küste begleitete. Kein Wunder also, dass Nele noch heute von chronischem Fernweh geplagt ist.

Jalil Landero Flores

Arbeitete in seiner Heimat Mexiko als Videoproduzent und Fotograf für Nachrichten- und Werbeagenturen, Messen und Kinoproduktionen, bevor es ihn der Liebe wegen nach Deutschland verschlug. Mit Vater, Mutter und Bruder hatte er bereits seit den 1980er-Jahren sämtliche mexikanische Bundesstaaten im Bulli erkundet, das Campen mit Wohnwagen und Wohnmobil lernte er aber erst in Europa kennen und lieben. Besonders die norwegischen Gletscher, die weitläufigen dänischen Dünenlandschaften und die raue nordspanische Atlantikküste haben es ihm angetan. Wenn er nicht gerade das Lenkrad oder eine Kamera in der Hand hält, bastelt er leidenschaftlich gerne an Fahrrädern oder seiner Ausrüstung herum und zaubert aus gebrauchten Alltagsgegenständen ganz neue, praktische Helfer.

Mit dem elterlichen Hochzeitsgeschenk, dem ersten eigenen Wohnwagen, starteten Nele und Jalil 2014 auf eine halbjährige Hochzeitsreise. Unterwegs wurde den beiden schnell klar, dass kein Weg mehr in den früheren Bürojob zurückführen würde. Gemeinsam beschlossen sie, sich mit CamperStyle ihren Traum vom ortsunabhängigen Leben und Arbeiten zu verwirklichen. 2016 komplettierte Terriermädchen Zoe die kleine Reisefamilie und stellt den Alltag mit ihrer Sturheit, ihren Marotten und ihrem Einfallsreichtum manchmal ganz schön auf den Kopf. Zoe liebt Strand und Wellen, Schnee, Fußballspielen und lange Kuschelabende im Wohnwagen. Fast 30 europäische Länder haben Nele, Jalil und Zoe mittlerweile besucht, die Wintermonate verbringen sie meist im sonnigen Mexiko. Und sie haben noch lange nicht genug vom Unterwegssein: Auf der Reise-Wunschliste für die nächsten Jahre stehen unter anderem Neuseeland, Australien, das Nordkap und die Mongolei. Aber auch weitere Touren durch Spanien, Albanien und Litauen sind fest eingeplant.

Sebastian Vogt

Ist der Dritte im CamperStyle-Bunde. Er bezeichnet sich selbst als „Nerd" – und das zu Recht: Er ist der absolute Profi im Online-Bereich und hatte schon erfolgreiche Internetprojekte am Start, als man sich noch über knarzende und piepende Modems in dieses „neue Medium" einwählen musste. Bei CamperStyle ist er vor allem in den Bereichen Online-Marketing und Strategieentwicklung aktiv, er gibt aber auch ganz viel praktisches Wissen rund um Wohnmobil-Technik und -Ausbau an die Leser weiter, das er sich über die Jahre durch Recherche, Weiterbildung und Ausprobieren angeeignet hat.
Sebastian und seine Frau Stefanie lebten, reisten und arbeiteten mit den beiden Herdenschutzhunden Inge und Chief mehr als fünf Jahre lang im Wohnmobil. Ihre Wege führten sie unter anderem auf die Iberische Halbinsel, nach Skandinavien, in die USA und nach Neuseeland. Nun haben sie sich vorübergehend auf einem traumhaften Grundstück in ihrer Wahlheimat Portugal niedergelassen.

Von dort aus koordinieren sie gemeinsam mit Nele und Jalil die Aktivitäten rund um das stetig wachsende Online-Magazin CamperStyle. Fast eine halbe Million Leserinnen und Leser greifen inzwischen jeden Monat auf das breite Angebot an Ratgeberartikeln, Reise- und Produktempfehlungen, Checklisten und Lifestyle-Berichten aus der Camperwelt zu und machen CamperStyle damit zu einem der großen Informationsportale im Campingsektor. Neben der eigentlichen Webseite bringt das CamperStyle-Team auch einen wöchentlichen Podcast heraus und veröffentlicht regelmäßig Reiseberichte und Ratgebertexte in Fachzeitschriften.

Impressum

TEXTE: Nele Landero Flores, Jalil Landero Flores, Sebastian Vogt
REDAKTIONELLE UNTERSTÜTZUNG: Nima Ashoff, Hubert Hunscheidt, Tanja Klose, Stefanie Powitz, Alexandra Ramthun, Tim Reisberg, Katja Scholz, Geraldine Schüle
TECHNISCHE BERATUNG: Jan Kuckertz
FOTOS: Shutterstock: S. 23 (TSV-art), 64 (BigTunaOnline), 71, li. Spalte (Orca), 71 re. Spalte g.o. + g.u. (Lars Poyansky), 71 re. Spalte (stockphoto-graf), 104 (Virrage Images), 108 (Ellyy), 110 (Rawpixel.com), 118 (Cineberg), 120 (Bjoern Wylezich), 206 (robert paul van beets), 167 (Grisha Bruev), 186 (Burkhard Trautsch), 224 (Skaska_I), 225 u. (Tania Kitura), 227 u. (sasimoto), 230 (BublikHaus), 231 (MintImages), 238 (Steve Cordory), 239 (Aleksandr Kondratov), 240 (Zoltan Galantai), 241 (Traveller70), 247 (Ronni Olsson), 278 (S-F), 279 (SweetHour), 291 (stockfour), 300 (oliveromg), 302 (muroPhotographer), 304 (stefanolunardi), 366 (Dawid K Photography), 367 (Marjan Apostolovic), 379 (kurhan), 381 (photobeps), 382 (andy0man); Freepik: S. 102; alle übrigen Fotos: CamperStyle.de
ILLUSTRATIONEN: Pia Himmelein, Kempen
PRODUKTMANAGEMENT UND LEKTORAT: Stephanie Iber
COVERGESTALTUNG: Eva Grimme
HERSTELLUNG: Jessica Siebert
LAYOUTENTWURF: Pia Himmelein, Jessica Siebert
SATZ: tebitron gmbh, Gerlingen
DRUCK UND BINDUNG: Neografia, Slowakei

Die in diesem Buch veröffentlichten Informationen und Ratschläge wurden von den Autoren und den Mitarbeitern des Verlags sorgfältig geprüft. Eine Garantie wird jedoch nicht übernommen. Autoren und Verlag können für eventuell auftretende Fehler und Schäden nicht haftbar gemacht werden. Das Werk und die darin gezeigten Informationen und Ratschläge sind urheberrechtlich geschützt. Die Vervielfältigung und Verbreitung ist, außer für private, nicht kommerzielle Zwecke, untersagt und wird zivil- und strafrechtlich verfolgt. Dies gilt insbesondere für die Verbreitung des Werkes durch Fotokopien, Film, Funk und Fernsehen, elektronische Medien und Internet sowie für die gewerbliche Nutzung der gezeigten Modelle. Bei Verwendung im Unterricht und in Kursen ist auf dieses Buch hinzuweisen.

1. Auflage 2021
© 2021 frechverlag GmbH, Turbinenstraße 7, 70499 Stuttgart
ISBN 978-3-7724-4549-1 • Best.-Nr. 4549